"十二五"江苏省高等学校重点教材

编号：2015-2-022

高等学校小学教育专业教材

小学数学研究与教学指引

章 飞　凌晓牧　陈 蓓　魏光明　著

南京大学出版社

图书在版编目(CIP)数据

小学数学研究与教学指引 / 章飞等著. -- 南京：南京大学出版社，2016.3(2019.8 重印)
高等学校小学教育专业教材
ISBN 978-7-305-16507-8

Ⅰ.①小… Ⅱ.①章… Ⅲ.①小学数学课－教学研究－高等学校－教材 Ⅳ.①G623.502

中国版本图书馆 CIP 数据核字(2016)第 022296 号

出版发行	南京大学出版社
社　　址	南京市汉口路 22 号　　邮 编　210093
出 版 人	金鑫荣
丛 书 名	高等学校小学教育专业教材
书　　名	小学数学研究与教学指引
著　　者	章　飞　凌晓牧　陈　蓓　魏光明
责任编辑	胡　豪　耿士祥　　　编辑热线　025-83594071
照　　排	南京南琳图文制作有限公司
印　　刷	江苏凤凰通达印刷有限公司
开　　本	787×960　1/16　印张 25　字数 422 千
版　　次	2016 年 3 月第 1 版　2019 年 8 月第 2 次印刷
ISBN	978-7-305-16507-8
定　　价	58.00 元

网址：http://www.njupco.com
官方微博：http://weibo.com/njupco
官方微信号：njupress
销售咨询热线：(025) 83594756

* 版权所有，侵权必究
* 凡购买南大版图书，如有印装质量问题，请与所购
　图书销售部门联系调换

前　言

新一轮课程改革业已经过了15个年头。十多年来，在各级教师研修活动中，我们切实感受到课堂发生的变化，切实感受到教师理念的转变，感受到教师教学设计的精心和课堂生成的精彩，时时欣赏到教师的教学智慧。但在与一线教师以及师范生的交流中也发现，很多一线教师和师范生在数学课程内容的取舍、具体数学知识的价值与定位、具体数学知识的理解与运用等方面存在很多困惑和争议，这些问题直接影响着他们对数学课程的理解和对数学教材的把握，影响着课程改革的推进，也制约着他们的专业成长。正是在这种背景下，我们撰写本书，力图从数学科学发展、数学思想、数学史、学生数学认知现状等不同的视角对学科知识进行深度解读，进而给出具体的教学方法与策略的指导，也就是说，力图融学科知识分析和教学指导于一体，发展教师的学科教学知识(Pedagogical Content Knowledge)。例如，对于距离概念，不局限于小学阶段的意义解析，而是通过小学、中学、大学阶段不同的距离概念的共性揭示，凸显距离概念的本质，并进一步引领读者思考：自己所任教年龄段的学生应该形成怎样的"距离"概念，本阶段的"距离"概念应为后续学习打下怎样的基础，作为教师在素材选择、教学设计等方面应注意些什么，等等。

为了增加可读性，力图以问题、案例为出发点，在对问题、案例的剖析中，逐步展开相关知识的解析；笔者还不时以对话的形式展现不同的观点和做法，以引发读者的思考。此外，注意凸显研究过程，希望通过研究过程的外显(特别是一些不经意的问题的研究)，提高读者的质疑能力和研究能力。例如，对于乘法交换律，首先提出疑问"有必要强调3×5与5×3的区别吗"，让读者了解课程标准研制过程中对这个疑问的回应和做出的调整，然后再次追问："3×5"与"5×3"意义天生就应相同吗？引发新的认知冲突，进而共同寻求"平衡"的对策，得到具体的教学建议。但愿这本书不仅仅带给读者具体的知识定位与教学建议，更可使读者从中感受到研究的过程。自然，为了体现这样的想法，其中有一些新颖的观点，也许还不成熟，甚至可能引发争议，如对于加法与乘法的关系、对于分数的意义与表征、对于竖式运算的定位与格式规范、对于圆的面积的探究学习等。我们更希望读者在对这些观点的思辨中形成自己的理解,当然,也更希望有兴趣的读者从课程架构的角度进行教学改革尝试,积累经验,以更好地促进课程的发展。

《义务教育国家数学课程标准(2011版)》,将数学学习内容分成四个领域,即"数与代数"、"空间与几何"、"统计与概率"、"实践与综合"。因此,本书分四个篇章依次对这四部分内容进行解析。考虑到每个领域都会涉及"问题解决",分解阐述容易重复,因而将其单列出来并归并入第四篇的"实践与综合"中。

全书分工如下:章飞负责了全书的框架设计、具体问题的筛选和最终的统稿工作,南京市中华中学附属小学的特级教师魏光明老师负责了部分案例的收集、整理工作。具体各章撰写如下:第一篇"数与代数",章飞;第二篇"图形与几何",陈蓓、章飞;第三篇"统计与概率",凌晓牧、章飞;第四篇问题解决与"综合实践",凌晓牧、章飞。

本书的选题,得到了南京大学出版社胡豪先生的支持、鼓励;本书的写作、出版,得到了江苏第二师范学院教务处、科研处、人事处等部门的支持;本书大多数问题在《初等数学研究》等课程的教学中进行过交流,这有力地促进了案例的完善。谨在此一并致谢!

本书可作为高等学校数学教育专业或小学教育专业本(专)科生的教材,也可作为小学数学教师入职考试和小学数学教师自学考试的参考教材,还可作为小学数学教师进修和培训用书。愿这本书能给广大小学数学教师、高校学生以及相关研究人员一些启发。

作 者
2015年3月于南京

目　录

第一篇　数与代数

数与代数的学习价值 ·· 3
第1章　数的认识(一)——自然数的认识 ············ 7
　　第一节　自然数的本质 ·· 8
　　第二节　自然数的表示 ·· 21
　　第三节　自然数的认识 ·· 24
　　第四节　质数与合数 ·· 42
　　第五节　倍数与约数 ·· 45
第2章　数的运算(一)——自然数的运算 ············ 49
　　第一节　运算的意义 ·· 50
　　第二节　运算的规律 ·· 67
　　第三节　运算的定位与教学 ···································· 72
　　第四节　相关问题研讨 ·· 83
第3章　数的认识与运算(二) ·································· 97
　　第一节　小数的认识与运算 ···································· 98
　　第二节　分数的认识与运算 ···································· 120
　　第三节　负数的认识 ·· 147
第4章　方程与函数 ·· 151
　　第一节　字母表示数 ·· 152
　　第二节　方程 ·· 157
　　第三节　函数 ·· 167

第二篇　图形与几何

图形与几何的学习价值 ·· 193

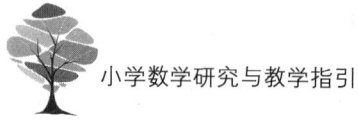

- 第 5 章 图形的认识 ·············· 203
  - 第一节 学习内容与定位 ·············· 204
  - 第二节 相关问题研讨 ·············· 212
- 第 6 章 测量的认识 ·············· 239
  - 第一节 学习内容与定位 ·············· 240
  - 第二节 相关问题研讨 ·············· 259
- 第 7 章 图形的变化 ·············· 271
  - 第一节 学习内容与定位 ·············· 272
  - 第二节 相关问题研讨 ·············· 279

第三篇　统计与概率

- 第 8 章 统计 ·············· 289
  - 第一节 统计的定位与目标 ·············· 290
  - 第二节 统计有关知识的解析与教学 ·············· 294
- 第 9 章 概率 ·············· 310
  - 第一节 概率的定位与目标 ·············· 311
  - 第二节 概率有关知识的解析与教学 ·············· 315

第四篇　问题解决与综合实践

- 第 10 章 问题解决的教学思考 ·············· 325
  - 第一节 问题解决的一般过程分析 ·············· 326
  - 第二节 提高学生问题解决能力的若干策略 ·············· 330
  - 第三节 具体问题研讨 ·············· 364
- 第 11 章 综合与实践 ·············· 370
  - 第一节 综合与实践的定位 ·············· 371
  - 第二节 综合与实践的实施 ·············· 382
- 主要参考文献 ·············· 395

第一篇 数与代数

代数是搞清楚世界上数量关系的智力工具。
——[英]怀特海(Alfred North Whitehead 1861—1947)

- 📁 数与代数
  - 📁 数与代数的学习价值
  - 📁 第1章 数的认识(一)——自然数的认识
  - 📁 第2章 数的运算(一)——自然数的运算
  - 📁 第3章 数的认识与运算(二)
  - 📁 第4章 方程与函数

数与代数的学习价值

"数与代数,令人讨厌!到处都是抽象的符号,处处离不开运算。什么数的加减乘除、式的运算啦,什么解方程、不等式,等等,同样需要运算。"是的,顾名思义,代数就是用字母代表数。代数中难免充斥着各种符号,代数学习中必然需要进行一定的代数运算。因此,在很多人的印象中,代数除了繁琐的计算就是空洞的符号,是一门内容枯燥、脱离实际的课程。代数这门学科真是如此吗?代数学习的本质和重点何在呢?

看来,我们还得分析一下代数学习的内容与学习定位。

一、"数与代数"学习的内容和相互关系

数与代数部分有关内容大致可以分为数及其运算、式及其运算、式与式之间的关系这三个方面。

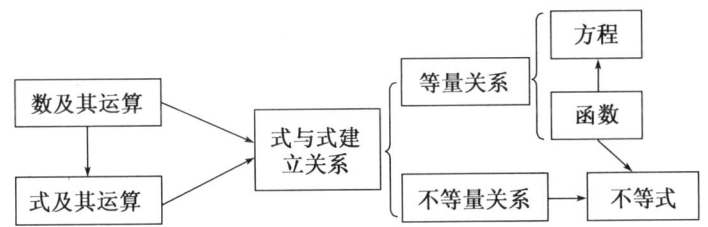

显然,数的学习是式的学习的基础,而数与式的学习,又是为函数、方程、不等式等关系的学习服务的,或者说代数学习的最终目的是能根据具体的情境(现实背景或几何问题)顺利地建立函数、方程、不等式等关系,并利用它们解决问题。当然,解决问题过程中也离不开数与式的运算。

二、"数与代数"学习的目标

从这个意义上讲,代数学习是为了解决现实问题,因而,代数学习的内容

是现实的。代数学习的目标是多样的,包括:

(一) 增强学生的符号意识

数与代数为现实问题的解决、几何学习提供了数学的语言、方法和手段。例如,它的各种符号及其多种表示方式,不仅为解决现实世界的实际问题提供了重要的策略,而且为数学交流提供了有效的途径;它的符号表示手段,深刻地揭示和指明存在于一类问题中的共性和普遍性,把认识和推理提高到一个更高的水平。因此,教学中应着力发展学生的符号意识,让学生习惯于借助代数符号及其运算,解决具体的问题,解释相关的现象,等等。

例1 法国人有一种"小九九",利用手指帮助学生记忆6—9间两个整数的乘法。下面两图是用法国"小九九"计算7×8和8×9的两个示例。

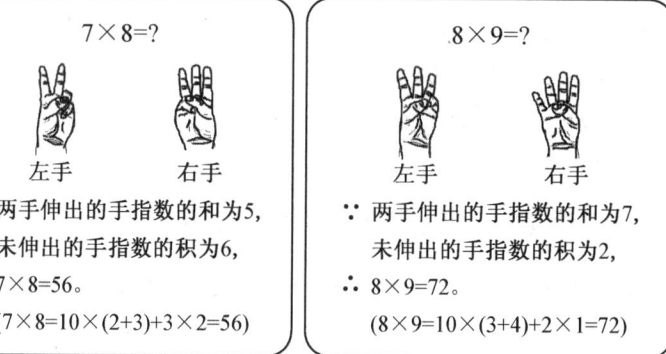

(1) 按照这种方式,你估计他们是如何利用手指计算7×9的?

(2) 这种方式对于所有6—9间两个整数的乘法都成立吗?说说你的理由。(本题改编自河北省2005年中考题)

"说说你的理由",逐个验证显然是繁杂的,尝试一般化表述是学生解决问题过程中的一种必然要求。

实际上,符号意识是数学应用意识的一种外在表现。所谓数学应用意识,笔者认为就是指人们运用数学的观念、方法解决现实问题的主动性。它是数学应用的前提和关键,因而增强学生的数学应用意识具有极为重要的现实意义。严士健先生曾专门论述过数学应用意识的重要性,"要让学生认识到数学本身是有用的,让他们碰到问题能想一想,能否应用数学解决问题,即应培养他们的应用意识。无应用本领,也要有应用意识,有无应用意识是不一样的,有应用意识遇到问题就会想办法,工具不够就去查。"[1]因此,应用意识的培养是数学应用教学的首要任务。

(二)提高学生的建模能力

当然,仅有意识是不够的,还需要具备运用数学符号刻画具体问题的能力,即在具体背景中能建立适当的关系(函数、方程、不等式等),较为准确地反映现实问题,也就是说应具备相应的建模能力。

正如上面的例子,仅有想法、意识是不够的,还得顺利建立起关系,解决问题:

设 6—9 间两个整数分别是 a,b,根据归纳的规则,左手伸出的手指数是 $(a-5)$,未伸出的手指数为 $5-(a-5)=10-a$,右手伸出的手指数为 $(b-5)$,未伸出的手指数为 $(10-b)$。两手伸出的手指数的和为 $(a-5)+(b-5)=a+b-10$,未伸出的手指数的积为 $(10-a)\times(10-b)=100-10a-10b+a\times b$,猜想 $a\times b$ 的结果为 $10\times(a+b-10)+(100-10a-10b+a\times b)$。

(三)发展学生必要的运算技能

一旦建立了关系,现实问题业已转化为代数问题,但问题的最终解决还得进行适当的代数运算(如恒等变形等),因此,需要发展学生必要的运算技能,如对于数、式的运算技能、化简技巧,解方程、解不等式的技能,恒等变形以确定函数单调性、最值的技能等。如上述案例中,还得将 $10\times(a+b-10)+(100-10a-10b+a\times b)$ 化简为 $a\times b$ 的形式。

(四)提高学生的代数推理能力

运算过程中,固然需要掌握一定的算理,实际上,这里的算理中就蕴含着代数推理的成分,因此,代数学习也是发展学生推理能力的一个载体。

上述四个方面的学习目标中,从整个"数与代数"学习历程看,核心是前两者,难点也是前两者。因为技能的训练,我们一线教师不乏这样的传统和经验,而意识和能力的培养,可能一线教师还缺乏这样的经验,甚至还缺乏这样的共识,另外其培养也没有一定之规,需要假以时日,不断在具体背景中渗透和外化,因而自然成为教学的难点和重点。

但从小学阶段"数与代数"学习的内容看,小学阶段的主要学习内容是数及其运算,因此,小学阶段"数与代数"的学习应关注运算以及蕴含在运算中的

---

[1] 严士健.面向 21 世纪的中国数学教育[M].南京:江苏教育出版社,1994(12):115.

代数推理,至于符号意识和建模能力,考虑到小学生的认知实际,还仅仅只能通过具体的问题进行初步的渗透。

第1章 数的认识(一)——自然数的认识

上帝造就了自然数,其他的数都是人为的。

——[德]克罗内克(Leopold Kronecker,1823—1891)

自然数是小学数学研究的主要内容。从10以内数到万以内数、到更大数的认识,从自然数的运算到利用自然数解决实际问题等,可见小学数学中涉及大量的有关自然数的内容。本章将站在更高的角度认识自然数,其中涉及人类认数、记数的历史、自然数的基数理论与序数理论、自然数的本质、儿童学习自然数的经验、自然数的认识顺序等,以及基于相关认识的自然数教学案例分析。

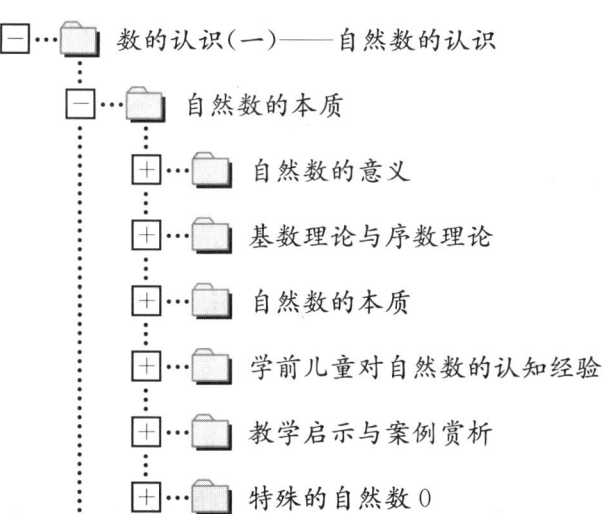

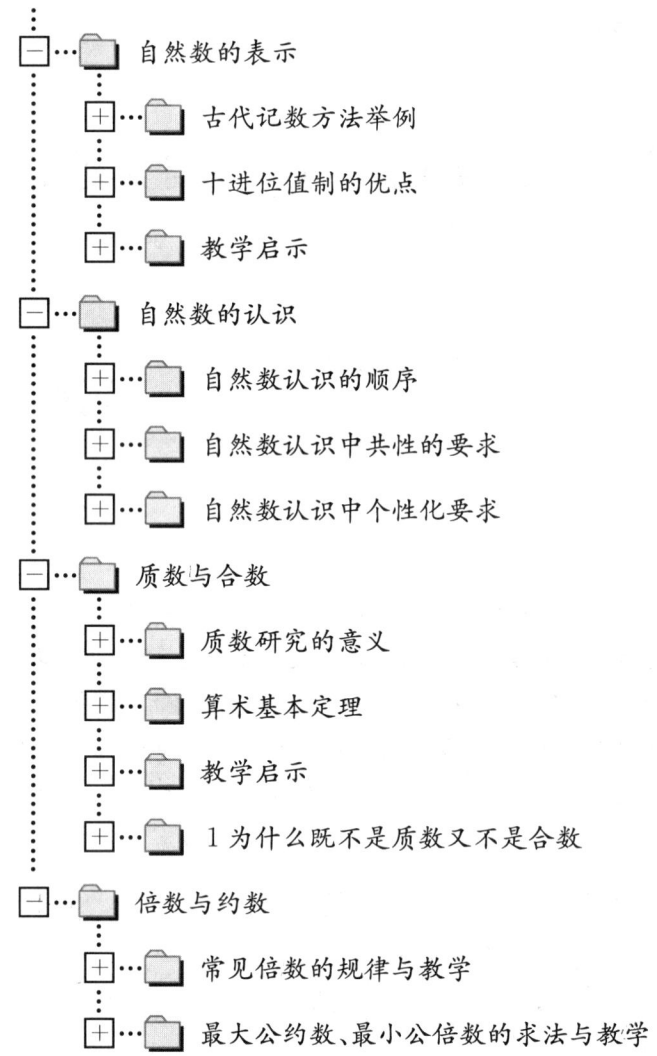

第一节 自然数的本质

一、自然数的意义

自然数,是英文 Natural number 的直译。这一术语首先被罗马学者波伊

第1章 数的认识(一)——自然数的认识

修斯(A. Boethius,475—524)使用。①

自然数,顾名思义,就是最为自然的数呗。

克罗内克所说的上帝,应该理解为大自然。实际上,只有自然数是自然地存在着的,在某种意义上还可以看得见、摸得着,其他的数都是人为的模型。自然数用于表示物体的个数,这是人的认识发展过程中首先需要解决的问题,首先需要认识的数。瞧,咿呀学语的小孩,就得区分周围的物体以及他们的数量多少,最简单、基本的就是所谓1个鸡蛋、2张桌子、3个人之类的;历史文献和考古发现表明,人类早期常常采用"结绳""刻画"等方法记录物体的个数;直至上个世纪,一些原始部落还只能认识1,2,3,多。

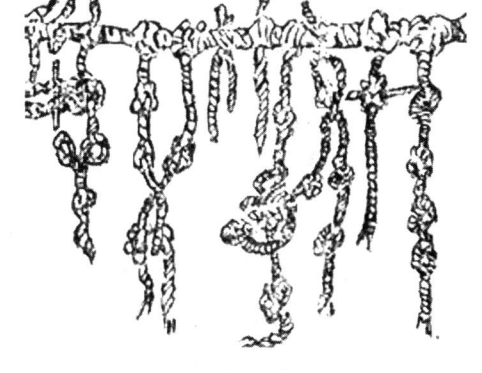

这些都说明,自然数是最简单、最基本、最原生态的数,自然数名副其实。

二、基数理论与序数理论

近代数学家为了严格地定义自然数,利用公理化的方法给出了自然数的两种理论体系:基数理论与序数理论。

基数理论:

如果集合 A 和集合 B 的元素之间能够建立一一对应关系,就称集合 A 和集合 B 等价,记作 $A \sim B$。

彼此等价的所有集合的共同特征的标志叫作基数,记为 $|A|$。

在基数理论下这样定义加法:设有限集合 A 和 B,且 $A \cap B = \varnothing$,若记 $A \cup B = C$,集合 A,B,C 的基数分别是 a,b 和 c,那么 c 叫作 a 和 b 的和,记作 $a + b = c$。

序数理论:

如果非空集合 N 的元素之间有一个基本关系"后继"(用符号"'"表示),

---

① 张奠宙等. 小学数学研究[M]. 北京:高等教育出版社,2009:21.

并满足下列公理：

(1) $1 \in N$，对任意 $a \in N$，a' 不等于 1；

(2) 对任何 $a \in N$，有唯一的后继元素 a'；

(3) 1 以外的任何元素，只能是一个元素的后继元素；

(4)（归纳公理）若 $M \subseteq N$，且满足下面的条件①②：

① $1 \in M$

② $a \in M \to a' \in M$，则 $M = N$

那么，就称集合 N 的元素是自然数。

基于序数理论的自然数加法定义为：

(1) $a \in N$，则 $a+1=a'$；(2) 设 $a,b \in N$，则 $a+b'=(a+b)'$。

实际上，这两种理论，分别对应着自然数的两种不同意义与作用：自然数可以表示具体一些事物的个数，这就是所谓具体物体组成的集合中元素的个数（基数）；自然数可以表示一个顺序，第一个、第二个、第三个……这不正对应着一个具体的顺序数（序数）吗？

三、自然数的本质

史宁中教授认为："数是对数量的抽象，数的关系是对数量关系的抽象。数量关系的本质是多少，**数量多少比较的方法是对应。**"他在《基本概念与运算法则》一书中给出一些例证①。

在欧洲某地庄园的望楼上有一个乌鸦巢，主人打算杀死这只乌鸦，可是几次都没有成功，因为他一走进这个望楼，乌鸦就飞走，栖在远远的树上，直到他离开望楼才飞回来。后来他想了一个聪明的办法：两个人一起走进望楼，一个人出来，一个人留在里面。可是乌鸦不上当，直到第二个人离开望楼才飞回来。主人不死心，连续试验了几天：三个人，四个人都没有成功。最后用了五个人，四个人走出来，一个人留在里面，这次乌鸦分辨不清了，飞了回来。

这个故事表明：动物对于数量的多少也具有一定的分辨能力。

实际上，儿童对于数量的认识也是如此。

研究表明，两到三岁的孩子也许并不知道用数字描述物体集合，但他们能

---

① 史宁中.基本概念与运算法则[M].北京:高等教育出版社,2013:79.

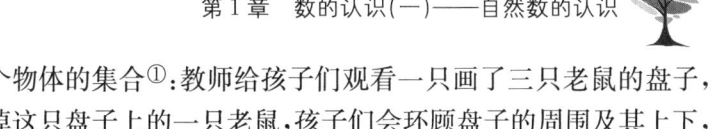

分清两个或三个物体的集合①：教师给孩子们观看一只画了三只老鼠的盘子，然后偷偷地擦掉这只盘子上的一只老鼠，孩子们会环顾盘子的周围及其上下，并知道少了一只老鼠。

这说明，人类对于数量多少的感知可能比语言的形成还要早，只是创造语言、符号来表示具体的数量关系，那是一个漫长的过程。

那么，人类早期又如何比较数量的多少，如何记录数量呢？

大多数古文明是借助对应关系来记载数量多少的。《周易·系辞》中记载："上古结绳而治，后世圣人易之以书契。"就是说，上古的人们在绳子上系结（做记号）来记录数量，后来才发展出书契记载。

在《天空中的圆周率》中记载着这样一件事②：

1929年，考古学家在公元前十五世纪的努鲁孜城废墟中发现了一个很小的圆形土质容器，外侧的楔形文字记载：

与绵羊和山羊有关的物体

4只小公羊

21只生过小羊的母羊

6只生过小羊的母山羊

6只小母羊1只公山羊

8只成年公羊2只小羊

这些数字加起来是48。当人们打开这个容器后发现，里面正好有48个泥球。

西班牙的酒保通过向顾客的兜帽里投放小石子来记数红酒的杯数，因而产生了西班牙成语"echai chinas"（放一个石子）。

从这些例子可以知道，人类在远古时代就能借助集合与集合之间元素的对应关系分辨多少：如果两个集合的元素能够建立一一对应的关系，那么两个集合的元素个数一样多；如果一个集合有剩余，那么这个集合的元素的个数就多于另一个集合元素的个数。

根据上面的分析，**基数更符合人类早期的认知，序数则反映了自然数的某种特点**，序数理论是理论建构时人为地以这些特性为基础建构出来的。而且，蕴含在基数理论中的对应思想在数学的后续发展和学生的后续学习中有着十

---

① [英]茱莉娅·安吉莱瑞. 如何培养学生的数感[M]. 徐文彬，译. 北京：北京师范大学出版社，2007：18.

② 史宁中. 基本概念与运算法则[M]. 北京：高等教育出版社，2013：79-80.

分广泛的应用。

因此,自然数的认识应:**先学习基数再学习序数;关注比较与对应**。

为了凸显从具体的数量到数的抽象过程和对应思想,本应逐个学习1,2,3,4,5这些数,通过重复强化学生的认知感受,而且认识某个具体自然数(如4)时,一般也应经过这样几个程序:呈现一些生活情境,感受几个集合中元素数量的多少,有的集合元素多,有的集合元素少,有的一样多;发现其中几个集合元素一样多,让学生说明怎么知道一样多的(如连一连、画一画、圈一圈);在某个集合中圈出与已知的集合一样多的元素;在这些活动的基础上,发现它们的个数一样多,需要给出一个新的记号;认识新的数和前面学习的数之间的关系;生活中除了用数4表示具体东西的个数,还有哪些用处,可否表示一个顺序,引出序数的意义。

可是,荷兰数学家和数学教育家弗赖登塔尔则认为:"儿童是不会从等价集合的类来构造数的,它不过是数学家的理想化思想。"所以,"人们没有理由要将它作为检验儿童是否掌握数概念的标准。"

这又如何理解呢?

从数学上讲,确实是通过不同集合的等价建立具体某个数的概念的,人类早期也运用了这个想法,但人类早期对这个想法的运用也许是不自觉的,因此,要求一年级的学生领会其中的对应思想,可能有点"曲高和寡"了。况且,如今的学生已经具有丰富的生活经验与认知经验,教学中还需充分利用学生的经验这一学习资源。

四、学前儿童对自然数的认知经验

儿童在学前已经开始跟着父母"唱"数、数数了,并逐步认识一些数字了。

唱数,如:"yi,er,san,si,wu,上山打老虎"。这个过程中,儿童已经熟悉了数的语音符号。

数数,如:

第1章 数的认识(一)——自然数的认识

这个过程中,儿童逐步建立了较小的数的数量关系的概念,如了解了较小数字的大小关系和顺序关系,能够数出较少物体的数量。

认数,如,在耳濡目染中,儿童能认识一些简单的数字,如电话号码、电视频道、楼梯的层数、商品的价格标签等。

还有部分儿童甚至能够写一些简单的数字:1,2,3,4,5,…。当然,由于身体发育的原因,多数儿童握笔写字还有一定的困难。

也就是说,如今的儿童,已经具有了序数的感受(在唱数活动中已经认识了数字之间的顺序),也已经能够用较小的数表示物体的个数。因此,从对应的角度逐个学习1,2,3,4,5,…,显然忽视了学生的认知基础,浪费了学生本身的经验这一学习资源;如此重复的学习,学生难免厌烦。正是基于这样的原因,现在很多教材是一体化认识1—5这5个数字的。

五、教学启示与案例赏析

顺应学生的认知基础,一体化认识1—5,但同样应关注抽象和对应思想的渗透。

案例1.1:认识1—5

南京市中华中学附属小学 许红

【活动1】 创设情境,联系生活

活动内容:小朋友们,你们去过动物园吗?你们瞧,在一个天气晴朗的早晨,老师和同学们来到了野生动物园(课件演示)。这里有这么多可爱的小动物!跟你的小伙伴讲一讲,你看到了什么?分别有几个?

设计意图:充分联系生活,创设学生感兴趣的情境,激发了学生的学习热

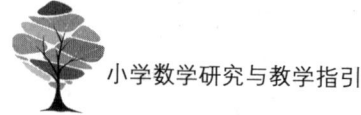

情;呈现全景图,其中各种动植物的数量涵盖了1—5所有的数,有数量相同的,有数量不同的,为本节课抽取相应的数以及数量比较提供了丰富的素材;正因为动植物品种较多,为课堂的开放提供了机会,有助于促进学生的开放性思维。

教学处理:先分别观察,然后同座的两个同学相互交流,接着进行班级提问。学生每说到一种动植物,教师在屏幕上点出相应的动植物,并将该动植物的图像贴到黑板上,有几个这种动植物就贴几个,并注意将每种动植物的图像左端对齐分布,便于学生后面从对应的角度认识一样多和比较多少。

【活动2】 认识多少与相等,感受对应关系

1. 认识多少,初步感受对应关系

活动内容:刚才小朋友通过数一数知道了图中的很多数学信息。动物们都在比谁的数量多,你知道是小鸟多还是犀牛多?你是怎么知道的?还可以怎样说明?

设计意图:数出各种物体多少后,自然进入了这个比较环节。根据学前的经验,学生能够比较1—5的数量多少,但学生的比较可能更多的是基于"唱数"的经验,后面的数比前面的大,为此,这里引发学生用多种方式说明两种动植物数量的多少,希望学生能够从数一数、连一连、圈一圈、画一画等实际操作感受对应的思想。

教学处理:直接提问学生,根据学生的回答逐步展开。因为学生刚刚数过具体的小鸟和犀牛的数量,所以,很可能从数量比较出发。因此,教学现场很可能如下:

生:小鸟多,因为小鸟有5只,犀牛只有2只,5只比2只多。

师:通过数数你发现了它们的数量是不一样的。如果不数,你能从屏幕上说明小鸟比犀牛多吗?

生:把两种动物圈出来连一连,我发现小鸟多。

师:你是怎么连的?

生:1只犀牛连1只小鸟,1只犀牛连1只小鸟,剩下的小鸟没有犀牛连了,就多出来了。

师:实际上,老师已经将这些动物"拉"到黑板上了,你能在黑板上说出小鸟比犀牛多吗?

生:太简单了,小鸟那一排明显比犀牛那一排长。

师:很聪明,是的,小鸟那一排长一些,说明小鸟数量多。我们把这两排放

第1章 数的认识(一)——自然数的认识

到一起,上下对应的连一连,也可以看出小鸟多。

黑板呈现:

2. 认识相等,再次感受对应关系

活动内容: 不数数,你能知道黑板上哪两种动物一样多吗?你怎么知道一样多的?

设计意图: 再次从对应的角度认识相等;从本源上讲,正是因为很多物体数量上的相等,才引出了数字这一符号表示,因此,这个活动为下面的数字认识做好了铺垫。

教学处理: 前面已经将相应动植物的图片左端对齐地排列在黑板上,而且学生前面已经从长短上比较了犀牛与小鸟的多少,自然不难从黑板上看出长颈鹿和梅花鹿这两排一样长,数量一样多,因此,可以直接提问学生,并具体地在屏幕和黑板上连一连。下面是具体的教学片段:

生:长颈鹿和梅花鹿一样多。长颈鹿和梅花鹿一个一个对齐了,不多一个也不少一个。

师:请小朋友们在图中圈出所有的梅花鹿和长颈鹿,并连一连,看看是不是一样多。

学生活动后教师在黑板上呈现:

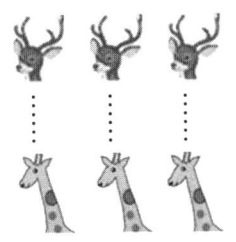

【活动3】 认识数字"3",再次感受对应和抽象

活动内容: 认识数字3,寻找生活中不同类型的3个物体,感受基数,了解3还可以表示顺序。

设计意图: 对数字3有一个全面的认识;并以3为例子感受数字的不同含

15

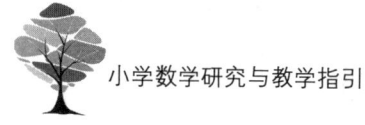

义和用途,为后面认识其他数字积累经验。

教学处理:首先因承上面的结果,引出数字3;接着引导学生寻找生活中的3,感受3的基数意义和序数意义。下面是教学现场的片段:

师:长颈鹿和梅花鹿的数量相同,所以数学家爷爷就想用一个相同的符号来表示它的数量,也就是数字"3"。好,我们一起认识一下3。

大家看看3是怎么写的?将手指放到书上的"3"上,从"3"的右上方开始,手指头不离开书,画到左下方(教师边说边示范)。每人画3遍。

画完了,直接在桌子上用手指头画2遍,接着在纸上写2个"3",同座检查一下,你们写的3正确吗?

好的,我们已经认识了数字3,以后就可以用这个符号表示3个东西了。生活中肯定有很多3,我们找一找!

圈一圈:请在上面的图上,圈出3个小鸟,圈出3个蘑菇,圈出3个梅花鹿,圈出3朵小花。

连一连:在图片中(图略)将含有3个物体的图形连起来。

找一找:请从学具盒中拿出3支铅笔,3个三角形,3本书。

说一说:生活中你还在哪里见过3,说一说,与同伴交流。

想一想:书上有页码,页码"3"表示3个吗?3还可以表示什么?

师生总结:因为很多东西一样多,数学家引出了符号3;3可以表示3个东西,还可以表示顺序,第3个。

【活动4】 迁移先前的经验,认识其他数字

活动内容与设计意图:迁移刚才的经验,认识其他的数字。考虑到数字比较多,仅仅选择数字4为例。学生学习活动经验的积累,需要教师适时的外显,因此有了下面对先前经验的梳理、回忆;还需要适时的调用,在调用中内化经验,因此,就有了调用经验再次认识数字4的活动。

教学处理:先师生交流,回顾、梳理经验,并调动学生积极性;然后学生小组合作认识数字4;最后班级提问交流。师生交流可以如下:

因为很多东西一样多,为了表示的方便,数学家引出了符号3,表示3个物体。大家都知道1,2,3,4,5,我们有没有信心学着刚才的过程,一起认识一下数字4?

好,大家信心爆棚嘛!我们先回忆一下刚才的经验。刚才我们圈了3个东西,连了数字3和3个东西,找了3个东西,说了生活中的3和相应的意思。不就是将3换成数字4吗,肯定难不倒大家。

第1章 数的认识(一)——自然数的认识

请同座两人为一个小组,在老师提供的图片和作业纸上,分别圈一圈4、连一连4、找一找4、说一说4,等会儿我请几个小组汇报。

小组汇报后,快速点出数字1,2,5,并读一读1,2,3,4,5。

【活动5】 动手操作,培养数感

活动内容与设计意图:通过活动,进行1—5口头语言、1—5符号语言和1—5的实际意义之间的对应训练,同时培养学生的数感。

教学处理:刚才,我们认识了1—5这几个数,现在老师要考验一下你们的动手能力,快把我们准备的小棒拿出来。并提出要求:小棒放左上角,老师说拿几根,就把几根拿到桌子中间。然后依次让学生拿出1根小棒、2根小棒、3根小棒、4根小棒、5根小棒,并要求说出几根小棒可以用数字几来表示。接着屏幕随机出现数字,学生拿小棒;最后同座2人游戏,一人说数字,另一个人拿小棒。

【活动6】 课堂小结(略)

【问题与研讨】

1. 为什么先认识不等再认识相等?

相等与不相等(存在多与少的关系)是一对孪生兄弟,没有不一样多,没有多与少,就没有一样多。也就是说,数量关系肇始于比较,相等往往是基于比较,有不等才有相等,只有比较了,存在多少了,才会存在相等。基于这样的考虑,我们引导学生先认识多少,然后在多少的基础上引出相等。

2. 为什么要引导学生多种方式解释多与少?

对于小鸟比犀牛多,学生按照学前的经验,从5比2多就可以解释,为什么教学中要引导学生用多种方式进行解释呢?首先倡导学生自己进行解释具有多方面的意义:用自己的方式进行解释是理解的基本标志;解释可以促进学生的语言等多种能力的发展;多种方式的解释可以提升学生的理解水平,避免单一化的解释造成学生的思维定势;低龄段学生尤其应关注一些形象直观的解释,这样的解释有助于形成心理意象,丰富的心理意象有助于后续数的认识,也有助于后续数量运算策略多样化的培养。其次,多种解释中渗透了对应的思想。

后面对"一样多"进行了多次解释,如"你怎么知道一样多的?",并设计了连一连、圈一圈、画一画等多种活动,目的也是渗透对应的思想。对应,是理解集合元素相等的基本方法,也是一个重要的数学思想方法,在学生日后的学习与工作中有着广泛的应用,需要尽早渗透。教学中,还可以引导学生通过一些生活现象比较多少,如座位数与学生数的比较(有空座就说明座位多了,有人站着不就是人数多了吗?)。有人感觉,学生已经能够通过具体的数字比较大小了,何必进行这样"低级"的活动?实际上,学生对于重要思想方法的认识,正是基于这些日常的生活体验,在活动中形成对于思想方法的活动体验,日常的积累、积淀方能内化为思想方法。

当然,对应过程中还可以暴露一些学生常见的错误认识。学生对于数量关系的认识,难免有一些直觉,如一些学生对于数量关系的认识会与物体本身的大小、排列状况相关联,如正好上下一一对应的没有问题,上下不一一对应的两排之间稀疏状况不同甚至排列不同、乱序的,学生可能会认为数量不一样,也就是学生可能还没有完全建立数量守恒的概念,可以通过这样的活动进一步澄清这样的认识。

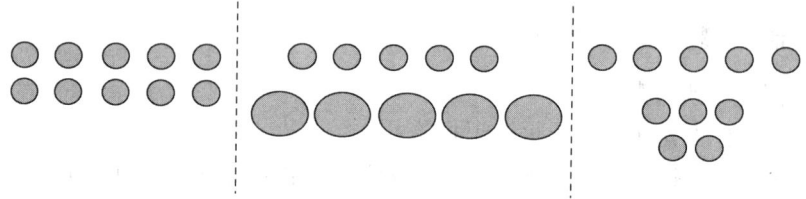

3. 学生这么小,有必要关注其中抽象的思想吗?

数本身就是现实世界集合共性的抽象,是很多集合元素个数相同的时候,对这个相同的基数的抽象。数的认识中应该体现这样的思想方法。后面的数的认识中,重点将转向另一个重难点:数的表示。因此,对于10以内数的认识特别是1—5的认识,需要渗透这样的思想。当然,教学中绝对不要和学生说所谓的抽象概括,而只是通过活动,让学生感受到数量一样多,需要用一个统一的符号表示而已。

六、特殊的自然数0

(一) 可0并不自然呀

我国在1993年颁布的《中华人民共和国国家标准》(GB3100-3102-93)中《量与单位》(11-2.9)第311页)规定:自然数包括0。因此,近年编写的中小学教材中,都依据上述国家标准,认为0是自然数。

可是很多人感觉0并不自然。历史上,人们认识自然数并将它用于记数,都是从1开始的。在古代中国、古埃及以及后来的古罗马等地使用的数码中都没有表示"零"的数码。现在通用的表示"零"的数码"0",大约在公元6—8世纪由印度人首先使用,印度数字后来经阿拉伯人传至欧洲,欧洲人开始时对零作为数字感到抗拒,认为零不是一个"自然"数;从小孩的认知看,1,2,3表示物体的个数很自然,而0表示"一个物体也没有"对应的那个数,总感觉有点别扭,不那么自然。

自然数包括0,也会带来一些行文的不便。例如,小学阶段的整除、倍数、约数等概念中都不包括0,一般也不说0是几位数。把0当成自然数时,说明这些概念都得回避0或者明确提出在正整数范围内,颇为麻烦。另外,不把0当成自然数对数学内容的学习不会产生实质性的影响,也不会影响到国际交流。

因此,很多人不赞成把0当成自然数。

(二) 0当成自然数也有其合理的成分

从集合论的角度,1,2,3,…被看成集合元素的个数(即集合的基数),空集作为一个特殊的集合,自然应有相应的基数0了。

将0作为自然数也有一些好处。自然数包括了0,加法就有了单位元。

将0作为自然数已经成为国际标准。国际标准ISO31-11:1992《量和单位第十一部分:物理科学和技术中使用的数学标志与符号》中,从集合论角度规定:符号N或ℕ所表示的自然数集是包括正整数和0。新修订的ISO/IEC 80000-2也规定:符号N或ℕ所表示的自然数集包括正整数和0。我国于1993年制定的国家标准中将0作为自然数正是参照国际标准ISO31-11:1992,以方便国际交流。

(三) 别纠缠这些小细节,早一点开展0的学习吧

作为教师,我们需要了解这些细节问题,但可千万别纠缠于这些细节性问题中,而是应从中认识到学习0的意义和困难,适时地开展0的教学。

也许对于古人来说,0很难理解,因此,到十世纪欧洲人都还抗拒用0表示没有。但对于现在的儿童而言,生活中0已经无所不在,日历、电话号码、商品价格中难逃0的身影。正如古人对于十进位值制的认识,古人在认识数的过程中,创造了很多记数法,而只有中国人首创了十进位值制这样一个简便易用的记数法,并进而成为印度数字、阿拉伯数字,成为全世界通用的记数法。古人对于十进位值制的认识是一个十分漫长的过程,但在全球通用阿拉伯数字的现时代,十进位值制对于儿童而言,已经不再像古人那样需要漫长的探究、理解过程。因此,0对于儿童而言,也不再像古人那样难以接受。何况,十进位值制记数中马上就要用到10,这里离不开0这个符号,因此,尽早学习0十分必要。

"0最小、最特殊,尽早学习,那就第一个学习0呗",也许有人会这么想。做事最怕走极端。0不像古代那么难以认识,可毕竟还不如1,2,3那么自然哟,因此,还得先学习1,2,3这些更自然的数,只要在学习10之前学习0就可以了。当然,考虑到6,7,8,9这些数字比较大,很难与身边的具体物体形成对应,小孩数数时很容易出错,因此,一般将0的学习放在这些数的学习之前。

(四) 0的意义与教学启示

0的本源性意义自然表示没有了。教学中,首先应从数物体的个数开始。可以呈现同一个物体的个数动态变化过程,在这个过程中,既复习了已经学习过的3,2,1等数字,同时呈现一个东西都没有的认知冲突,感受0的意义。如有老师设计了"猴子吃桃"的动画,原来有3个桃,吃掉一个,剩下几个?怎么表示?再吃掉一个呢?都吃掉了呢?在这个过程中,学生伴随着动画显示的物体个数的变化,依次回忆了3,2,1,并认识到需要表示一个都没有,自然就引出了符号0;同时,也感受到这些数字之间的关系,如"3、2、1、0依次减少1""3−2=1""3−3=0",形成对0更为全面的认识。

0还可以表示起点。实际上,这是一种"序"的理解。按照序数,1在2的前面,0在1的前面,因此,0自然就表示起点了。正如基数是本源,序数是生发的应用一样,0表示没有是本源性的,而表示起点是生发性的,因此,0表示起点相对而言难度稍高。教学中需要选择适当的直观背景。直尺是学生较为常见的一个工具,因此,很多老师选用了直尺。当然,直尺中一些细节对一年级学生的认识可能产生额外干扰,如有的直尺中除了整数外还有细化的小数单位,直尺中的数量常常超过10等,因此,教学中可以自行设计一段简化了的直尺,然后再呈现现实生活中的直尺,如有学生提出异议,再引发学生思考,并告知以后会研究这些问题。

0表示的这个起点常常是人为选择的。例如,气温的0摄氏度,实际上只是选择了其中某一个点作为0而已,这里的起点并不是绝对的"没有",不像上面直尺上面的0,直尺上的0可以表示物体的长度为0。也就是说,有了0之后,人们将某个点选作标准,以这个标准为0,高于这个标准的用正的数表示,少于这个标准的用负的数表示。显然,对于一年级初学0的学生而言,这一点要求巨高,教学中应避免出现这样的例子。如果学生举例时涉及这样的例子,自然应该肯定,但不要向这个方向引导。如果确有个别学生提出"比0小的数""零下几度",这样的例子,那么可以鼓励学生,并在课外再行交流或者提出一些思考性建议。在第二学段认识负数时,学生也未必能够认识到"0"的可选择性,不建议引导学生思考零的可选择性,这样的内容建议留给初中再行体会。

第二节 自然数的表示

如果没有这种十进位制,就不可能出现我们现在这个统一化的世界了。

[英]李约瑟(Needharn,1900—1995)

"自然数的表示,那不简单,0,1,2,3,4,5,6,7,8,9,10,11,…。"是的,这就是现在全世界通用的阿拉伯数字。可别小看这阿拉伯数字和其中内蕴的十进位值制记数法,这可是数学发展史上一项伟大创新,其中蕴涵着很多重要的思想,或者说在创造过程中有很多巧妙之处。

为了感受十进位值制的意义,我们还是先回顾一下古人记数的各种方法。

一、古代记数方法举例

人类在认识自然的过程中产生了记数的需要。最初人们的选择是随处可见的石子、泥球之类的,通过与实物的一一对应来记数。但石子、泥球难以保存、携带,为此,古人选择了结绳或刻骨,这样解决了携带、保存的问题,但随着数量的增加,满目的绳疙瘩或骨划痕带来了认数的麻烦,于是,人类的聪明才智充分发挥出来,不同文化背景下的古人发明了不同的记数系统。

早期的记数系统

埃及象形数字（约公元前3400年）									
1	2	3	4	5	6	7	8	9	10
11	12	20	40	100	200	1000	10000	1000000	

(续表)

数字系统												
巴比伦楔形数字（约公元前2400年）	1	2	3	4	5	6	7	8	9	10		
	11	12	20	30	40	50	60	70	80	120	130	
中国甲骨文数字（约公元前1600年）	1	2	3	4	5	6	7	8	9	10	100	1000
希腊阿提卡数字（约公元前500年）	1	2	3	4	5	6	7	8	9	10		
	11	12	15	16	20	30	50	60	70			
中国筹算数码（约公元前500年）纵式／横式	1	2	3	4	5	6	7	8	9			
印度婆罗门数字（约公元前300年）	1	2	3	4	5	6	7	8	9	10	20	30 40 50 60
玛雅数字（约公元3世纪）	1	2	3	4	5	6	7	8	9			
	10	20	40	60	80	100	120					
玛雅象形数字（主要用于记录时间）	1	2	3	4	5	6	7	8	9	10		

可以发现,不同的古文明都采用了独特的符号表示数,而且为了减少符号的数量,有了进制的思想。如,古埃及采用了10进制,10、100、1000、10000、100000分别采用了不同的记号,这样使用14个记号就可以表示100万以内的所有的数了。但古埃及、古希腊、古罗马都采用了叠加数制,如为了表示30,就连用3个10的符号。数较小时还容易读取,数稍大,读取就不甚方便了,需要分别数一数各个级别的记号有几个,写的时候也十分不便,得将那个记号重复写多遍。此外,数不仅仅是记号,还得参与运算,叠加数制在运算中的不便尤为明显。例如,在罗马数字中进行两位数的乘法就十分不便了,而源出于中国的十进位值制的优点就尽显无疑了。

二、十进位值制的优点

所谓位值制,就是指不同位置上的数表示的量不一样,如现在阿拉伯数字的55,同样是5,但它们的位置不同,表示的数值就不一样,前一个5在十位上,表示50,后一个5则表示5。

可别小看现在大家司空见惯的这一做法,可是被马克思称为**"最美妙的发明之一"**。简便的记数法大大简化了计算,使得科学计算前进了一大步。

实际上,记数法的发展过程中,主要有两个重要的飞跃:

一是,位置表示不同的意义。不能老是一个个的数下去,那么符号用不尽。需要尝试减少符号,因此,就出现了叠加数字和位置数字两种方式。如罗马数字那样的叠加数字,记数和计算时的繁杂是不言而喻的。

二是,相邻位置的倍数关系是固定的,即使用固定的进制。只有使用了固定的进制,下面进行运算就比较简便了。

当然,为了推广的方便,还需要相对简单的符号。我国是最早使用十进位值制的国家,但由于中文符号的独特性,并没有直接推广到国际范围内。而从印度符号改变过来的阿拉伯符号,经过阿拉伯人的传播,到达欧洲后,才成为通行的数字符号。这也说明,方便书写的符号也有助于传播与交流。

其中还有一个关键词:十进制。选择十进制,也十分自然,"手指数字"。中国常言道"屈指可数",这说明,中国选用十进制与屈指数数有某种联系。实际上,也可以有不同的进制。如12进制(一年12次月亮的圆缺)、"手脚并用"的20进制,古巴比伦人的60进制,现在计算机的2进制、8进制、16进制等。实际上,并无绝对的好差之分,关键是适合。例如,计算机中借助二极管的状态表示数字,二极管的状态只有两个:开或关,因此,就选择了2进制。在10

进制一统天下的今天,还留存了一些其他进制,如12进制的"打",六十进制的"度分秒"等。

三、教学启示

从上面十进位值制的历史中,不难感受到古代数学家的智慧。当然,我们现在的学生已经生活在十进位值制的世界中,对于十进位值制的优点已经有种"身在此山中,浑然不自觉"的感觉了。作为数学教师,我们应该尽可能将这样重要的数学思维过程暴露给学生,以给学生更多智慧的启迪。当然,要求学生完全重复古人的过程,既不必要也不可行了,总不能将已经在生活中司空见惯了的那些数从小孩的脑子中抠掉吧。但是,教学中不妨通过一些影像资料或者阅读材料,让学生体会到十进位值制的必要性与好处,让他们通过比较感受到十进位值制的优越性,同时也感受到中国古代数学家的聪明才智。

第三节 自然数的认识

一、自然数认识的顺序

从上面的分析,不难看出,认识与表示自然数的过程中,需要解决两个问题,首先是适当的符号,其次是十进位值制。因此,首先需要认识0—9这10个符号,也就是说,要认识10以内的数;其次,要认识10以上的数以及内蕴其中的十进位值制。但对于10以上的数的认识,并不能一步到位。数位的增加和数字的增加都会增加学生的认知障碍,同时也需要更多的生活体验,另外学生对于十进位值制的理解需要一个相对较长的认识过程。因此,我国教材一般将10以上数字的认识分解成20以内数的认识,100以内数的认识,万以内数的认识,万以上数的认识。考虑到万以上的数字较大,学生生活中关于大数的经验较少,而且暂时也不需要学习这些大数的运算,课程标准将这一内容放到第二学段(4—6年级)。

二、自然数认识中共性的要求

(一) 数的认识与数的运算是交错进行的

还没有认识数,自然谈不上对数进行运算。因此,肯定得先认识20以内

第1章 数的认识(一)——自然数的认识

的数,然后再学习20以内数的加减法。但数的家族十分庞大,我们可不能等到认识了所有数之后再进行数的运算,何况数的扩展多是基于数的运算封闭性的考虑。在自然数的学习中,随着自然数数值的增加,对学生的理解能力和生活经验的要求大大提高,而较小自然数的运算学生完全可以结合生活经验加以理解,因此,自然数的认识和运算是交错在一起的。

(二) 数的认识阶段需要为数的运算积累经验

数的认识过程中,不仅仅关注于认数本身,还应通过各种活动形成对数有关运算的一些前导经验,从而为后续数的运算提供帮助。

实际上,数的认识的本质就是数量关系的认识,也就是说,在认数的时候,学生认识的不仅仅是一个个具体的数,而是认识了这些数之间的关系。如,在认数过程中,所谓的按序数数,就已经建立了数字之间的顺序、大小的关系,如1,2,3,4,5,6,7,8,9,10,在这样的过程中学生不难知道8在7后面,8比7多1个,虽然没有用7+1=8这样的式子进行表示,但学生已经能够理解:已经有了7个东西,再多一个就是8个。类似地,如果2个2个地数数,学生也认识到6后面2个数是8,在6个东西的基础上再增加2个东西是8个东西。

总之,在认数活动中要设计大量的活动为后面数的运算积累相关经验。

(三) 数的认识过程中要重视数的各种表征及相互转化

所谓表征,就是将一个对象用另一种方式表现出来,而不失去其意义,以达到沟通的目的。

对于某个具体的数4,有下面几种类型的表征方式和相应的外显形式:

(1) 语词表征:"sì",接受的方式是听,外显的方式是读。

(2) 符号表征:"4",接受的方式是看,外显的方式有认、写、想:能认出这个数字"4"(如找出对应的数字卡片),能写出这个数字"4",能在头脑中想象这个数字"4"。

(3) 物的表征:如与之对应的具体的4个物体(或者图形甚至想象的意象)等体现数字4的基数意义的表征方式,对应第4的各种体现序数的表征(如数线上的4,排名中的第4,直尺上的第4,第4层楼等),接受方式是看,外显方式有做(圈、画、找等)、说、想等,具体表现有:能找出相应数量的具体物体,如拿出文具盒中4支铅笔,说出周围4个同学,说出4种不同的水果;圈出某个图形中4个相同的物体,如画出表示4个物体的形象;能在头脑中想象出4个物体;能在数线、直尺、楼层中找到4;能在一列物体中找到第4个物体等。

基于这些不同表征,才能形成对数字4的完整的认识。教学中应关注数

25

的不同形式的表征以及各种表征之间的转化。下图反映着各种表征之间转化的关系,其中,从数字表征到"物"的表征之间的转化过程,用粗线"→"表示出来了,教学中可以呈现某个数字卡片,引导学生完成类似下面的任务:

在某个情境图中圈出相应个数的物体;
从学具盒中拿出相应数量的物体;
将这个数字卡片与具有对应数字的物体用线连接起来;
在脑子中想出相应数量的物体,并与同伴交流;
在数线(数尺)上表示出这个数字;
在情境图中圈出排在第几位的物体;
……

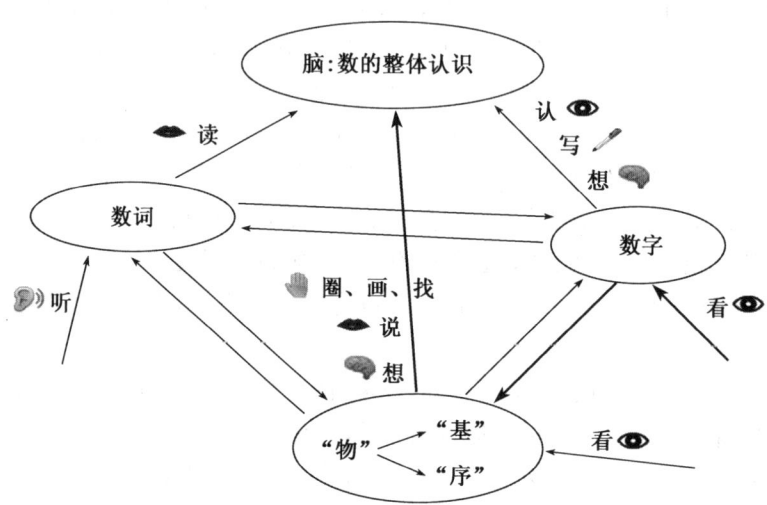

总之,需要引导学生进行各种表征方式的转化,进而在头脑中形成对于具体的数的整体的认识。

三、自然数认识中个性化要求

具体的数的认识过程中,除了上面这些共性要求外,还有一些个性化要求。

(一) 10 以内数的认识

自然数的认识有两个重点,一是 0—9 这些数字符号与数量对应关系的认识,二是十进位值制表示一般意义上的自然数。显然,本部分知识学习的重点

第1章 数的认识(一)——自然数的认识

是前者,通过前者感受数学抽象的过程和对应的思想。在前面案例中已经说明了1—5的学习中感受抽象、对应等思想的意义和做法。除此之外,10以内的数的教学中还应注意下面几点:

1. 必要的情况下,对写数进行针对性的指导

对学生而言,先前认写数字的经验比较少,教学中可以进行一些针对性的指导。如,为了帮助学生记住字形,可以把每个数字同它形状相似的实物联系起来,如下面的数字口诀歌:

1像铅笔能写字,2像鸭子嘎嘎嘎,3像耳朵仔细听,4像红旗迎风飘,5像钩子钩一钩,6像哨子吹一吹,7像镰刀割稻子,8像麻花真好吃,9像勺子能吃饭,10像小棒加圆圈。

对于字形相似的数字,如3和5,0和6,6和9等要通过比较加以区别,帮助学生辨认。

对刚入学的儿童来说,写数可能会有一定的困难,不容易分辨上下左右的位置,手指也不够灵活,要把数字写得正确、整齐、匀称比较困难。教学时,先引导学生分析字形,说明结构和笔顺,并作示范,然后照描课本上印好的虚线数字,再在日字格里仿写,最后再独立写数字。5、6、8、9、0这些数不容易写好,特别是拐弯处,要指导学生写得圆滑,没有棱角,10是10以内数中唯一的一个两位数,在写时,在日字格中要占两个格。在指导学生写数时,要注意培养学生正确的写字姿势和握笔姿势,根据初入学儿童生理特点,一次写得不宜太多,不然会产生厌烦情绪。但是,要想把数字写得整齐、匀称,是需要有一定的练习时间的。教学中应采用分散练习的形式,在这一部分,学生基本掌握正确的写法,后面在10以上数字的认识中可以再有计划地布置学生进行写数字的练习,不要急于求成。

2. 适当渗透数的组成与分解

加法中一个十分重要的基础是20以内的进位加法,而20以内的进位加法一般需要利用数的分解与组成,因此,教学中,建议尽早渗透数的分解与组成。当然,这里强调的是渗透,而不是记忆。建议通过将物体分成两堆这样的具体活动,让学生自己感受到数的分解,但不一定要求学生马上将这些结论都记住。下次遇到这类问题时,学生仍然可以具体动手分组或者在脑中想象着进行分组。可能有老师认为,认识数时就应要求学生熟练地进行数的分解,我们认为,如果像过去一样,每个数都用一个课时教学,可以要求学生熟练掌握

数的分解。但在整体认识 1—5 和 6—10 的背景下就不需要将数的组成作为这一阶段的重点,可以在这里通过活动渗透,在后面加法学习中再逐步提升要求,通过多次循环,让学生逐步熟练地进行数的分解与组合,最终保证能进行 20 以内的进位加法即可。

(二) 20 以内自然数的认识

1. 感受位值制是学习重点之一

本阶段还应通过活动充分认识这些数的"基""序"意义,为数的加减运算积累充分的经验,但 20 以内数的认识时,学生将首次认识位值制,因此,感受位值制自然成为这个阶段学习的重点之一。

9 后面是几?当然可以是"a""b""shí"等类型的语词,当然也可以创造出"shí"相应的数字符号,如罗马数字的"X"。古代中国人选择了利用同一个数字在不同的位置表示不同的数的想法,这就是位值制。有了十进位值制,利用 10 个数字符号就可以表示所有的自然数了,这不能不说是人类历史上一个重要的发明创造。

用 10 个记号来表示一切的数,每个记号不但有绝对的值,而且有位置的值,这种巧妙的方法来自印度。这是一个深远而又重要的思想。它在今天看来如此简单,以致我们忽视了它的真正伟绩。但恰恰是它的简单性以及为一切计算都提供了极大的方便,才使得我们的算术在一切有用的文明中位居首位;而当我们想到它竟逃过了古代最伟大的两位人物阿基米德和阿波罗尼斯的天才思想的关注时,我们更感到这成就的伟大了。——拉普拉斯①

在那个年代,拉普拉斯对中国还不了解,因此将这项发明归功于印度,实际上最早使用十进位值制的是中国。

2. 从直观到抽象,更好地认识数位

正如拉普拉斯所说,十进位值制竟然逃过古代两位伟大人物阿基米德和阿波罗尼斯的天才思想的关注,因此,如今感觉十分简单的十进位值制,实际上蕴含着丰富的思想和伟大的发明创造。为了让学生更好地感知十进位值制,教学中需要搭建"脚手架",引导学生从直观到抽象,逐步抽象出十进位值制的表示方法。

---

① 史宁中.基本概念与运算法则[M].北京:高等教育出版社,2013:82.

第1章 数的认识(一)——自然数的认识

下面结合一个教材片段①感受教学中如何从直观到抽象。

● 用 | 代表 🐐, 摆一摆, 数一数。

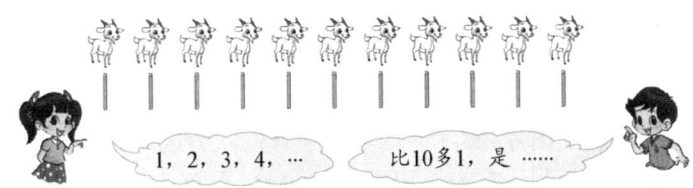

1, 2, 3, 4, … 比10多1, 是……

● 捆一捆, 认一认。

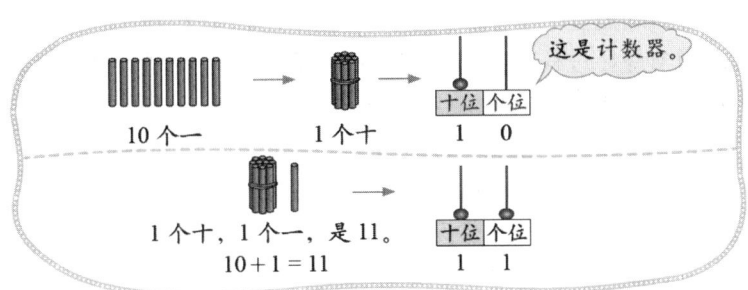

● 做一做, 说一说。

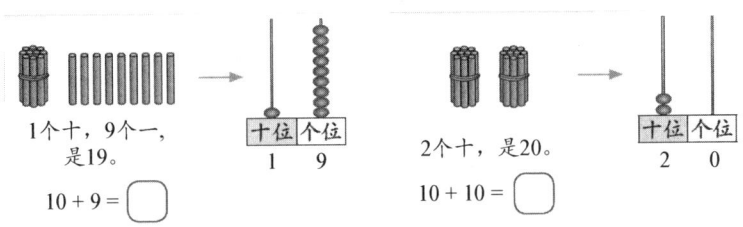

首先呈现一个情境, 在情境中感受物体的个数超过了原来学习过的10时, 怎么表示呢? 从而引出学习位值制的必要性(这个教材中10是和6,7,8,

---

① 刘坚. 新课程标准实验教科书. 小学数学一年级上册[M]. 北京: 北京师范大学出版社, 2012: 74.

9等一起学习过的,学生对于10这个记号可能仅仅看成一个完整的数字表示而已,尚没有位置的想法)。面对这个情境,教科书呈现了"捆一捆,认一认", 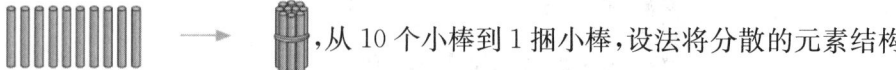,从10个小棒到1捆小棒,设法将分散的元素结构化,这就是进制的想法(不能老是一个一个地数,而是适当结构后计数), 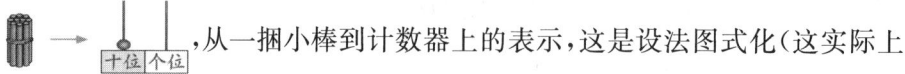,从一捆小棒到计数器上的表示,这是设法图式化(这实际上已经是位值制表示了),从 到位置卡片上的 1 0,再到抽去位值卡片后的表示符号"10",这是一个逐步抽象的过程。

教科书呈现这个图片,实际上就是引导学生经历这样的逐步抽象过程,在这个过程中感知位值制。首先调用原有的经验,重新认识 10 的表示;在这个重新认识的基础上,"捆一捆,认一认",认识 11,丰富对于位值制的感受;"做一做,说一说",既是进一步丰富关于位值制的认知体验的过程,更是一个经验的反思、调用与外显过程。相信经过这样的活动参与,多数学生能够结合 20 以内的数较好地认识位值制。

当然,经验只有在不断地调用、反思、外显中才能得以深化,因此,这些活动之后,自然还应设计相关的巩固练习,这些巩固性的练习包括:

繁杂的物体进行计数,需要自我结构化,如:

圈一圈,写一写

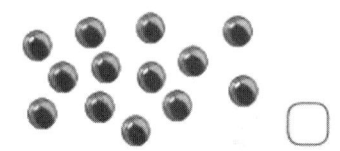 

不同的表征方式之间的转化,如:

实物(图形)表征转化为符号表征。

看图写数。

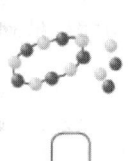 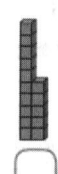 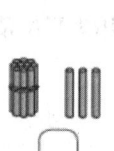 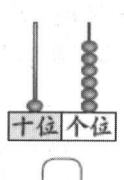

第1章 数的认识(一)——自然数的认识

反过来,符号表征转化为实物表征,要求学生通过拨珠等各种方式表示一个已知的数。

说一说。

● 古人这样表示12,你能用这样的方式表示13吗?

需要说明的是,**数位的理解不能一步到位。**

在10—20的数字的认识中,学生未必就能完全理解位值制的必要性,甚至老师不讲位值制时,学生并不一定从位值的角度进行理解,而是将"10""11"看成一个完整的新的符号。只有数量较大时,学生才能更好地理解位值制,如78。因此,在20以内数的教学过程中,应通过上述活动强化学生对于位值制的感受。但不要指望学生就能完全理解位值制。后续100以内数字的认识、万以内数字的认识、万以上数字的认识以及两位数的加减运算中,还可以进一步感受数位。

案例1.2:认识11—20各数

南京市中华中学附属小学　许　红

【教学目标】

1. 建立新的计数单位"一"和"十",使学生知道10个一是1个十,2个十是20,初步认识"满十进一"的计数原理。

2. 通过数数的活动让学生理解11—20各数的数量、顺序和数的组成。

31

3. 培养学生的估算意识和数感,让学生从生活中发现数学,感受数学,体会数学的价值。

【教学重点】

初步理解10个一是1个十,2个十是20;初步感知11到20各数的组成。

【教学难点】

认识"满十进一"的计数原理。

【教学准备】

课件;每生20根小棒,2根皮筋。

【教学设想】

本节课我设计以数数为主线,通过"数数"的活动理解数可以表示数量的多少,也可以表示数的顺序,同时培养学生数感。之前学生已经认识了0—10各数,在苏教版教材"认识十"一课中也已经要求学生把10根小棒捆成一捆。为何捆成一捆,我认为是为了数起来或拿起来更方便,所以我设计了让学生一把抓起10根小棒,学生抓的过程实际就是捆的过程。又和学生约定,只要是数满10根小棒就要捆成一捆,看到1捆就知道是10根。这样学生再摆11根小棒的时候就应该较容易的想到摆1捆和1根。为了区别计数单位,建立"满十进一"的计数原理,又由于低年级学生对颜色比较敏感,我设计了不同的"色块"表示不同的计数单位,让学生加深感性的、表象的认识和理解,也为后续的数的组成的学习铺路。对估数环节的练习,我设计了一个参照的数,再让学生在比较中估数,同时通过设计的外框让学生体会所占框内的范围大小就能看出数量的多少。

【教学设计】

活动1:认识计数单位"一"和"十"。

1. 初步感受1捆里有10根小棒

出示1捆小棒。

提问:老师这里有一捆小棒,猜猜看有几根?(10根)要想知道有几根,还要解开来数一数。

师拆开手里的一捆并一根一根把磁性小棒贴在黑板上,生边看边数到10根。

2. 认识计数单位"一"

师指左边第1根。

谈话:这1根就是1个一。(板书:一)

提问:这里有多少根?(10根)

追问:10根就是多少个一?(学生回答后板书:10个一)

3. 体会把10根小棒捆成一捆

谈话:下面请小朋友们像许老师一样数出10根小棒,在桌上摆成一排。

生自由数小棒。

提问:如果许老师让你一把抓起这10根小棒,你能做到吗?自己试一试。

生尝试一把抓起10根。

提问:谁来说说你是怎样抓的?

预设学生:我把10根小棒合起来就一下抓在一起了。

小结:把10根合在一起就能一下抓起来了。为了更方便拿,我们通常把它们捆成1捆来固定。数学上我们习惯数满了10根,就捆成1捆。(黑板贴1捆小棒图)操作:现在请小朋友把你的10根捆成1捆。会捆吗?

生自行捆小棒。

4. 认识计数单位"十"

提问:仔细看看这1捆,你的1捆有多少根?

预设学生:我的1捆有10根。

谈话:你们的一捆都是10根。10也可以这样写。(板书:十)

5. 建立"1个十"和"10个一"的对等关系

师指黑板1捆小棒图。

提问:这一捆就是几个十?(学生回答后板书:1个十)

追问:是多少根?(10根)

提问(师指黑板10根单根的小棒):这是多少根?

小结:他们都是10根,所以1个十就是10个一。

生齐读1个十是10个一。师完成板书:1个十是10个一。

追问:反过来,10个一就是……?(1个十)

6. 约定1捆就是10根

提问:这两种摆法,哪个不用数,一眼就知道是10根?

预设学生:1捆小棒。

追问:为什么?

预设学生:因为1捆就是10根。

师生约定:今后咱们就约定:将10根小棒捆成1捆,这样,看见1捆小棒就知道是10根了。

7. 游戏加强记忆

提问:想不想和老师玩一个游戏?

要求:老师说几,你们就举几根小棒。看谁反应快。

师相继说3,5,10根。生依次举出相应数量的小棒。

预设:

生1数出10根小棒举起,较慢。

生2直接举起1捆小棒,较快。

提问:我发现这个小朋友举得最快,你有什么小窍门吗?

预设学生:1捆就是10根,所以只要举1捆就行了。

小结:是的,这1捆就是10根。看来你记得和老师的约定,是一个守信用的好孩子!

活动2:游戏激趣,认识11—20各数组成。

1. 探究11的摆法

提问:现在老师出示一些小棒,你来数一数是多少根,好吗?

课件先后出示3根,7根,11根。

生依次数出相应的根数。

谈话:老师发现,小棒一多,小朋友们数得越来越慢了。

提问:能不能想一个好办法,怎样摆,可以很快数出11根? 自己摆一摆。

生自行摆放,师巡视,投影分别展示学生摆的结果。

预设学生1:可以2根2根的数。2,4,6,8,10,11。

预设学生2:可以3根3根的数。3,6,9,11。

预设学生3:我是左边摆1捆,右边摆1根。10,11。

提问:和刚才相比,这样摆是不是数起来更快了?

回问:他是怎么摆的? 生重述摆法。

小结:左边放1捆是10根,右边再加1根就是11根。刚才这个小朋友能想到用1捆表示10根,真了不起!

课件把11根中左边的10根合并成1捆。课件出示红、蓝色块,在红色块出示1捆,在蓝色块出示1根。(如右图)

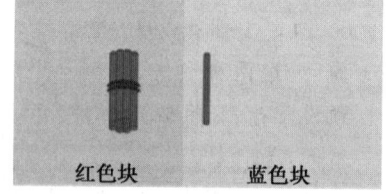

2. 体验感知

谈话:为了区分整捆和单根,通常我们把整捆的放左边,几根的放右边。

第1章 数的认识(一)——自然数的认识

提问:你们也能像这样摆出11吗?自己试试看。

生自行摆小棒,师巡视。

3. 认识十几的数的组成

提问:1捆就是1个十,1根表示1个一,合起来是多少?谁能连起来完整地说一遍?

预设学生:1个十和1个一合起来是11。

提问:老师再添上1根呢?(12)

课件出示加上1根。

追问:1个十和几个一合起来是多少?

预设学生:1个十和2个一合起来是12。

提问:能跟着老师接着数吗?

课件依次出示13,14,15根小棒。生依次数数:13,14,15。

提问(教师指着15):1个十和几个一合起来的,是多少?

预设学生:1个十和5个一合起来是15。

要求:接着数。

课件依次出示16,17,18,19根小棒。生依次数数:16,17,18,19。

提问:19里面有1个十和几个一?

预设学生:19里面有1个十和9个一。

4. 操作感知

谈话:刚才老师带你们从11数到19,现在请你们从刚才摆好的11根小棒开始一根一根地数到19,边摆边数。开始!

学生活动,师巡视。

小结:刚才我们从11数到19,发现这些数在越变越……?(大)

5. 数数感知

提问:现在是19根,如果我去掉1根呢?(18根)再去掉1根是?(17根)

提问:你还能像这样往下数吗?

课件依次出示16,15,14,13根小棒。生依次数数:16,15,14,13。

提问:几个十和几个一合起来是13?

预设学生:1个十和3个一合起来是13。

课件接着依次出示12,11,10根小棒。生接着依次数数:12,11,10。

谈话:刚才我们是1根1根数的,现在我们2个2个数。

提问:现在老师添2根是多少根?(12)再添2根?(14)接着往下数。

(16,18)

6. 认识 20

提问:18 再添 1 是多少?(19)19 再添 1 是多少?(20)

谈话:是不是这样,我们还要数一数。

重数 20:左边这 1 捆是 10 根,11,12,…,19,20。

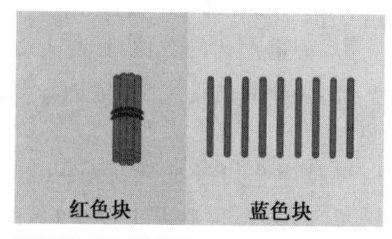
红色块　　蓝色块

提问:左边多少根,右边多少根?(都是 10 根。)

追问:数哪边快?用手指一指。

预设学生指左边 1 捆。

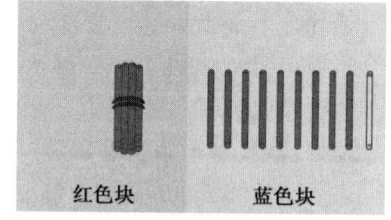
红色块　　蓝色块

提问:怎样摆能很快数出是 20 根?谁有办法了?

预设学生:把右边的捆成一捆,再移到左边就是 2 捆。

课件出示 10 根捆成 1 捆,并移到左边和原来的 1 捆放在一起(如右图)。

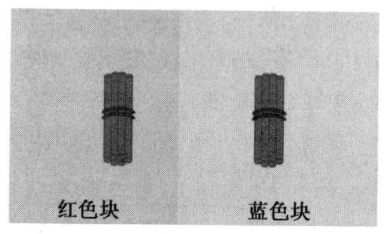
红色块　　蓝色块

7. 提炼"2 个十是 20"

提问:原来有 1 个十,又来了 1 个十,现在是几个十?(2 个十)

追问:是多少?(20)

完成板书:2 个十是 20。

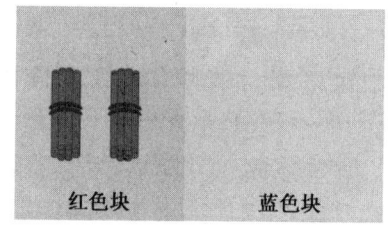
红色块　　蓝色块

提问 1:20 里面有几个十?

预设学生:20 里面有 2 个十。

提问 2:20 里面有几个一?你是怎么想的?

预设学生:20 里面有 20 个一。因为 1 捆是 10 个一,另 1 捆也是 10 个一,一共是 20 个一。

小结:今天我们又认识了一些新的数字朋友。(板书课题:认识 11—20)

活动 3:练习巩固。

1. 认识尺上的数

谈话:我们的尺子上也藏着这些朋友。

课件出示一把尺子,尺上没有数字。

第1章 数的认识(一)——自然数的认识

提问:这是一把尺,可是我觉得好像少了点什么?(数字)我们把它们请出来好吗?

追问:先请出的是几?(0)接着呢?

生数:1,2,3,…,19,20。

课件出示0到20各数。

提问:比12小1是多少?比18大1是多少?看着尺子数一数比10大的数。从大到小地数出比20小的数。

2. 估数

出示10个草莓,框在方框里。(如右图)

提问:数一数是多少个?(10个)

出示14个草莓,框在同样的方框里。

提问:估一估,这堆草莓比10多还是比10少?

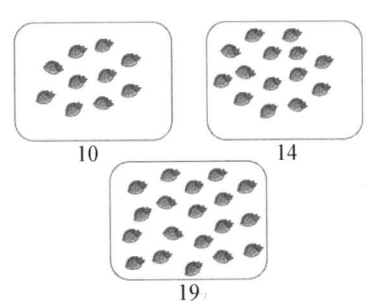

预设学生:比10多。

小结:要知道具体有几个,还要数一数。

生数出14个草莓。出示第三个同样大小的方框。

提问:想一想20个草莓是什么样的?

出示14个和19个。

提问:哪个更接近20个?(第3个框)你是怎么想的?

3. 生活中的数

(1) 出示:红绿灯图(如右图)

提问:这是什么?(红绿灯)

追问:红绿灯上有数吗?读一读。(20)

提问:20什么意思?

预设学生:还要跳20下就变成红灯了。

提问:如果绿灯跳动一下会出现多少?

预设学生1:21。

师:你被骗了!应该是19。

预设学生2:19

提问:继续跳动呢?能像这样接着数吗?

37

生齐数。

(2) 出示:电梯按钮图

谈话:其实,在生活中还有今天学的数。这是电梯的按钮。

电梯的按钮上有哪些数?你想怎样数呢?你是怎么数的?

预设学生1:1,2,3,…,20。

师:这个小朋友是一个一个按从小到大的顺序数的。还有不同的数法吗?

预设学生2:1,3,5,7,9,…,19;2,4,6,8,…,20。

师:刚才这位小朋友是两个两个数的,也是按从小到大的顺序。

提问:如果你在5楼,你想到20楼,你会经过哪几层?数给你的同桌听。

生同桌合作,数数。

活动4:课堂小结。

师:你还能在生活中找到今天所学的这些数吗?用你善于发现的小眼睛去找一找吧!

(三) 100以内数的认识

1. 理解位值制,仍是这个阶段的一个重要任务

为了促进学生理解位值制,"唱数"很有必要,特别是学生从19到20,29到30,…,99到100的过程,是理解位值制的好机会。学生在21的基础上数22,23,…的过程,有时完全是一个机械的过程,甚至完全是"小和尚念经——有口无心",并没有经过大脑思考。而在数到29时,很容易回过来变为20,也可能跳到40,学生出现这样的错误十分正常,教学中可以引导学生相互监督数数的过程,通过相互监督与纠错,加深印象。还可以引导学生通过拨计数器加深理解,让学生一边数数一边拨计数器,当拨到29时,在个位上添一个珠子,个位上是10个珠子了,满十进一,自然得到30。为了提高学生唱数的熟练程度,还可以引导学生倒过来数数,还可以采用抢答、接龙等游戏形式激发学生的兴趣。

显然完全基于头脑中的"唱数"是枯燥的,需要结合具体的事物进行计数(数数)。在数数的过程中要鼓励学生采用不同的方式进行数数。如一开始可能学生多是一个一个地数,教学过程中可以引导学生思考:这样数有什么缺点,你还可以怎样数,从而引导学生两个两个地数、五个五个地数、十个十个地数。多种方式进行计数,具有下面几点好处:一是,在数数活动中感受数字规律,如两个两个地数的过程中初步感受偶数的规律,五个五个地数的过程中初步感受5的倍数的规律,这些规律有助于将来认识数的性质,也有助于提升学

第1章 数的认识(一)——自然数的认识

生的运算能力,提升学生的数感;二是,形成多样化的意识和优化的意识,面对一个问题,不要局限于一种做法,要多角度思考,同时也对多种做法进行比较,在比较鉴别中进行方法的优化;三是,通过不同数数方式的比较,更好地感受十个十个地数的好处,更好地理解10进位制。

学生不仅要会唱数、数数,还要会认数、写数。为了帮助学生认数、写数,同样可以借鉴捆小棒、整理小方块、计数器等方式形成十进位表示的心理意象,促进学生更好地认数。

● 圈一圈,数一数。

从10以内数的经验看,儿童的认识一般经历"唱数""计数""认数""写数"的过程,因此,一般而言,教科书中对于100以内数的认识也往往是类似的顺序。但由于已经有了前面20以内数的认识的经验,学生对于20以上100以内数的认识,常常是几者交织在一起,而且可能显示出很大的个体差异。如有的学生可能已经熟练地掌握了100以内的数的数数过程,有的学生能数、认较小的两位数,但还不能"唱数"到100。教学中,可以结合学生的情况进行调整。

2. 认数过程中,注意通过活动感受数字的规律

数字规律是运算的基础,特别是在口算过程中,学生常常根据数字本身的特点和相应的数字规律灵活地选用不同的计算策略,因此,在认数活动中,应注意通过活动让学生感受数字的规律。

现在很多教科书要求学生整理100以内的数,并多选用了百数表。引导学生观察百数表,寻找相应的规律。显然,学生的观察视角是十分丰富的,百数表中规律也是多样的,如可以观察同一横排的数、同一竖列的数、斜对角线上的数、一个长方形四个角落上的数的规律,如观察个位数字与十位数字相同的数的位置规律等。实际上,观察百数表的过

1									10
	12							19	
		23					28		
			34			37			
				45	46				
				55	56				
			64			67			
		73					78		
	82							89	
91									100

39

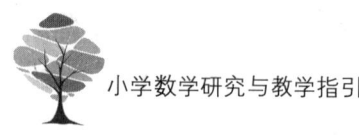

程,不仅是提升学生观察能力的好机会,也是发展学生发现问题意识和提出问题能力的好机会。因此,教学过程中,可以结合百数表进行丰富多样的操作活动,如自己填写百数表或者部分百数表,寻找百数表中一些特殊位置关系的数的规律(相邻的数、斜对的数等),自己按照某个数字规律在百数表中找数并观察这些位置的特征,总之,希望这样的活动成为学生提出问题、发现问题的一个契机,也成为学生感受数字规律的一个契机。当然,数字规律也是数的运算十分重要的经验基础。

3. 认数过程中注意通过活动为数的运算做好铺垫

数的认识过程和简单的运算过程往往是交织在一起的。如认识了34,35,学生不仅知道了34后面是35,实际上通过前面20以内数的认识,学生一定知道34+1=35。因此,在100以内数的认识的过程中,学生一定可以获得一些简单运算的经验,只是教学中为了分解难点,一般将数的认识与数的运算分开来教学而已。但认数的教学应该为学生后续学习数的运算积累一定的经验,因此,在认数学习中要注意通过活动积累这样的经验。如在上面的百数表中,要求学生从每个数开始往后数10个数,看看结果是多少,它们的位置有什么特点?如果从一个数开始往后数5个数,结果又是多少?如果不断地往后数5个数,将这些数做上记号,你可以发现什么规律呢?如果向后数9个数呢?向后数11个数呢?你根据前面的经验可以怎样更快地向后数出11个数?在这样的过程中,学生借助百数表这样一个具体的载体,实际上已经进行了很丰富的加法运算,这些为后续加法运算的学习做了很好的铺垫。如学生在往后数10个数后发现,不就是下移一行吗(对应的是十位数加1)?在这个经验基础上,再问向后数11个数如何操作,会有学生直接在下一行再向右数一个,也就是十位数字加1后再加1。在这样的过程中,学生还可以感受到加法中进位的意义,这一行向后数没有数了,从下一排向后数呗。

(四) 万以内数以及万以上数的认识

1. 如何认识"千"这样一个新的单位

对于这个新的单位,一些教科书首先安排了下面的一个活动:

● 再添1个珠子是多少

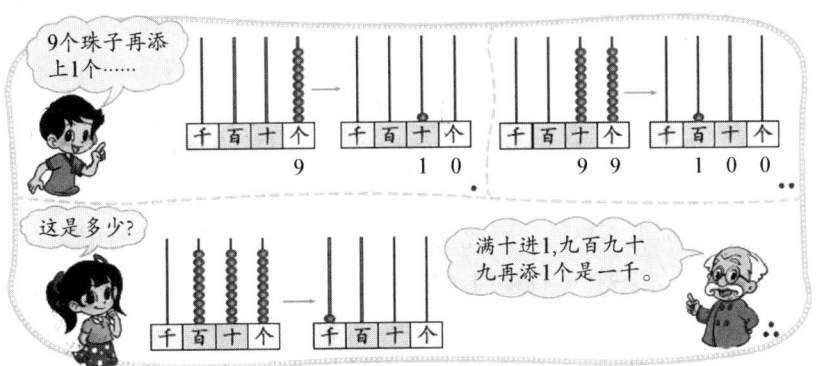

这个活动的目的是让学生感受到引进新的数位的必要性:原来的数位不够用了。只用一个数位,至多只能表示 9;只用两个数位,至多只能表示 99;只用三个数位,最多只能表示 999。从这个意义上,10＝9＋1,100＝99＋1,1000＝999＋1。教学中应通过活动让学生感受到原有的数位不够,需要引入新的数位,这样可以更好地感受数位的意义。

当然,也有老师认为,100 是 10 个 10,1000 是 10 个 100。固然,从运算结果上,这并不错,但这个想法是基于对十进位值制已经有了较好的理解之后的一种解释,学生认识到,从 1 到 10 再到 100,数位每提高一级,数值就扩大 10 倍,因此,100 扩大 10 倍就是 1000 了。

基于上述思考,教学中还是建议先从 999＋1 开始,引出新的数位的必要性,然后再反思并明晰这些数位之间的关系。

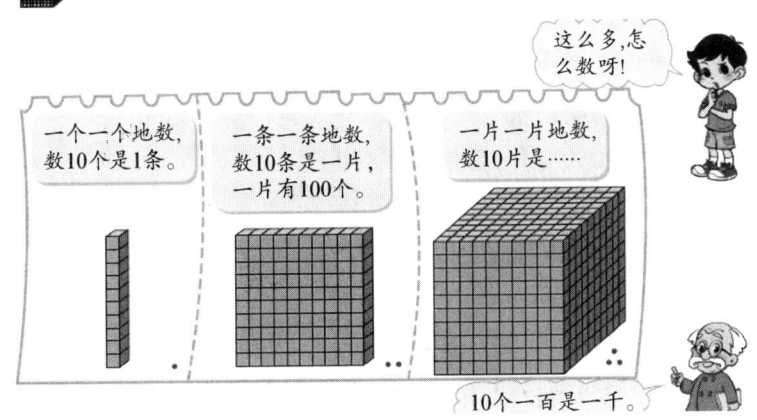

当然,有了这样的基础之后,后续的更高数位的认识,也可以直接从10倍的角度认识了。

2. 较大数的读法

我国的记数法是四位一级的,因此,主要是掌握万以内的数的读法。

一般地,读数时是将数字和相应的数位一起读的,如"328"读为"3"百"2"十"8"(个),"个"省略了而已。但数位上有"0"时,按照上面的读法就比较绕口,作为数的名称也不简洁。因此就有了下面的规定:如果数的中间有0,不论是1个0或连续多个0,都读出1个0;如果数的末尾有0,就不要读出这些0。这个规定是约定俗成的,既简化了读法,又基本保持了读法与写法之间的对应,因而具有合理性。既然如此,为了交流的方便,自然应教会学生这么读。

但这个规定的形成有一定的偶然因素,对学生而言难免有"机械记忆"成分。既然如此,学生出现错误就在所难免了。因此教学中应该容忍学生的错误,实际上,就是学生一直读不熟练,又如何呢?试想,我们要将一个较大的数据告诉另一个人,一定是完全按照这个规则读的吗?如13572008,也许直接按序读出这些数字反而更便于交流。初始阶段,只要学生认识到这个数的意义即可,不要纠结于这样的错误,而应通过数数等活动,在活动中逐步减少错误即可。教学中不要关注于这些细枝末节的内容,要更为关注数学的本质。

3. 潜无穷的理解

只有认识了数字可以不断地写下去,学生才真正理解了自然数。在学习到较大的数字后,需要引导学生思考:还有更大的数字吗,还有哪些?这样的数能写得完吗,说说你的道理?通过这样的思考与交流活动,引发学生对潜无穷的理解。

第四节 质数与合数

一、质数研究的意义

为了一般地研究自然数的性质,需要对自然数的组成进行分析,也就是说,要研究自然数的分解。

数的分解在小学学习中有着重要的应用。例如,后续的分数学习中,分数的乘除需要约分,这就需要研究公约数,分数的加减需要通分,这就需要研究公倍数,而数的分解为公倍数、公约数的寻求提供了统一而方便的手段。

那么,什么时候分解"到位"了呢?这时自然就需要研究不可再分解的数——质数(素数)。

二、算术基本定理

有了素数的概念,就有了**自然数的唯一分解定理**。

定理:任一大于1的自然数 a 都可分解成若干质因数的连乘积,如果不计各质因数的顺序,这种分解是唯一的,即

$$a = p_1 p_2 \cdots p_r, p_i \text{ 是质数} \tag{1}$$

如又有 $$a = q_1 q_2 \cdots q_s, q_j \text{ 是质数} \tag{2}$$

那么 $r = s$,且 $q_1, q_2, \cdots, q_s$ 除排列次序外与 $p_1, p_2, \cdots, p_r$ 一致。

证明:

先证明(1)成立。

当 a 是质数时,(1)式显然成立,

若 a 是合数,则 a 有最小正约数 p_1,p_1 为质数,令 $a = p_1 a_1$,如果 a_1 为质数,则(1)已成立。

如 a_1 是合数,则质数 p_2 是它的最小正约数,则 $a_1 = p_2 a_2$,于是 $a = p_1 p_2 a_2, \cdots$

由于 $a > a_1 > a_2 > \cdots$,所以经过有限次必得 $a = p_1 p_2 \cdots p_r$,其中 p_i 为素数,即(1)成立。

再证明分解式(1)是唯一的。

若又有分解式(2),则 $p_1 p_2 \cdots p_r = q_1 q_2 \cdots q_s$ (3),由此 $p_1 | q_1 q_2 \cdots q_s$,则必存在某 k,使 $p_1 = q_k$,不妨设 $p_1 = q_1$,因此由(3)得 $p_2 p_3 \cdots p_r = q_2 q_3 \cdots q_s$。同理可得 $p_2 = q_2, p_3 = q_3, \cdots$ 最后得 $r = s, p_i = q_i (i = 1, 2, \cdots, r)$。

如果我们把(1)中的质数以由小到大次序排列,并把相同的因数写成幂的形式,就得到 a 的标准分解式:$a = p_1^{a_1} p_2^{a_2} \cdots p_k^{a_k}$,$p_1, p_2, \cdots, p_k$ 为互异的质数。

这个定理表明,不管你从这个数的哪个因数开始分解,其最终的分解形式是一致的。例如,60可以有不同的质因数分解顺序,但最终结果都是 $2^2 \times 3 \times 5$。

当然，质因数分解时，倒也不必每次都从质因数开始，可以先根据自己的经验分解成两个较小的数的乘积，然后再进一步质因数的分解。

例如：$60=6\times10=2\times3\times2\times5=2^2\times3\times5$。

利用标准分解式，可以容易地判定一个数的约数，以及求出两个数的最大公约数与最小公倍数。

若$a=p_1^{a_1}p_2^{a_2}\cdots p_k^{a_k}$，$p_1,p_2,\cdots,p_k$为互异的质数，数$d$是$a$的正约数的充要条件是$d=p_1^{d_1}p_2^{d_2}\cdots p_k^{d_k}$，$0\leq d_i\leq a_i$。

若$a=p_1^{a_1}p_2^{a_2}\cdots p_m^{a_m}$，$b=p_1^{b_1}p_2^{b_2}\cdots p_m^{b_m}$，其中$a_i,b_i$都是非负整数（其中可能有零），那么$(a,b)=p_1^{c_1}p_2^{c_2}\cdots p_m^{c_m}$，$c_i=\min(a_i,b_i)$，$[a,b]=p_1^{d_1}p_2^{d_2}\cdots p_m^{d_m}$，$d_i=\max(a_i,b_i)$。

自然数的唯一分解定理，在数论中具有重要的地位，后续很多定理的证明都以这一定理为依据、基础，因此，这一定理也称为**算术基本定理**。

三、教学启示

从上面的分析看出，质数的引入完全是基于数学上的要求，因此，教学中可以完全从数学上引出。当然，和小学生交流引出质数的意义，有点曲高和寡了。因此，一般可以呈现一些数，观察这些数的因数状况，然后发现其中几个特殊的数，只有1和它本身两个因数，我们把这样的数称为质数。

当然，为了活跃课堂氛围，可以有下面的设计：

把学生分成9个小组，每组分别给予4,5,6,7,8,9,10,11,12个同样大小的正方形纸片，要求每组用所有的正方形纸片拼成一个长方形或者正方形，考察有多少种不同的拼摆方法，将结果记录下来，并进行班级交流。教师注意引导学生学会按照某种规律思考问题，避免重复和遗漏，如可以考虑都横着拼，按照拼成几行来分类。

在学生交流的基础上，教师引导学生对摆出的结果进行分类。启发学生发现：所有小组至少都摆出了2种，有的小组摆出了3种以上的结果，如果对这些拼摆情况进行分类可以有哪些分类的方法？在此基础上聚焦于只能拼出两种结果的，这些数有什么特点，在此基础上得出质数（素数）的概念。

为了判断一个数是否是质数，总不能每次都拼摆长方形哟，你能直接判断13,14,15,16,17这些数中哪些是质数吗？先自己思考，然后小组内相互说说各自的思考，进行班级交流。

评析:质数的概念比较抽象,这里设计了拼图活动,通过活动参与,调动学生的学习积极性,充分发挥学生学习的主体性,同时活动结果直观形象,并顺利过渡到质数的学习。此外,这里很好地渗透了分类的思想。面对差异,进行归类分析是一个十分重要的想法,同时也是研究性质的一个重要视角。正是有了差异,我们需要对这些差异进行分析,在这些基础上自然就引出了新的研究对象和性质。教学中要注意引导学生形成这样的分类讨论的意识。对于分类,最重要的是建立某个适切的标准,使得所有的情况能够不重不漏。分类的标准是多样的,教学中首先应发挥学生的主体性,充分让学生发表自己的看法,形成多样的标准,最后说明本堂课聚焦于某个标准,如,研究只有两种拼摆情况的那些数的规律。标准的开放,是发展学生发散思维的基本要求,同时可以延拓课堂,有兴趣的学生自然还会研究其他的标准(如有的数拼摆后的情况数是奇数,有的是偶数),也就可能得到其他的性质(如完全平方数的因数个数是奇数)。

四、1 为什么既不是质数又不是合数

从质因数分解的角度,希望将自然数分解成因数(质因数)的乘积的形式,显然 1 这个因数是平凡的,所有自然数都有因数 1,另外,如果把 1 也看成质数,一个数的分解就不唯一了。因此,不将 1 看成质数;当然,1 肯定也不能看成合数了。

第五节 倍数与约数

课程标准对于倍数与约数的要求是:在 1—100 的自然数中,能找出 10 以内自然数的所有倍数。

实现这一要求的一个有效工具是百数表。可以引导学生在百数表中找出某个数(如 2,3,5,7)的倍数,并感受这些数的规律;但我们不能局限于百数表,百数表只是寻找倍数的一个原始的载体,需要借助百数表的经验形成一些数字规律,基于规律判断倍数关系。这样的经验,往往是个性化的,因此,教学中需要给学生充分的活动时间和交流、反馈、检验的机会,在充分的交流、辨析中形成多样的策略。

一、常见倍数的规律与教学

2 的倍数，5 的倍数比较简单，学生借助百数表，不难发现这些数的位置特殊(都在几条竖列上)，个位特征明显。道理也比较简单，不用赘述。

3 的倍数的特征是各数位上的数字和是 3 的倍数。9 的倍数的特征是各数位上的数字和是 9 的倍数。3 的倍数规律可以证明如下，类似地可以证明 9 的倍数的规律，同样的道理还可探索和证明 11 的倍数的规律，当然，11 的倍数的规律不应该作为对小学生的学习要求。

设 n 为一个整数，则 $n=a_k\times10^k+a_{k-1}\times10^{k-1}+\cdots+a_1\times10+a_0$。

若 $n\equiv0(\mathrm{mod}3)$，即 $n=a_k\times10^k+a_{k-1}\times10^{k-1}+\cdots+a_1\times10+a_0\equiv0(\mathrm{mod}3)$，则 $a_k+a_{k-1}+\cdots+a_1+a_0\equiv0(\mathrm{mod}3)$。

若 $a_k+a_{k-1}+\cdots+a_1+a_0\equiv0(\mathrm{mod}3)$，则 $a_k+a_{k-1}+\cdots+a_1+a_0+\underbrace{99\cdots9}_{k}\times a_k+\cdots+9a_1\equiv0(\mathrm{mod}3)$，即 $a_k\times10^k+a_{k-1}\times10^{k-1}+\cdots+a_1\times10+a_0\equiv0(\mathrm{mod}3)$。

学生观察个位数还比较正常，如何想得到各位数字相加？因此，3 的倍数的特征，对学生而言绝对是一个飞跃。这时，百数表又是一个很好的载体。

在百数表中圈出所有 3 的倍数后，这些数字的排列具有鲜明的视觉特征(几何特征)：3 的倍数均匀地分布在各个斜行上。

0	1	2	③	4	5	⑥	7	8	⑨
10	11	⑫	13	14	⑮	16	17	⑱	19
20	㉑	22	23	㉔	25	26	㉗	28	29
㉚	31	32	㉝	34	35	㊱	37	38	㊴
40	41	㊷	43	44	㊺	46	47	㊽	49
50	(51)	52	53	(54)	55	56	(57)	58	59
(60)	61	62	(63)	64	65	(66)	67	68	(69)
70	71	(72)	73	74	(75)	76	77	(78)	79
80	(81)	82	83	(84)	85	86	(87)	88	89
(90)	91	92	(93)	94	95	(96)	97	98	(99)

要求观察这些斜行上的数的数字特征，可能有学生会说出：“从右上往左

下,这些数的个位数依次减少1,十位数依次增加1,数字的和不变",在这些"规律"的交流、检验、调整、解释的过程中,学生不难得到3的倍数的数字特征。

二、最大公约数、最小公倍数的求法与教学

有了质因数分解定理,两个数 M、N 必可分解为如下形式:$M = p_1^{k_1} \cdots p_r^{k_r} m_1^{t_1} \cdots m_k^{r_k}$,$N = p_1^{l_1} \cdots p_r^{l_r} n_1^{s_1} \cdots n_j^{s_j}$,其中 $p_1, \cdots, p_r$ 为 M、N 的公共质因数,$t_i = \min\{k_i, l_i\}$,$T_i = \max\{k_i, l_i\}$,则 $[M, N] = p_1^{T_1} \cdots p_r^{T_r} m_1^{t_1} \cdots m_k^{r_k} n_1^{s_1} \cdots n_j^{s_j}$,$(M, N) = p_1^{t_1} \cdots p_r^{t_r}$,而且有 $[M, N] \cdot (M, N) = mn$,例如 $60 = 2^2 \times 3 \times 5$,$24 = 2^3 \times 3$,则 $[60, 24] = 2^3 \times 3 \times 5 = 120$,$(60, 24) = 2^2 \times 3 = 12$,$60 \times 24 = 120 \times 12$。也就是说,已经有了两个数的质因数分解形式,直接按上述形式可写出它们的最大公约数和最小公倍数。

如果还没有写成质因数分解的形式,可用短除法。

```
2 | 60   24
2 | 30   12
3 | 15    6
    5    2
```

短除式中左边列出的分别是这两个数的公共的约数,而下面则分别列出了这两个数除以左边公约数后还剩下的约数,因此,$(60, 24) = 2 \times 2 \times 3 = 12$,$[60, 24] = 2 \times 2 \times 3 \times 5 \times 2 = 120$。

基于降低难度的考虑,《标准(2011)版》删去了算术基本定理及短除法,仅要求在1—100的自然数中,能找到10以内两个自然数的公倍数和最小公倍数,能找出两个自然数的公因数和最大公因数。由于数比较小,根据最大公约数和最小公倍数的意义,学生利用口算即可达成上述学习目标,因此,教学中重在对概念的意义理解。如求60、24的最大公约数,可以依次求出这两个数的约数1、2、3、4、5、6、10、12、15、20、30、60和1、2、3、4、6、8、12、24,然后找出公约数和最大公约数。当然,学习不能满足于此,教学中可以引领学生观察公约数与最大公约数之间的关系,学生不难发现最大公约数是其他公约数的倍数。有了这个规律,借助数感即可约简求解过程,如学生可能直觉发现6是它们的公约数,最大公约数应是6的倍数,这样很快就可以发现12是最大公约

数。因此,教学中应让学生充分经历利用定义求解、规律探究与应用的过程,在过程中提升学生发现多个解法的能力与策略。

【思考与实验】

1. 逐个认识1—5和一体化认识1—5各有什么特点?
2. 试用罗马数字计算28×6,并体会十进位值制的好处。
3. 常见的百数表包括1—100这100个数,可否改为下图的百数表,这两个百数表各有什么优缺点?

0	1	2	3	4	5	6	7	8	9
10	11	12	13	14	15	16	17	18	19
20	21	22	23	24	25	26	27	28	29
30	31	32	33	34	35	36	37	38	39
40	41	42	43	44	45	46	47	48	49
50	51	52	53	54	55	56	57	58	59
60	61	62	63	64	65	66	67	68	69
70	71	72	73	74	75	76	77	78	79
80	81	82	83	84	85	86	87	88	89
90	91	92	93	94	95	96	97	98	99

第 2 章　数的运算(一)——自然数的运算

可以说,是数统治着整个量的世界,而算数的四则运算则可以看作数学家的全部装备。

——[英]麦克斯韦(James Clerk Maxwell,1831—1879)

运算能力的发展是小学数学学习的主要任务,而自然数的运算是小学运算的主体内容,也是后续小数运算、分数运算以及初中阶段实数运算的基础。本章将分析加减乘除四种运算的意义、现实背景以及相互关系,探讨运算过程中常用的运算规律,结合学生未来发展需要和学科需要研讨运算的定位和要求,在这些基础上再对运算的教学提出一些指导建议。

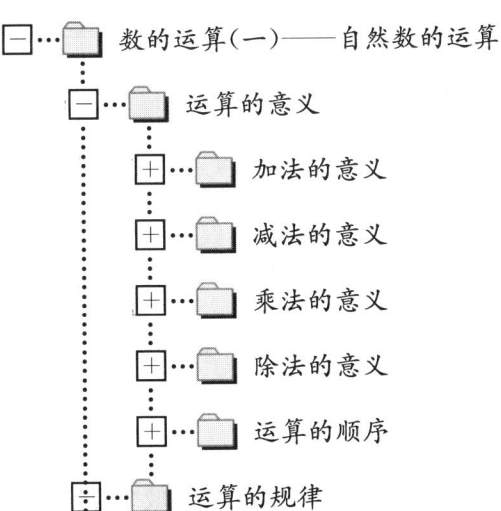

```
├─ ⊞ ··· 📁 运算规律及其作用
│       ⊞ ··· 📁 运算规律教学的一般思考
├─ ÷ ··· 📁 运算的定位与教学
│       ⊞ ··· 📁 估算的定位与教学
│       ⊞ ··· 📁 口算的定位与教学
│       ⊞ ··· 📁 笔算的定位与教学
└─ ─ ··· 📁 相关问题研讨
        ⊞ ··· 📁 算法多样化与简便运算
        ⊞ ··· 📁 运算教学中兴趣激发的策略
```

第一节　运算的意义

一、加法的意义

（一）加法的本源是基数的合并

加法的本源是合并，即基数的合并（相加）。

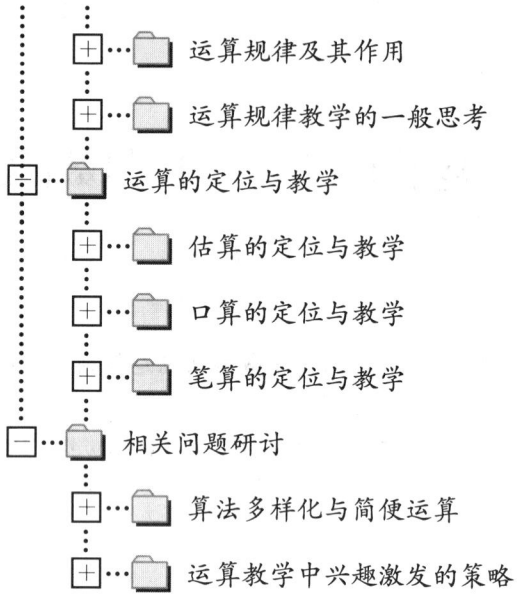

按照基数理论，加法的定义是：设有限集合 A 和 B，且 $A \cap B = \varnothing$，若记 $A \cup B = C$，集合 A,B,C 的基数分别是 a,b,c，那么 c 叫作 a 和 b 的和，记作 $a+b=c$。

既然如此，教学中，学习加法同样应先从基数入手，一般多举类似上面的例子,通过这些例子,让学生很好地感受到加法的意义:同类的两组东西合并到一起后的数量计算,并希望学生能在更多的情境中感受到加法。

既然是合并,首先应该是相同的东西,至少在我们交流的意义上。如面积和周长,显然不可以合并;猫和狗也不可以合并,除非我们将它们都看成家养动物这个共性上。3只猫和2只狗合并,显然不是5只猫、5只狗,更不是5只猫狗,只能说是5只宠物。

既然是合并,自然没有先后顺序,也就是说,加法先天具有交换律、结合律,各个加数的顺序可以打乱,也就是说,上面的情境可以引导学生同时得到:
$$3+2=5 \text{ 和 } 2+3=5。$$

这也是一些动作的合并,不称为加法而称为乘法的原因(如:先平移再旋转,一般说,这是两个运动的复合,显然,这种复合不具备交换律)。

因此,教学加法时,务必让学生充分感受加法的合并意义,这样才能让学生更好地理解加法的运算律。

(二) 加法运算时需要从"基数"走向"序数"

从本源上看,加法是"合并",在没有任何先前的经验和教学指导的情况下,学生多是将这些元素(或借助小棒、豆子等具体的道具)合并起来再进行计数。但是,毕竟学生的运算需要脱离具体的道具帮助,需要脱离具体的实物背景,而且两个加数较大(即具体数量较多)时,如果合并后从头开始数数,则完全忽视了原先的工作基础(两个具体对象的个数已经有了,何必再从头开始呢),有点得不偿失。因此,需要介绍在原有一个数量的基础上继续往后数,这就是加法的序数理论。

按照序数理论,加法的定义是:(1) $a \in \mathbf{N}$,则 $a+1=a'$;(2) 设 $a,b \in \mathbf{N}$,则 $a+b'=(a+b)'$。

教学中,自然应该让学生逐步从"合并后重数"到"从一个加数开始往后数"再到"从较大的数开始往后数"这样一个过程。

当然,由于首次认识加法阶段,数字都比较小,还看不出这样做的好处,可以在后面的较大数的加法教学中通过类似下面的例子再行感受:

盒子里已经有了3个鸡蛋,又拿来了4个,共有多少个鸡蛋?你是怎么算出来的?

如果原来盒子中已经有了35个鸡蛋,又拿来4个鸡蛋呢?

如果原来盒子中已经有了4个鸡蛋,又拿来35个鸡蛋呢?

因此,学习加法意义时,在"合并"的意义上感受了"3+2"与"5"之间的相等关系(3+2=5)之后,需要引导学生思考,"还可以怎么解释3+2=5和2+3=5",从而得到:3+2=3+1+1(加2就是加2个1)。可以用下面的图形形象地表示。

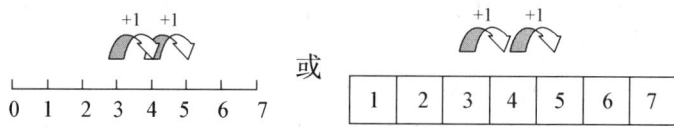

类似地,可以表示2+3=5。

在这样的基础上,明晰:**加法就是继续往后数**。

进一步思考:"2+5=5+2,怎么算2+5比较简单?"从而引出"**从较大的数往后数**"。

(三) 运算意义的理解是运算学习的重要内容

任何一个运算学习之初,需要让学生充分感受到运算的意义。感受运算的意义,可以从两个方面着手:一是,背景的抽象;二是,背景的自主寻求。

背景的抽象,是指需要通过大量具体的例子,让学生感受到这些背景的共性:同类事物的合并。也就是说,教学中要提供学生大量类似的背景,让学生能够从背景中抽象出加法运算,让学生感悟这些背景的共同点,认识到加法的意义。甚至,可以要求学生在头脑中形成类似的形象,如"合起来""又加入了""又飞来""再增加""再往后",通过这些形象,帮助低龄段学生理解加法的意义。当然,在进行具体加法运算后认识到,加法也可以是序数叠加,也应给予学生类似的背景。

背景的寻求,则指在学生已经认识到加法的意义之后,要引导学生自主地构造相关的生活背景,在背景中认识加法的意义。如在相互交流了加法的意义后,可以要求学生,以小组为单位,相互举出生活中用到加法的例子,并进行相互点评。

二、减法的意义

(一) 减法是加法的逆运算

加减是一对相反意义的量。如果说加法是两个东西的合并,则减法是从一个集合中拿走一部分;序数理论认为,加法是从一个加数开始往后数,减法则是从被减数开始往前数。一个往后数,一个往前数。两者确实是名副其实

第 2 章 数的运算(一)——自然数的运算

的两个相反意义的量。

当然,和加法一样,减法的最本源的理解还是基数的减少,即"删减""取出""拿走"之类,因此,教学中还应从集合数量减少的角度引出减法运算:

树上还剩几个🍎?说一说,数一数。

在对此图情境的认识与操作中,学生引出算式 5－2,并感受到"5－2"与"3"之间的相等关系(5－2＝3)之后,引导学生思考"还可以怎么解释 5－2＝3",从而得到:

$$5-2=5-1-1。$$

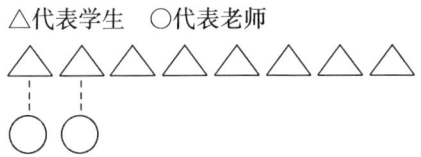

在这样的基础上,明晰:**减法就是往回数**。

(二) 比较多少与减法的联系

减法的本源意义是"拿走剩下",因此认识减法第一课时的情境一般都是"拿走剩下"型的,因此,初始的减法是需要基于数的分解与组合的。当然,在上面对于"5－2＝3"的解释中,也已经认识到减法的往回数的计数策略。

但关于减法,还有一个常见的背景:比较多少。因此,需要将比较多少与减法建立实质性的联系,以丰富和发展学生对减法意义的认识。

如呈现图形背景,其中有 8 个学生和 2 个老师,要求比较多少,并具体说说多多少。

布置情景与操作情境是解决问题最基本的策略,画图是儿童布置情境常用的方式。引导学生画图,如图:

△代表学生　○代表老师

△△△△△△△△
┆┆
○○

面对这样的图形,学生知道:学生比老师多,老师比学生少。

学生可以进一步操作图形,从中数出学生比老师多了6人,或者老师比学生少了6人。但如果问他们6是怎么算出来的,他们并不一定会说"8－2"。因为,在他们的经验中,减法还只是"拿走剩下"型的,拿走剩下与比较多少没有什么联系。

为此,需要设法引导学生揭示其中的联系,从而更全面地认识减法的意义。

学生从上面的图形中得出答案6,多是从对应的角度认识的。为此我们可以引导学生就这个情境提出新的问题:

问题1:再来几个老师,操场上老师数和学生数一样多?

问题2:几个学生离开操场后,学生的人数和老师的人数一样多?

问题3:一个老师带走一个学生,操场上还剩下几个学生?

这些问题对应的算式分别是:

$$2+?=8$$
$$8-?=2$$
$$8-2=?$$

通过对这些问题的解答和交流,建立比较多少与拿走剩下之间的联系。

(三) 加减法的现实背景

实际上,加减法的背景有不同的类型。卡朋特和默泽尔(1983)根据应用题的语义结构划分了应用题的类型,主要有下面四种类型:变化型、结合型、比较型和相等型①。下面是笔者稍作修改后的应用题类型图表。

	加法	减法
变化型	小明有5个弹球,小颖又给了他3颗,这时小明有几颗弹球?——5+3=?	小明有8个弹球,他拿出3颗给了小颖,这时小明还有几颗弹球?——8－3=?
结合型	小明有5个弹球,小颖有3颗弹球,两人共有几颗弹球?——5+3=?	小明和小颖共有8颗弹球,如果小明有5个弹球,那么小颖有几颗弹球?——5+?=8,8－5=?

---

① [英]茱莉娅·安吉莱瑞.如何培养学生的数感[M].徐文彬,译.北京:北京师范大学出版社,2007:55.

(续表)

	加法	减法
比较型	小颖有5颗弹球,比小明少3颗,小明有几颗弹球?——?－3＝5,?－5＝3,5＋3＝?	小明有8个弹球,小颖有5颗弹球,小明比小颖多几颗弹球?——5＋?＝8,8－5＝?
相等型	小颖有5颗弹球,如果小明减少3颗就和小颖的一样多,那么小明有几颗弹球?——?－3＝5	小明有8个弹球,小颖有5颗弹球,小颖还需要几颗弹球才能和小明的一样多?——5＋?＝8

显然,变化型和结合型都反映了加减法的本源意义:合并与删减。这两种类型都是引出加减法的最常用的现实背景。但可能对学生而言,变化型具有动态性,可以形成很好的心理意象,因而更易于理解;结合型相对静态了点,稍难理解一些,特别对于减法而言,如果学生确实理解有困难,可以通过适当的动画形式让学生感受其中的变化过程,促进学生理解。比较型和相等型,相对于前两者而言又稍微复杂一些,在没有学习减法"比较多少"的意义之前,学生一般不能建立这样的联系,因此,这两种类型不宜作为引出加减法意义的背景问题,需要在学习了减法意义之后,通过某个课时建立比较多少与减法之间的关系,然后再呈现比较型和相等型的背景,更全面地理解加减法。

(四)减法可以统一成加法

实际上,将来有了负数的概念后,减法可以统一成加法:减去一个数等于加上这个数的相反数。

统一成加法有什么好处呢?我们知道,加法有交换律、结合律、对于乘法的分配率等,因此,很多数相加时,可以随便调整顺序,这样就可以根据数值的特点进行简便运算了。而将减法看成加法后,这些运算律自然也适用了,因此,同样可以进行简便运算了。

例如: $25-13+75-27$
$=25+(-13)+75+(-27)$
$=25+75+(-13)+(-27)$
$=(25+75)+(-13-27)$
$=100-40$
$=60$。

简化后,就是 $25-13+75-27$
$=25+75-(13+27)$
$=100-40$
$=60$。

当然,小学阶段不要求进行负数的加减运算,因此,就不会学习所谓的"减去一个数等于加上这个数的相反数"。但对于小学高年级学生,可以结合具体的生活背景,让学生从生活背景中得到不同的算式,从而认识到,加减混合运算中可以调整各个数的顺序(自然应连带前面的运算符号了),并能运用这一规律进行简便运算。

三、乘法的意义

(一)乘法的意义与背景

格里尔(Greer,1992)区分了应用乘法的四种主要情境①:

等组(例如,3张桌子,每张桌子围坐了四个孩子);

倍数比较(比率系数)(学生数是老师数的4倍);

矩形排列(四个孩子一排,共三排);

笛卡尔积(三个男孩和四个女孩进行组合,共有多少种可能)。

某种程度上,上述四种情境分别描述了集合、多一对应、多行多列以及交叉对应。

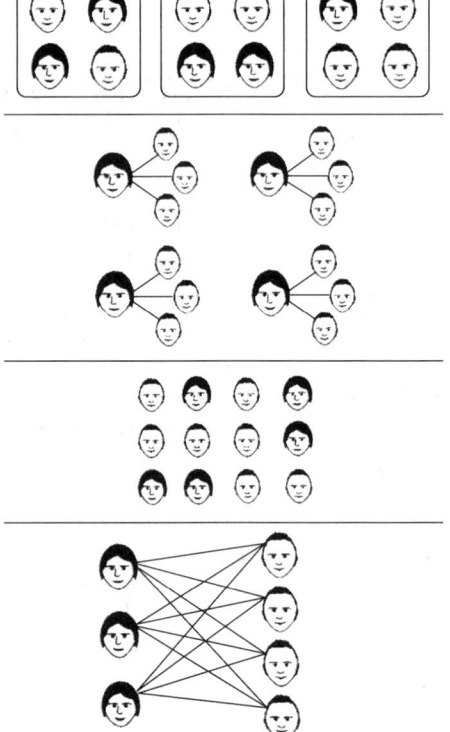

在上面四种背景中,等组的情况是乘法最原初的来源,也是儿童最容易理解的情境。类似的例子有:

每个汽车4个轮子,三辆汽车几个轮子?

每人有4元钱,3人共有多少元?

这样的例子都指向重复相加"4+4+4",指向简记形式——乘法(正整数乘以正整数),当然,连加意义推广后可以指向所有乘数是正整数的乘法。

倍数比较(比率系数),最终指向的是两个量之间的比例关系,因而可以指向一般意义上的乘法。但这个背景作为乘法意义的引入是颇难理解的。实际

---

① [英]茱莉娅·安吉莱瑞. 如何培养学生的数感[M]. 徐文彬,译. 北京:北京师范大学出版社,2007:55.

上,倍数关系,准确地讲,首先应该是除法关系,A 是 B 的 3 倍,本质上讲应是 $\dfrac{A}{B}=3$,只是可将该式等价变形为 $A=3B$。也就是说,当学生学习了除法以及除法与乘法的关系之后,理解这个背景是很简单的,但作为乘法意义引入的背景是不太恰当的。

矩形排列,对没有学习过乘法的儿童而言,就是如何在这些规则的图形中进行计数,这时比较常见的就可能是一行一行地数,得到"4+4+4",一列一列地数,得到"3+3+3+3",因此,对现阶段儿童而言,实际上,还是转化为等组的情形。另外,这个背景十分直观,学生可以有多种表示方式,将来可以很方便地解释乘法的交换律,同时,矩形排列的情形,将来可指向一般意义上两个维度的乘积,而且也不再局限在正整数的范围内,因此,这是比较好的引入背景。

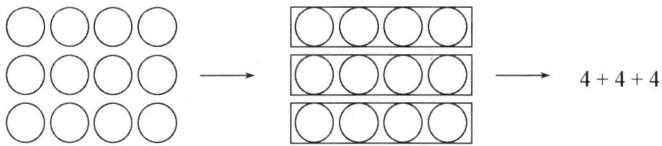

格里尔所说的笛卡尔积的形式,笔者认为,还是称为交叉对应或者搭配更为恰当。这一背景将来指向还仅仅局限于正整数的相乘,另外,这并不是一个新的背景,在解决问题的过程中,还是设法转化成矩形排列或等组问题,如 3 件上衣 A_1、A_2、A_3,4 条裤子 B_1、B_2、B_3、B_4 进行组合,可以转化为下图的形式,或者分为 3 种情况,选择上衣 A_1,4 种符合要求的组合为 A_1B_1,A_1B_2,A_1B_3,A_1B_4,同样选择上衣 A_2、A_3 也分别有 4 种情况,因此可转化为 3 组的等组问题。也就是说,交叉对应,最终反映的仍然是重复相加,因此并不是乘法的新的意义。当然,对学生而言,确实是一种新的背景,而且颇为复杂,学生需要设法将这个问题转化为已经熟悉的等组问题进行解释。

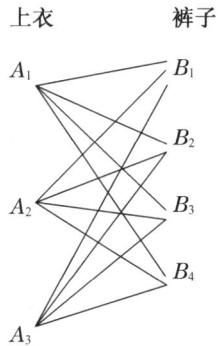

从上面分析可以看出,乘法的意义主要就是两种情形:第一种是等组的情形,是乘法最为原初的意义,指向重复相加,导向正整数的乘法;第二种情形是比例问题,可以指向一般的乘法,但对学生而言具有一定的理解困难。矩形排列和交叉对应都将转化为等组的情形,矩形排列较为直观,而交叉对应较为复杂。因此,教学中建议,选用等组的情形和矩形排列作为乘法意义的引入情境,交叉对应则在学生具有较为丰富的乘法经验后作为乘法运用的实例。

(二)加法与乘法的联系与区别

1. 加法与乘法的联系

前面说过,**乘法是加法的简记**,当加数相同时,为了简便起见,才引入了乘法。因此,乘法学习之初,就需要让学生在情境中认识到,乘法只是加法的一种简记,而且要让学生在具体情境中认识到为什么可以这样简记(只是恰好很多加数相同,避免加号太多难以数清)。为此,**建议在乘法引入或者乘法第一课时学习之后,马上出现有关加法与乘法混合运算的问题,促进学生对于加法、乘法关系的理解**。例如,可以呈现下题引入乘法运算:

例 2.1 图中有多少个最小的正方形?

可以横着数,得到:6+6+6+6+4,由于其中有 4 个 6 相同,因此,可以简记为 6×4+4。也就是说,设法将相同的加数归并到一起计算。

也可以竖着数,得到

$$5+5+5+5+4+4=5×4+4×2。$$

也许,有老师疑虑,学生一开始能进行这样的混合运算吗?从老师的角度,这是混合运算。但从学生原始的认知角度,这仅仅是加法运算,只是其中部分加数相同了,老师为了便于表示,引出了一个新的符号而已;具体计算的时候,学生还没有学习到所谓的乘法口诀表,因此,学生计算时运用的还是加法法则。所以,从认知上讲,并没有给学生更多的负荷,况且,这是结合具体的背景图形展开的,借助具体的图形背景也有助于学生的理解。

另外,**建议第一课时需要选择某个问题采用类似上面的图形背景**。因为,从自然数乘法的角度看,乘法是几个相同量的加法转化而来的,这是乘法最为本原的意义,但后续学习中,还需要研究两个几何量(或物理量)之间的乘积,如矩形面积可以是两个边的乘积等,这个时候的乘数、被乘数就不一定再是自然数了,因此,乘法引入之初,最好能渗透这样的背景,为后续学习打下铺垫。

第 2 章 数的运算(一)——自然数的运算

而上面案例中所谓的数正方形的个数,实际上就是图形的面积,当图形是长方形时,面积正好是两个向度的乘积。也就是说,我们需要提供(甚至要求学生自己联想、交流)丰富的乘法背景,而不要局限于"每人 m 个东西,n 个人共多少东西"。

2. 需要这么强调乘法与加法的联系吗?

很多老师认为,乘法、加法的区别十分明显,何必强调它们的联系呢?笔者认为,其实不然,我们在学习之初,更需要关注它们之间的联系,**关注了联系可以更好地认识区别**,同时也为未来的学习打下坚实的基础。我们看一个高中的案例:

例 2.2 用 0—5 这 6 个数字可以组成多少个没有重复数字的四位数的偶数?

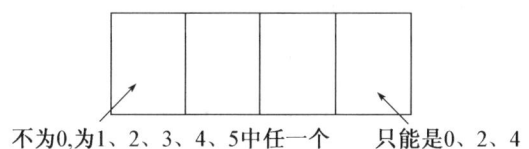

教学中,学生常常出现类似下面的错误:

5(千位有 1、2、3、4、5 五种情况)×3(个位有 0、2、4 三种情况)×4×3。

学生思考很"自然":确定一个四位数,要依次确定四个数位上的数字,因此是分步问题,用乘法原理。具体地,先考虑受到限制条件的首位和末位,首位可能有 5 种情况,末位可能有 3 种情况,因此有上面的解答。

显然,这样"自然"的解法是错误的。

实际上,遇到这类问题,首先应是分类,确定首位可填 1,2,3,4,5 五种情况,因此,符合要求的数字应是这五种情况的和。只有这五种情况完全相同时,才能用其中一种情况乘以 5,可惜,这里 1,2,3,4,5 的地位不对等。从具体各个位置的要求看,1、3、5 的地位对等,算一个代表就可以了,2、4 的地位也对等,因此,符合要求的个数是 `1□□□` 的个数 ×3+ `2□□□` 的个数 ×2,即 (3×4×3)×3+(2×4×3)×2=156。

这个案例说明,很多学生拿到问题,喜欢马上思考:到底运用哪个原理(乘法原理还是加法原理)。这可能有两个原因:

一是,小学阶段的一些失当的教学方式难辞其咎。小学阶段,解决问题时,很多老师喜欢问学生这用什么运算。这个习惯很不好。也许,小学题目的数据比较少,正好只有两个数据时,自然只能进行一个运算,因此,说这两个数据用什么运算,本身也没有什么太大的问题。但这样做,容易给学生一个很强烈的导向:遇到计算,首先分析是什么运算。实际上,以后遇到较复杂的背景,往往不是一个运算可以解决的,这时学生又怎么考虑用哪一个运算呢?面对具体问题,首先应和学生一起思考,这个问题怎么理解?怎么思考?然后再根据对这个问题的理解自然地选择某个适当的算法。

二是,高中老师过于强调乘法原理与加法原理的区别。高中老师十分强调两者的区别,并总结了所谓的规律:分类用加法,分步用乘法。

这说明,教学中不仅要关注乘法原理与加法原理的区别,从本源上看,我们更应该看到它们的联系。我们再感受一个案例。

案例2.1:排列数的计算是运用了乘法原理还是加法原理

用1,2,3,4可组成多少没有重复数字的4位数?

显然,这是一个全排列问题,答案是P_4^4,结果是$4\times3\times2\times1=24$。因此,很多人认为这是运用了乘法原理。

我们不妨回顾一下乘法原理的内容。

乘法原理:若$B=B_1\times B_2\times\cdots\times B_n$,则$|B|=|B_1|\times|B_2|\times\cdots\times|B_n|$。

显然,在上面这个排列问题中,无法写出相应的4个集合:B_1、B_2、B_3、B_4。排列问题并不是运用了乘法原理,而实际上是运用了加法原理。可以类似于上面的案例分析,只是正好首位为1、2、3、4的4种情况的个数完全相同,因此,只要算其中一种情况然后直接乘以4,形成所谓乘法形式的结果。但本质上是运用了加法原理,只是正好各个加数相同,可以用乘法进行简记而已。

从这个案例,我们可以发现,很多教师往往被结果的表象所迷惑,而没有理解相关问题的实质。当然,举这个案例,并非仅仅是辨析这个现象,而是希望引起足够的重视,重视对一些本源问题的理解过程,需要在排列的计算过程中思考为什么会用到乘法,这样,面对具体问题时,学生就不再是简单地运用加法还是乘法,而是思考:具体问题中这些量之间有什么关系,有哪些情况,其中哪些情况是相同的,哪些情况是不同的,相同的可否用乘法简便计算。

从这个案例中,相信大家已经对于小学阶段关注加法与乘法的联系的重要性有了一个新的认识。这样做,实际上,避免学生直接运用所谓的加、乘,而是更好地关注于对题意的理解。

四、除法的意义

(一) 除法的意义

除法原始的来源是现实生活中的分组问题和分配问题。

分组问题：

一批东西12个,如果每组3个,可以分成几组?

从12个物体中,依次圈出3个作为一组,如图。

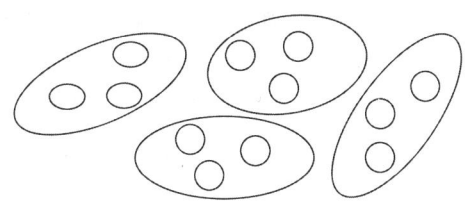

学生这样做的时候,实际上是重复地做减法,12－3－3－3－3＝0,所以,可以分为4组。类似地,13－3－3－3－3＝1,4组多1个。这是除法最为简单的背景,有人称之为"包含除"。

分配问题：

一批东西12个,分给3个人,要求每人一样多,每人可得几个?

这个情境比上面的情境稍微复杂一些,上面根据意义直接圈出3个给第一个人,现在不成了,不知道圈几个给第一个人。这时,有两个常规的思路,一是,每人先拿一个,这样每人一个先拿去了3个,依次类推,这样仍然得到重复减法12－3－3－3－3＝0;二是,尝试调整,如果每人3个如何?每人5个又如何?逐步试出结果,这实际上是从乘法的意义去考虑的。这种除法也称为"等分除"。

从与乘法的关系上,可以更好地考察这两种情境的差别。

如果从等组(重复加法)的意义看,$A＝B×C$,其中 A 为积(总量),B 为每一组的个数(单位量),C 为组数(单位数),则包含除表示:已知 A,B,求 C,而等分除表示:已知 A,C,求 B。从这个意义上,这两种情况正好就是等组意义上乘法的两个逆向过程。

除法意义的教学中,毫无疑问,应运用这两类情境,得出数学化的表示:$\frac{12}{3}＝4$。

当然,除法还有其他背景,如倍数、比例。

所谓 A 是 B 的几倍,就是以 B 为单位去度量 A,有几个。在结果是整数的情况下,可以设法转化成分组问题(以 B 的数量为每一组的单位量)。

所谓 A:B,就是两个量之间的比例,其最终结果转化为以 B 为单位1,则 A 为多少个单位,也就是说,比例化简后就变成了倍数。

正如乘法部分所分析的,这些背景,将指向一般意义上的除法。但这样的背景,相对于上面的等组问题中的等分除、包含除而言,学生需要进行适当的转化,因此,对学生的认识要求稍高,一般不能作为除法意义的引入情境,可以在对除法有了一定认识和运算的感受后,再从这个角度去认识除法。

案例 2.2:除法的意义(片段)

南京金陵中学实验小学　张文苑

【活动1】 初步感受"包含除"

(1) 实际操作感受包含除

出示问题:12 根小棒,每人 2 根,可以分给几个同学?

首先引导学生通过实际操作得到结论,然后进行班级交流,并提请学生思考:这是平均分吗?你能介绍自己是怎样分的吗?在学生交流的基础上明晰:这个过程可以用 12÷2=6 表示,这里 12 表示总数,2 表示一份的数量,6 则表示份数。

(2) 变式中再次感受包含除

呈现变式问题:12 根小棒,如果每人 3 根,又可以分给几个同学?

同样引导学生进行实际操作得出结论,然后进行班级交流,并类比于上面得出算式:12÷3=4。

(3) 反思交流,揭示共性

班级交流后,进一步追问:

12 支铅笔,每人 2 支,可以分给几个同学?

12 根小棒,等分成若干份,如果每份 3 根,可以分成几份?

在交流的基础上,总结这些问题的共性:若干个东西,等分成若干份,已知总数和每份的数量,求可以分成的份数。

(4) 明晰算式

上面的情况可以用除法表示,如:12÷2=6,其中 12 表示总数,2 表示一份的数量,6 表示分成的份数。

(5) 快速练习,即时巩固

① 18 支铅笔,每人 3 支,可以分给(　　)个同学,用除法表示,式子是(　　)＝(　　)。

② 36 支铅笔,每人 9 支,可以分给(　　)个同学,用除法表示,式子是(　　)＝(　　)。

③ 36 支铅笔,每人 4 支,可以分给(　　)个同学,用除法表示,式子是(　　)＝(　　)。

【活动 2】 初步认识"等分除"

(1) 活动中感受等分除

在与学生交流"生活中,我们有时知道总数和份数,希望求出每份的数量"的基础上,呈现问题:把 36 根小棒平均分给 4 个同学,每人可以分得几根小棒?

在学生操作的基础上,进行交流。希望学生复述自己的操作或者思考过程。也许有学生先猜一猜大致是多少,然后进行调整,如可能有学生先给每个同学 8 根小棒,发现最后还多了 4 根,再每人 1 根,实际上这一过程,类似于除法运算中的试商,这样的做法为后续除法的笔算做了很好的铺垫,值得肯定;也有同学会先每人一根,用去 4 根,再每人一根,用去 4 根……这样拿 9 次即可,实际上,这就相当于上面的分成几份的问题,相当于 36 里面包含了几个 4,这种方法是建立两种除法之间关系的桥梁,自然应该与学生进行分享。

(2) 揭示联系,明晰算式

在学生交流的基础上,揭示这个问题与前面的包含除的联系,并明晰:

这个过程可以用式子"36÷4＝9"表示,36 表示总数,4 表示份数,而 9 表示一份中的数量。

(3) 快速练习,即时巩固

① 6 个苹果,平均放在 2 个盘里,每盘放(　　)个,相应的算式是(　　)＝(　　)。

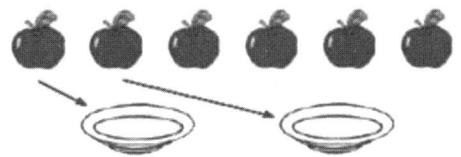

② 12 棵白菜,平均放在 3 个筐里,每筐放(　　)棵,相应的算式是(　　)＝(　　)。

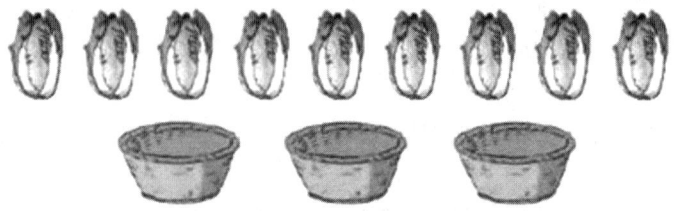

③ 24支铅笔,平均分给3个同学,每人(　　)支,用除法表示,式子是(　　)=(　　)。

【活动3】 回顾小结

(1) "36支铅笔,每人4支,可以分给几个同学"与"36支铅笔,平均分给9个同学,每人几支?"这两个问题有什么联系与区别?

(2) 我们以前学习过乘法,如知道每份的数量和份数,求总数,这时就用乘法。今天研究的两个问题与乘法问题有什么联系?

在交流的基础上,让学生明确:知道每份的数量和份数求总数时用乘法,反过来,知道总数、份数或每份中的数量,求另一个数用除法,或者说,知道了积和一个乘数,求另一个乘数,这时就用除法。

【设计说明】

除法,一般有两种类型:包含除和等分除,学生对等分除的理解比较困难。而2012年以后最新出版的苏教版义务教育教科书二年级上册教材中,对等分除的操作方法已经不做要求了,即只要学生分对结果,不管是每几个一份地分还是一个一个地分都可以。显然,长远而言,学生是不需要进行这样的区分的,但从教学而言,从学生的认知而言,在除法认识的初始阶段,这两者是有明显的区别的,直接认为两者是一致的,可能反而会给学生造成理解障碍。为此,本设计中还是希望通过情景认识到这是两种不同的情况,但也需要揭示两者之间的联系,认识到等分除中可以先每份一个从而转化成包含除,这样可以降低等分除的理解难度,同时,建立联系之后,自然可以不再加以区分了。也就是说,不是简单的不区分,而是经过思考之后可以不区分。另外,数据较小时,学生一般多直接根据乘法口诀或者直觉进行等分除,为了更好地凸显思维过程,我们特意将总数变大,希望暴露思维过程。

(二) 除数为什么不能为0

数学上规定:除法运算中,除数不能为0。

为什么有这样的规定呢? 我们还是回到除法的意义。

从现实背景看,除法有包含除和等分除两种。

从等分除的角度看,将一个数等分成0份显然不现实。

从包含除的角度看,1包含多少个0呢?再多的0永远是0,可得不到1呀!因此1÷0是没有意义的。有人说,从这个角度看,0可以包含0呀,可0包含多少个0呢?可以说,5个0合起来是0,但任意多个0合起来仍然是0。也就是说,如果0÷0可以得到任意数,这可不符合我们一般的认识,更别说小学生了,因此,0÷0没有意义。

从数学上看,除法是乘法的逆运算:

$a \div b = x \leftrightarrow a = b \times x$。

如果$b=0$,分析右边的乘法算式,可以有两种情况:一种是a不为0,则不管x为何值,$b \cdot x$恒等于0,乘法算式不成立,因而左边的除法也不成立;一种情况是,a等于0,则x可以是任意值,计算结果不唯一,因此,也认为除法不成立。

综上,除数不能为0。

五、运算的顺序

(一) 运算的顺序

小学阶段学习的运算主要是加减乘除这4个运算,另外,在计算过程中,有时还带有括号,因此,运算的顺序有下面的规则:

有括号的先算括号内部的;没有括号的先算乘除,再算加减;同一级的运算,按照从左往右的顺序进行。

(二) 道理解析

1. 为什么先算括号里的

括号,本就是用来规定运算次序的符号。我们看几个算式:$3\times5-4+6$,$3\times(5-4)+6$,$3\times(5-4+6)$。没有括号时,运算顺序是自然的,"×、−、+"。为了保证某些运算先进行,数学上引进了括号,将括号内看成一个整体,自然括号内优先运算了,如,后面两者的运算顺序改为"−、×、+"和"−、+、×"。

实际上,算式左边有n个数,最终结果是1个数,中间过程需要进行$(n-1)$次运算,这$(n-1)$次运算本身应该有先后,为了体现这样的运算顺序,需要依次通过"()"加以体现,这样,就应该有$(n-2)$个"()"。例如上面的"$3\times5-4+6$",严格地讲,应该是"$[(3\times5)-4]+6$"。显然,这样表示容易使人"眼花缭乱",为了求简,应尽可能减少"()",因此,就得有其他补充规定:没有括号的先算乘除,再算加减;同一级的运算,按照从左往右的顺序进行。

2. 为什么先乘除后加减

"乘除是比加减高一级的运算呗",也许很多人会如是说。"运算还有高级、低级的区别吗? 就是有所谓高级、低级,凭什么乘法就高加法一等呀?"我们还是看看乘法的起源。

在自然数的范围内,**乘法是加法的简记!**

小学中引入乘法,常用下面的背景,其中小火车上有多少人?

在这个背景中,实际上,本应该是连加,但老是这么加下去,既麻烦,又可能写漏了或算重了。考虑到,上面的算式中,影响结果的量有两个:一是,这个加数是几;二是,总共几个数相加的,这就是所谓的被乘数与乘数。

从这个渊源看,乘法只是加法的简记,即 $a \times b = \underbrace{a + a + \cdots + a}_{b \uparrow a}$,自然应先算乘法再算加法了。

实际上,也可以结合实际意义加以解释。

例 2.3 已知一支铅笔 2 元钱,一个文具盒 10 元钱,买 5 个文具盒、4 支铅笔需要多少钱?

按照本源的意义,就是这 9 个物品价格的和,即 $10+10+10+10+10+2+2+2+2$;而将这些价格归类后成为 $(10+10+10+10+10)+(2+2+2+2)$,利用乘法进行简记,则是 $(10 \times 5)+(2 \times 4)$,即先分别算出文具盒和铅笔的钱数再相加,考虑到乘法已经是加法的简记结果,规定:乘法运算是比加法运算高一级的运算,应优先进行。在这个规定的基础上,就可以省去乘法外面的括号了,从而成为 $(10 \times 5 + 2 \times 4)$ 了。也就是说,

$$10 \times 5 + 2 \times 4 = (10 \times 5) + (2 \times 4) = (10+10+10+10+10) + (2+2+2+2)。$$

自然应该先算 $10×5,2×4$，再算它们的和了。

教学中，也可以要求学生先列分步式子，再合并式子，在几个式子合并的过程中感受"为什么先做乘法后做加法"。

类似于上面的原因，规定了所谓运算的级别：乘方开方比乘法除法高一级，乘法除法比加减法高一级。这样，"$[(3×5)-4]+6$"就变成了"$(3×5-4)+6$"。同样，根据人们从左往右阅读和运算的习惯，规定同一级别的运算按照从左往右的顺序进行，因此，"$(3×5-4)+6$"就可以写成"$3×5-4+6$"，这样既省略了"()"，又不致引起歧义，很好地体现了数学的"求简"原则。

说明这些的目的是，不要让我们的学生只是机械地记忆"乘除比加减高级，先算高级的"，学习不能仅仅是机械的记忆，更需要关注思维的过程，需要讲道理。学习中要注意结合具体的生活实例加深学生对于具体法则、规则的理解。

第二节 运算的规律

一、运算规律及其作用

（一）运算规律的内容

提到运算规律，首先想到的可能是：交换律，结合律，分配律，用符号表示如下：

$a+b=b+a, ab=ba$；

$a+b+c=a+(b+c), abc=a(bc)$；

$a(b+c)=ab+ac, (b+c)a=ba+ca$。

实际上，在运算中学生还会运用其他一些运算规律，如前面提到的加法运算的和不变规律、单调性规律等。类似地，对于减法、乘法、除法，同样有类似的规律：

减法的差不变规律：两数相减，如果被减数和减数都加（或减）同一个数，差不变。

减法的单调性规律：两数相减，如果减数不变，被减数加（或减）一个数，差也加（或减）这个数。两数相减，如果被减数不变，减数加（或减）一个数，差反而减（或加）这个数。

乘法的积不变规律:两数相乘,一个乘数扩大 n 倍,另一个乘数缩小 n 倍,积不变。

乘法的单调性规律:两数相乘,如果一个乘数不变,另一个乘数扩大(或缩小)n 倍,积也扩大(或缩小)n 倍。

除法的商不变规律:两数相除,被除数与除数同时扩大(或缩小)n 倍,商不变。

除法的单调性规律:两数相除,除数不变,被除数乘(或除以)一个数(0 除外),商也乘(或除以)这个数;两数相除,被除数不变,除数乘(或除以)一个数(0 除外),商则除以(或乘)这个数。

当然,乘法运算中,还常会将积转化为若干部分积的和,这类似于不自觉地运用了分配律。

(二) 运算规律的作用

根据运算的意义,可以得出运算的法则。但如何灵活地进行运算,还有赖于对运算规律的把握。利用运算规律可以改变运算的顺序,进行恒等变形或者简便运算。例如:

$35\times4=(5\times7)\times4=(5\times4)\times7=20\times7=140$;

$35\times4=30\times4+5\times4=120+20=140$;

$35\times4=25\times4+10\times4=100+40=140$。

二、运算规律教学的一般思考

(一) 运算规律教学的一般思考

1. 运算规律学习的一般过程

运算规律的学习一般经历一个发现、验证、解释、应用的过程,即首先通过丰富的实例,感受并整理出运算中的规律,进而通过变式等方式借助更多的例子验证这一规律,接着解释规律的合理性,进一步明确规律,最后在运用中巩固规律。例如,分配律的教学中,可以首先呈现背景,让学生通过背景得到两个算式,由于这两个算式的实际意义相同,因此,学生直觉上就应认为两者结果也相同,如有学生还不坚信,可以通过计算验证,这就得到了相应的等式;然后引导学生:"改变背景中的数据,又会得到什么样的等式呢?""一般地,你认为有什么样的规律呢?"让学生通过具体的算式归纳出分配律;接着再引导学生选择更多的数据代进去,验证上面的规律;最后借助一些生活实例解释这个规律,并与同伴交流。这样的设计中,规律是学生结合背景自己得到并验证的;在得到一个等式之后,引导学生通过变式得到了更多的等式,这些为规律的归纳提供了素材,同时,这也是一种普适的学习方式;而结合具体生活实例的解释,加深了学生对于规律的理解,同时也可以迁移运用到相应的情境中去。

2. 鼓励学生自主获得丰富的运算规律

在每一个运算学习的初期,应鼓励学生自主总结运算规律,获得个性化的运算规律,并在更多的数据验证中明确规律。这样的学习过程本身就有助于学生形成"观察、归纳、猜想、验证"的思维模式,同时,个性化的运算规律可以有效地发展学生的数感,提高学生的运算能力。

(二) 关于交换律的研究与思考①

加法的本源是合并,因此,加法的交换性,可以在加法意义学习时就明晰。

对于乘法的交换律,课程标准要求是:在第二学段探索并了解乘法交换律,会应用运算律进行一些简便运算。同时,在第一学段要求"结合具体情境,体会整数四则运算的意义"并给出了具体例子和说明:

例 2.4 教室里有 6 行座位,每行 7 个,教室里一共有多少个座位?

说明:这个例子可以引导学生理解教室中的座位数是 6 个 7 的和,可以写成 6×7 或者 7×6。

说明中已经明确规定了"7+7+7+7+7+7 等于 6×7 或者 7×6",这种做法,自然引起了人们的争议。如戎松魁认为,"既然 2 年级时已规定了 6×3 可以写作 3×6,到四年级再归纳乘法交换律,这不是多此一举吗?""这已经不能称为乘法交换律了,它只是一个规定而已。"②是的,在已有前述规定的前提下,已经不再存在什么乘法交换律了,后面不用再行研究了,至多是一个对前面结论的回顾与表示。为此,需要思考课程标准做这个说明的原因,教学中如何更好地解释运算律的本质?

1. 有必要强调 3×5 与 5×3 的区别吗?

"3+3+3+3+3"用乘法式子如何表示,3×5 抑或 5×3? 我想,多数成人认为两个都可以。可是,九年义务教育全日制小学数学教学大纲(试用)③及

---

① 章飞. 乘法交换律约定抑或规律[J]. 数学教育学报,2009(5):62-64.
② 戎松魁,黄崇龙. 关于人教版小学数学新教材中若干问题的思考[J]. 数学教育学报,2008(2):58-60.
③ 20 世纪中国中小学课程标准·教学大纲汇编(数学卷)[M]. 北京:人民教育出版社,2001:158-175.

根据大纲编写的教材①中认为,只能表示为 3×5。如果学生写成 5×3,小学教师多会判其为错误。这种呆板、机械的做法,毫无疑问过于追求细节了,容易遏制学生的思维,因而激起了很多教育工作者和数学工作者的"愤慨"。这样的背景下,《义务教育数学课程标准(实验稿)》(简称《课程标准(实验稿)》)提出:"3 个 5,可以写作 3×5,也可以写作 5×3……3 和 5 都是乘数(也可以叫因数)。"也就是说,在学习乘法意义时,学生就应认识到 5×3 和 3×5 都可以表示 5 个 3 连加,它们的值相等;第 2 学段又要求,探索和理解运算律,并能应用运算律进行一些简便运算②。《义务教育数学课程标准(2011 版)》(简称《课程标准(2011 版)》)顺应《课程标准(实验稿)》的做法,在附例中给出了说明。

2. "3×5"与"5×3"意义天生就应相同吗?

课程标准的做法,确实避免了学生关于 3×5 与 5×3 的争议,但在乘法定义时就规定"3+3+3+3+3 可以用 3×5 或 5×3 表示"合理吗?

笔者认为,现行课程标准和教材的做法值得商榷。原因有二:

① 认知上,不合学生实际

在多数现实问题中,学生所列的加法算式中加数和个数的意义不同,不会交换两者的顺序,如"每本书 5 元,3 本书多少元?"学生一般会列出 5+5+5,而不会列出 3+3+3+3+3,"每本书 5.2 元,3 本书多少元?"学生所列加法式子只能是 5.2+5.2+5.2。也就是说,从一二年级学生的认知上讲,3 个 5 和 5 个 3 是不同的,并不是天生相等的。直接告诉学生:3+3+3+3+3 可以用 3×5 或 5×3 表示,实际上隐含了 3+3+3+3+3=5+5+5。

② 数学上,不符学科常理

乘法的可交换性,并不是一个法则、规定,而是一个规律。法则、规定,是人为的约定,不可发现与证明,只可解释;而规律,是客观存在的、可发现、可证明的。法则、规定的教学,可以直接明晰,然后解释;而规律的教学,一般应让学生有一个感受、发现的过程。因此,教科书采用直接规定的做法是值得商榷的。

数学的表示,确是一个规定,如规定 3+3+3+3+3 用 3×5 表示,但这个表示应是唯一的。如有几种不同的表示,应尽量说明它们是对等的,直接给一

---

① 九年义务教育六年制小学教科书数学(第三册)[M].北京:人民教育出版社,1994:19.
② 义务教育数学课程标准(实验稿)[M].北京:北京师范大学出版社,2001:13,21.

个式子两种不同的表示,不符常理。

此外,一般意义上的运算是有顺序的(只是加法运算的本意有合并之意,可以无先后之分),直接告诉学生乘法中两个乘数没有顺序、可以交换,容易使学生误认为"交换律"是普遍的、自然的,负迁移到其他运算的学习中。

3. 如何平衡

我们认为:要求学生区分乘数与被乘数是无聊的,但乘法定义中就规定两种写法等同是不恰当的,也使得后续学习乘法交换律成为多余之举。建议:学习乘法意义时,交代 $3×5$ 和 $5×3$ 的意义并不一样,然后尽快通过活动让学生感受到两者的结果是一致的,以后可以交换使用,从而明晰交换律。这样,学生感受到可交换是理性思考的结果,而并非一个人为的规定,不是理所当然的,这对学生理性思维的发展大有好处;同时,又很快利用交换律摆脱了细节的纠缠,大踏步地前进。

具体地,2 年级学习乘法意义时,建议将乘法的意义和乘法的交换律这两个教学内容分开进行,设计在相继的两个课时中。

"乘法的意义"课时中,首先可以通过具体情境让学生感受学习新表示的必要性,从而引入乘法表示,如可以呈现类似的问题情境,每盘 3 个水果,5 盘有多少个水果?你是怎么列式的?得出算式 $3+3+3+3+3$ 后,继续追问:6 盘有多少个水果呢?7 盘、8 盘呢?78 盘呢?这个活动中,学生可以得到各个相应的加法算式,并初步感受到加法算式的繁杂和不便交流,这时教师可以适当引导,强化学生的这种感受,从而促使学生产生学习(创造)新的、简便的表示的内在需要,在此基础上教师介绍乘法的表示,自是水到渠成。然后,通过实例巩固乘法的意义,这里的巩固练习可以有下面几个层次:① 加法算式和乘法算式的互化;② 结合背景进行列式(乘法)运算;③ 反过来,给出某些简单的乘法算式,要求学生构造背景,解释意义。

"乘法交换律"课时中,首先可以安排活动,让学生感受到两种列式结果是一致的。如可以设计下面的情境:

每串糖葫芦有 3 个糖球,5 串糖葫芦共有多少个糖球?

这 5 串糖葫芦整齐地摆放在一起,如右图,共有多少个糖球?你是怎么列式的?还有其他的列式方法吗?

通过这个活动,让学生得到 3+3+3+3+3=3×5,5+5+5=5×3 两种不同的计算方法,从而得出 3×5=5×3。

接着,展现更多的情境,让学生感受到乘法可交换的普遍性。当然,为了便于学生的感受(能从不同角度列出两种不同的算式),一般还是先呈现一些按几何图形规则摆放的物体,要求学生计数。如,下面各图中分别有多少个熊猫、圆点和小方格?你可以有哪些不同的列式方法?

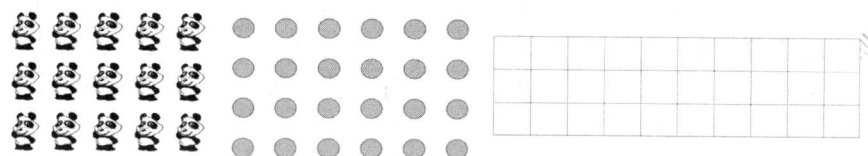

然后,引导学生观察上面情境中所列算式之间的关系,归纳出乘法的交换律,并明确以后遇到 3+3+3+3+3+…+3=3×78 时,也可以将该式写成 78×3,在具体列式中不再进行区分。

最后,再通过巩固练习,提高学生的技能与理解水平。在这个活动中,除了要设计前面的几何图形,进行巩固训练外,还可以设计一些具体的现实背景问题,如:每人 3 张卡片,5 个同学共有几张卡片?小明每小时走 3 千米,5 小时走了多少千米?在这些问题中,学生可能多数会列出 3+3+3+3+3=3×5=15,教师可以引导学生换个角度思考,如果每人只有 1 张卡片,5 个同学就有 5 张卡片,那么每人 3 张卡片,5 个同学就有 3 个 5,即 5×3=15,15 张卡片。因此,以后列式时,两个乘数谁前谁后确实没有关系,可以交换两个乘数的顺序,从而从另一个角度再次明确了交换律,加深学生对交换律的理解。

此外,关于交换律、结合律的理解,还可以借助一些直观形象的例子加以解释,如:长方形的面积是长乘以宽,可长方形可以转动,因此,哪个是长、哪个是宽,是可以变化的;长方体的体积是长宽高的乘积,长方体可转,因此,长宽高三者也是变动的,这样就可以调序了。

第三节 运算的定位与教学

对于运算,美国数学教师学会 1989 年编写的《学校数学课程与评价标准》

第2章 数的运算(一)——自然数的运算

中对计算问题有下面一个图表①：

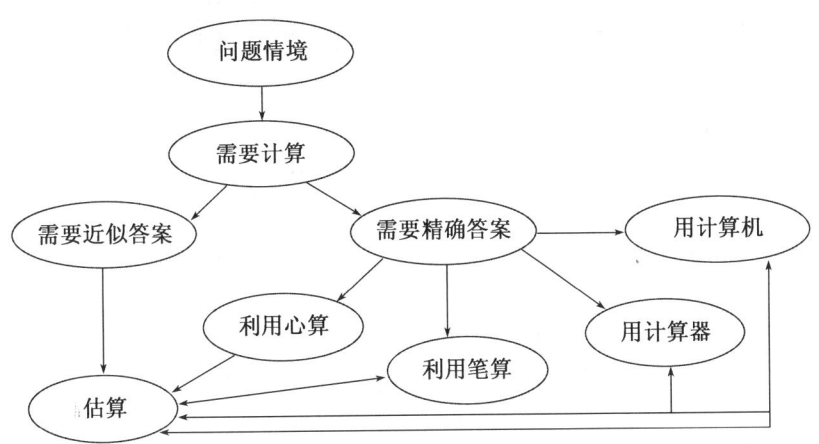

图表表明,首先应当让学生面对具体的情境,思考是否需要计算;然后再确定采用什么样的计算方式。口算,笔算,利用计算器、计算机计算,估算都是学生可供选择的方式。对于自然数有关运算要求,课程标准(2011版)与教学大纲(1992版)的对比如下：

	教学大纲(1992版)	课程标准(2011版)	对比(以2011版为准)
1—3年级(第一学段)	1. 20以内数的认识。加法和减法。连加、连减和加减混合式题。2. 100以内数的认识。加法和减法。两位数加、减整十数和两位数加、减一位数的口算。两位数加、减两位数。加、减法竖式。两步计算的加减式题。3. 表内乘法和表内除法。乘法、除法的初步认识。乘法口诀、竖式。用乘法口诀除商。除法竖式。有余数除法。两步计算的式题。	1. 能熟练地口算20以内的加减法和表内乘除法。2. 能口算简单的100以内的加减法,能计算两位数和三位数的加减法。3. 一位数乘两位数和三位数、两位数乘两位数的乘法,两位数和三位数除以一位数的除法。4. 认识小括号,简单的整数四则混合运算(两步)。5. 能结合具体情境进行估算,选择适当的单位进行简单估算,体会估算在生活中的应用。	1. 将万以内数的读法和写法,改放至高年级。2. 减去了珠算加、减法。3. 提出简单估算的方法及生活应用。4. 提高了口算的要求。5. 强调了知识在生活中的应用,解决实际问题的能力。注重了学生的交流。

---

① 史宁中等.义务教育数学课程标准解读[M].北京:北京师范大学出版社,2012:154.

(续表)

	教学大纲(1992版)	课程标准(2011版)	对比(以2011版为准)
	4. 万以内数的读法和写法。 5. 整数混合运算。两步计算式题。认识小括号。 6. 珠算加法和减法。 7. 一位数、两位数的乘、除法。四则混合运算。	6. 经历与他人交流各自算法的过程。 7. 能运用数及数的运算解决生活中的简单问题，并能对结果的实际意义进行解释。 8. 结合具体情境,体会整数四则运算的意义。	
4—6年级(第二学段)	1. 多位数的读、写法。数的大小比较。以万作单位的近似数。 2. 接近整十、整百的加、减法简便算法。 3. 乘、除数是三位数的乘、除法。乘数接近整十、整百的简便算法。 4. 四则混合运算。中括号。三步计算的式题。 5. 整数及其四则运算的关系和运算定律。十进制计数法。四则运算的意义。简便运算。	1. 能计算三位数乘两位数的乘法,三位数除以两位数的除法。 2. 认识中括号,能进行简单的整数四则混合运算(以两步为主,不超过三步)。 3. 探索并了解运算律(加法的交换律和结合律、乘法的交换律和结合律、乘法对加法的分配律),会应用运算律进行一些简便运算。 4. 在具体运算和解决简单实际问题的过程中,体会加与减、乘与除的互逆关系。 5. 在具体情境中,了解常见的数量关系：总价＝单价×数量、路程＝速度×时间,并能解决简单的实际问题。 6. 经历与他人交流各自算法的过程,并能表达自己的想法。 7. 在解决问题的过程中,能选择合适的方法进行估算。 8. 能借助计算器进行运算,解决简单的实际问题,探索简单的规律。	1. 增加了常见的数量关系。 2. 增加了运用计算器的教学。

第 2 章 数的运算(一)——自然数的运算

对比分析可以发现,课程标准在数的运算上有下列特征:
◎重视估算
◎加强口算
◎降低笔算要求

一、估算的定位与教学

(一) 重视估算的意义

提到估算,可能有人怀疑估算能成为数学学习的内容吗? 数学科学本身具有极强的确定性,能将带有模糊性的估算作为数学计算吗? 诚然,一定的情况下,数学科学具有较高的精确性要求,但数学科学本身并不排斥估算,特别是,二十世纪以来,数学科学中以研究近似计算的方法为主要内容的计算数学这一数学分支得到了飞速的发展。同时,在日常生活和生产实践中,由于最小单位的限制有时无法精算,有时实际问题也不需要精算,因此,应当让学生了解估算。

法国科学家研究了人们在进行精算和估算时大脑的反射部位,研究结果表明:精算主要激活脑左额叶下部,与大脑的语言区有明显重叠;估算主要激活脑双侧顶叶下部,与大脑运动知觉区联系密切。因此,就教育价值而言,精算和估算可能具有不同的功能:精算有利于培养学生的抽象能力,估算有利于培养学生的直观能力。显然,这两个能力都是重要的数学素养,因此,小学数学教学中不仅要重视精算,也要重视估算。①

(二) 小学数学中的估算

估算一般有两个层次:第一个层次是估计量纲的级别(数量级),第二个层次是确定一个范围(也就是确定某个上界和下界)。当然,随着估算要求的不同,可能对于上下界的精度有不同的要求。对于小学而言,对估算的精度一般不做要求,主要应具有估算的意识,了解估计上下界的方法(适当放大缩小的方法)。课程标准具体地给出了两个案例,并加以说明。

例 2.5 学校组织 987 名学生去公园游玩。如果公园的门票每张 8 元,带 8000 元钱够不够?

例 2.6 9.9×6.9 比 70 小吗? $\frac{1}{2} + \frac{4}{7}$ 比 1 大吗?

---

① 史宁中.基本概念与运算法则[M].北京:高等教育出版社,2013:32.

前一个例子有具体的背景,生活中很多时候都需要类似这样的估算,后一个例子则是一个纯粹的计算题,实际上,在纯粹的计算中,也常常需要估算。例如,可以通过估算很方便地判断一些算式结果的正误。例如,9.9×6.9,准确结果是 68.31,但学生计算中可能出现 6.831,58.31 等,学生要有估算的意识:显然,结果大致应该比较接近 70,但小于 70,因此,6.831,58.31 这两个结果肯定是错误的。

二、口算的定位与教学

(一) 口算的具体要求

能熟练地口算 20 以内的加减法和表内乘除法,能口算简单的百以内的加减法和一位数乘除两位数。

这样的要求合适吗?是否合适,不妨自问一下我们成人是如何进行相关运算的。在提供了纸笔的情况下,我们和多位成人进行了交流,发现,成人对于两位数的加减法都选择了口算,对于三位数的加减法有人口算有人笔算,对于结果是四位数的加减法基本上笔算,对于一位数与两位数的乘法多用口算。

义务教育课程标准作为对所有学生的统一要求,这样的口算要求应是适切的。但对于不同的学生还可以有个性化的差异性要求,因此,应鼓励学生对更为复杂的数的运算进行口算。

(二) 加强口算的好处

1. 口算的方法灵活多样

如,口算 28+15,学生的方式多样,下面罗列了其中几种情形(为了将口算过程中的思维暴露出来,不妨用横式的形式呈现,请读者自己揣摩):

28+10+5;
28+10+2+3;
28+20−5;
30+15−2;
28+12+3;
25+15+3;
20+10+8+5。

2. 口算促进运算规律的掌握

在灵活多样的口算方法中,学生将综合运用多种运算规律,因而,口算的过程有助于学生掌握运算规律。如,上面的运算中综合运用了下面这些规律:

第2章 数的运算(一)——自然数的运算

加法的和不变规律：两个数相加，一个加数增加某个数，另一个加数减少相同的数，和不变。

加法的交换律与结合律：$a+b=b+a$，$(a+b)+c=a+(b+c)$。

3. 口算有助于发展学生的运算能力和思维能力

口算过程中，学生将根据参与运算的各个数字的特点灵活选择各种运算规律进行运算，这样的过程有助于发展学生的数感，同时，这一过程本就是一个充满智慧的心智活动过程，有助于培养思维的灵活性和创造性。

(三)发展口算能力的措施

1. 鼓励学生口算

鼓励学生采用灵活多样的方法进行口算。口算的早期，教师可以提供一些帮助，也可以提供一些案例以便给学生一些启发，例如在100以内的加减法中，初始阶段可以提供百数表，让学生借助百数表进行加减的训练，也可以介绍数线的方法，让学生借助数线进行计算。

例如，计算 37+25=(　　)。

借助百数表，学生可能这样计算：

0	1	2	3	4	5	6	7	8	9
10	11	12	13	14	15	16	17	18	19
20	21	22	23	24	25	26	27	28	29
30	31	32	33	34	35	36	㊲	38	39
40	41	42	43	44	45	46	㊼	48	49
50	51	52	53	54	55	56	㊲	㊵	㊾
⓺	㊶	㊷	63	64	65	66	67	68	69
70	71	72	73	74	75	76	77	78	79
80	81	82	83	84	85	86	87	88	89
90	91	92	93	94	95	96	97	98	99

也可以采用下面数线的形式：

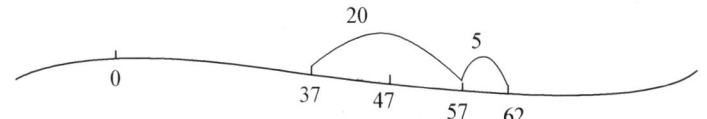

鼓励学生通过出声口算将思维过程暴露出来,从而形成自己的相关算法经验,并通过同伴交流,分享各自的算法。

可以提供一些案例,引导学生自主总结和运用运算规律解题。

例如,已知6+7=13,填出下列等式的得数,并说明理由。

16+7=	6+17=	16+17=
26+7=	6+27=	26+27=
36+7=	6+37=	36+37=

在学生写出得数,并交流结果和其中的道理后,学生可进一步明确其中的运算规律。

开展适度的口算训练,形成较为熟练的口算技能。速度并不应成为刻画学生学习水平的一个量度,但现在很多小学生的运算速度过慢,在有关应用问题中,常常由于中间过程中的计算过慢或错误,引起思维的不连贯。因此,小学阶段,建议适度开展数的运算速度的训练,这样可以将时间省出来从事更为重要的思维活动。

2. 较晚引入笔算,即使笔算阶段也应允许口算

过早笔算带来的弊端是,学生陷入了笔算的定势中,缺失了思维发展的机会。实际上,学生在灵活运用各种运算规律进行心算口算的过程中,会发展很多个性化的解决问题策略,可以发展学生的思维能力。弗赖登塔尔说:"世界是有干扰性的,将世界数学化意味着在纷繁芜杂的干扰中寻找本质的、感性的信息。这也是必须学会的,就是说让学生进行再创造,越早越好。一旦学生已经被灌输了现成的图式和算法,就太晚了。"

那么,什么时候引入笔算?课程标准的口算要求是:能口算简单的百以内的加减法和一位数乘除两位数。何为简单的百以内的加减法,课程标准解读也没有做出具体的解释。影响百以内的加减法难度的因素主要是进(退)位。因此,也许可以理解为,不要求进退位的百以内的加减法为简单的,应该能够口算,而需要进退位的百以内的加减法可以不统一要求,可以口算也可以笔算。但现在多数教材从两位数的加减法一开始就引入了竖式运算,这样,学生一旦形成竖式运算的定势,往往不再寻求多样的算法,对于简单的百以内的加减法也习惯于竖式,不再口算了。因此,个人认为,竖式运算的引入还可以适当推后,建议在两位数加法中,先完全用口算,到基本熟练口算之后再引入竖

式运算或者到两位数与三位数的加减时再引入竖式。

当然,即使在教材中竖式运算阶段,也要鼓励学生采用灵活的口算策略。

例如,对于三位数的加减法运算,应该教会学生利用竖式解决一般的三位数的加减,但也应允许甚至鼓励学生运用口算。笔者曾检查小孩的作业,发现孩子计算 902—805 时发生了错误。当然,运用竖式计算该题,确实容易发生错误,因为需要两次借位。笔者让小孩订正,小孩马上拿起笔,准备列竖式。笔者提醒小孩不用列式,写出答案即可;小孩并不领情,在我的坚持下,并不情愿地进行了口算,很快就写出了答案。进而和小孩交流哪种方法简便,小孩说:心算快,但这个阶段应该是运用竖式呀!我们不禁要反思:小孩为什么有这样的顾虑呢?教学中能否更为开放一些?口算和笔算各有其优缺点,教学中应以开放的心态看待,"让喜欢算法机械化的和喜欢从数字关系角度寻找有效计算策略的学生各得其所,都有用武之地。"[1]

三、笔算的定位与教学

(一) 笔算的意义与定位

较大的数的运算完全靠口算(心算)不太保险。心算(口算)有赖于记忆,需要记忆一些中介性的结果。当口算步骤较多时(如多位数的乘法),学生难免出现遗忘,并导致最终结果出错。

笔算,将计算过程记录下来了,避免了因为记忆而出错的可能,同时也便于检查比对。

竖式计算,熟练掌握之后完全是机械劳动,相对而言,不易出错,学生颇有成功的感觉。

竖式运算,作为一种算法,具有普遍适用性,进行较大数字运算时较为方便。

因此,学生需要学习笔算,以进行一般的加减乘除运算。

但从前面的分析和调查结果看,学生自感口算没有问题时,一般不进行笔算,因此,笔算只是人们口算不太自信时的一个"拐棍"。既然是拐棍,确信不用拐棍也能解决问题时,自然不用拐棍,因此,教学中应力所能及地不用拐棍,而鼓励口算。

---

[1] 王永.数学化的视界[M].北京:北京师范大学出版社,2013:42.

(二)笔算就是竖式计算吗?

笔算并不等于竖式运算。所谓笔算是相对于口算而言的。口算(心算)不用笔做记载,用脑思考,用口强化中间结果,如上面的"28+15",学生可能口中念念有词"38,40,43",慢慢地,随着熟练程度的提升,学生可能压缩这个过程,直接报出"43"。而如果借助笔记录这个过程,可能就是"28+15=28+10+2+3=43""28+10=38,38+2=40,40+3=43"之类的形式,实际上,这就是笔算。记录的方式可能是多样的,可以是水平的,也可以是竖直的,例如96÷4,下面就是两个常见的笔算方式①。

$$96 = 40+40+16$$
$$= (10\times4)+(10\times4)+(4\times4)$$
$$= 24\times4$$

```
  9 6
- 4 0    × 1 0
  ─────
  5 6
- 4 0    × 1 0
  ─────
  1 6
- 1 6    ×   4
  ─────
    0    × 2 4
```

只是由于现在教材中主要教授竖式,使得学生习惯用竖式记录、整理计算过程,长此以往,形成了教材中所谓规范的竖式,因此,误认为笔算就是竖式运算。

(三)竖式就应是书上的样子吗?

下面是教材中关于乘法的两个竖式:

```
    2 8
  × 1 2
  ─────
    5 6         2 5
    2 8       ×   3 0
  ─────       ───────
  3 3 6         7 5 0
```

显然,这两个竖式的对位方式不一致。这样做,有下面几个缺点:

首先,形式不统一,需要分类记忆,增加了学生学习的负担;其次,让原本

---

① [英]茱莉娅·安吉莱瑞.如何培养学生的数感[M].徐文彬,译.北京:北京师范大学出版社,2007:99.

第2章 数的运算(一)——自然数的运算

统一的数学变得破缺了,弊大于利;最后,不科学,对位不一致,使学生对于数位的理解出现不统一的境况。建议统一化。

就是对位正确的加法、乘法竖式就该这样?这样的竖式很容易出现进退位的错误,是否可以换一种竖式?

当然可以。

$$\begin{array}{r} 28 \\ \times\ 12 \\ \hline 16 \\ 40 \\ 80 \\ 200 \\ \hline 336 \end{array}$$

实际上,这个竖式更好地体现了运算律(乘法分配律),这个竖式看似长度增加了,实际上运算量减少了,错误率下降了。

当然,并不是说,一定要选用哪一个竖式,而是说,要允许学生使用不同的拐棍,不用配置统一的拐棍,这才是真正的因材施教。即使希望呈现一个统一的拐棍,也应设法体现这个拐棍的合理性,揭示这个拐棍的形成过程。

(四)笔算阶段的教学建议

1. 鼓励多种非正式的笔算方式

通过对工作场所中成年人运用数学的研究发现,在工作中,他们很少使用学校教授的笔算方法(1982年科克罗夫特报告)。成年人不是使用正规的笔算程序,而通常是使用个性化的笔记来肯定自己的方法,这一方法有利于反映问题及其所涉及的数字结构。[1] 因此,在教学中,应首先鼓励学生心算,发展心算的策略;在孩子们掌握了心算策略的基础上,再鼓励以心算策略为基础进行非正规的笔算;最后,将非正规的笔算循序渐进地发展到正规的笔算方法。"在笔算的早期阶段,不介绍竖式运算是很重要的,因为孩子们还没有机会自己建构不同的笔算方法"。[2] 因此,教学中应鼓励学生采用各种非正式的笔算

---

[1] [英]茱莉娅·安吉莱瑞. 如何培养学生的数感[M]. 徐文彬,译. 北京:北京师范大学出版社,2007:84.

[2] [英]茱莉娅·安吉莱瑞. 如何培养学生的数感[M]. 徐文彬,译. 北京:北京师范大学出版社,2007:86.

方式记录自己的思考过程。

案例2.3　加法的非正式笔算方法(58＋37)①

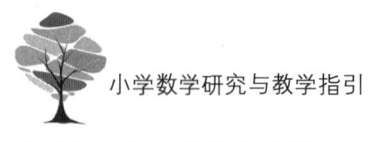

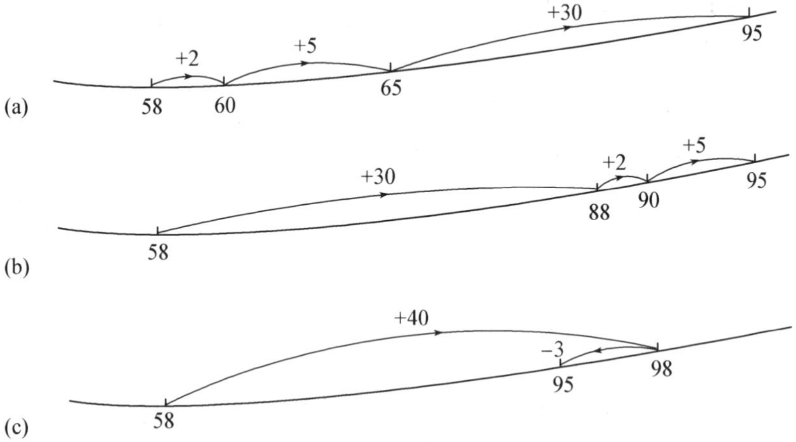

50		30		80
(58)	＋	(37)	＝	(95)
8		7		15

```
  5 8
＋ 3 7
─────
  8 0
  1 5
─────
  9 5
```

2. 从非正式的笔算建构"规范"的笔算

实际上，58＋37的正规的竖式仅仅是将上面的图压缩了中间过程而已，既然如此，教学中可以设法通过技术手段实现这样的压缩过程。例如通过多媒体手段，将中间两排重叠放置，但这时数字8和1重叠了，看不清楚，为此，

---

① [英]茱莉娅·安吉莱瑞. 如何培养学生的数感[M]. 徐文彬,译. 北京:北京师范大学出版社, 2007:88－90.

将1放到一个特定的位置上,得到 $\begin{array}{r}58\\+3_17\\\hline 85\\\hline 95\end{array}$,进一步,将中间过程压缩,得到竖

式: $\begin{array}{r}58\\+3_17\\\hline 95\end{array}$。

王永老师则借助计数器实现了竖式的再创造[①]。

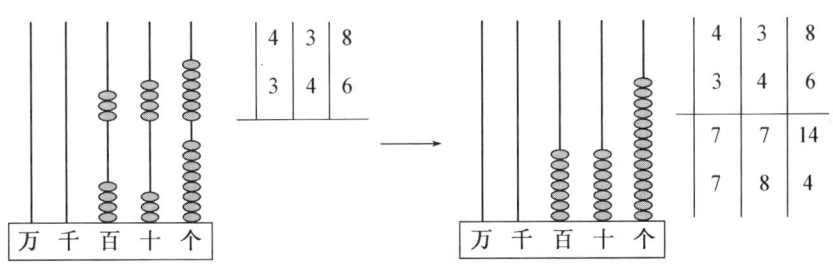

第四节 相关问题研讨

一、算法多样化与简便运算

新课程提倡算法多样化,当然,这是针对具体算法而言的,实际上,更一般地讲,应为解决问题方式的多样化。因此,下面我们还是用解决问题方式的多样化这一更一般化的语词,只是本章由于具体内容的原因而更多地指向算法多样化。

(一) 什么是问题解决方法多样化

所谓问题解决方法的多样化,就是指在问题解决过程中鼓励每一个学生独立地思考,用自己的方法解决问题,这样在群体中就可能出现多样的解决方法。因此,问题解决方法多样化的实质是指学生的独立思考,是指群体问题解决方法的多样化,而并非学生个体问题解决方法的多样化。

---

① 王永.数学化的视界[M].北京:北京师范大学出版社,2013:40.

解决问题方法的多样化,与过去所说的一题多解是有差别的。过去所说的一题多解是指对于同一个问题,要求学生从多种角度进行思考,从而要求每一个学生个体获得其多种解决方法。

(二)为什么要重视问题解决方法多样化

通过上面的分析,可以发现,问题解决方式的多样化,首先要求学生通过自身的独立思考来解决问题,可以发展学生的自主学习能力和探究能力;然后要求学生对各自方法进行比较和汇报,又促进了学生间的合作与交流。因而,问题解决方法的多样化有利于转变学生的学习方式。

当然,交流过程给所有学生呈现了多样的问题解决方法,促进了学生对问题的多方面理解。对于多数学生,这样的经验将促使他们从多个角度思考问题,形成多样化的问题解决意识。应该说,多样化的问题解决意识,是所有学生都应逐步具备的;而多样化的能力,不是所有学生都能掌握的。这也许是课程标准倡导解题方法多样化,而不要求一题多解的一个原因。

(三)问题解决方法是否越多越好

新课程倡导问题解决方法的多样化,那么是否方法越多越好呢?

事实上,从上面的分析,可以看到,多样化并非教学的目的,而只是一种手段。多样化并不是越多越好,关键在于独立思考。

案例 2.4 这也算解决问题方式的多样化吗?[1]

下面是某个国家级实验区的一堂研究课中的一个片段。教师呈现了下面的问题:

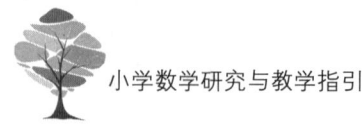

搭一个正方形需要 4 根火柴棒。

(1) 按图中方式,搭 2 个正方形需要_____根火柴棒,搭 3 个正方形需要_____根火柴棒。

(2) 搭 10 个这样的正方形需要多少根火柴棒?

(3) 搭 100 个这样的正方形需要多少根火柴棒?你是怎样得到的?

(4) 如果用 x 表示所搭正方形的个数,那么搭 x 个这样的正方形需要多

---

[1] 新世纪基础教育课程改革实践与探索数学 2002(7—9 年级)[M].北京:北京师范大学出版社,2002.

少根火柴棒？与同伴进行交流。

对于第2个问题,在一些学生得出 $4×10-9,4+3×9,3×10+1$ 等方法后,出现了如下片断:

生1:我认为还可以把后面的9个正方形3个3个分为3组,是 3^3,那么一共是 $4+3^3$。

老师:也可以(同时在黑板上写下了 $4+3^3$)。

生2:我认为不对。如果是 3^3……应该是 3^9。

此后转成第3问的讨论。

在学生对第3问提出 $3×100+1,3×99+4$ 等方法后。

生3:还可以是 $3^{99}+4$。

生2:我认为不对,应该是 $3^{30}+4$,因为10个是 $4+3^3$,而100是10的10倍,所以是 $3^{30}+4$。

老师:大家看出生3说的不对,那么生2说的对吗?

生4:我认为是 $3^{33}+4$。

(老师看学生举手的很少,让学生讨论生2、生4谁正确。)

生5:因为 3^4 已经是81了,所以 $3^{30}+4、3^{33}+4$ 肯定都不对。

生6:$3^{30}+4$ 与 $3^{33}+4$ 早超过1000了。

老师:因为 $4+3×9,9$ 可以写成 3^2,所以 $4+3×9$ 可以写成 $4+3^3$;对于 $3×99+4,99$ 可以写成什么?

生7:99写成 $33×3$,而33写成 $3×11$,所以99可以写成 $3^2×11$,而不是33次方。

我们不禁要思考:在这个案例中,学生为什么会产生像 $3^{30}+4、3^{33}+4$ 的答案,并对此进行了较长时间的争论呢?我想,教师用口头和书面的方法对生1方法($4+3^3$)进行了认可,这可能是一个十分重要的原因。因此,我们应思考:到底什么样的方法是恰当的问题解决方法?对于学生不恰当的方法,教师应如何进行引导?

此外,教师在备课的过程中往往预设了一些问题解决的方法,但在实际的教学过程中,学生的方法往往与教师的预设有所出入。有时学生并没有发现教师所准备的某些方法,这时教师是否要向学生呈现自己的方法呢?而有时又会出现一些教师所没准备的方法,对这些方法又如何进行评判呢?我想,这里没有绝对的结论,要求教师在对学生认知状况了解的基础上灵活把握,而不要为了方法的多样化而多样化。

(四)如何看待所出现的多样化的问题解决方法

1. 有没有公认的好方法

当课堂教学中,学生出现了多种方法时,部分老师习惯于对各种方法进行比较,力图从中选择一个最优的方法,以让学生在以后的学习中使用;并且往往以解决问题方法的繁简程度作为判断它们优劣的标准,认为简捷的解法比较优越。

为此,我们应反思:方法比较的目的是什么?是否存在大家公认的最优方法?

方法比较的目的,首先应是通过方法的交流、汇报、比较,使学生从多个角度思考问题,形成多样化的问题解决意识;其次才是使学生明确各种方法的特点,从而有助于学生根据自身的思维特征、认知水平和个人喜好选择适合自己的解决问题方法。从这个意义上讲,方法的优劣是相对于学生个体的,而非针对学生群体的。由于学生自身的喜好和思维特征存在着很大的差异,因而,难以存在一个大家都认可的优越方法。此外,一定程度上,简捷的方法往往是经过了人为的加工和抽象、概括,因而可能并非本质的方法。任何一个方法都有一定的局限性,这也许就是解题中的辩证法。

案例 2.5 最短路有多少条①

问题1:右图是某个城市的街道示意图,从 A 到 B 的最短路有多少条?

对于这个问题,我们可以利用组合有关知识解决,如方法1:从 A 到 B 共需走7步,横向4步,纵向3步,因此所有的方法数就对应着7步中哪3步是纵向哪4步是横向的方法数,其结果是 $C_7^3 = 35$。

当然,也可以具体地排,得到方法2:如右图(其中每个顶点处的数据表示从 A 到该点的最短路的方法数)。

有些老师可能认为,方法1比较简单快捷,是解决这类问题的最优解法。但实际上,方法1

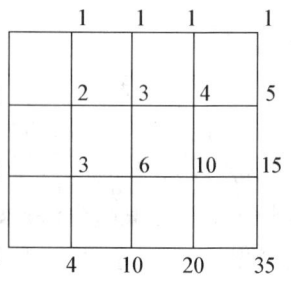

---
① 马复,章飞.初中数学新课程教学法[M].长春:东北师范大学出版社,2004:244.

需要学生对这类问题有比较深刻的理解,如果没有教师的引导,一般学生比较难自主地探求出该方法,从这个意义上讲,方法2则相对更为基本。如对于下面两题,方法1就显得比较困难,而利用方法2则可以顺利地获得问题的结论。

① 如图,图中从 A 到 B 的最短路问题有多少条?

② 在一场乒乓球比赛中,甲选手以 11∶7 获得首局胜利,而且在该局比赛中甲选手的得分一直领先于乙选手,这样的情况有多少种可能?

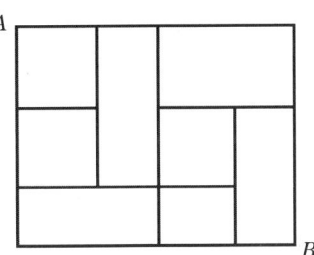

计算教学中,各种方法没有绝对的优劣,只是各具特点。例如,计算903－798,可以这样做:

$$903-798=903-800+2$$
$$=103+2$$
$$=105。$$

但面对一般的三位数减法,这一方法就未必简便了。因此,方法并没有绝对的优劣。

2. 是否需要进行方法比较

当然,教学中对学生所提供的各种方法给予适当的比较与评判,使得学生对各种方法有个比较全面的、客观的认识,然后根据自身的特点选择各自喜欢的方法,这仍然是十分必要的。只是这里比较与评判的主体和方式仍值得探索。

案例 2.6:哪个方法好

南京金陵中学　戴　喜[①]

这是二元一次方程组的一节应用课。在学生自主选择方法解决了我国古典名题"鸡兔同笼"(学生可以分别用小学算术方法、一元一次方程和本章刚刚学习的二元一次方程求解),老师提请学生思考这些方法的繁简程度和相互间的关系后,进一步呈现了下面的问题,要求学生自主选择方法解决:

---

① 马复,章飞.初中数学新课程教学法[M].长春:东北师范大学出版社,2004:245.

"今有牛五,羊二,直金十两。牛二,羊五,直金八两。牛羊各直金几何?"

在其后学生的汇报中,发现几乎所有学生都能列二元一次方程,部分学生列的是一元一次方程,而只有几个学生用小学的算术方法获得答案。

下面是部分学生对几种方法的评价:

生1:小学的方法比较巧妙,我很佩服这个同学。但方程方法比较扎实。

生2:小学的方法没有什么了不起,只是方程方法的解答过程……

生3:二元一次方程的方法最基本,列一个未知数只是将一个条件先用掉了。

生4:二元一次方程的方法最简单,但它的步骤多了些。实际上,没有一个绝对好的方法。

我想,学生的评价已经对方法的优化做了一个比较好的诠释。

因此,一定的优化是可以的,只是这里的优化过程,更多的是学生的进一步交流、反思和探索的过程,力图通过学生自身的评价获得对方法的比较与鉴别。在这些比较、鉴别的基础上,形成学生个体的方法。也就是说,要让学生认识到面对一个问题,可以有多种解决的方法,作为学生自己可以按照自己喜欢的方法求解即可。

(五) 简便运算只是多样算法中的一种而已

华东师范大学徐斌艳教授在一次报告中曾选用了下面的素材:

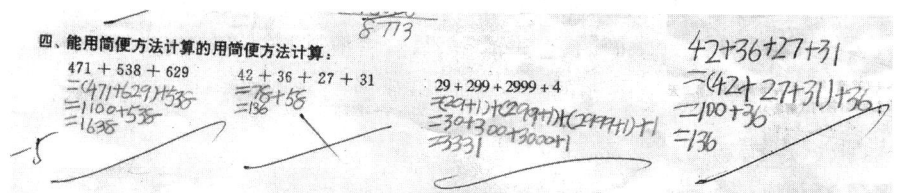

左边是一个三年级学生的数学测试上的一道题的解答和批阅情况,右边是学生的订正,显然,这个学生的订正得到了老师的认可。

这固然是多年前的一个案例,但现在讨论仍然有现实意义。

面对这个案例,我们不仅要思考:订正后的做法就真简便吗?"原来只要两步,订正后还得三步呢"。

1. "简便是我个人的感觉"

所谓简便,就是计算起来有些好处,如快捷一些、计算量小一些、不容易发生计算错误等。但学生个体认知习惯、风格和能力都存在差异,因此,也许对

张三是简便的做法,对李四而言就未必了。也就是说,简便是相对的,相对于个体认知的。

2."我会算就得了,干吗要追求简便"

况且正如上面所言,我们鼓励学生算法多样化,但对一个学生个体而言,并不要求他掌握所有的算法,而是要在比较鉴别中形成自己习惯的算法。也就是说,只要学生能够掌握某种算法,达到一定的运算技能即可。既然如此,学生干吗一定要追求简便算法呢?

3."就是要简便,也得明显简单呀"

让学生运用简便方法计算,那这个方法得明显简单,并且具有很好的迁移价值。如 $29+299+2999+4$,几个加数都接近整十数、整百数、整千数,利用凑整法确实简单了,而且这个方法在计算具有类似特点的数时较为常用,因此,这样的题具有一般意义,学生也比较能够感知老师的意图。

4."更重要的是,得让我明白意图,别让我瞎揣摩"

这题中的简便方法,并不明显,这不是要求学生揣摩命题人的意图吗?"老揣摩他人心事,可不是一个好习惯"。如果确实要用简便方法,而这个方法又不太明显,倒不如给学生明确的交代,如本题可明确要求学生利用凑整法进行计算。

5."追求简便,本是发展学生思维的好方法,但要适度"

简便计算时,学生要分析各个数据的特征,灵活选用运算规律,因而有利于发展学生的观察能力、分析能力和思维的灵活性。但需要注意"度"。不要让学生盲目追求简便,落入技巧性的泥潭。另外,学生未必能与命题人"合拍",评价时要更具开放性、包容性。过于苛刻的评价,逼迫学生将更多的精力投入追求简便中,反而会忽视了更为重要的一般化的思考。

二、运算教学中兴趣激发的策略

运算教学,总体而言,比较枯燥,因此,小学阶段运算教学中务必要通过各种方式进行兴趣的激发。一个具体运算问题的完整的教学过程,应该包括素材选择,教学组织和结果评价等几个方面。因此,下面就从这三个方面谈谈兴趣激发的一些策略。

(一)素材的选取

谈到素材选取,自然需要考虑两个问题:易于激发学生学习兴趣的运算素材具有哪些特征?谁从哪些渠道寻找素材?

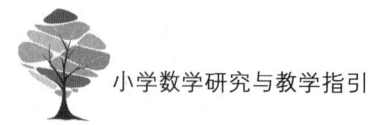

1. 易于激趣的运算素材的特征

易于激趣的素材,一般应具有下面两个特征:

(1) 现实性

所谓现实,就是指素材符合学生的认知实际和生活实际。这就要求我们密切关注实际生活,从实际生活中寻找贴近学生生活经验的、适合学生学力水平的素材。在这方面,台湾已经探索十余年的数学步道,值得借鉴。所谓数学步道,就是以学生熟悉的场景(如校园、公园、商场等)为背景,在这个背景中不同的位置设计适合不同年级学生的数学问题,让学生解决,并制定相应的标准进行评价。应该说,这一活动极具开放性和挑战性,同时让学生很好地认识到数学与现实生活的联系,有助于形成良好的数学观,也很好地激发了学生学习数学的兴趣。

当然,在具体问题的设计中,应关注学生的认知实际,遵循由易到难、循序渐进的原则,逐步提升运算的难度要求。为此,就要求我们认真研究影响某一类运算的难度的因素,进而将有关运算根据难度分成不同的层次。

(2) 趣味性

一些生活实际问题,本身就有一定的趣味性,我们要有发现的眼光。

但作为老师,更需要根据预设的运算要求设计有趣的任务。为了使得运算有趣,可以增强运算的自主性、开放性和游戏性。那么,怎样将封闭的习题开放化呢?我们先看几个封闭性算式:

$7+6+3=16$;

$7\times3-6=15$。

从上面几个式子,不难看出,一个封闭的算式包括这样几个要素:

- 参与运算的数字;
- 相关运算及其顺序(若干运算符和括号的组合);
- 运算结果。

显然,封闭的运算中,参与运算的数字是确定的,相关运算以及运算顺序也是确定的,这样的运算结果也就确定了。

因此,为了增加题目的开放性,可以对算式左边的两个要素开放。下面以第一个算式为例,进行开放化的改编:

- 参与运算的数字由学生选择

请尽可能多地写出 3 个数字,使得他们的和是 16。

请在 7、6、2、3 这 4 个数字中圈出 3 个数字,使得他们的和是 16。

第 2 章 数的运算(一)——自然数的运算

请在下图中(略)圈出相邻的三个数,使得他们的和是 16,看看你能圈出多少个。

请从 9,9,7,2 这 4 个数字中选出 3 个数字,使得下式成立:
_____＋_____－_____＝16。

- 运算及其顺序由学生自己选择

请运用 1,2,3,5 这 4 个数字各一次,使得其结果是 16。注意:有多种可能,尽可能写出多种可能。

- 数字和运算同时开放

请从 8,3,5,7 这 4 个数字中选择 3 个,并写出一个算式使得结果是 16。

- 判断算式是否正确

算式"5＋3×2＝16"成立吗？ 如不成立,请在适当的位置添加括号,使得式子成立。

- 融推理与运算于一体

比较经典的案例是幻方:将 1—9 这九个数字填到九宫格中,使得每一横排、每一竖列上的数字和都等于 15。

当然,还可以有很多不同的变式,如:

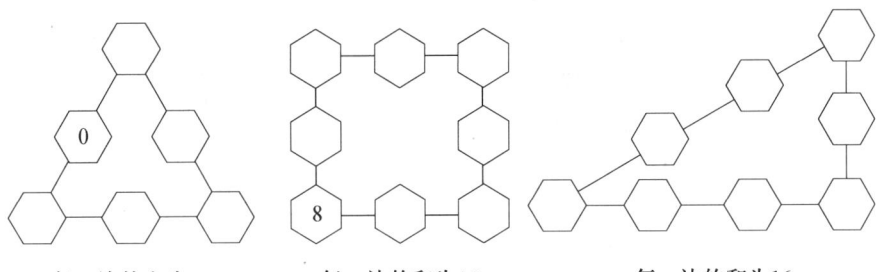

每一边的和为 13　　　每一边的和为 15　　　每一边的和为 16

下面打乱的乘法口诀①也较好地将推理与运算能力融为一体了。

---

① [美]Dale Seymour 著. HAPPY 数学(B)[M]. 朴玉,译. 长春:长春出版社,2002:81.

乘法混合

下面的表格是一个被打乱顺序的乘法表,横行和竖行都已经被移到了不同的位置,运用你掌握的关于乘法的知识和良好的推理能力将下面的表格填上。

×		5					2		
10									
									24
				7		63			
		6			8				
				8	64				
	18								
	63								
						4			
3									

- 借助图形给题目一点动感、美感

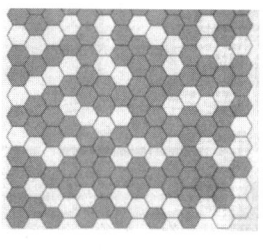

如,将参与运算的数字或者结果放到一些美丽的图形中,使得运算过程不那么单调。例如,可将数字放到六边形的网格中,要求学生圈出几个数字,使得数字和为已知数,可以在图中给出某个图形上的数,要求求出相应的数字的和,等等。

还可以将运算结果与图形联系起来,下面是根据《HAPPY 数学(B)》81 页题目改编的题目:在下面的网格纸上找出数字 61 对应的点,然后依次进行下面的运算,将每次得到的数对应的点找出来,并和上次对应的点连起来,看看你得到了什么图案。依次进行的运算为:减 9,加 2,加 14,乘以 2 然后减去 42,减 13,加 5 然后除以 2,加 14,减 10,加 23,减 13,加 24,加 22,减 2,加上 5 的平方,减 2,减 24,加 12,减 17,加 13 然后除以 2,加 38,加 3,减 11,减 2,加 1,除以 2 再减去 7,加 8 再除以 3,加 1,加 13,减 11,加 1,乘以 2 再加 7,减 14,减 1,加 11,减 13,减 1,加 10,加 4,加 12。

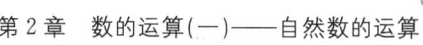

1	2	3	4	5	6	7	8	9	10	11	12
13	14	15	16	17	18	19	20	21	22	23	24
25	26	27	28	29	30	31	32	33	34	35	36
37	38	39	40	41	42	43	44	45	46	47	48
49	50	51	52	53	54	55	56	57	58	59	60
61	62	63	64	65	66	67	68	69	70	71	72
73	74	75	76	77	78	79	80	81	82	83	84
85	86	87	88	89	90	91	92	93	94	95	96
97	98	99	100	101	102	103	104	105	106	107	108
109	110	111	112	113	114	115	116	117	118	119	120
121	122	123	124	125	126	127	128	129	130	131	132
133	134	135	136	137	138	139	140	141	142	143	144

2. 素材来源与选材主体

素材,可以借鉴他人(如教科书、练习册以及其他教师的经验等),根据学生状况确定直接借用还是适当改编他人的素材;但作为老师,还应该具备一定的自编习题的能力,教学过程中应尝试自创题目。

选材主体,虽多为老师,但也应适时地发挥学生的主体性,让学生参与到编题、变题的过程中。通过编题、变题,学生可以很好地感受题目的本质,提升自身的认识。如:

请编制一个题目,要求用一次加法和一次乘法,答案是16。

还可以由教师提供某个母题,要求学生解答母题,然后进行变题。

例:(1) 计算 $6+2\times2$;

(2) 在上面的算式中,请改变一个数字(或者一个运算符号,或者增加一组括号),使得结果等于16。

(二) 教学组织的形式

考虑到小学生活泼好动、注意力维持时间短等特点,课堂教学中要注意采用灵活多样的教学组织形式,通过新颖的活动维持儿童的注意力,提高学生的参与度和学习效果。教学中常见的活动形式有开火车、找朋友、夺红旗等。总之,应增强活动的游戏性、竞争性,激发学生的学习兴趣。

  1. 竞赛

  儿童都有争强好胜的天性,竞赛充分利用了学生这一天性,可以很好地促进学生参与到学习活动中。竞赛的形式也是多样的,可以是个人竞赛(如同座两人进行竞赛,如班级抢答竞赛),可以是小组竞赛(如每桌为一个小组,前后座进行比赛,如每排一个小组全班比赛);比赛的内容也可以多样,可以比速度(看看谁做得快),也可以比正确率(看看谁做得好),还可以比成果的多少(看看哪一组的算式多),甚至比新意(看看谁的解释比较巧妙、谁的算式比较有新意、谁的思考过程比较独特)等。

  2. 游戏

  教学中设计形式多样的游戏活动,不仅可以激发学生学习的兴趣,而且有助于学生更好地理解和运用知识,让学生在一种轻松快乐的氛围中解决问题。这样,他不仅获得了知识,更为重要的是获得了学习的快乐。

  24 点是一个经典的数学游戏。学生在进行 24 点游戏中,参与运算的数字是随机产生的,因而题目是学生自己出的;既然是竞赛、游戏,自然需要比赛谁先做出,因此,必将充分调动学生的积极性,提高学生思维的速度;具体运算的方式可能是多样的,因而学生在这一游戏过程中,将充分感受到不同的算法,形成算法多样化的意识和能力;经过多次 24 点游戏后,学生积累了相应的活动经验,部分学生就会形成适当的策略。总之,24 点是一个很好的发展学生运算能力的载体,也是一个令学生十分喜爱的游戏,24 点的课堂上学生常常欲罢不能,相信老师们都有这样的切实感受。

  下面是《你真的会加减乘除吗》中提供的两个游戏①,相信对你的教学有所启发。

---

  ① [英]卡佳坦·波斯基特著. 你真的会加减乘除吗[M]. 曹飞,译. 北京:北京少年儿童出版社,2004:43,79.

第2章 数的运算(一)——自然数的运算

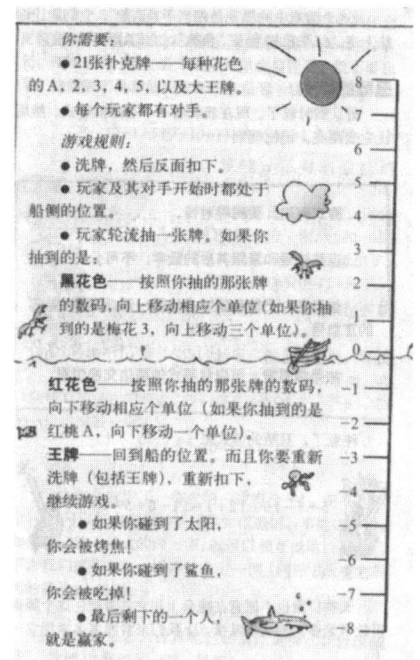

（三）结果评价的方式

评价的目的是反馈与激励，向学生反馈学生的解答状况，激励学生更好地学习。因此，评价中务必注重激励性评价。

激励学生，最重要的是鼓励学生，同时让学生感受到成功的喜悦。学生在运算中出现一些错误甚至低级错误是难免的，我们不能以成人的眼光来要求学生，务必尽可能降低自己的预期，适当鼓励学生。即使学生出现了计算错误，如有可能也应和学生交流，发现其合理性，找出其症结，从而更好地规避错误。教学中可以做一些调查研究工作，如统计具体各类计算问题的学生成功率，以形成对学生学习状况的正确预期；甚至可以将对往期学生的统计结果稍微降低要求后公布给本期的学生，让更多的学生从与以前学长的数据对比中感受到成功，获得自信。

【思考与实验】

1. 设计一个实验，比较学生对54—55页表中几类问题的理解水平差异。
2. 20以内的进位加法，有很多算式。

(1) 共有哪些不同的算式？

(2) 对初学进位加法的学生而言，这些算式的难度相同吗？说说你的感觉和道理。

(3) 设计一个实验，检验你的感觉。

(4) 上述活动对你的教学有哪些启示？你有哪些相应的教学策略？

3. "14－6"和"14－8"两个算式的出错率一样吗？作为老师可以具体测试一下。

4. 你认为什么时候引出加法的竖式运算较为合适？说说你的道理。

5. 是否应该对学生提出运算速度的要求？你对学生的要求如何？确定运算速度要求的依据有哪些？

第3章 数的认识与运算(二)

在奥林匹斯山上统治着的上帝,乃是永恒的数。

——[德]卡尔·雅可比(Carl Gustav Jacob Jacobi,1804—1851)

前面分两章介绍了自然数的认识和运算,本章进一步介绍小数、分数、负数的认识及小数、分数的运算。分数是小学学习的一个难点,因此,本章将深入剖析分数与小数之间的关系、学生认识分数的困难、分数计算与应用中的困难等,并结合案例对教材、教学提出一些具体的建议。

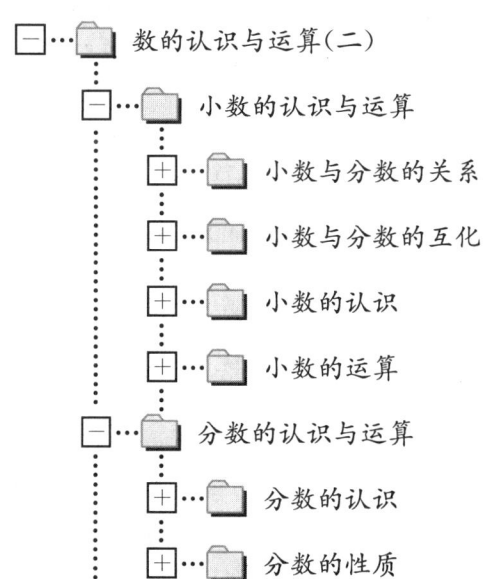

⊞⋯📁 分数的运算

⊟⋯📁 负数的认识

第一节 小数的认识与运算

一、小数与分数的关系①

我们现在所认识的小数,实际上就是十进位分数,将十进位分数改写成没有分母的形式的数就叫作小数。

既然如此,小数的学习好像应该以分数为基础了,但决定学生学习顺序的因素,除了知识之间的逻辑关系,还应考察学生的认知基础。

(一) 历史上,先有分数再有小数

1. 有关历史

分数,最早被看作整数(或单位)的一部分,后来才产生了作为运算结果的分数。分数历史很早,3000多年前的埃及纸草书中已经有了分数,但古埃及人习惯于将分数化成单分子分数,因而计算复杂;古巴比伦人用60进制分数,同样运算复杂。现代意义上的分数算法,欧洲大约在15世纪以后才逐渐形成。相对而言,小数的历史较晚,15世纪中亚细亚的阿尔·卡西是世界上除了中国以外第一个系统地运用十进小数的人。16世纪以后,十进小数才进入西方学术界。16世纪末叶,欧洲才完全掌握了小数的性质和运算方法②。

我国的数学发展史也同样表明分数的历史早于小数。至迟到春秋战国时期我国已经有了分数的概念,例如《管子》在讲土地种植的分配时,有"十分之二""十分之四""十分之七"等分数。汉代已经有了分数运算,《周髀算经》中已经出现了一些分数加法。最迟到东汉初年(公元一世纪前)的《九章算术》中已经有了分数的加减乘除运算法则。而小数则相对较晚。在刘徽(公元三世纪)之前,计算中遇到小数时,或者化为分数,或者用地位制命名法或者四舍五入。

---

① 章飞.小学阶段较早学习小数的设想与探索[J].江苏教育学院学报(自然科学),2009(1).
② 梁宗巨.世界数学史简编[M].沈阳:辽宁人民出版社,1981:80-87.

刘徽在数学研究中遇到了需要更小的单位时,没有继续命名,而是创造了十进小数①。当然,现代的记法还是17世纪以后的事。

2. 有关历史的分析

(1) 实际需要促进了分数的表示与运算

数,起始于计数,从而得到所谓正整数(自然数)。其后的发展,离不开两个起源:测量与分配。

生活常识需要分配,不可避免地产生了不够分的状况,从而需要分割,产生了真分数。但如果仅仅从分配的角度看,生活常识中的"三份取其一"已经足够说明问题了,还不至于数学化地得到分数的概念;对于两种分配之间的比较,也可以停留于生活常识,如"三份取其一"与"九份取其四",前者意味着三人均分一物,假设九人则均分三物,自然不如后者了;只有需要对两个分数进行运算时,才真正需要数学地得到分数的概念、表示和运算等。而早期的分数运算,多与测量有关,如测量一块土地的面积,可能需要将两个长度(分数)相乘。

测量需要界定单位,但所测的量并不恰好是单位的整数倍,为了精确测量,需要设计更为细小的单位。初始阶段,只要有小的单位即可,大小单位之间未必恰好是倍数关系,大的单位不需要等分成小的单位,如很多国家曾以身体部位作为长度单位,如英尺(foot)等;后期,基于公用的缘故,固定了这些单位,但相互之间也未必是整数倍;再后来为了换算的方便,才调整这些单位,使得大小单位之间存在整数倍的关系,当然,不同国家的进制不同,单位之间的倍数关系也不同。同一量在不同单位之间的换算,一定程度上产生了分数表示的需要,几个量之间的运算催生了分数的运算(如《九章算术》中的方田等)。

总之,实际生活的需要催生了分数。

(2) 原始的计数法和度量衡制约了小数的发展

现代意义上的小数,首先是基于位置的,不同的位置上的数有不同的含义,不同的单位;相邻位置之间的倍数关系是固定的,即使用固定的进制;现代意义上的小数选择了10进制;此外,还需要具有像阿拉伯数字这样的书写符号,便于表达。以上四点实际上成为产生现代意义上小数的必要条件。同时兼备这几个条件是十分困难的(如古巴比伦使用的是60进制;古埃及使用的是10进制,但不是位值制,而是叠加数字;中国虽然较早出现10进位值制,但

---

① 李迪. 中国数学史简编[M]. 沈阳:辽宁人民出版社,1984:24-94.

表示并不简便),因此,各国(除了中国相对早一些外)很晚才产生小数就不难解释了。

实际上,上面四个条件只是产生小数的必要条件,小数的真正运用还多赖于对以10进制为基础的度量衡的认同。通过国际交流,人们逐步认同了以10进位值制为基础的阿拉伯记数法,此时,非10进制的测量单位之间的换算,就显得十分不便了。为此,在国际单位的标准化过程中,自然就选择了现在这样的国际标准单位,要求相邻单位相差10倍或10^n倍,这为小数提供了通行证,单位换算变得十分简便,只是小数点的移动而已。

也就是说,原始的记数法和度量衡制约了小数的早期发展。

(二) 学生学习,就应该先分数再小数吗?

"孩子应该重复人类的学习过程,但并非按照它的实际发生过程,而是假定人们在过去就知道更多的我们现在所知道的东西,那情况会怎么样"[①]。

历史分析表明,历史上小数表示的产生确实困难重重。而现在的学生,生活中接触的、首先学习的,就是用阿拉伯数字表示的十进位值制整数,生活中度量衡也是基于10进制的(如币值、长度等),因而,学生已经一下子跨过了古人认识小数的所有困难。同时,在生活中,学生也积累了很多有关小数的生活经验,无意中认识了很多小数,如经常看到的价格、温度、长度、平均得分等。因此,对第一学段(1—3年级)学生而言,小数学习不再是难点。相反,第一学段(1—3年级)学生有关分数的生活经验并不丰富,学习分数的内在必要性不充分,现阶段根本就不会出现分数的运算,连等分某个事物的现象也不多;就是等分,也至多是个分数的表示,还谈不上分数的运算。

因此,笔者认为,可以先学习小数及其运算,再学习分数及其运算。

(三) 具体设想

在认识了整数以及整数的运算后,结合实例(如测量、商品价格等)引入小数的表示;进一步结合实例进行小数的运算;然后,从分配或者带余除法入手,引出分数的概念;介绍分数与小数的互化;分数的比较与运算。在结合实例引入小数表示时,需要介绍实例中单位之间的倍数关系,如说明圆是角的10倍,角是圆的十分之一,是圆等分成10份而成的,但不需要介绍具体的数学表示"$\frac{1}{10}$",更不需要介绍其他分数的概念,因为现阶段学生尚没有这种需要;当

---

① [荷兰]弗雷登特尔著. 数学教育再探——在中国的讲学[M]. 刘意竹,等,译. 上海:上海教育出版社,1999:67.

然,这部分内容学完后教师可以提问学生:"你们想知道十分之一在数学上怎么写吗?其他几份中的一份又如何表示呢?"给有兴趣的同学一个拓展思考的机会。

事实上,笔者认为,较早地进行小数教学还有下列好处:

(1) 小数表示,拓展了数的运用范围,不再仅仅是基于计数的整数(离散的),而可以表示各种连续的度量,如长度等。对于小学生而言,整数肯定是离散的,在数线上只是一个个分离着的点,而有了小数,数线就是密密麻麻的了,就小学生现在的认知基础看,这样的数线就是连续的了,因此,小数可以和数线上的点建立一一对应关系(尽管不甚严密,但不影响现阶段学生的理解)。因而,较早引入小数,并在教学中注意结合数线表示小数,如下图,在图中进行较多的表示之后,学生感受到可以无限地细分这些小数,这样,数线就密密麻麻了,这样,可以使学生更为全面地认识数,较早地将数和连续的量(如线段长度)联系起来,这有助于促进学生从数、形两个方面认识事物,培养学生数形结合的意识。

(2) 小数运算与整数运算十分类似(特别是加减法),只是存在一个小数点的问题,在整数学习之后进行小数学习,两者相互迁移,可以巩固十进制,加深学生对算理的理解,促进学生运算能力的提升。

(3) 在后续分数学习中,尽快引入小数、分数的互化,从而给分数比较和运算提供多样的方法。

基于上面的设想,2007 年 5 月,就小数的加减法,笔者与几位 2 年级小孩进行了交流。

对学生而言,最为熟悉的测量就是长度和价值,此外,小孩最近特别喜欢收集 NBA 明星卡,其中有很多小数、百分数表示,如场均得分、命中率等,这些都成为很好的交流素材。如:

例 3.1 一个妙趣角 2.4 元,一瓶尖叫 2.8 元,买两袋妙趣角和一瓶尖叫共花去多少元?

例 3.2 钢笔长 16.3 厘米,铅笔长 12.9 厘米,钢笔比铅笔长多少厘米?

例 3.3 姚明场均得分 28.9,麦格雷迪场均得分 25.3,姚明比麦格雷迪一场平均多得多少分?"姚麦组合"场均得分多少?

交流需要循序渐进。交流了三次。第一次，首先呈现了4道不需要进位的加法应用题，要求学生解答，并说明怎么做的（促进他们灵活多样地解题，这样的过程有助于后续理解算法），进一步追问，根据条件和答案，你可以怎么列式（列有关等式即可，并不要求竖式计算）；接着将上面4道题改编成类似的减法题，进行类似的交流；最后，将其中一道题数字改了一下变成需要进位的加法题，让他们回家思考。第二次，将第一次题目中的数据改成需要进退位的，类似处理。第三次，交流并巩固竖式运算。

交流中，几个学生都能自己独立地解决问题。只是第一次需要稍微解释一下小数的意义，计算和列式时，有学生习惯先用整数计算，再转化成小数，这是一种十分自然的习惯性迁移，在笔者要求直接用题目中数字列式后，都能正确列式；第二次交流中，有学生竟直接提出能不能像整数加减一样列竖式；第三次，要求他们像整数运算一样也尝试列竖式运算，他们都独立地列出了竖式，完成了竖式运算，并说"和整数加减法一样"。半个月后，笔者对其中一个小孩进行了简单的测试，发现小孩掌握牢靠。

因此，笔者建议，将小数的认识和运算提到分数意义之前，在2年级下学期或者3年级上学期学习。2007年9月，笔者与30多位中小学骨干教师交流这一想法，也得到了他们的认同。日本小学教科书（一松信主编的学校图书四下，学校图书株式会社平成16年出版）中，也是先从测量入手引出小数、10等分（P20），再学习分数（P65）。当然，课程、教材的修改实施，还需要更大范围的实验验证。

关于小数与分数学习顺序的思考，还可以参见《小学数学研究》（张奠宙等，高等教育出版社2009，P89-90）。北师大版小学数学教材现在的教材顺序也基本类似上面的观点，大家可以下载分析。

说明这些的目的，固然希望能引发一些课程、教材的变革，同时，通过这个案例呈现了笔者思考与实践探索的过程，希望引发广大教师开展实践研究。

二、小数与分数的互化

分数都可以写成有限小数或无限循环小数的形式。初中阶段，将学习有理数——能写成整数比的数（实际上就是分数），而无理数就是无限不循环小数。这就需要说明无限不循环小数都不能写成分数的形式，这个命题的等价命题是：分数写成小数形式必然是有限小数或无限循环小数。

(一) 所有分数都可以化成有限小数或者无限循环小数

所有的分数,无法穷尽,怎么办?

可以分成几类,逐类解决;也可以从具体的数据入手,寻找经验,从这些经验中总结出一般的规律。

如,随便化几个试一试:$\frac{1}{7}, \frac{2}{9}, \frac{3}{13}, \frac{4}{25}$。

从竖式运算可以看到,如果除到某一位时,余数恰好为0,则说明已经除尽了,这时得到的商当然是有限的小数;而如果一直除不尽,则说明余数不是0,同时,余数肯定小于分母,如 $\frac{1}{7}$ 计算过

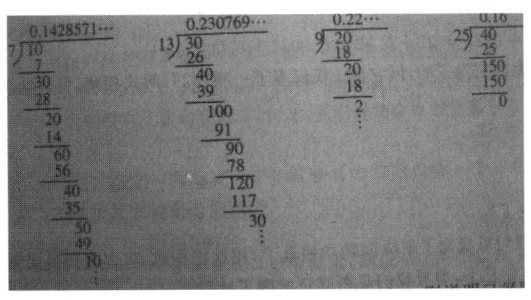

程中,余数只能是1—6中的一个整数。无限地除下去,总有两个时候得到的余数相同,接着得到的各个商必然相同,如上面 $\frac{1}{7}$ 中,除到百万分位后,余数又变为原来的1了,因此接着除下去,肯定还是上面的结果142857,这样从小数点后第7位起所有的小数形式又再次相同,也就是说,循环了,不难得到 $\frac{1}{7}$ 的小数表示 $0.\dot{1}4285\dot{7}$,它是循环小数。

对于一般的 $\frac{p}{q}$,不难类似说明。

证明:p 除以 q,若除到某一位,余数正好为0,则说明结果是一个有限的小数;p 除以 q,若除到任意一位时余数都不是0,那么,余数只能是 $1, 2, \cdots, q-1$ 这 $q-1$ 个数中的一个,那么除到第 q 位时,这时的余数总会和前面某一位时的余数相同,既然余数相同了,下面除得的结果自然也相同,因此从这一位起,结果循环了,也就是说此时的商是一个无限循环小数。

实际上,从上面的证明,还可以得到一个副产品:循环节的个数小于等于 $(q-1)$,而且是 $(q-1)$ 的约数。

(二) 所有有限小数和无限循环小数都可以化为分数形式

有限小数,比如 $2.468 = \frac{2468}{1000}$,自然可以化成分数形式。

无限小数的情况,还是先看个具体例子,例如$0.\dot{3}\dot{2}$,高中阶段学习了无穷递缩等比数列后,可以这样解释:

$$0.\dot{3}\dot{2}=0.323232323232\cdots=0.32+0.0032+0.000032+\cdots=\frac{0.32}{1-0.01}=\frac{32}{99}。$$

当然,小学生无法理解级数求和的知识,一个可行的解释如下:

设 $x=0.\dot{3}\dot{2}$,则 $100x=32.\dot{3}\dot{2}$,$99x=32$。

类似地,可以将任意无限循环小数化成分数形式,如 $0.1\dot{3}\dot{2}$,$0.\dot{3}0\dot{2}$。

此外,可以类似地得到:$0.\dot{9}=1$。

三、小数的认识

根据上面小数、分数的理解,建议先认识小数。这方面,北师大版小学数学教材做了较好的设计:三年级,从生活世界的圆、角、分开始认识小数,熟悉小数的常见现实背景;四年级,在初步认识了分数之后,再从现实模型中抽象出小数,认识小数的一般意义。对于小数的一般意义,则从两个角度展开,一是通过分数理解小数,二是通过拓展整数的数位顺序表。

四、小数的运算

(一) 小数运算教学的一般思考

1. 凸显类比与转化的思想

小数加法,与整数的加法完全类似,都满足"同一数位相加,满十进一",只是原来的数位只有十、百、千等整数位,现在还多了十分位、百分位等数位而已。当然,难免还有一些个别的差异。如,原来整数加减法的竖式中,直接末位对齐就可以保证数位对齐了(因为它们的末位都是个位),现在则未必,两个数的末位可能不相同,因此,采取小数点对齐来保证所有数位的对齐。另外,在小数点对齐的情况下,两个数的数位可能不一致,特别是末位可能空缺,这就与整数加减法不一致了,为此需要将缺省的数位上的0补齐。

同样,小数的乘法、除法中也都是类比于整数的乘除法,设法将小数乘除法转化为整数乘除法。

因此,小数运算的教学中,要充分类比整数运算的学习,凸显类比、转化的思想方法。

例如,学习利用竖式进行小数乘法时,可以类比于整数乘法,有大致下面的设计:

(1) 2.8×1.2,这是小数乘法,能设法将它转化成整数的乘法吗? 这里是小数,先设法将这些小数扩大成整数呗!

(2) 也许,你将2.8扩大10倍变成了28,1.2扩大10倍变成了12,得到下面的竖式:

$$\begin{array}{r} 28 \\ \times\ 12 \\ \hline 56 \\ 28 \\ \hline 336 \end{array}$$

(3) 显然,结果被扩大了,扩大了多少倍? 扩大了就得缩回来哟,那么,怎么缩小,结果是多少?

(4) 在上面的竖式中,将28还原成2.8,12还原成1.2,将结果中的小数点也添回到竖式中,得到什么式子?

(5) 这两个竖式是什么关系? 你能总结出小数竖式乘法的算法吗?

(6) 小明是这样思考的:首先将这些小数都想象成整数,因此,末位对齐进行乘法运算;然后看看原来被乘数和乘数共有几位小数,再在最下面一行的结果中从后往前数几位,点出小数点即可。你能明白其中的道理吗? 你是怎么理解移动小数点的位数的?

2. 仍然坚持"直观—算法—竖式"的运算学习规律

小数运算学习时,一般而言,学生已经能够借助竖式进行整数的相关运算了,因此,有老师认为,直接将小数运算转化为整数运算并借助竖式进行即可,不必再经历直观运算、算法运算的阶段。诚然,这样做,学生也能习得小数的竖式运算,但这样做,可能有下面的不足:

(1) 直观化的方法有助于理解算法,缺失了直观化方法,可能不利于学生对于算法的理解。

(2) 仅仅介绍竖式运算,容易固化学生的思维,难以产生多样化的解决问题方法,特别是对于三、四年级的小学生而言,因此,这样做,也就丧失了一次发展学生思维的机会。

（3）学生本来直观化方法方面就薄弱,缺失不得。学生数学学习中,基本都是遵循多样的直观方法到单一而抽象的结构化方法的过程,但即便如此,由于对多样直观方法的强调不够以及学生最终习得的是竖式方法等多种原因,学生还是很容易忘记直观的方法。因此,教学中我们建议还是多强化一些直观的方法为宜,直观的方法有助于理解形式化的方法。

(二) 小数的加减法

在上面3个例题中,学生得到3个含有小数的算式:

$2.4 \times 2 + 2.8$, $16.3 - 12.9$, $28.9 - 25.3$。

对学生而言,从整数的运算到小数的运算,自然是一个新事物。但我们看第一个背景,物品的价格,学生应该具有这样的生活经验,而且学生认识过圆角分以及它们之间的关系,对学生而言,不就是2个2元4角与1个2元8角的和吗? 2个2元4角自然是4元8角,4元8角与2元8角的和,学生不难得到6元与16角的和,其中10角等于1元,因此和应该是7元6角。也就是说,学生完全凭借生活经验可以解决本题,这样就得到了 $2 \times 2.4 = 4.8$, $4.8 + 2.8 = 7.6$。这说明,只要背景恰当,学生完全基于生活经验也可以得到一些小数运算的结果。当然,这只是小数运算的直观方法。我们不能停留于直观,需要逐步脱离直观,进行理性的思考,因此,可以引导学生反思这样运算的合理性,这样运算与前面的运算的关系,在这样的反思和交流活动中,类比得到小数的运算法则。如学生反思与交流中,很多学生是这样计算 $4.8 + 2.8$ 的:

$$\begin{array}{r} 4\ 8 \\ +\ 2\ 8 \\ \hline 7\ 6 \end{array}$$

$76 \div 10 = 7.6$

进一步提问,我们原来的数据并不是48和28,而是4.8元和2.8元的和,能不能直接利用竖式相加得到7.6元? 这样得到:

$$\begin{array}{r} \text{元 角} \\ 4.8 \\ +\ 2.8 \\ \hline 7.6 \end{array}$$

进一步追问,这两个竖式有什么关系? 在这个基础上动态显示过程:

第3章 数的认识与运算(二)

$$\begin{array}{r}4.8\\+2.8\\\hline 7.6\end{array}\quad\xrightarrow{\text{放大}10\text{倍}}\quad\begin{array}{r}48\\+28\\\hline 76\end{array}\quad\xrightarrow{\text{缩小}10\text{倍}}\quad\begin{array}{r}4.8\\+2.8\\\hline 7.6\end{array}$$

在这个过程中归纳出小数加法与整数加法的关系,并注意其中小数点对齐的道理。

案例3.1:小数加减法

南京市中华中学附属小学　王　娟

【教学目标】

1. 使学生经历探索小数加、减法计算方法的过程,体会小数加、减法与整数加减法在算理上的联系,初步掌握小数加、减法的计算方法。

2. 营造自主的探究空间,使学生在试做与探寻计算方法的过程中理解并掌握小数加减法计算的算理和方法,并从中感受迁移、对比等思考问题的方法。

3. 鼓励学生探寻新情况,培养学生问题意识、探索意识与求新意识。

【教学重难点】

小数加减法的计算方法和算理。

【教学过程】

活动一:情景引入

三个小朋友到文具店买文具,这是一家文具店部分文具的价格。(出示例1)

你获得了哪些信息?根据这些信息,你能提出哪些一步计算的问题?

教师结合学生的回答,课件出示相对应的问题,并要求学生根据问题先列式,教师有意识地板书列式:

6.5+3.4　6.5-3.4　6.5+4.75　6.5-4.75　6.5+2.65　6.5-2.65
4.75+3.4　4.75-3.4　4.75+2.65　4.75-2.65　3.4+2.65　3.4-2.65

进而引导学生观察这些算式有什么共同特点(都是小数的加法和减法),揭示课题"小数加减法"。

活动二:激活一位小数加、减法的计算经验

1. 这些算式,你能根据小数位数给它们分分类吗?(1位±1位、2位±2位、1位±2位)

目的:通过分类,让学生从总体上把握小数加、减法的结构,同时也为下面研究顺序的确定和复杂问题向简单问题化归思想的渗透提供了铺垫。

注意:如果学生无法顺利分类,可以提示6.5+3.4就是1位小数+1位小数,再分别说说其余的算式是几位小数±几位小数,然后分类。

2. 上面这些算式中哪些比较好算?哪些已经学习过?你能具体算一算吗?(6.5+3.4和6.5-3.4,因为是一位小数加、减一位小数)

引导学生先口算然后尝试列竖式计算一位小数的加减。然后师生整理列竖式计算两个一位小数的加减的方法,并解释这样做的理由。

目的:在口算基础上,引出小数竖式运算方法及其道理,即(1)数位对齐,使相同数位上的数字相加减(可以从小数的意义方面加以解释为什么数位要对齐,或者还可以是用圆角分的知识加以解释数位对齐);(2)从低位往高位算。

注意:(1)解释算理时要有相应板书;(2)建议让每个孩子再和同桌互相说一说算理;(3)因为是已经教学过的内容,所以不需要同类题目的训练,激活孩子的计算经验即可。

活动三:教学两位小数加减法的竖式计算

1. 内容:4.75+2.65与4.75-2.65的竖式计算。

目的:迁移刚刚学习的经验,让学生能自主地口算和列竖式,强化学生对算理的认识。

注意:可以两题都放手让学生做,也可以只放手减法那题;计算结果要化简,示范化简过程,并说说化简后的结果和化简的依据。

2. 口算练习

0.7+0.3　　　　0.65-0.25　　　　6+3.4

第 3 章　数的认识与运算(二)

1.6－0.4　　　　4.5＋0.5　　　　0.82－0.42

活动四:探究一位小数加两位小数的算法

1. 内容:探索一位小数和两位小数的加法。"4.75＋3.4,你会用竖式计算吗?"

注意:学生独立列竖式计算,然后小组内交流计算方法及这样算的理由,教师巡视并及时将错例收集,全班一起分析错因。学生的做法可能有:

预设1:用圆角分解释。

4元＋3元＝7元,7角＋4角＝11角＝1元1角　7元＋1元＋1角＋5分＝8元1角5分＝8.15元

预设2:根据小数的意义。

5个0.01＋0个0.01＝5个0.01,7个0.1＋4个0.1是11个0.1＝1.1,4个1＋3个1＝7个1,合起来是8.15。

教师评析时注意生成下面的竖式解释,并追问:3.4百分位上添0的依据(是小数的基本性质):

```
   4.75              475 个 0.01         扩大
 ＋3.4      →      ＋340 个 0.01        ─────→
   8.15              815 个 0.01         100倍
```

```
   475         缩小          4.75
 ＋340       ─────→        ＋3.40
   815         100倍          8.15
```

学生的错误可能有:数位不对齐(末尾对齐),结果中没有点小数点等。

2. 小结反思:你认为小数加法应该怎么计算,能用简洁的话语总结一下吗?

在交流过程中再次强调:(1) 数位对齐,(2) 从低位加起,(3) 结果中点上小数点。

注意:教师规范地书写整个计算过程,边述说边板书。

3. 迁移经验,独立探究"4.75－3.4"的计算方法,完成后展示交流,并注意让学生解释算理。

```
   4.75              475 个 0.01         扩大            475
 －3.4      →      －340 个 0.01        ─────→        －340      ─→ …
   1.35              135 个 0.01         100倍           135
```

4. 练习反馈

计算:6.5+4.75　6.5+2.65　3.4+2.65

5. 总结归纳

活动:引导学生观察小数加、减法的竖式,比较小数加、减法与整数加、减法在计算时有什么相同点。小数加、减法要注意些什么?先小组交流,再整体交流。

目的:在学生经历探索小数加、减法计算方法的过程后,进一步体会小数加、减法与整数加减法在算理上的本质联系,初步掌握小数加、减法的计算方法。

活动五:巩固与提升

1. 计算下列各题:

```
   9.3          2 4         1 3.8         7.5 6
+ 6.9 8      +   9.9       -   8.3       - 4.5 6
```

做完后进行集体订正,让做错的同学反思做错的原因。

2. 计算下列各题

8+3.02　　17.5-4.5　　5.46-0.6

活动六:小结

今天我们解决了不少问题,我们是用什么知识解决这些问题的呢?你有什么收获?新的问题都是在旧的基础上产生的,我们要学会把新的知识向旧的问题转化,用联系的眼光看待数学问题,它会有更多的惊喜等待你。

活动七:设疑

师:今天黑板上的问题都解决了吗?(还有三道减法算式6.5-4.75,6.5-2.65和3.4-2.65)与我们今天研究的减法6.5-3.4,4.75-2.65和4.75-3.4小数数位上有什么不同?

预设:一位减两位或被减数比减数数位少。

师:这类问题如何解决呢?同学们可以课后尝试,我们下节课继续研究。

【评析】

对于小数的加减,估计可能有这样几个因素影响着难度,一是小数的位数,二是是否需要进位,三是两个数位是否完全一致。当然,是否需要进位,这是以前整数运算中已经解决过的,另外为了避免难度过大,这一课时也不要作为重点。因此,主要可能就是这样几个层次:小数点后位数都是一位的,小数点后都是两位的,小数点后一个是一位一个是两位的,最难的是被减数要添0的。

为了实现上面的层次,同时又体现整个教学的连贯性,故对教学素材进行了创新。呈现了4个物品,两个价格是一位小数(和差都不要进退位,这样便于一开始将重心放到口算与竖式的建构上),两个价格是两位小数,要求学生提出尽可能多的问题,然后对这些问题进行梳理后点明标题:两个小数的加减。接着将学生所罗列的算式中两个小数的加减有序地放到黑板上,引导学生根据小数位数分类并思考估计哪一个容易,这样教学的层次就在师生的交流中产生了,而且学生一开始就对整个结构有了较好的了解。

首先研究两个一位小数的加减(数据不要复杂,不要进退位,目的是让学生快速口算出结果,然后引出竖式运算及其道理),并马上进行一些快速的技能训练;接着出现两个两位小数的加减,重点在于迁移刚刚学习的经验,自主地口算和列竖式,解释道理;最后呈现小数位数不同的,从难易程度上,自然是加数、减数位数少的容易,而被减数少的要补充0相对较难,教材中是作为第二课时呈现的。

(三) 小数乘法

1. 小数乘法中的运算规律是什么?

我们先看一个例子:2.8×1.2。

面对这个问题,可能有多种方法,如:

$2.8 \times 1.2 = 2.8 \times 1 + 2.8 \times 0.2 = 2.8 + 2.8 \times 0.1 \times 2$;

$2.8 \times 1.2 = 2.8 \times 12 \div 10 = 28 \times 12 \div 100 = 336 \div 100$。

前者的关键是 2.8×0.1,也就是说,0.1、0.01 等单位小数与其他小数的乘积;后者的关键是将整数运算后的结果再除以 10(或 100 等 10 的若干次方)。总之,小数乘法最终都归结为一个数 $\times 0.1$(或 0.01,…),或者一个数 $\div 10$(或 100,…),也就是说,小数乘法运算中需要运用运算规律:一个数扩大(或缩小)10 倍 ⟷ 小数点的位置向右(或向左)移动一位。

2. 什么时候学习运算规律?

建议:在小数的认识部分即开始渗透这个规律。具体的做法可以选择下面几种之一:

方案1:2.5 米 = _____ 分米 = _____ 厘米;

_____ 米 = _____ 分米 = 240 厘米;

_____ 米 = _____ 分米 = 246 厘米;

2.46,24.6,246 这三个数之间有怎样的倍数关系?

你能直接写出 28.5×10,28.5÷10 的结果吗?

方案2:不改变2,4,6的顺序,在246中适当的位置加上小数点,可以得到哪些数,这些数的小数点位置有什么差别,这些数之间存在怎样的倍数关系,能否归纳出将一个小数放大(或缩小)10倍的简便方法?放大(或者缩小)100倍呢?

案例3.2:小数乘法

南京市中华中学附属小学　王　娟

【教学目标】

1. 使学生在具体情境中经历将小数乘小数转化成小数乘整数的过程,探索并初步掌握小数乘小数的计算方法,会用竖式进行计算。

2. 使学生在探索计算方法的过程中,进一步体会数学知识间的内在联系,培养初步的抽象、概括以及合理推理能力,感受数学活动的趣味性和数学知识的严谨性。

【教学过程】

活动内容一:创设情境,引入新课

1. 老师想给大家介绍个朋友,想认识吗?

出示小明图像。

师:这是小明,瞧他乐成这样,原来他搬新家啦。他原来的房间只有6平方米,新房子可比原来大多了。咱们赶紧去看一看。

出示新家的平面图。

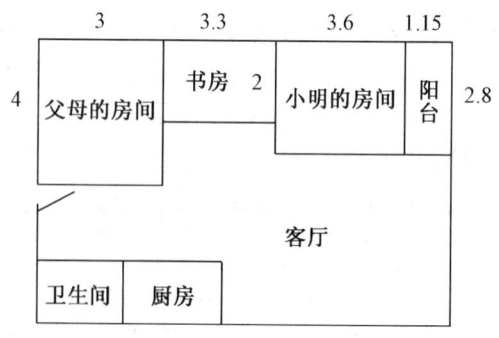

2. 提问:从图中你能得到哪些数学信息?根据这些数据,你能求出哪些房间的面积?怎样列式?

根据学生的回答板书算式:4×3　　3.3×2　　3.6×2.8　　1.15×2.8

3. 回顾旧知:这些算式中哪些是我们学过的?

学生回答并计算:4×3=12　　3.3×2=6.6

师指向3.3×2=6.6,追问:小数乘整数是怎样计算的?

4. 揭示课题:剩下的两道算式有什么特点?

我们今天就在整数乘整数的基础上研究小数乘小数。

活动目的:通过一张房间平面图,链接了生活情境,激活了学生相关的学习经验。学生在计算面积过程中,既复习了已有知识,激活了新知的生长点,又引出了"小数乘小数"的新数学问题,使学生十分自然地融入新知的学习过程。

活动效果:学生学习兴趣浓厚,参与的积极性高。

活动内容二:自主探究,交流算法

1. 估一估,确定积的范围

小明最关心的应该就是自己房间的面积了。虽然他算不出答案,但他说比原来的6平方米要大,你同意吗?你是怎样想的?

学生一般可以估计出下面的范围:

把3.6和2.8分别看成4和3,4×3=12,面积比12平方米小;把3.6和2.8分别看成3和2,3×2=6,面积比6平方米大。即,估计结果在6平方米到12平方米之间。

教师进一步追问:你还能估计得再精确些吗?

这时,学生可能出现下面的估算方法:

把3.6看成4,4×2.8=11.2,面积大约是11.2平方米。

把2.8看成3,3.6×3=10.8,面积大约是10.8平方米。

活动目的:数学教学应该培养学生的估算意识和能力,估算结果虽然不精确,但接近精确值,它能考量精确结果是不是合理。教师引导学生用不同方法估计3.6×2.8的积,弄清这个乘积最小是多少,最大是多少,大约是多少,从而为接下来探索和理解笔算方法提供支持。

2. 尝试计算,引导推理

(1) 小明的房间到底有多大,你能帮他算一算吗?

边计算边思考:你是怎么算的?如何证明你的结果是对的?这样算的道理?

(2)组织交流,交流中可能出现的方法有:

方法1:把3.6×2.8看成36×28,得数是1008,再把1008缩小100倍,得到10.08。

追问:为什么要把1008缩小100倍?

方法2:(部分学生提前预习过课本,可能直接呈现竖式)

```
     3.6
   × 2.8
   ─────
     288
    72
   ─────
   10.08
```

这时教师可追问:你能说说是怎样想的吗?然后教师结合学生的回答板书其分析推理图:

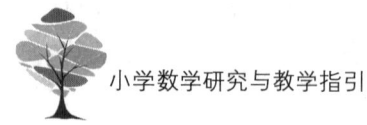

如果学生有困难,教师可引导:两个因数看成整数后,等于把原来的两个因数分别乘多少?积怎样变化?要想得到原来的积,应该怎么办?

方法3:也可能有学生出现下面的错误:

```
     3.6
   × 2.8
   ─────
     288
    72
   ─────
   100.8
```

这时教师可追问:你们同意他的做法吗?为什么100.8不对?

交流中,可以和估算结果联系起来看,100.8显然不符合估算结果,应该是10.08差不多。

教师还可以进一步追问:还有别的方法验证10.08是正确的吗?

第3章 数的认识与运算(二)

如果没有学生回答,教师可引导:3.6米可以看成多少分米,如果长宽多看成分米,面积是多少平方分米,结果又是多少平方米?

活动目的:根据积的变化规律探索小数乘法积的小数点的位置,是演绎推理为主的思维活动,比较抽象,有一定的难度。没有外界的帮助,学生很难形成推理结论。因此,教师利用竖式呈现了推理的过程,带领学生把小数乘法转化成整数乘法,体会两个乘数是怎样变化的,积跟着发生怎样的变化,如何把整数乘法的积"回归"到小数乘法的积。

3. 刚刚我们帮小明算出了房间的面积,确实比原来要大多了,那阳台的面积有多大,你会算吗?

先说一说估算的结果。

然后在括号里填合适的数,再把左边的竖式写完整。

$1.15 \times 2.8 = $ _____ (   )

```
    1.1 5         ×100        1 1 5
  ×   2.8         ×10      ×    2 8
  ───────                   ───────
    9 2 0                     9 2 0
  2 3 0                     2 3 0
  ───────       ÷1000       ───────
                              3 2 2 0
```

学生独立完成。

组织交流。

提问:为什么小数乘小数摆竖式时,末尾要对齐?

追问:小数点的位置是怎么确定的?

如果学生把小数点后面的零化简,师问:这里的化简你有什么要提醒大家注意的?

如果没有学生指出,教师引导:是先点小数点再划零,还是先划零再点小数点?如果先划零再点小数点会怎么样?

计算的结果和我们估计的一致吗?

4. 总结算法。

你认为小数与小数相乘应该怎样计算?积的小数位数是怎样确定的?

活动目的:教师并没有很快地揭示出小数乘小数的计算方法,而是让学生在理解算理的基础上不断地感悟,逐步积累计算的经验。此时,学生用自己的语言归纳概括出小数乘小数的计算策略、计算步骤、在积里点小数点的方法也就水到渠成了。

活动内容三:分层练习,及时反馈

1. 老师把竖式的形式改成横式,你能看懂意思吗?

出示问题,填好后同桌各选一题说说怎么想的,然后进行全班交流(关注第2小题,先点小数点再划零,630÷100=6.3)

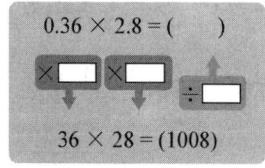 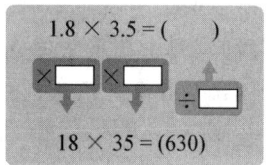

2. 竖式点小数点

你能给下面各题的积点上小数点吗?

```
     8.7         7 2.9        1 6.5
   × 0.9       × 0.0 4       ×  0.6
   ─────      ────────      ───────
   7 8 3       2 9 1 6        9 9 0
```

教学中,教师可以说明:横线下的数就是这道题的积。请你在积中点出小数点的位置,然后展示校对。(注意有没有化简)

你有什么好方法能够很快确定积里小数点的位置?

3. 竖式计算

```
    4.6         0.6 4         2.0 5
  × 2.8       × 7.5         × 3.6
```

学生独立完成,然后交流评析。

4. 改错

通过学习,小明也会计算小数乘小数了,我们来看看他做得是否正确,如果不对,说说错误的原因并设法改正。

```
    2.5         1 6.4         8 2.3
  × 3.5       × 4.5         × 0.0 4
  ──────      ───────       ────────
    1 2 5       8 2 0        3 2.9 2
      7 5       6 5 6
  ──────      ───────
    8 7.5       7.3 8 0
```

5. 拓展

(1) 根据 243×12=2916，直接写出下面各题的积。

24.3×1.2=_____；

2.43×1.2=_____。

你是怎样确定积的小数点位置的？

(2) 根据 243×12=2916，在括号里填上合适的数。

(　　)×(　　)=29.16；

(　　)×(　　)=2.916。

你是怎样确定括号里的数的小数点位置的？

可能会有学生填整数乘小数的，师可以追问：你觉得小数乘小数与前面学习的小数乘整数有什么联系？

活动目的：练习的设计是有层次的。第1题用横式展现推理的过程，再次加深学生的直观认识，感受小数乘法的算理。第2题，让学生根据乘数中的小数位数直接在乘积中点上小数点，重点在于对算理（小数点位置）的理解与运用。第3题是让学生通过独立计算巩固刚刚学习的计算方法。第4题针对学生计算小数乘小数时容易出现的几种典型错误，引导他们分析错误原因并进行改正，有利于学生在此过程中加深对计算方法的理解，培养主动避免类似计算错误的意识。第5题可以使学生进一步加深对积的变化规律的认识，更加透彻地理解小数乘法中小数点的处理方法。

活动效果：通过练习，学生能够比较熟练地确定积的小数点的位置。

活动内容4：课堂小结（略）

（四）小数除法

正如前面所说，小数除法学习中，仍然应关注直观的解释和多样的算法，特别是除数是整数的情况下。这里仅仅对小数除法的竖式运算进行适当的解析。

1. 为什么不像乘法那样全部先看成整数

除法可以看成乘法的逆运算，因此，除法也可以像乘法一样，除数、被除数先全部扩大变为整数，在进行整数除法后再确定小数点的位置呗。

例3.4 1.68÷1.4

先算 168÷14

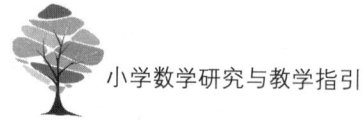

这里被除数扩大了100倍,除数扩大了10倍,因此结果被扩大了10倍,所以最后结果应缩小为原来的1/10,即1.68÷1.4=1.2。

如果每次都这样分析,肯定比较麻烦,得像乘法一样寻找一个移动小数点的办法。可是,除法中,被除数与结果放缩的关系一致,除数与结果放缩的关系恰好相反,上面的问题中,放大为整数时,被除数小数点先后移了两位,结果放大了100倍,除数的小数点先后移了一位,结果被缩小了10倍,最终的结果被放大了10倍,因此,小数点应向前移动一位。一般地,如果被除数小数点后有 m 位,除数小数点后有 n 位,那么,先当成整数进行计算时,结果实际上变成原来的 10^{m-n} 倍,得变回来,因此,结果的小数点需要向前移动 $(m-n)$ 位。这里就容易出现错误了,原因有二,一是,这里是 $m-n$,m,n 不对称(而不像乘法一样是 $m+n$,m,n 对称的),容易出现 $m-n$ 还是 $n-m$ 的错误;而是,$m-n$ 时负时正,如果是负的,向前移动负数位,学生比较难理解,对于小学生而言,可能就需要讨论。

正是基于上面的分析,教材编者进行了适当变动,仅仅将除数放大成整数。当然,教学中,如果有学生类比于乘法的做法,自然应当给予鼓励,并引导学生思考各自的特点,进而选择适合的方法。而如果学生没有出现这样的做法,建议不要故意引导多样的竖式方法,因为,一般意义上的小数除法,已经属于高龄段学习内容,对于高龄段学生而言,学习的重点应该转变为实际意义的理解与运算式子的构建,对于具体运算过程,可以进入程式化阶段,不一定需要学习同一个运算的多种表达方式了。这一阶段,建议学生尽快形成熟练的运算技能,将更多的时间运用到更为重要的学习活动中。

2. 适当变动,仅仅将除数放大成整数

由于直接全部放大成整数,学生挺容易出错,因此,一般教科书中这样处理:将除数放大成整数,同时为了保证结果的一致,被除数和除数放到同样的倍数。这样就得到了操作规程:去掉除数的小数点,原来除数中小数点后面有几位,就将被除数的小数点向后移动几位,然后进行竖式运算。

实际上,教材为这样做提供了很好的铺垫。教材中学习小数除法的时候就是先学习小数除以整数的,因此,对于一般的小数除法,教学中可以引导学生设法转化成先前的除数是整数的情况,既较好地解决了问题,又凸显了解决问题过程中的化归思想。

3. 分解难点,减少学生错误

很多老师反映,一般的小数除法部分,学生的错误明显增多了,原因何在呢?

首先,我们得分析学生的错误。一般而言,学生的错误主要有下面几种情况:

(1) 不理解运算规则,直接将除数和被除数的小数点全部去掉了。

(2) 忘记点出被除数的小数点,特别是正好最后一位是个位时。

(3) 被除数的小数位数少于除数的小数位数时,去掉小数点后,被除数后面应该添0,但学生不知所措。

(4) 去掉小数点后,被除数的整数部分小于除数的整数部分,不够除了,需要在商的小数点的前面添0,但学生不知所措。

(5) 虽然规定了被除数和除数的位数,但除法运算会出现除不尽的情况,因此,运算量明显增大,计算过程中学生不经意间某一步就算错了。

看来,学生在除数学习时确实面临一些新困难,要求学生不出错,还真不是容易的事。我们不能仅仅怪罪于学生,还是得通过教材设计和教学实施进行适当的校正。为此,需要适度分解难点。具体地,有下面两点建议:

(1) 整数除法部分建议学习结果是小数的情况

我们查看相关教材发现,学生在前面学习中,已经学习了整数除法,但整数除法结果不要求写成小数的形式,而是可以保留商和余数的形式,也就不存在补0的情况;一般小数除法之前,还学习过小数除以整数,小数点已经有了,也不存在前面补0的情况。我们建议在前面的整数除法阶段,增补整数除以整数得到小数结果的情况,这样学生知道未来继续做下去,可以不断向后面添0,同样如果被除数小于除数,结果小于1,结果的整数位上应是0,这样就在前面已经有了添0的经验,为这里一般意义上小数除法积累了经验,分解了难点。

另外,实际生活中,除数与被除数的数位难免出现2—3位的,因此,小数除法部分可能就会出现这样的多位小数的除法问题,这样和前期的整数除法相比,数字位数增加了,同时又增加了小数点的干扰,自然难度大增,因此,建议在整数除法部分就可以渗透三位整数除以二位整数的情况,这样,本部分的难点主要在于小数点的干扰。本部分教学的重点就是如何将问题转化为先前的经验,而不再有其他因素干扰学生的学习。

(2) 小数除以小数部分合理安排题目的顺序

建议按照二位小数除以一位小数、一位小数除以一位小数、一位小数除以两位小数的顺序进行教学。二位小数除以一位小数阶段的中心是,如何转化为小数除以整数的情况,习得有关小数除法中小数点移动的规则;一位小数除以一位小数阶段,因为有了两位小数除以一位小数的经验,学生自然会考虑小数点的位置问题,因此重点变为如何确定结果中小数点的位置,因而学生不太会遗漏小数点了;一位小数除以两位小数阶段,重点在于被除数和除数同时放大后,被除数需要增补末位的0。这样,既避免了漏点小数点的问题,又分解了难点。

第二节 分数的认识与运算

一、分数的认识

(一) 分数的意义

关于分数的意义,我们还是先看看与分数有关的几个具体问题:

例 3.5 如图,一个饼平均分给 2 个人,每人各分得多少饼?如果平均分给 4 个人,每人又各分得多少饼?

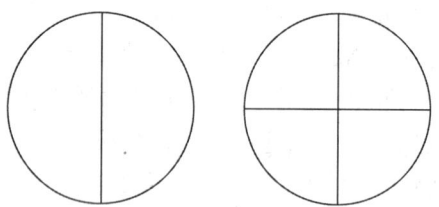

例 3.6 将盘子中的桃子平均分给 4 只猴子,每只猴子分得这盘桃子的几分之几?

例 3.7 小明有 3 个苹果,小亮有 6 个苹果,小明的苹果与小亮的苹果的比是多少?

例 3.8 $1 \div 4 = ?$ $9 \div 4 = ?$

这些问题的结果都是分数,但情境以及内蕴的意义明显不同,分数到底是什么呢?

1. 分数是比吗?

例 3.6、例 3.7 本质上是比。例 3.6,指向部分与整体的比,学生在学习了比后解决这类问题,没有困难。例 3.7 明确指出求两个数(量)的比,一般地,指向两人各有 a、b 个东西,求它们的数量比。

两个数(量)的比,可以是部分与整体的比,也可以是两个部分之间的比。因此,面对下图,如果从比的角度看,就可以得到 $1:4, 4:1, 3:4, 4:3$,$1:3, 3:1$ 等,它的值对应的分数表示是 $\frac{1}{4}, \frac{4}{1}, \frac{3}{4}, \frac{4}{3}, \frac{1}{3}, \frac{3}{1}$。

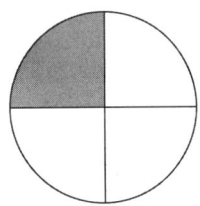

但比不是分数的本源,分数不是比。

现在很多教科书中将例 3.6 放到三四年级作为认识分数的一部分,但这可是学生最头疼的问题,很多学生疑惑"明明每个猴子分到 1 个桃,竟然说,每个猴子分得整体的四分之一"。同样面对上面的图形,提问学生看到了什么分数,极少比例的学生能看出 $\frac{4}{1}, \frac{1}{3}, \frac{3}{1}$,见下表[1]。

---

[1] 张奠宙. 小学数学研究[M]. 北京:高等教育出版社,2009:79.

总人数	$\frac{1}{4}$	$\frac{3}{4}$	$\frac{1}{2}$	$\frac{4}{1}$	$\frac{1}{3}$	$\frac{3}{1}$
三年级	39	38	14	0			
四年级	39	36	17	10	8	8	2
六年级	38	36	8	3		3	
合计	116	110	39	13	8	11	2
百分率	％	94.83	33.62	11.26	6.90	9.48	1.72

比是两个数量之间的关系,只是这个关系可以同构于分数(见下图所示),因此,**可以用分数表示比的结果(比值)**。

$$量A：量B \longleftrightarrow 数a：数b \longleftrightarrow a \div b \longleftrightarrow \frac{a}{b}$$

在长期的运用中,我们成人已经忽视了两者的区别,误将比与分数等同起来了。但是,教学中我们需要回归其本源意义。

2. 分数是数

例3.5中,根据生活经验,学生不难得到每人应该分得的饼的图形和大小。这一背景看似可以指向比:这一部分占整个饼的比,但实际上,问题本身的指向是多少饼,也就是说,问的是饼的个数(数量),学生的回答一般是"半个""两份中的一份",都是指向具体的数量。

指向数量,就得表示每个人获得的饼的数量,因而例3.5可以得出单位分数$\frac{1}{2}$和$\frac{1}{4}$;这一情境可以进一步拓展为3个饼分给4个人,每人得到的饼数是$\frac{3}{4}$(真分数);再进一步拓展,11个饼分给4个人,每人得到的饼数是$2\frac{3}{4}$(带分数)或者$\frac{11}{4}$(假分数);一般地,a个东西分给b个人,每人得到东西的个数是$\frac{a}{b}$。

从这个意义上,**分数是数**。

例3.8,两个整数相除,商如何表示,需要引入分数,因此,除法的商可以看成数学上引入分数的重要的起源。

从上面分析,可以看出,例3.5、例3.8都可以作为分数的起源,而且两者是一致的。例3.5中,一般地,a个东西分给b个人,求每人得到东西的个数,根据以前除法的经验,其结果就是 $a \div b$ 的商,这个商如何表示呢,数学上就有了 $\frac{a}{b}$,这不就是例 3.8 吗? 这样,就建立了除法的商与分数之间的联系。

$$a \div b \longleftrightarrow \frac{a}{b}$$

分数可以有单位。从例 3.5 的背景看,分数是计数的产物,如果所计的物有单位,那么分数也应有相应的单位,如 3 米的绳子被等分成 4 份,每份就是 $\frac{3}{4}$ 米。从例 3.8 看,分数看成除法的结果,如果相除的两个量是同类量,自然单位相消了,正如上面的比;如果不是同类量,结果自然应该带有单位了。在实际工作中,为了刻画一些事物,如速度,人们将两个不同的量相除(路程除以时间),这样得到一个新的量,其结果可以用分数表示,这里的分数就有单位。

总之,分数本源上是数,不是比;分数与商、比值可以建立一一对应关系,因此,分数可以表示除法的商,也可以表示比值;长期的使用中,人们已经默认了三者之间的等价关系;但儿童学习还需要从本源上认识分数,进而建立三者之间的联系,最终能熟练地进行几种形式之间的转化。

3. 分数认识的教学顺序与思考

现在一些教材将分数的认识分为两个阶段,第一个阶段从等分的角度认识分数,解决类似于例 3.5 的问题,第二个阶段将一个集合看成整体,解决类似于例 3.6 的问题。根据上面的分析,我们认为,这样做不恰当。我们建议:第一个阶段从等分和商的角度认识分数,第二个阶段学习比与比的结果的表示,建立分数与比的联系。

直观的等分与抽象的商,都是分数的现实背景,可以作为抽象分数概念的原型。但等分更为直观,贴合学生的实际,而且既可以引申到商,将来也便于与比值进行对接,因此,建议选择类似例 3.5 的问题作为情境引入,在这个情境中引出分数(可以通过饼数和人数的变化逐步引出单位分数、一般的真分数、假分数),在感知等分的结果可以用分数表示的基础上,类比以前特殊的等分(正好每份是整数的情况)以及相应的算式,建立除法的结果与分数之间的联系。

在分数的初步认识阶段,不要介绍部分与整体的比,部分与部分的比。但需要尽快学习比,并将比值和分数建立联系,能用分数表示比值。因为,如果不能尽快地建立分数与比值的联系,学生解答例 3.6、例 3.7 就不容易了,另外,也就不太便于解决类似"小红家有鹅 4 只,是鸭子数的 $\frac{1}{3}$,小红家有鸭子多少只"这样的问题,而这些问题是分数乘除法最为自然的背景,因此,建议在分数的乘除法之前应建立分数与比值的联系,为分数乘除法积累丰富的素材。

分数认识与分数乘除法的**学习顺序图**：

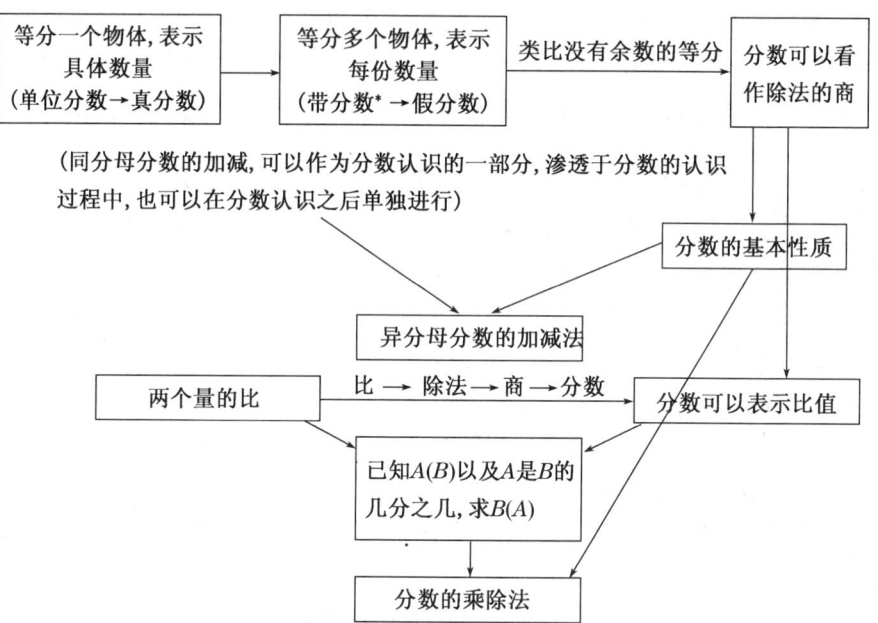

说明：带分数,《课程标准(2011 版)》已不再要求,这里并不是要求学习带分数,而是说,在将 9 个苹果平均分给 4 个人的过程中,学生会说出每人分得两个苹果,另加 $\frac{1}{4}$ 个,也就是分得的个数是 $\left(2+\frac{1}{4}\right)$ 。

案例 3.3：认识分数（片段）

南京市金陵中学实验小学　张文苑

活动一：创设情境，感受新知学习的必要性

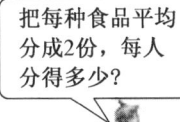
把每种食品平均分成2份，每人分得多少？

1. 出示例图，抛出问题：星期天，小明和小红两人相约去郊游，看他们带了这么多好吃的食品，怎样分才能让他们两个人都满意？

在学生回答的基础上，追问：什么叫平均分？你能帮他们分一分吗？

2. 揭示课题

刚才同学们发现，每人分得的两个苹果和一瓶水都可以用学过的数表示出来，可是半块蛋糕怎样用数来表示呢？

要表示"半个"，就要学习新的数，今天我们就一起来学习——分数。（板书课题）

设计意图：这是学生首次正式认识分数，因此，有必要结合学生原有的生活经验揭示分数学习的必要性。现在的学生一般都具有平均分的生活经验，也有将一个物体平均分成两个"一半"的经历，因此，结合学生原有的生活经验，创设分食品的情境，使学生感知在平均分不能得到整数结果时，要表示这样的结果就要创造一种新的数表示，于是就产生了分数，使学生了解分数的产生过程，同时引发他们的求知欲望，激发学习热情。

活动二：操作探究，认识分数

1. 初步认识二分之一

（1）半个蛋糕是什么样的？（课件演示：把一个蛋糕平均分成2份）

（2）现在我们把一个蛋糕平均分成了2份，其中的一份就是半个，这可以用什么分数表示呢？

（3）对，半个用分数表示就是二分之一。二分之一怎么写呢？（师板演）先画中间的横线，再在横线的下面写2，表示把这一块蛋糕平均分成了2份，最后在横线的上面写1，表示半个是这样的一份，这个数就是分数$\frac{1}{2}$。

(4) 想知道分数各部分的名称吗？阅读课本，自己找一找，读一读，认一认。

(5) 交流：中间的横线叫什么？分数线上面的数叫什么？分数线下面的数呢？分子和分母谁在上，谁在下？

(6) 你会读出这个分数吗？先读什么？再读什么？

(7) 半块蛋糕就是$\frac{1}{2}$块蛋糕，那么另外半块蛋糕呢？

2. 感受更多的$\frac{1}{2}$

生活中有很多半个，很多$\frac{1}{2}$，我们不妨再感受一个例子。

这是一张长方形的纸，设法折出$\frac{1}{2}$张纸，并涂上颜色，涂完后和同伴交流你的做法和道理。

设计意图：这部分的重点是对$\frac{1}{2}$意义的理解，从"半个就是二分之一"开始，先联系蛋糕的实物图，具体描述了$\frac{1}{2}$这个分数的意义，再让学生自学分数各部分的名称，示范$\frac{1}{2}$的写法，学生在这段教学中可以初步理解$\frac{1}{2}$的意义以及分母"2"和分子"1"的意思。再通过具体的操作活动（在正方形纸上折折、涂涂表示出这张纸的$\frac{1}{2}$），进一步体会$\frac{1}{2}$的意义，同时，在交流中，学生感受到，虽然每人的折法与涂色的位置不同，但只要把物体或图形平均分成2份，这样的每一份都可以用分数$\frac{1}{2}$来表示，这样，学生可以更好地理解平均分，从而更好地认识$\frac{1}{2}$的本质。以此为基础，再理解其他几分之一的分数，自然就能水到渠成了。

第3章 数的认识与运算(二)

3. 认识几分之一

(1) 认识了 $\frac{1}{2}$,还想认识其他的分数吗？你认为用哪个分数表示下图中的阴影部分,为什么？

用分数表示涂色部分。

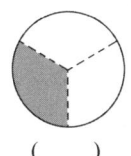 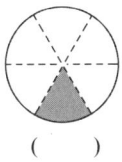 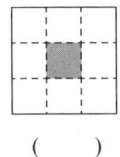 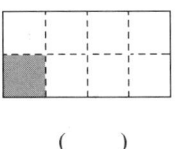

( )　　　( )　　　( )　　　( )

(2) 当然,整体不一定是"饼",可能用各种图形表示哟！试在下列图形中表示出 1/4,并与同伴交流。

 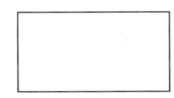 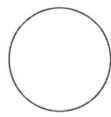

(3) 反思交流

下面图形中涂色部分表示 1/4 吗？说说你的观点。

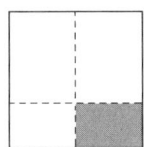 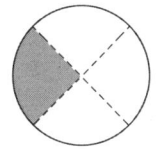 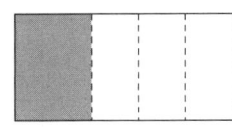 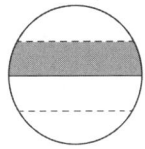

(4) ① 这张板报有哪些板块？

② 《科学天地》大约占黑板报版面的几分之几？《艺术园地》大约占黑板报版面的几分之几？哪一部分大一些？

设计意图:有了前面 $\frac{1}{2}$ 的经验,下面自然是认识其他几分之一了。这里注意了图形背景的多样化,有正方形、长方形、圆形、线段等多种图形,这样,学生

感受到整体1的形态各异,从而更好地认识到分数的本质;同时,形态各异的图形,也就形成了不同形式的分数表征,为以后实际问题中学生选用不同的图形表示信息做了很好的铺垫。为了更好地感受平均分,特意设计了反思交流,通过学生的反思、交流,更好地感受平均分的意义。此外,还注意结合实际生活让学生形成分数的初步感受。

(二) 分数的表征方式

1. 分数的常用表征方式

分数表征时,首先需要选择恰当的方式表示单位1,因此,根据对单位1表征方式的不同,可能有不同的表征。下面是几种常见的表征方式以及各自的运用。

表征方式	分数的意义	同分母分数的加减以及分数乘以整数	异分母分数的加减	分数乘以分数
饼形图	真分数 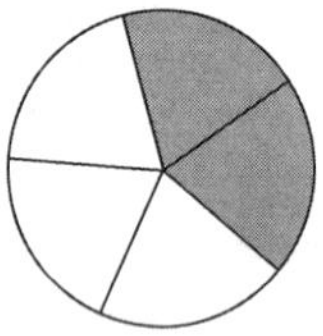	可以,但结果不能超过1 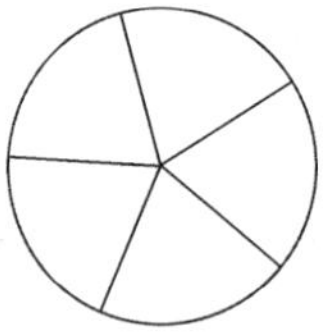	较难,除了一些特殊的,如:$\frac{1}{2}+\frac{1}{4}$(分母存在倍数关系且和不超过1)$\frac{1}{2}+\frac{1}{3}$(结果比1小一个单位分数) 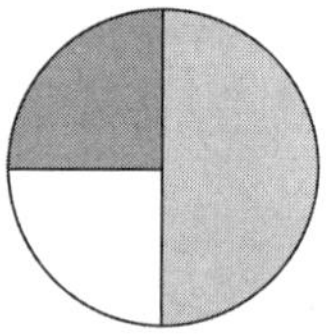 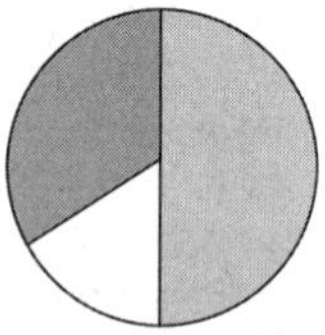	可以,但不如方形图清晰 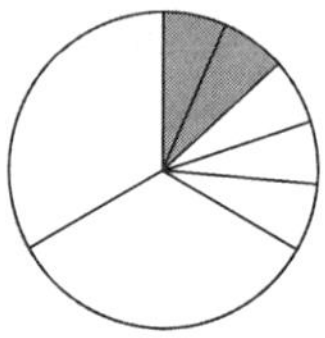 $\frac{1}{3}\times\frac{2}{5}$

(续表)

方形图	真分数 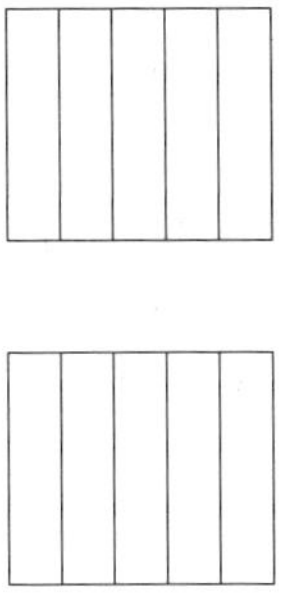	可以,但结果不能超过1 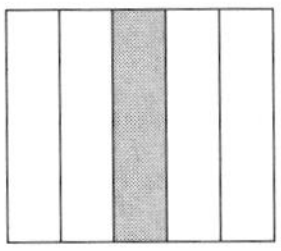	可以,而且小的单位(分数单位的“公约数”)清晰可见,通分的必要性和方法直观外现 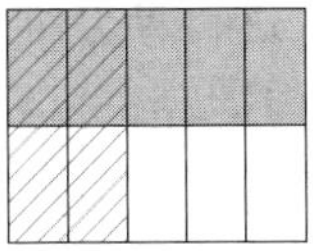 $\frac{1}{2}+\frac{2}{5}$	可以,运算后的单位分数清晰直观 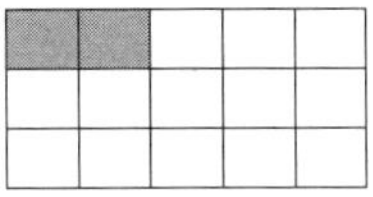 $\frac{1}{3}\times\frac{2}{5}$
线形图	一般的分数 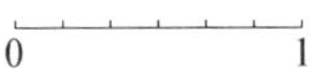 0　　1	可以解释结果大于1的情况 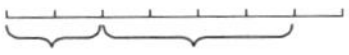 $\frac{2}{5}$　$\frac{4}{5}$	较难,除了一些特殊的,如 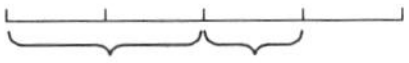 $\frac{1}{2}$　$\frac{1}{4}$ $\frac{1}{2}+\frac{1}{4}$(分母存在倍数关系且和不超过1) 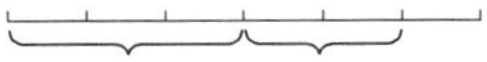 $\frac{1}{2}$　$\frac{1}{3}$ $\frac{1}{2}+\frac{1}{3}$(结果比1小一个单位分数)	可以,但不如方形图清晰 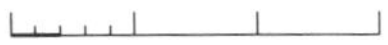 0　$\frac{1}{3}$　$\frac{2}{3}$　1 $\frac{1}{3}\times\frac{2}{5}$

还可以探索分数的基本性质(见后面分数的性质)。

2. 多种方式表征的意义与做法

根据上表,不难理解多种表征的意义:

多种方式表征,可以更为全面地理解分数的概念。

多种形式表征,可以选择不同的形式进行分数运算的直观学习。

多种方式表征,将来运用阶段可以更容易形成问题与分数表征形式的联结,更好地解决问题。

因此,教学中要注意引导学生进行多种表征。具体地,第一课时即引导学生从不同的角度认识分数,也就是说,呈现的分数原型要丰富,有各种形式的,在得到分数表示后,同样要学生寻找不同的方式表示分数,并进行班级交流,这样在呈现和寻找中加深学生对分数表征方式多样性的理解。

二、分数的性质

分数的性质：分数的分子分母同时乘或除以同一个不为 0 的数，分数的值不变。

比较异分母分数大小、进行异分母分数加减时，都需要将分数通分从而转化为同分母的分数的比较与运算；分数乘除运算时，需要约分；分数运算的结果，一般需要化为最简分数的形式，这时也需要约分。通分、约分，都需要运用到上述性质，因此，该性质是分数学习的基础，被称为分数的基本性质。

（一）理解分数基本性质的方法举隅

理解分数基本性质的最直观方法自然还是借助各种直观表征：

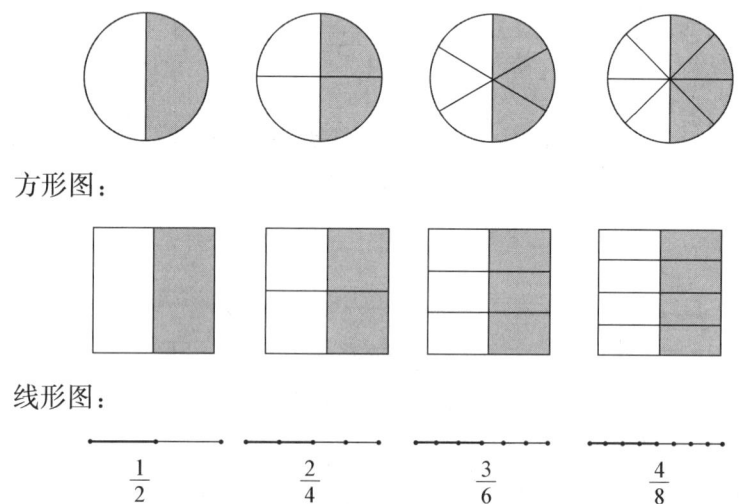

若将表示不同分母分数的线形图叠合起来，可以形成下面的"分数墙"，学生可以从分数墙中发现很多等值分数，这些是归纳分数性质的很好的素材。

1									
$\frac{1}{2}$					$\frac{1}{2}$				
$\frac{1}{3}$			$\frac{1}{3}$				$\frac{1}{3}$		
$\frac{1}{4}$		$\frac{1}{4}$			$\frac{1}{4}$			$\frac{1}{4}$	
$\frac{1}{5}$	$\frac{1}{5}$		$\frac{1}{5}$		$\frac{1}{5}$		$\frac{1}{5}$		
$\frac{1}{6}$	$\frac{1}{6}$	$\frac{1}{6}$	$\frac{1}{6}$	$\frac{1}{6}$	$\frac{1}{6}$				
$\frac{1}{7}$	$\frac{1}{7}$	$\frac{1}{7}$	$\frac{1}{7}$	$\frac{1}{7}$	$\frac{1}{7}$	$\frac{1}{7}$			
$\frac{1}{8}$	$\frac{1}{8}$	$\frac{1}{8}$	$\frac{1}{8}$	$\frac{1}{8}$	$\frac{1}{8}$	$\frac{1}{8}$	$\frac{1}{8}$		
$\frac{1}{9}$	$\frac{1}{9}$	$\frac{1}{9}$	$\frac{1}{9}$	$\frac{1}{9}$	$\frac{1}{9}$	$\frac{1}{9}$	$\frac{1}{9}$	$\frac{1}{9}$	
$\frac{1}{10}$	$\frac{1}{10}$	$\frac{1}{10}$	$\frac{1}{10}$	$\frac{1}{10}$	$\frac{1}{10}$	$\frac{1}{10}$	$\frac{1}{10}$	$\frac{1}{10}$	$\frac{1}{10}$

在直观表征活动中,还可以设法增强活动的参与性,如可以结合分数墙自主发现相等的数量(等值分数),或者设计折纸活动,通过折纸感受 $\frac{1}{2}=\frac{2}{4}=\frac{4}{8}$ 等。

直观表征,更多的是基于特例的观察,如果希望形成一般化的理解,还可以借助除法的性质(被除数和除数同时扩大或缩小相同的倍数,商不变)理解。

有了分数性质之后,为了丰富学生对等值分数的认识,还可以在百数表感受更多的等值分数。

1	2	3	4	5	6	7	8	9	10
2	4	6	8	10	12	14	16	18	20
3	6	9	12	15	18	21	24	27	30
4	8	14	16	20	24	28	32	36	40
5	10	15	20	25	30	35	40	45	50
6	12	18	24	30	36	42	48	54	60
7	14	21	28	35	42	49	56	63	70
8	16	24	32	40	48	56	64	72	80
9	18	27	36	45	54	63	72	81	90
10	20	30	40	50	60	70	80	90	100

(二)教学启示

1. 加强直观教学

教学自然应遵循从直观到抽象的一般规律,何况分数的基本性质有这么多直观的解释呢。因此,教学过程可以大致如下:

① 通过直观的方法发现等值分数,例如从分数墙中发现 $\frac{1}{2}=\frac{2}{4}=\frac{3}{6}=\frac{4}{8}=\frac{5}{10}$,$\frac{1}{3}=\frac{2}{6}=\frac{3}{9}$ 等;

② 观察等值分数的分子分母之间的关系,形成保持分数值不变时分子分母的规律的猜想;

③ 设法通过其他方式验证猜想,说明道理;

④ 借助规律写成更多的等值分数,进一步巩固分数的基本性质。

2. 让学生认识到:具体一个分数只是等价类中一个代表

根据分数的基本性质,可以将分数集合中所有的等值分数都归为一类,于是,分数集合就被分成无数个这样的等值分数的类别,简称为分数的等价类。例如:

$$\left\{\frac{1}{2},\frac{2}{4},\frac{3}{6},\frac{4}{8},\frac{5}{10},\frac{6}{12},\cdots\right\}$$

$$\left\{\frac{1}{3},\frac{2}{6},\frac{3}{9},\frac{4}{12},\frac{5}{15},\frac{6}{18},\cdots\right\}$$

$$\left\{\frac{2}{3},\frac{4}{6},\frac{6}{9},\frac{8}{12},\frac{10}{15},\frac{12}{18},\cdots\right\}$$

每一类中的分数面貌不同,但数值相等。因此,人们只要选择其中一个作为这一类的代表即可。当然,这个代表一般应尽可能简单,因此就有了最简分数的概念。

但有时最简分数也未必方便,如 $\frac{1}{4}+\frac{1}{12}$,$\frac{1}{4}$ 就不是一个好的代表,因为它没有办法和 $\frac{1}{12}$ 直接相加,因此,需要从其所在的等价类中找一个方便计算的 $\left(\frac{3}{12}\right)$,当然,学生可不能将这些等价类全部罗列在那里一个一个地寻找,为此,需要脱离等价类直接将 $\frac{1}{4}$ 变为 $\frac{3}{12}$,这就是扩分。

因此,教学中,学生不仅要会约分,将分数化为最简分数,还要认识到,这些分数各有各的用处,适当的时候需要扩分。为了形成这样的认识,在认识分数部分,可以通过具体例子感受不同形式分数之间的相等,在分数性质部分再次明确这一关系,同时教学中不要太过分强调约分,要辩证地看待约分和扩分。

三、分数的运算

(一) 分数运算及相互关系

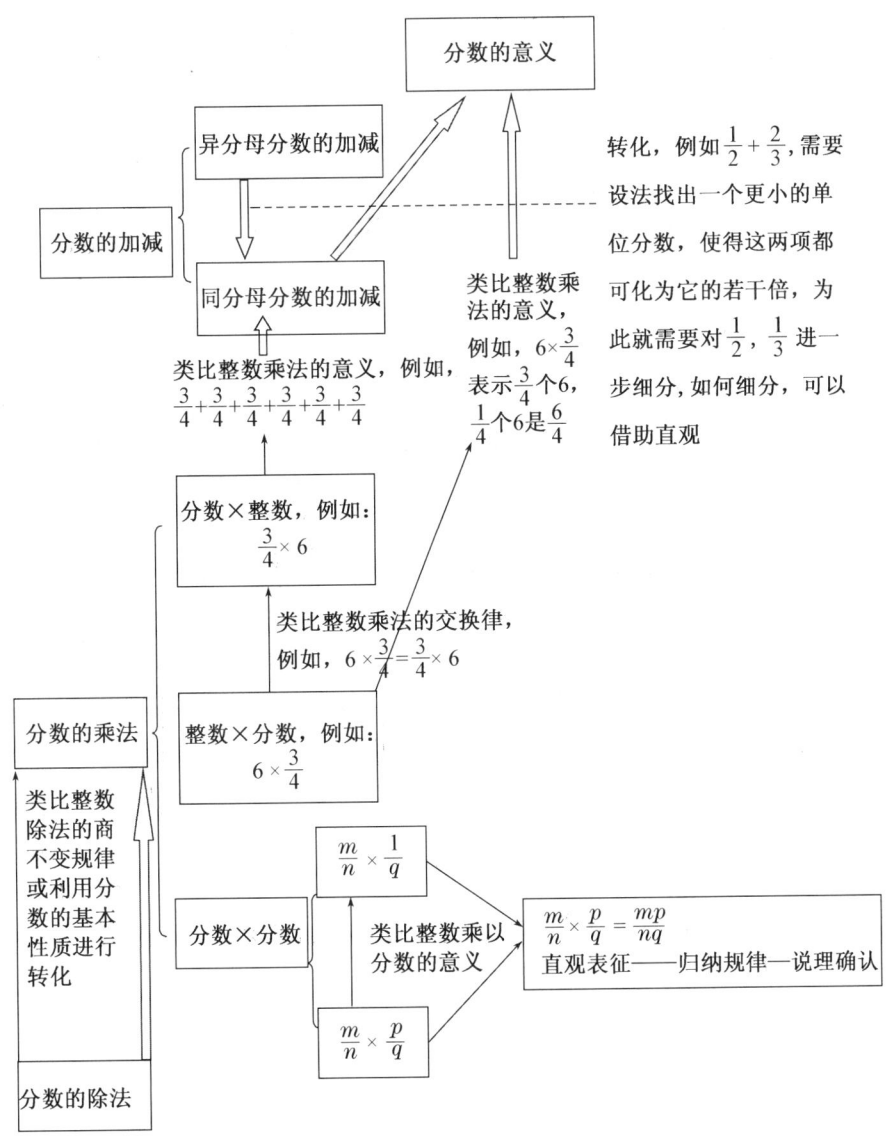

(二)分数运算教学的一般思考

1. 凸显蕴含在运算算理中的类比、化归思想

从上面的图表中,不难发现,面对一个新的学习内容,我们都是设法转化为先前学习过的内容,这就是数学学习中一个十分重要的思想方法——化归(转化与归结)。例如,通过通分将异分母分数的加减转化为同分母分数的加减,通过分数的基本性质将分数的除法转化成分数的乘法。上面图表中的⇨都表示这样的转化过程。实际上,数学学习中,随处可见化归的影子。如:右图是面积学习的结构图,其中⇨表示学习的顺序,←表示研究时转化的方向。

化归,实际上是一种普遍适用的思想,在其他学科学习和生活中都有广泛的运用。如要测量炼钢炉的温度,常用的玻璃水银温度计,可耐不了那样的高温,怎么办呢?工程技术人员思考,还有哪些量与温度有关,如果其中有一个量很容易测量,那么通过测量出这个量不就可以推算出相应的温度了吗? 于是,将测温问题化归为测电问题,发明了热电阻温度计,使用热电阻材料测出电流,利用热电转换公式,算出相应的温度。

当然,化归在数学中使用得尤为突出,以致匈牙利著名数学家路莎·彼得(Rozsa Peter)曾在她的名著《无穷的玩艺》一书中对这种思维方式作出生动而风趣的描述:

以下的一个比拟也许是十分可笑的,但这一比拟却在数学家中间广泛流传:"现有煤气灶、水龙头、水壶和火柴摆在您面前,当您要烧水时,您应当怎样去做呢?""点燃煤气,往水壶里注满水,然后把它放在煤气灶上。""您水壶中已经盛满了水,而所说问题中的其他情况都不变,试问此时您应当怎么做?"此时被问者一定会大声而颇有把握地回答说:"点燃煤气,再把水壶放上去。"他确信这样的回答是完全正确的。但更完善的回答应该是:"只有物理学家才会按照刚才所说的办法去做,而数学家却会把水壶中的水全部倒掉,然后声称他已把这一问题化归为前面所说的问题了。"

这固然是个笑谈,但从一个角度说明,善于化归是数学家思维的一个重要特点。正是基于这样的认识,教学中务必要凸显这样的数学思想方法,教学过程中,注意引领学生思考已经会做什么,前面学习过什么,现在学习的内容和前面的差别是什么,如何设法消去这个差别进而转化为先前学习的内容,只有长期这样的渗透,方能培养学生养成良好的思维习惯,内化数学思想方法。

从上面图表中,可以发现,理解新的运算时,类比也是一个十分重要的方式。如,面对新的学习对象 $6 \times \frac{1}{4}$,可以类比整数乘法的交换律,得到 $\frac{1}{4} \times 6$,也可以类比整数乘法的意义,得到 $\frac{1}{4}$ 个 6,再根据分数的意义,得到 $\frac{6}{4}$;面对分数除法 $\frac{2}{3} \div \frac{4}{5}$,可以类比整数除法的商不变规律:被除数、除数同时扩大或者缩小相同的倍数,商不变,因此,设法将被除数扩大成整数,这样得到 $\frac{2}{3} \times 5 \div 4 = 2 \times \frac{5}{3} \div 4$,再将被除数、除数同时扩大 3 倍得到 $(2 \times 5) \div (3 \times 4)$,基于对这样具体算式运算过程与结果的归纳,不难得到除法的运算法则。教学中,应注意外显类比的思想,特别是对于一个新的运算的理解阶段。

2. 兼顾直观教学和算法解释

分数运算,已经是小学运算学习的最后阶段,因此,有老师认为,学生在先前的运算学习中,基本都是按照"从直观感知逐步上升到算法"的顺序进行学习的,已经具备了大量的直观感知的经验,在分数学习中是否可以直接跳过直观感知阶段,直接进入算法程式化阶段?笔者认为,随着学生经验的丰富,确实可以稍微减少直观感知的比重;但分数运算对学生而言确实还颇有难度,分数有关运算法则的获得仅仅进行数学推理,学生印象不甚深刻,而直观表征既有助于法则的发现,也有助于法则的理解,因此,还是应注重直观感知。

例如,异分母分数的加法,学生不难想到化归为同分母分数的加法,如 $\frac{1}{2} + \frac{2}{5}$,需要设法找出一个更小的单位分数,使得这两项都可化为它的若干倍,但更小的单位是多少呢?对于儿童而言,仅仅理论分析就显得过于抽象,而直观表征中更为细化的单位十分清晰,这样的直观表征,有助于学生发现算法、理解算法。

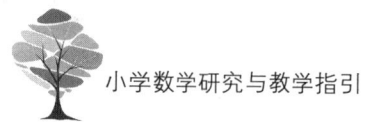

再如,分数的除法,当除数是分数时,一般可以理解为包含除,即以除数为单位去度量被除数,如,$4÷\frac{1}{2}$,表示 4 里面包含几个 $\frac{1}{2}$,其图式可以如下：

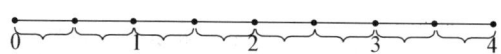

或

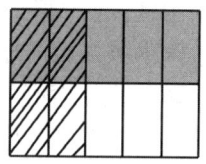

即 $4÷\frac{1}{2}=8$

类似地,

$4÷\frac{2}{3}$: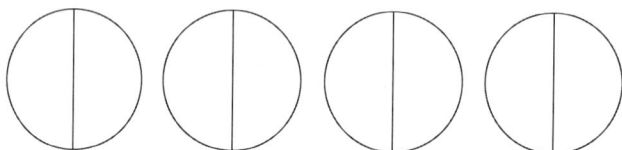

$$4÷\frac{2}{3}=6$$

$4÷\frac{3}{5}$: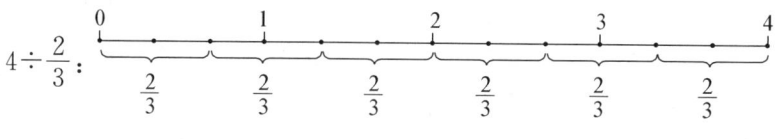

$$4÷\frac{3}{5}=6+\frac{2}{3}\left(\text{多出的一段长}\frac{2}{5}\text{,是}\frac{3}{5}\text{的}\frac{2}{3}\text{倍}\right)$$

$\frac{2}{3}÷\frac{3}{5}$ 就比较麻烦了:

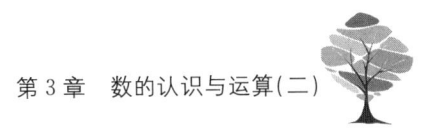

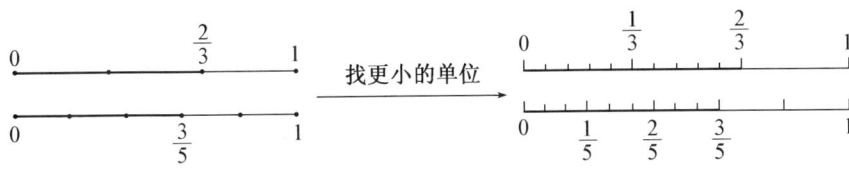

$$\frac{2}{3} \div \frac{3}{5} = \frac{10}{9}$$

显然前面几个式子中,分数的除法的图式表征有利于对分数除法本身意义的理解,但分数除以分数时就比较困难了,因此,这时一般不介绍图形表征,而可以类比整数除法的运算规律,设法同时放缩除数和被除数,使得除数变为1:

$$4 \div \frac{1}{2} = (4 \times 2) \div 1 = 4 \times 2$$

$$4 \div \frac{2}{3} = (4 \times 3) \div 2 = 4 \times \frac{3}{2}$$

$$4 \div \frac{3}{5} = (4 \times 5) \div 3 = 4 \times \frac{5}{3}$$

$$\frac{2}{3} \div \frac{3}{5} = \left(\frac{2}{3} \times 5\right) \div 3 = \frac{2}{3} \times \frac{5}{3}$$

从上面的具体数据的处理和结果中,不难归纳出分数的除法法则:除以一个分数,等于乘以这个分数的倒数。

因此,分数运算教学中,同样应尽可能通过直观表征理解运算的意义,发现运算的结果与运算规律,当然,也应考虑到图形表征的困难程度,进行恰当的选择。在图形直观表征与算法解释之间进行适当的平衡。

案例 3.4:分数乘法

南京市金陵中学实验小学　张文苑

活动一:复习回顾

1. 口算:

$\frac{1}{5} \times 4$　　$\frac{4}{25} \times 4$　　$\frac{5}{32} \times 8$　　$6 \times \frac{2}{5}$　　$12 \times \frac{3}{4}$　　$\frac{4}{5} \times 0$　　$\frac{1}{4} + \frac{1}{5}$

$7 - \frac{3}{4}$

2. 填空:

(1) 12米的$\frac{1}{3}$是( )。

(2) 24时的$\frac{1}{4}$是( )。

(3) 学校运来故事书480本,科技书比故事书多$\frac{1}{6}$,科技书比故事书多多少本?

设计意图:从复习分数与整数相乘的算法引入,有利于学生将分数乘整数作为分数乘法的特殊情况纳入分数乘分数的算法中。

活动二:探究新知

1. 在情境中初步感知分数乘法

抛出问题:一天,唐僧师徒四人走在取经的路上,他们又累又渴,师傅就令孙悟空和猪八戒找些水来。他们费尽周折终于找到了一个西瓜,猪八戒看到西瓜口水都流出来了,于是就缠着孙悟空说:"猴哥,咱们先吃点吧,我都快渴死了!"孙悟空就先切了一半留给师傅和沙和尚。然后,把剩下的一半平均切成了5份,自己吃了其中的2份,其他的都留给了馋嘴的八戒。你知道,猪八戒到底吃了多少西瓜吗?

先自主思考,然后小组合作,并进行班级交流。班级交流主要关注:用什么方法得出结果的?可以列出什么算式?在此基础上得出算式:$\frac{1}{2} \times \frac{3}{5} = \frac{3}{10}$。

设计意图:通过分西瓜的情境,激发学生的学习兴趣,而$\frac{1}{2}$的$\frac{3}{5}$是多少,学生一时得不出答案,于是在小组的合作讨论中,引导学生用圆形图分一分,从而得出猪八戒吃了$\frac{3}{10}$个西瓜。在这个过程中,既让学生感受到学习$\frac{1}{2} \times \frac{3}{5}$的必要性,也借助圆形图的分割初步感受到其计算过程。

2. 进一步借助直观图学习分数乘法

顺延上面的故事,继续呈现故事情境:唐僧师徒四人吃完了西瓜,继续前行,不一会儿,来到一个小镇上。小镇上十分繁华,吃的玩的应有尽有,馋嘴的八戒又开始流起口水来:"师傅,走了这么半天,肚子都饿了,我们找点吃的吧!"唐僧看了看肚子咕咕叫的八戒,点一点头,四人点了镇上的特色小吃——方大饼,猪八戒看着大饼立刻说:"我要跟刚才吃得同样多!"同学们,你知道猪八

第3章 数的认识与运算(二)

八戒想吃多少大饼吗?你能列出算式,并用方形图代替大饼分一分吗?

先独立分割并列出相应的算式,然后进行班级交流:你是怎样分方形图的?八戒到底吃了方饼的几分之几?

设计意图:第二个情境,仍然表示 $\frac{1}{2}$ 的 $\frac{3}{5}$ 是多少,算式仍然 $\frac{1}{2} \times \frac{3}{5}$,这是学生在第一个情境中,已经得出答案的,他们只要根据算式和结果来通过图表示出来,所以在方形图中分的过程中,学生可以自主发现与刚才圆形图类似的集合表征和相同的结果。在交流时,教师可以问得细一些,如"为什么要将方形图先分成2等份?""为什么要再将等分后的其中一份再平均分成5份?"等等,充分发挥图形直观的作用,为下面引导学生开展推理,探索计算法则埋下伏笔。

3. 猜想计算方法

观察刚才的算式和结果,你认为分数和分数相乘应该怎样计算?

4. 进一步验证猜想

(1) 看图,列算式,并填写结果,符合刚才的猜想吗?

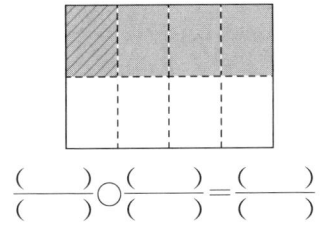

$\frac{(\quad)}{(\quad)} \bigcirc \frac{(\quad)}{(\quad)} = \frac{(\quad)}{(\quad)}$

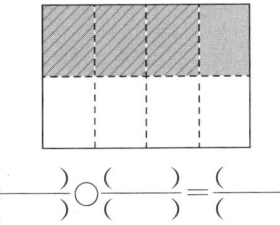

$\frac{(\quad)}{(\quad)} \bigcirc \frac{(\quad)}{(\quad)} = \frac{(\quad)}{(\quad)}$

(2) 根据算式,在方形图中表示它的含义和结果,符合刚才的猜想吗?

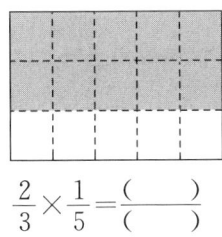

$\frac{2}{3} \times \frac{1}{5} = \frac{(\quad)}{(\quad)}$

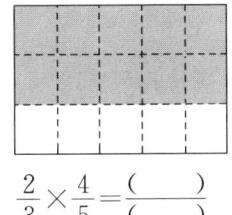

$\frac{2}{3} \times \frac{4}{5} = \frac{(\quad)}{(\quad)}$

5. 明晰计算方法

分数和分数相乘,用分子相乘的积作分子,分母相乘的积作分母。

设计意图:学生在猜想了分数和分数相乘的计算方法后,让学生自己通过看图列式计算和根据算式在图中表示含义和结果,验证猜想,最终总结出计算方法,学生经历了自主建构的过程。

活动三：巩固新知

1. 快速练习，即时巩固（略）

2. 一台拖拉机每小时耕地 $\frac{1}{2}$ 公顷，$\frac{1}{3}$ 小时耕地多少公顷？$\frac{2}{3}$ 小时呢？先在图中表示出来，再列式计算。

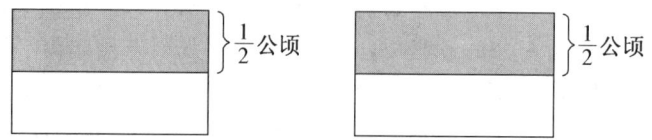

3. 反思交流

(1) 第2个题目中，$\frac{2}{3}$ 小时耕地多少公顷？你们有哪些不同的表示方式？

(2) 有人说，既然结果中要尽量约分，索性在做乘法之前就先约分，这样可以减少工作量。你赞同这个做法吗？

4. 运用巩固

试用两种方式计算，并说说你的感受。

$$\frac{1}{4} \times \frac{2}{3} \qquad \frac{8}{9} \times \frac{3}{4}$$

活动四：回顾反思

1. 整数也可以看成分数的特殊情况，如 3 可以看成 $\frac{3}{1}$，分别用以前的整数乘以分数的方法和现在的分数乘法计算：

$$\frac{2}{11} \times 3 \qquad 4 \times \frac{5}{6}$$

两种方法结果一致吗？

你有什么体会？

设计意图：练习的设计完善了分数乘分数的计算方法，把分数乘整数作为分数乘法的特殊情况，纳入分数乘分数的算法中，形成更有概括性的计算法则。

2. 通过这节课的学习，你有什么收获？还有什么疑惑？

【评析】

分数乘分数是在学生已经学习了分数乘整数的基础上进行教学的，它是后面学习分数除法以及分数乘除法实际问题的基础。分数的计算方法并不复杂，

学生记住和应用算法也不难。但是理解为什么可以分子相乘作积的分子、分母相乘作积的分母却很不容易。所以本课的设计把理解算理放在了重点位置。

在教学中,先通过两个有趣的情境,激发学生的兴趣,产生列式需要,并自主结合直观图形探索结果,对计算法则进行猜想,再通过"看图——写式——求积"和"看式——画图——求积"两个过程,使学生感受"分子相乘、分母相乘"的可能性和合理性,帮助学生验证猜想,形成计算法则。

练习中让学生把整数与分数相乘改写成分数乘分数的形式,写出这样的转化过程,可以让学生感受到分数乘分数的算法完全适用于分数乘整数的乘法,从而使"分子相乘的积作分子,分母相乘的积作分母"成为涵盖所有分数乘法的计算法则。

(三) 一些常见困惑与思考

1. $\frac{1}{2}+\frac{1}{4}=\frac{3}{8}$ 吗?

在分数运算中,学生常常出现这样的错误:

$$\frac{1}{2}+\frac{1}{4}=\frac{2}{6}$$

学生为什么会出现这样的错误呢?
请看一位老师对学生的访谈[①]:

"老师,你看,$\frac{1}{2}$ 是把这个圆平均分成了 2 份,取了其中的一份;$\frac{1}{4}$ 是把这个圆平均分成了 4 份,取了其中的一份。合起来就有两个圆,两个圆一共分成了 6 份,阴影部分占 2 份,所以用分数 $\frac{2}{6}$ 表示"。

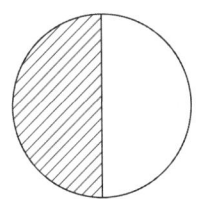 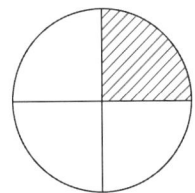

显然,这是错误的,因为结果竟然小于其中的一个加数 $\frac{1}{2}$ 了。

错误的原因之一是:这里 6 个部分并不相同,不能直接用 $\frac{2}{6}$ 表示。但如果

---

① 徐永红,刘全祥. 存在即合理[J]. 小学数学教师,2010(4):38.

每一部分都一样,就正确了?学生还会出现下面的结果:

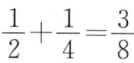

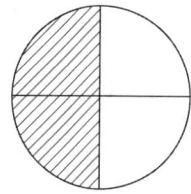 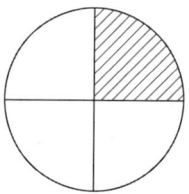

如图,合起来的图形中,两个圆被等分成8份,其中阴影部分不是3份吗?看来还有更深层次的原因。

我们不妨看看另一种处理方式:如图,学生看到的只有三个完全相同的部分,每部分是一个圆的四分之一,因此结果是$\frac{3}{4}$,学生绝对不会得出$\frac{3}{8}$这样的结果。

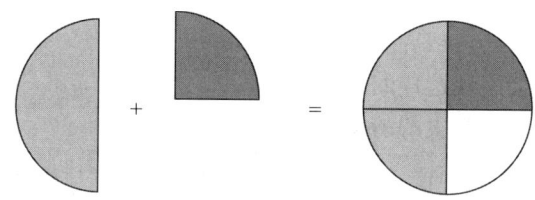

两种做法比较,可以看出,为了表示$\frac{1}{4}$,虽然都是$\frac{1}{4}$个圆,但第一种做法中呈现的一个完整的圆以及其中的部分,而第二种做法中仅仅呈现了其中需要加的那一部分,仅仅这么一点微小的区别,就造成学生理解上很大的差异。前者,分数相加的时候,不仅仅阴影部分合并了,空白的部分也合并了,所呈现的分数,给学生的感觉更多的是一个比例关系,阴影部分与整体的比例;而后者则更重在表示一个具体的数量。

显然$\frac{1}{2}+\frac{1}{4}$中,两个分数应该理解为两个数的和,如果选用某个实物(如饼之类的),则表示先后呈现的实物个数的和,而不是比例。

从这个例子,再次说明,**分数是数,而不是比例**。分数的相加是个数的相加而不是比例的相加。

题外话:如果将分数看成比例,上面的做法还真有一定道理呢。例如,如

果将 $\frac{1}{2}$,$\frac{1}{4}$ 分别看成两个球队比赛的成绩,那么,两次比赛成绩的合并正是 $\frac{2}{6}$。如果将 $\frac{1}{2}$,$\frac{1}{4}$ 分别看成两次活动的满分情况(每次活动的满分为1),两次活动同等看待的话,合并后的成绩不正是 $\frac{3}{8}$ 吗？这再次验证了学生的错误在于将分数看成了比例。

2. 异分母分数相加减,一定要先将分母通分成最小公倍数吗？

我们先看一个具体的例子：

$$\frac{5}{6}+\frac{1}{4}$$

处理这个问题时,我们已经习惯于将分母都扩大为6和4的最小公倍数12,即

$$\frac{5}{6}+\frac{1}{4}$$
$$=\frac{10}{12}+\frac{3}{12}$$
$$=\frac{13}{12} \quad\cdots\cdots\cdots\cdots\cdots(1)$$

这个问题一定要这么做吗？学生是否有其他的思路呢？

也许学生可能这么做：

$$\frac{5}{6}+\frac{1}{4}$$
$$=\frac{5\times 4}{6\times 4}+\frac{1\times 6}{4\times 6}$$
$$=\frac{20}{24}+\frac{6}{24}$$
$$=\frac{26}{24}$$
$$=\frac{13}{12} \quad\cdots\cdots\cdots\cdots\cdots(2)$$

当然,有老师说,(2)式比(1)式复杂,运算过程中分母放得过大了,最后还得约分,过程长,颇为繁杂。

诚然如此,但(1)式首先需要找到两个分母的最小公倍数,如果两个分母数字较大,寻找它们的最小公倍数将十分困难;而(2)式完全是一个程序化的

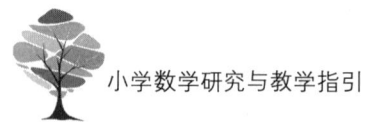

过程,不用思考,直接按照程序执行即可,具有一般性。

(2)式推广到一般情况就是:

$$\frac{b}{a}+\frac{d}{c}=\frac{bc}{ac}+\frac{da}{ca}=\frac{bc+da}{ac}。$$

从数学上看,这是唯一正确的分数加法法则。

这并不是说,教学中不要介绍通分,而是说,介绍通分时不要仅仅局限于最小公倍数,只要能够将两个分数的分母统一成相同的即可(自然应是两个分母的公倍数,但未必是最小的),而其中一种最不用动脑筋的方法就是直接通分为两个分母的积,数据最为简单的可能是最小公倍数,至少这两种情况都能有所介绍,让学生自己根据情况选择使用。

3. 如何理解3是8的几分之几

求3是8的几分之几?类似的问题还有:如图(图略),红色的球是所有球的几分之几?

这样的问题,学生挺难理解的。更容易出错的问题还有[①]:

3米长的绳子,平均分成5段,每段长是这根绳子的_____,每段长_____米。

一根2米长的彩带,第一次用去它的$\frac{1}{3}$,第二次用去它的$\frac{1}{2}$,还剩几分之几?

为什么学生常常对这样的问题产生混淆而发生错误呢?

(1)准确地说,应为3是8的几分之几倍

笔者认为,这里省略了一个词"倍",即应为3是8的几分之几倍。

试想,我们假设可以说:

3是8的$\frac{3}{8}$;

6是8的$\frac{6}{8}$(或$\frac{3}{4}$)。

我们不可能说:

16是8的$\frac{16}{8}$;

16是8的2。

---

① 钱建兵. 在已有知识体系上认识分数[J]. 小学数学教师,2010(4):40-42.

如果这么说,别人真的说你"2"了!

因此,准确的说法是:

16 是 8 的 2 倍。

自然,3 是 8 的几分之几,也应该说成,3 是 8 的几分之几倍!

(2) 如何理解 3 是 8 的 $\frac{3}{8}$ 倍

学生先前的经验已经说明了这一点,如 16 是 8 的几倍,这个几就是 $16 \div 8$ 的结果。因此,3 是 8 的几分之几倍中的几分之几,应是 $3 \div 8$ 的结果,根据除法与分数的意义知道,$3 \div 8$ 的结果可以用分数 $\frac{3}{8}$ 表示,因此 3 是 8 的 $\frac{3}{8}$ 倍。

一般地,A 是 B 的 $\frac{A}{B}$ 倍。

(3) 建议教学中恢复这个"倍"字

首先,建议教材中能够恢复这个"倍"字。道理很简单,不要因为一些语词的歧义而增加学生的认知障碍。

案例 3.5　$\frac{1}{3}$ 比 $\frac{1}{4}$ 多几分之几?

在国培中,有教师向笔者提出了这样一个问题,结果到底是多少?结果自然很容易引起争议。有学员说,结果为 $\frac{1}{3} - \frac{1}{4} = \frac{1}{12}$,道理很简单,$A$ 比 B 多多少,结果一般应理解为 $A - B$。也有学员认为,结果是 $(\frac{1}{3} - \frac{1}{4}) / \frac{1}{4} = \frac{1}{3}$,理由是我们经常说到 A 比 B 多几分之几,就是说,A 比 B 多几分之几倍,因此应该除以 B。

相信这一问题,一定困扰着很多老师。这个问题还真难以给出较好的让学生信服的解释。

但是,如果这个问题改为 $\frac{1}{3}$ 比 $\frac{1}{4}$ 多几分之几倍,相信不再会有如此争议了。

这个案例也再次说明,省略一个倍字,可给师生带来了不少认知障碍,何必呢?

强烈要求恢复这个"倍"字!

就是教材没有恢复这个"倍"字,教学中也应注意从"倍"的角度出发来认识。大致过程可以如下：

16是8的几倍之类的问题引入,再认识倍的意义；

通过变式引出"3是8的几倍"之类的非整数倍的问题,引发学生的认知冲突；

类比整数倍的情况,将问题转化为除法的结果（分数）,明晰：3是8的$\frac{3}{8}$倍,当表示几倍的数是分数时,也习惯于将倍这个字去掉,说成：3是8的$\frac{3}{8}$；

呈现一些正向的快速练习,巩固a是b的$\frac{a}{b}$（倍）,这里a,b已知,为了避免单调,部分问题可以借助直观背景或者生活背景；

呈现部分简单的反向问题,即"a是b的$\frac{a}{b}$（倍）中a未知""a是b的$\frac{a}{b}$（倍）中b未知",以换个角度巩固"a是b的$\frac{a}{b}$（倍）",注意这里的目的是理解意义,而不是熟练运算,因此,数据尽可能简单一些。

教学中,可以提醒学生遇到这样的情况,试着将"倍"字补上去,可能就很好地解决了。

如果我们将"倍"明确恢复上去,前面两题变为：

3米长的绳子,平均分成5段,每段长是这根绳子的_____倍,每段的长是_____米。

一根2米长的彩带,第一次用去它的$\frac{1}{3}$倍,第二次用去它的$\frac{1}{2}$倍,还剩原来的几分之几倍？

相信学生的出错率会降低,有兴趣的老师可以做一下对比研究。

4. 比不是除法

小学教材中说："两个数相除,又叫作这两个数的比。"

这一说法不科学,有问题！

从语义上看,两个数相除,是一个动作,而这两个数的比,是一个名词,因而,这种表述不符合汉语的语法。人们日常所说的比,实际上是比值。如,$\frac{3}{5}$是3和5的比,$\frac{x+1}{x-1}$是$x+1$和$x-1$的比,$\tan\alpha$是对边与邻边的比,这些地方

第3章 数的认识与运算(二)

所说的比都是比值(比率,英文对应的词汇是 ratio,其词源是速度 rate,即两个度量之间的比值)。

当然,有人说,也可以将比看成一个动作——相比,也就是说,2÷5 也可以叫作 2∶5。但既然如此,又何必用两个不同的词呢?实际上,从本源看,除法与比并不是一回事。除法是分配的结果,比是比较的结果。

那么,又为什么将这两者"等同"起来了呢?只是因为,除法的结果可以用分数表示,比的结果也可以用分数表示,因此,3÷5→3/5,3∶5→3/5,也就是说,两个数相除的结果等于这两个数比的结果(比值),因而,人们误认为"相除就是比"了。

第三节 负数的认识

一、为什么要引入负数

"为了表示相反意义的量呗!"教科书上都是这么说的。

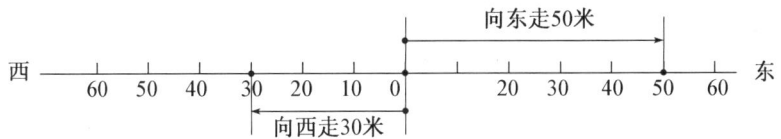

"向东走 50 米,用东 50 表示,向西走 30 米用西 30 表示,不更利落吗?为何用+50,-30,还得记得哪个方向为正,甭搞反了,多麻烦。"

"倒也是的,不就两个方向吗?犯得着另外引入一个新的数吗?"

"负数现在虽然已经司空见惯了,你还别说,经这么一琢磨,还得好好查查其起源,到底为什么要引出这劳什子。"

我国是世界上最早使用负数的国家(我国西汉时期便使用黑色算筹或三角形算筹表示负数,《九章算术》中则给出了世界上最早的正负数计算法则。印度最早运用负数的是梵藏(公元 630),而欧洲则迟至公元 1545 年始见于意大利数学家卡丹的《大法》)。

那么,我国引入正负数的背景如何呢?李继闵认为:《九章算术》中正负数概念并非源自现实生活中具有相反意义的量,而是由于"方程"的程式化算法中两行相减不可避免地会出现以小减大的情形,如此"并减之势不得广通,故使赤黑相消夺之"①。固然对于历史上正负数的引入原因还有争议,但至少说明,正负数的引入有两个不同的背景:相反意义的量和不够减。

从实际工作的需要,如收支、盈亏等经济活动,产生了表示相反意义量的现实需要,因此,中国早期产生了所谓不同颜色的算筹、不同形状的算筹、文本上不同颜色的字(如赤字)等,但如果仅仅基于表示,这也许还算不上真正意义上的正负数。因为,就用颜色的差异进行表示呗,何必引出新的数呢。这也许正是西方迟至十六世纪才逐渐认同负数的原因。

数的扩充本质上是运算的扩充,只有产生了运算的必要性,才会从真正意义上产生新数。正如古代中国人利用了颜色对收与支、盈与亏进行区别,但还得进行收支、盈亏的合并计算等,这就已经产生了运算的必要性,当然,这样的运算还是具体化的,可以借助背景理解,而方程术中两行相减不可避免地会出现以小减大的情形,如此"并减之势不得广通,故使赤黑相消夺之",则完全基于抽象意义上需要引出少减多的情形,这可能是迫使中国古算完善正负数的概念和运算的内在动力。

当然,认识了正负数之后,可以更好地借助正负数表示具有相反意义的量,因而,出现了现今生活中温度的正负、海拔的正负甚至楼层的正负等案例。

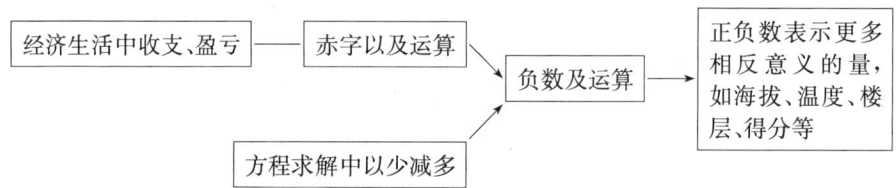

以上阐述说明,负数的本源应是多方面的,而不仅仅为了表示具有相反意义的量。当然,由于当下对于正负数较为广泛的运用,学生关于正负数的生活经验十分丰富(如收入与支出、赢与亏、天气预报中的气温、某个地区的海拔、高层建筑地上部分与地下部分楼层的表示等),而且这些经验都来自相反意义的量,这样的例子较为直观、形象、贴近学生认知基础,而对学生而言,以少减多并不那么现实,何况小学阶段对于负数的要求是:**在熟悉的生活情境中,了解负数的意义,会用负数表示日常生活中的一些量**。②因此,教学中还是应该从这些贴近学生的生活经验出发。

---

① 李继闵.《九章算术》导读与译注[M].西安:陕西科学技术出版社,1998:68.
② 教育部编制.义务教育数学课程标准(2011)[S].北京:北京师范大学出版社,2012:21.

二、温度计是正负数、数轴的好模型吗？

针对负数的引入，张奠宙指出：现在的教材大多用温度计刻度引入负数，乃是败笔[①]。张先生为什么这样说呢？

温度可以借正负数表示，但需要说明的是：温度，只是人为规定了一个零点和单位长度，然后据此进行刻画而已；温度，并不是可比的数量，2 度并不是 1 度的两倍；温度不好进行合并运算，不可加，2 度和 1 度相加没有任何意义。因此，这样的素材不是正负数的好模型。

事实上，数并不仅仅是表示、记号，更需要具有运算。数的扩张不仅是数集本身的扩张，更具有运算的扩张。上述温度这一度量，并不具有运算性质，因此不是引入新数的好的模型。

如果仅仅从数学结构角度，可以选择所谓的"不够减"作为新数引入；如果从生活角度，收支、方向、盈亏等倒也是正负数的较好模型，收支盈亏可以进行运算。当然，从教学的角度，初中阶段可以以这两者引入所谓的正负数，小学阶段可以仅仅从生活经验的角度引出相反意义的量和正负数，然后说明正负数的意义以及更多的应用，从而介绍所谓的温度表示，海拔表示等。

当然，由于小学阶段对于负数学习的要求较低，因此，直接从学生熟悉的气温引入正负数也未尝不可，但作为老师要清楚，负数不仅仅是表示，负数的引入同样基于运算的需要。

【思考与实验】

1. 小数认识中基本都选择物品的价格作为背景，说说这样做的好处。
2. 能够化为有限小数的分数，它们的分母有些什么共同的特点？
   提示：可以考察这些分母的质因数情况。
3. 借助竖式进行小数除法运算时，学生容易出现的错误有哪些？为了帮助学生学习，试结合具体题目的类型，说明有关小数除法的学习顺序及其道理。
4. 百分数，顾名思义，以百为分母的"分数"，当然是"分数"家族中一个特

[①] 张奠宙，路建英. 构建学生容易理解的数学教育形态——10 个案例[J]. 中学数学教学参考：下半月初中，2008(3)：1-3.

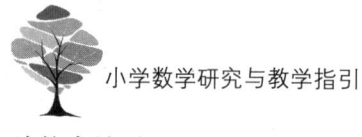

殊的成员了。

(1) 将25％,25.6％化成分数的形式,你能将任意一个百分数化成分数形式吗?

(2) 将25％,25.6％化成小数的形式,你能将任意一个百分数化成小数形式吗?

(3) 百分数,顾名思义,以百为分母的"分数",这个"分数"为什么要打引号?

(4) 1/4,25％,0.25,它们的值相同,也可以看成一个数的不同表示形式。但它们各有不同的使用习惯,你可不能说"一把尺子长为25％米"哟。试分别说说这三种数各自的使用习惯。

(5) 国外有研究者认为,学生对百分数有很好的生活经验,因此,开展了从百分数开始教学的成功实验。试举出学生生活中几个常见的可以反映百分数的视觉图形。

第4章 方程与函数

自然这一巨著是用数学符号写成的。

——［意大利］伽利略（Galileo Galilei，1564—1642）

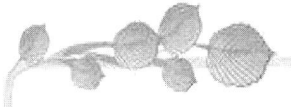

　　方程与函数是小学数学第二学段研究的一个重要内容。在学生学习了大量有关数的知识后，"方程与函数"悄然地把学生从常量数学的学习慢慢引向了变量数学学习，这也是今后深入学习的基础。本章将进一步认识字母表示数的意义，分析小学生学习这部分内容的认知障碍，探讨它的教学定位与学习要求，并通过具体的教学案例更好地认识和把握"方程与函数"。

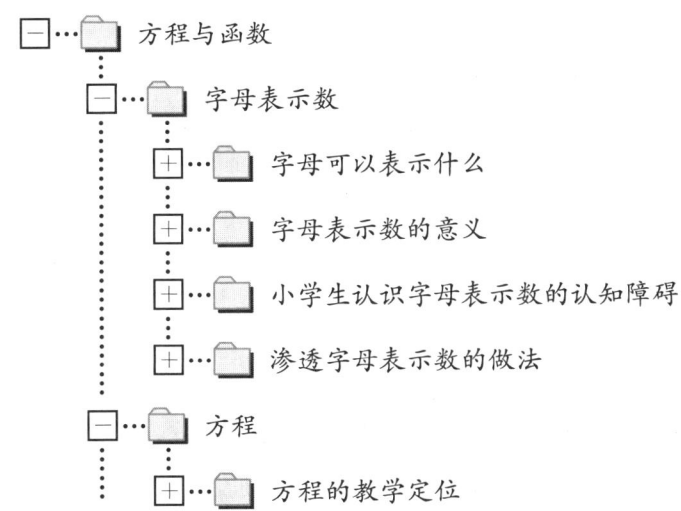

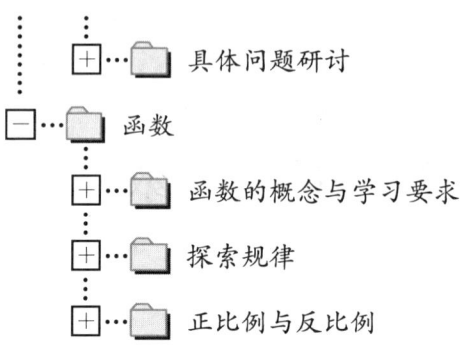

第一节 字母表示数

一、字母可以表示什么

现实生活中,字母作为人类创造的文字语言的基本元素,用途很多,如,可以用字母作为某品牌汽车的标志,这里的字母一定程度上只具有某种物品的含义或者只表示某种美感的图形而已;可以作为一些企业的标识,如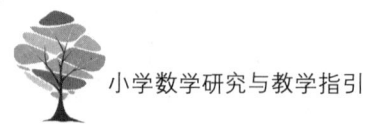已经成为麦当劳快餐店的专有标识了;在适当交代之后,还可以用字母简记具体的人和事,从而便于人们交流;当然,数学上,常用字母表示数、式等。不管表示什么,共同的目的是,便于交流。

那么,字母表示数,又有哪些情况呢?

数,可以是一个定数,也可算出这个定数的具体数值,但有的时候,是否算出这个定数的具体数值对结果不一定有本质的影响,而且写出具体的结果还比较繁杂,倒不如先用一个字母代替它,可能运算更为简捷。例如:

例 4.1 $(1+0.12+0.23)\times(0.12+0.23+0.34)-(1+0.12+0.23+0.34)\times(0.12+0.23)$

假设 $0.12+0.23=a$,$0.12+0.23+0.34=b$

原式 $=(1+a)b-(1+b)a=b+ab-a-ab=b-a=0.34$

说明:本题是小数的计算题,直接计算非常繁琐。采用整体思考,用一个字母代替了一个式子后,再计算时就变得非常简单、便捷了。

数,可以是一个定数,但现在不知道它到底是多少,先用一个什么东西代替一下,便于交流。这个替代物仅仅起着记号的作用,可以是某些几何图形,如△□▲◇☆○？等,也可以是字母。当然,总不能老是画图呀,还是字母来得便捷。方程中的字母就起着这样的作用。

数,可能本就是一个不定数(如变量),只能用一个东西代替一下,便于交流。当然,数学上一般选用字母。如,函数是两个变量甚至多个变量之间的关系,自然在其表达式中就有多个字母了。再如,一些运算规律(交换律、结合律)等,显然仅用具体的数无法表示一般规律,而选用字母作为替代则可以反映一般规律。

二、字母表示数的意义

从上面的分析,不难感受到字母表示数的好处:

1. 作为一个直观的记号,克服了难以指代的弊端,便于交流。
2. 借助字母,可以简便地表示某些规律。

你可能听说过下面的儿歌:

1 只青蛙 1 张嘴,2 只眼睛 4 条腿,"扑通"一声跳下水;

2 只青蛙 2 张嘴,4 只眼睛 8 条腿,"扑通"、"扑通"跳下水;

4 只青蛙 4 张嘴,8 只眼睛 16 条腿,"扑通"、"扑通"、"扑通"、"扑通"跳下水。

当然,这是为了帮助儿童练习说话而编造出来的。但从数学上来说,这首儿歌既啰嗦,又漏掉了 3 只青蛙、5 只青蛙等情况。如果用字母表示数,可以简单说成:"a 只青蛙 a 张嘴,$2a$ 只眼睛 $4a$ 条腿,a 声'扑通'跳下水。"你看,这不既简洁,又全面吗?

3. 字母可以参与运算,因而可以使运算更简便。

字母可以像数一样进行运算,这是代数思维的基本特征。借助字母进行运算,可以反映一般的规律,因而可以使得运算更为简便,如上面的例 4.1。

4. 借助字母,可以揭示一些规律。

例 4.2 三个连续的整数的和能被 3 整除吗?

解:设三个连续的整数分别为 $n, n+1, n+2$,因为 $n+n+1+n+2=3n+3=3(n+1)$,所以,三个连续的整数的和能被 3 整除。

说明:我们要想证明三个连续的整数的和能被 3 整除,若用举例子的方法,只取三个整数(如 1,2,3)验证显然不能让人信服;若把所有的数都验证那也是不可能的,而本题通过用字母表示数,就很好地说明了三个连续的整数的和能被 3 整除。

总之,用字母表示数,更具有一般性。字母可以表示任意一个数,这是代数的起始,也是代数巨大威力的原因所在。

三、小学生认识字母表示数的认知障碍

用字母作为某个数的记号,指代某个数,对学生而言,可能并没有多少障碍;用字母表示一些明显的规律,学生困难也不大,如上面的"青蛙儿歌",在教师引导下,感受到需要设法说明一般情况后,学生可能创造出很多表示,自然可以很顺利地引向字母表示。学生的困难主要在于字母与数字的运算。

例如,对于"$3n$ 和 4 相加等于多少",英国 CSMS(Concept in Secondary Mathematics and Science)研究小组的研究表明,英国 14 岁少年的正确率仅有 36%。[①]

这是上个世纪 70 年代英国的调查结果,现如今我国学生对这一问题的认知状况似应好于这一数据。但还是有不少小学生对此有困惑。为此,有了下面的访谈。

生:数和字母怎么好相加呢?

师:怎么就不好相加呢? 我们不是说过这个字母表示一个数吗,你把这里的 $3n$ 也看成一个数,不就变成了两个数的和嘛,干吗就不好相加呢?

生:就是好相加,你说结果又是多少?

师:$3n+4$。

生:$3n+4$,不等于没有做嘛! 还是一个加法算式,并不是一个最终的结果呀!

师:那你是说,$3n$ 和 4 不好加了?

生:如果你告诉我 n 是多少,我会做。

这说明,学生认同字母表示数,给出字母的数值,能说出运算结果。但是,学生对于运算结果中仍保留有运算符号感到十分的不安。对于上面的问题,部分学生不情愿地写下了 $7n,4n$ 等错误的答案。

为什么学生会对结果中保留运算符号感到不安呢?

---

① 张奠宙等. 小学数学研究[M]. 北京:高等教育出版社,2009:108.

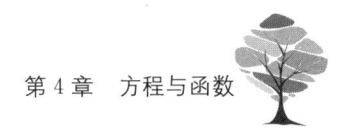

我们还是分析学生的认知经验。在先前的学习中,学生认识到的不定数,仅仅是单独一个字母(或者字母的倍数,如 7n),学生计算得到的结果总是一个确定的数值,从没有一个不定数值,更没有结果中保留了字母与数字的运算符。

如此说来,学生出现困难是正常的。

教学中,建议不要先单独出现这样的文字题,可以结合具体情境探究情境中的数字规律,学生在数字规律探究中,自然会得到类似 3n+4 这样的表示(如案例 4.1),并认识到具体数值随着 n 的确定而确定,随着 n 的变化而变化。

案例 4.1 火柴棒的个数

搭一个正方形需要 4 根火柴棒。

(1) 按图中方式,搭 2 个正方形需要_____根火柴棒,搭 3 个正方形需要_____根火柴棒。

(2) 搭 10 个这样的正方形需要多少根火柴棒?

(3) 搭 100 个这样的正方形需要多少根火柴棒?你是怎样得到的?

(4) 如果用 n 表示所搭正方形的个数,那么搭 n 个这样的正方形需要多少根火柴棒?与同伴进行交流。

在具有了较为丰富的表示经验之后,学生已经感受到结果中可以包含字母和数字的运算,再结合情境进一步认识数和字母也可以进行运算。

四、渗透字母表示数的做法

(一) 注意早期孕伏、逐步渗透

现行教材通常采用早期孕伏、逐步渗透的编排方式,一般分为三个阶段[①]:

孕伏阶段:在低年级结合数的运算等教学内容中编排了各种用符号表示数的算式,提早孕伏代数思想,让学生尽早感知。如从"10 以内数的认识和加

---

① 金成梁,刘久成.小学数学课程与教学论[M].南京:南京大学出版社,2013:272.

减法"开始,编排 8+( )=10,32÷□=8 之类的算式,让学生体会到:这些算式中的符号"( )""□",既可以表示填写数的空位,也可以用来表示数。

过渡阶段:在低年级孕伏的基础上,中年级结合图形面积计算,出现用字母表示数的计算公式,如长方形面积的计算公式($s=ab$),加法的结合律(($a+b$)$+c=a+$($b+c$))等,为正式学习字母表示数做好铺垫。

正式学习阶段:在上面的基础上,第二学段安排了字母表示数和简易方程的正式学习。

显然,教材这样的处理是恰当的。

为此,教学中,应创造机会设计用符号表示数的算式,提早孕伏代数思想,让学生尽早感知。这样的算式很多,数的运算学习的各个部分都可以设计类似的问题。

(二)引导学生充分感受字母表示数的优越性

在学生结合情境列了几个含有字母的式子,认识了字母可以表示数后,老师有了下面的环节,以体现字母表示数的好处[①]:

师:我们来一次小比赛,怎么样?

生:好!(情绪高涨)

师:(写出 $a×b=b×a$)同学们,看到这个式子,你想到什么?

生:乘法交换律!

师:那你们能写出两个用数字来表示这种关系的式子吗?

生:能!

师:给大家一分钟时间,看一看谁写得多!

(学生活动略)

师:那你们把这样的式子全部都写出来。

生:哇!老师写不完的!很多很多的(大部分学生都发出声来)。

师:那你会怎么办呀?

生:哦,用字母来表示!

师:那你选择自己喜欢的字母把乘法交换律表示出来。

师:同学们,以前学过的知识中,你能选一个可以用字母来表示的知识,并选自己喜欢的字母把它表示出来吗?

---

① 张翼文.小学数学典型教学内容的解读与实践[M].上海:上海教育出版社,2013:129.

(三) 让学生经历符号化的过程

字母表示数，本来就是一个抽象的符号化的过程；而符号运算，如果脱离了具体背景，则完全是抽象的形式推演，对于小学阶段学生自然是比较困难的。正因为如此，教学中，应注意引导学生经历"具体事物—学生个性化的符号表示—学会数学地表示"这一逐步符号化、形式化的过程①。在学生从具体事物到自己个性化的符号表示的过程中，充分调用了学生自身经验中的"符号世界"，以这样的经验为中介，充分调动了学生的主体经验，发挥了学生的主体作用，因而，也有助于学生对于符号化过程的理解水平，丰富学生经历符号化的活动经验。

第二节 方　程

一、方程的教学定位

(一) 方程的本质

何谓方程，我国古代《九章算术》（刘徽注）说："程，课程也。群物总杂，各列有数，总言其实，令每行为率。二物者再程，三物者三程，皆如物数程之，并列为行，故谓之方程。"

这段话大致意思是：程，是课程之"程"。多个"物"的数量被错杂地总和在一起，各列依次排出它们的件数，下方之数表示其总"实"，将每行作为一组比率（这样对比率的考核就称之为"程"）。问题涉及二"物"便要"程"两次；涉及三"物"也就要"程"三次；总之有几"物"便"程"几次。将各列之数并列成行（构成行列方阵），所以称之为"方程"。

实际上，我国古代的方程，更多的是提供了一种呈现方法，将有关信息排成行列方阵的形式（方程），进而通过加减相消等手段解决。也就是说，我国古代的方程实际上只是多元线性方程组，还不是一般意义上的方程。

现在教科书中谈及方程，多采用下列定义：含有未知数的等式。是的，方程是含有未知数的等式。但这只是方程的形式定义，而且这个定义有不足。西

---

① 刘兼，孙晓天. 全日制义务教育数学课程标准解读（实验稿）[M]. 北京：北京师范大学出版社，2002：130.

南大学陈重穆教授曾指出:"'含有未知数的等式叫方程'这样的定义要淡化,不要记,无须背,更不要考。关键是理解方程思想的本质,它的价值和意义。"①

为什么这样说？理由很多,他说:

◎ 函数也是含有未知数的等式,如 $s=vt, y=1/x$,容易和方程混淆。

◎ $a+b=b+a$,也是含有字母的等式,是不是方程？

◎ 我们并不是要研究一切含有未知数的等式,只研究那些有数学价值的方程,能够帮助我们寻求未知数的方程。例如,$0 \times x=0, x-x=0$,这样的等式,我们是不研究的,因为它们不能帮助我们寻求未知的信息。

◎ 方程的核心是要"求"未知数,在定义中没有体现。因此这一定义可有可无,没有人会因为没记住这个定义就不会解方程。

◎ 一个对象的定义,最好能够帮助人们进行理解。正如认识一个人,光靠一张照片是不够的,至少需要一份简历。好的定义相当于一份简历。

我国著名数学家关肇直先生说过:"在一些问题中,有些量是已知的,有些量是未知的,根据问题的内容,可以知道已知量与未知量之间的联系,从而可以由这个关系从已知量计算出未知量来。这就是解方程的问题"②。

为此,张奠宙先生给出了如下的方程定义:"方程是为了寻求未知数,在未知数与已知数之间建立起来的等式关系"③。也就是说,在一些问题中,我们可以借助已知的信息,通过方程将未知数和已知信息联系起来,从而解出这个未知数,这是方程的本质。史宁中认为,方程的本质是描述现实世界的等量关系④。两者实际上是一致的,未知数和已知信息正是借助等量关系联系起来的。

说明这些的意图是,作为教师要了解数学概念的实质,只有了解了概念的实质,才能进行有效的教学。教学中,应引导学生关注方程的意义:借助方程建立联系,求出未知量,而不要沉溺于形式,不要纠缠于"$x=2$""$x-x=5$"是不是方程的争议中。

(二) 方程教学的目标与发展策略

1. 方程教学的目标

面对一个具体实际问题,首先我们需要想到用方程,这就是所谓的方程意

---

① 陈重穆,宋乃庆.淡化形式,注重实质[J].数学教育学报,1993(4).
② 张孝达,陈宏伯,李琳.数学大师谈数学教育[M].杭州:浙江教育出版社,2007:87.
③ 张奠宙等.小学数学研究[M].北京:高等教育出版社,2009:110-111.
④ 史宁中.基本概念与运算法则[M].北京:高等教育出版社,2013:37.

识;接着,要能根据情境问题列出方程,这实际上相当于所谓的建模能力;当然,最终还得能解出方程,具有解方程的技能,同时在解方程过程中感受蕴含其中的思想——化归(转化归结)思想。

综上,方程教学的目标包括:

◎广泛的方程意识(方程观)
◎一定的建模能力
◎一定的求解技能
◎内蕴其中的化归思想

当然,小学阶段要求稍低,《课程标准(2011版)》规定:在第二学段"能用方程表示简单情境中的等量关系(如$3x+2=5, 2x-x=3$),了解方程的作用""了解等式的性质,能用等式的性质解简单的方程"。《课程标准(2011版)》对方程的复杂程度作了明确的规定(简单的,形如$3x+2=5, 2x-x=3$的),对解方程的技能也提出了明确的要求,能用等式的性质解简单的方程。

对于列方程,后面问题解决部分会较深入地展开,这里不再赘述。为此,下文仅仅讨论方程观、求解技能与化归思想。

2. 方程观及其发展策略

(1) 何为方程观

所谓方程观就是在一些看似与方程无关的问题中,主动地应用方程去解决问题的一种行为主动性,实际上它是一种数学的应用意识。

这方面,陈振宣先生提供了一个很好的范例①:

上海某饭店各房间的室内温度是由控制室统一调整控制的。一位施工的师傅发现控制室内仪表显示的温度与各房间的实际温度有差异,几经调整没有效果,后来终于查出了原因,是因为从高层房间到控制室的距离很长,三相电的三根电线因转弯处折转不同,有长有短,造成三根电线的电阻不同,使得仪表上出现了偏差。那么如何测量这三根电线的电阻呢?任何万用表都不能把一头放在十几层楼房间的a'处,另一头放在底楼控制室的a处,这该怎么办呢?

一位学过代数的青年师傅想出了这样一个办法:

---

① 张奠宙等. 数学方法论稿[M]. 上海:上海教育出版社,2012:24.

如图,设三根电线 aa'、bb'、cc' 的电阻分别为 x、y、z,这是三个未知量,电表不能直接测量出这三个数。然而,可以把 a' 和 b' 连接起来,在 a、b 处测量得电阻 $x+y=l$;然后将 b' 和 c' 连接起来,在 b、c 处测量得 $y+z=m$;同理可测得 $z+x=n$。这样得到三个未知量的联立方程组:

$$\begin{cases} x+y=l \\ y+z=m \\ z+x=n \end{cases}$$

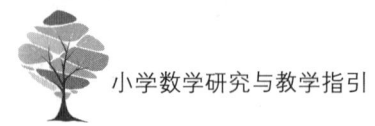

解得:$x=\dfrac{l+n-m}{2}$,$y=\dfrac{m+l-n}{2}$,$z=\dfrac{m+n-l}{2}$。

这位青年师傅的可贵之处在于,他主动地创造性地构作了一个操作方法,从而将实际问题化归为方程组问题。在这样一个看似与数学没有什么关系、与方程没有什么关系的情境中,这位师傅想到了运用方程解决问题,说明他具有比较好的方程观念。实际上,学生将来在具体工作中遇到的各种问题正如这样,并没有人告诉他们运用什么数学知识解决,而这时他们能想到运用有关数学知识解决,这才说明他们具有较好的数学应用意识。

当然,方程观念并不仅仅表现在现实问题的解决中,许多数学问题的解决也有赖于方程的应用。如一个数学对象往往有几个基本要素(基本量),这几个基本量确定后相应的数学对象就确定了,如一次函数有两个基本量 k、b,二次函数的基本量是三个系数,等差数列有两个基本量 a_1、d,等比数列有两个基本量 a_1、q。因而有关数学对象的确定问题就转化为相应基本量的确定问题,它们基本都可以通过方程(组)获得解决。实际上,这也是方程观念的一种表现。

我们看个几何的例子。

三角形中,三边、两边及其夹角、两角及其夹边都可以确定一个三角形,不管用哪种方式,都是需要三个条件,而且有了这三个条件,其他的角或边都可以随之确定。这样,只要给出三个条件,我们都可以将这些条件转化为三边(或两边及其夹角、两角及其夹边)的三个方程,由这些方程解出这三个要素,确定这个三角形。

(2)如何发展方程观

从上面关于方程观的分析可以发现,方程观的培养是一个漫长的过程,并不仅仅是方程有关章节的教学目标,而是内蕴在整个数学学习中。在整个数学学习中,应借助各种机会揭示方程思想和运用。广义地说,中学阶段确定性

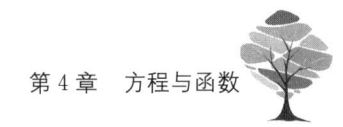

的求解问题,基本都可以用方程解决。小学阶段,在方程有关章节中,也应注意结合情境感受这些量之间的依存关系,正由于相互之间的依存关系,通过其中的某些量可以确定其他的量。

案例 4.2 鸡兔同笼

我们还是以古典名题"鸡兔同笼"为例:

"今有雉兔同笼,上有三十五头,下有九十四足,问雉兔各几何?"

为了凸显方程观念可作如下改造:

今有鸡兔同笼,上有三十五头。

(1) 鸡与兔的个数确定吗?

(2) 当鸡的个数确定时,兔的个数确定吗?设鸡的只数为 x,能用 x 的式子表示兔的只数吗?

(3) 当鸡的个数 x 确定时,鸡和兔的脚的总数确定吗?你能用 x 的式子表示吗?

(4) 增加条件"下有九十四足",你能确定鸡的个数吗?

(5) 如果增加条件"下有九十六足"呢?

案例中,在条件"上有三十五头"下,鸡、兔的只数、脚数、鸡兔的脚数和都是未知量,当一个量(如鸡数)确定时,其他量都可以相应确定。实际上这不就是函数关系吗!如脚数和可用鸡数 x 表示,当鸡数(x 值)确定(函数值确定)时,脚数和自然随之确定,也就是说,脚数和与鸡数有依存关系(函数关系);反之亦然,脚数和确定后就可以确定鸡数,脚数和这一已知量和鸡数这一未知量建立了实质性的联系,因此可借助方程求解。

3. 求解技能与数学思想

(1) 解方程的方法

一般地,解方程的方法有:

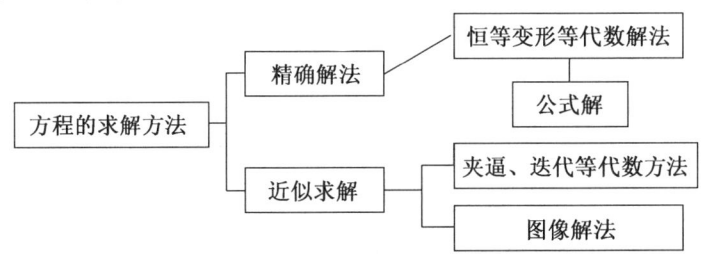

我们当然希望能根据恒等变形得到方程的精确解,但数学上业已证明,五次以上的整式方程没有公式解,也就是说,数学家能够解决的方程仅占方程大家族中很小的一部分。面对数学家都不会求解的方程,我们怎么办?以"数学家都不会求解"为理由推脱责任,显然是不行的。另外,一些方程虽然具有公式解(如方程的解是无理数),但现实生活中没有必要也不可能得出精确解,只要得到一个符合现实需要的近似结果就可以了。为此,学生需要学习近似求解的方法,初高中教材中将介绍夹逼、迭代、图像等求解方法,这样做,具有下列好处:

① 丰富学生借助尝试猜测解决问题的活动经验,发展学生的估算意识和能力。以后遇到问题,敢于大胆尝试猜测,不成再逐步调整。

② 可以促进学生对方程解的理解,另一方面又为方程精确解的研究作了铺垫,激发学生探求精确解的欲望,从而可以在此基础上自然地引入以后求精确解的内容。

③ 图像求解方法有助于理解方程、不等式与函数之间的关系。如,一元二次方程 $f(x)=2$ 相当于二次函数值取 2,其解相当于此时相应的 x 值,对应到图形上,方程相当于函数图像上一个定点,不等式相当于图像上符合某些范围要求的部分。

④ 图像求解方法可以发展学生数形结合的意识。

当然,小学阶段的方程比较简单(是一元一次方程),通过学习,学生应能通过恒等变形得到精确解;但教学中也应允许(甚至在精确求解前鼓励)学生通过尝试猜测逐步逼近的方法获得精确解,正如前面所说,这样的学生,将来遇到问题,敢于大胆尝试,这可是一个十分重要的思维品质。

案例 4.3 $3x+2=x+5$

两边都含有 x,这是一个新的问题。当然,可以左右两边同时减去 x,从而消去右边的未知数 x,转化为先前学习过的方程解法。但在这一方法之前,笔者建议不妨让学生先猜一猜,在多次猜想和调整的基础上,学生群体会得到精确解。如不妨可设 $x=2$,左边 $=8$,右边 $=7$,左边大于右边;猜 $x=3$,左边 $=11$,右边 $=8$,左边比右边大得多,估计结果可能偏大了,猜 $x=1$,左边 $=5$,右边 $=6$,因此,可以猜测 x 在 1 和 2 之间。再次猜测,班级学生群体总能得出结果 $x=1.5$。在猜测的基础上再分析能否有好的办法直接求出精确解,能否将右边的 x 消去转化为以前学过的方程的形式。

在这样的过程中,学生进行了大胆的尝试、猜测,这样的经历有助于未来面对新的问题情境,同时也让学生很好地感受到数学恒等变形学习的必要性。

(2) 解方程中内蕴的思想

纵观中小学方程的求解,其中内蕴的化归思想十分突出。超越方程转化为代数方程;代数的根式方程通过乘方等手段去除根号转化为有理方程;含有分母的有理方程(分式方程)通过通分转化为整式方程;多元方程组通过消元转化为一元方程;高次的整式方程通过因式分解或者配方降低次数,转化为低次的整式方程。在整个解方程的过程中,总是不断将问题转化归结为已经学习过的、熟悉的方程(组)。

当然,小学的方程比较简单,但其求解过程中也应注意渗透这样的思想。

案例 4.4　　$5(x-1)+6=21$

条件状态是 $5(x-1)+6=21$,目标状态是 $x=?$,所谓解方程就是通过恒等变形将条件状态逐步转化为目标状态。

本方程只有一处 x,条件状态是 x 经过若干步运算后的结果,好像 x 披上了层层外衣,而目标状态是 $x=?$,需要倒过来,将层层外衣剥去,露出 x 的真面目,因此,就有下图:

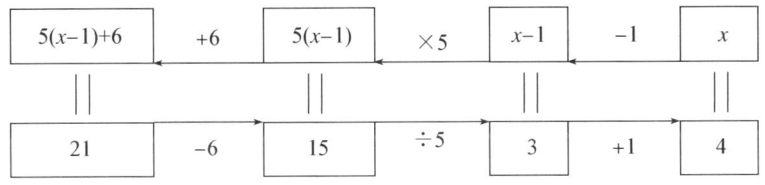

当然,如果方程中的未知数不止一处,则要通过恒等变形将 x 归聚到一处。

(3) 解方程中算术思维与代数思维

关于方程变形的依据,过去的教学中多依据四则运算各部分之间的关系,实际上,这是用算术的思路求未知数。这样的教学利用了学生已有的知识,易于理解,但不易与中学的教学衔接。因此,《课程标准(2011 版)》要求从小学起就引入等式的基本性质,并以此为基础解方程。这样做,有利于中小学数学教学的衔接。

两者的形式一致,例如上图中,不管用哪种方式,从 "$5(x-1)+6=21$" 到

"$5(x-1)=15$",变形的形式是一致的,只是说理方式不一样。但说理方式不一样,反映着内在思维习惯的差异。运用逆运算理解,本质上是一种算术的思维;而利用等式性质对等式两边进行变形,对代数式进行运算,这是一种代数思维。

从认知基础看,学生习惯于运用先前的经验,因而习惯于算术思维,从逆运算的角度理解;但为了与中学学习对接,为了发展学生的代数思维,课程标准又提倡后者。因此,教学中首先应顺应学生的认知基础,从逆运算的角度进行解释;但不能满足于逆运算的解释,要设法从代数的角度给以解释,从而外显代数思维,强化代数思维。

为了强化代数思维,建议呈现一些运用逆运算较难解释的方程,让学生感受到恒等变形的好处。如$7-x=3+3x$,这个问题一般需要去掉左边的"$-x$",因此一般需要两边加上x,这时,用逆运算解释就不那么自然了。

但也应该认识到,简单的一元一次方程比较简单,很多问题从逆运算的角度解释还比较容易,甚至个别的方程用等式性质解还显得麻烦,如"$5-x=2$",硬要学生全部用等式性质解释,学生反而感觉别扭。

总之,要从算术思维上升为代数思维,强化代数思维;但也应顺应学生的认知状况,不要强求学生,不管学生从哪个角度解释,只要学生能求出未知数的值,都是允许的。

二、具体问题研讨

(一) 方程解法和算术解法的联系与差别

小学的应用问题,利用方程方法和算术方法都可以求解,只是思维形式有差异。

列算式解题时,未知数始终作为一个目标,将这个目标看成已知数一系列运算后的结果,而题目中已知数和未知数的关系并不是如运算结果那样表述的,因此,往往需要逆向思考,在脑子中进行算式的转换,这造成了列式的困难。这也是一些列算式解应用题较难的原因,甚至成为一部分人认为算术方法更利于考查学生思维能力的原因。

而列方程时,已知数和未知数处于同等的地位参与列式,并且题目是怎么叙述的就怎么列式,不需要逆向思考,一般而言,更为自然。

例4.3 小明的爸爸比小明大30岁,5年后小明爸爸的年龄是小明的3倍,小明今年几岁了?

算术思维:用30、5、3的式子算出小明的年龄。怎么办？先得理解题意，可以画个图帮助思考。由于现在和5年后相比，小明和爸爸的年龄差始终是30岁，因此两人现在以及5年后的年龄情况，可以分别用图1、图2表示：

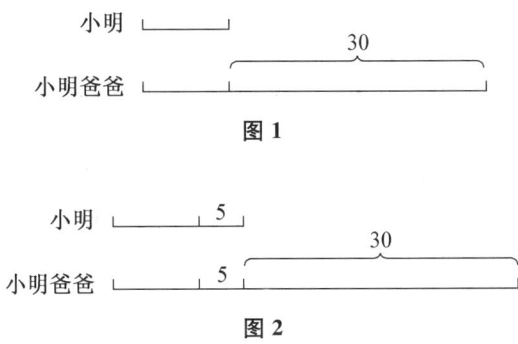

在图2中，由于5年后爸爸的年龄是小明年龄的3倍，去掉公共的部分，说明30是上面(小明年龄)的(3－1)倍，因此30÷(3－1)，即表示5年后小明的年龄，因此，小明的现在的年龄是30÷(3－1)－5=10。

而方程方法如下：

设小明今年x岁。

小明爸爸比小明大30岁→小明爸爸今年$(x+30)$岁；五年后，小明爸爸的年龄$(x+30+5)$是小明年龄$(x+5)$的3倍→$(x+30+5)=3(x+5)$。

化简得：$x+30+5=3x+3\times5$
$(3-1)x=30-(3-1)\times5$
$x=30/(3-1)-5$

两者结果一致。算术方法只是按序求出方程方法中最后一个式子的值而已。

列方程完全是正向思维，更多的时候仅仅是翻译而已，而且在更复杂的情境中，方程方法的作用更为明显，在未来的学习中更具一般性，因此，将列方程纳为小学数学学习内容，已成共识。

可是，"用方程解决实际问题，是五年级的教学内容，但往往比较简单，孩子根本体会不到用方程的好处，从而排斥方程，而真正用方程来解决稍复杂的问题时，学生脑子里先想到的还是算术法"。这个小学老师的困惑，具有普遍性。那么，为什么学生不愿意用方程方法解实际应用题呢？

我想,这有两个方面的原因:

一是,先入为主。学生在小学前面几年的学习中,都是这样通过算术方法解应用题的,已经习惯了这样的思维方式,现在要求学生换一种思维方式,难度是可想而知的。

二是,学生没有感受到什么好处。如果能够感受到方程方法的优点,谁会那么固执,坚持原来的做法?可是,小学阶段的方程实在简单,何况有的教材将简易方程分成两个阶段,第一个阶段仅仅解决形如"$ax+b=c$"的方程,确实难能体现出方程的优越性。

怎么办?

尽可能揭示两种方法之间的关系和方程方法的好处,为此可以选择某个较复杂的问题让学生感受方程方法的好处。如可以选择著名的"丢番图的墓志铭"的故事,让学生感受列方程的方便:

案例 4.5　丢番图的墓志铭

被誉为"代数学之父"的丢番图,他的墓志铭与众不同:

这里是一座石碑,里面安葬着丢番图。他的寿命有多长,下面这些文字可以告诉你。他的童年占一生的 1/6,接着 1/12 是少年时期,又过了 1/7 的时光,他找到了终身伴侣。5 年之后,婚姻之神赐给他一个儿子,可是儿子命运不济,只活到父亲寿数的一半,就匆匆离去。这对他是一个沉重的打击,后来 4 年,丢番图因为失去爱子而伤悲,终于告别科学,离开了人世。请你算一算,丢番图到底活到多少岁?

案例 2.6 也可以给我们一些启发。

(二) 方程的解是数,还是式子?

对于方程 $2x+4=10$ 的解,有的老师认为是 3,有的认为是 $x=3$。那么到底哪个正确呢?

我们不妨考察一下解的概念:使方程左右两边相等的未知数的值称为方程的解。从这个意义上看,解是一个数值。因此,准确的说法是"3 是方程的解"。

当然,教科书上解方程是从形式的方程(式子)开始恒等变形的,因此最终得到的式子是"$x=3$"。严格地说,这时应作答:3 是方程的解。但一些老师认为这一步过于形式了,教材也将"答"删减了,直接保留形式的式子"$x=3$",这

也未尝不可。但有老师最终作答为"$x=3$ 是方程的解",就难免引起争议了:到底"数值是解"还是"式子是解"。

"这没有什么争议的,数值是解,定义明摆着嘛!"

你别说,一元方程没有多少争议,数是解,而且也很好表达。可二元方程就不太好写了。

如上述的方程:$\begin{cases} x+y=35 \\ 2x+4y=94 \end{cases}$

不难解得:$\begin{cases} x=23 \\ y=12 \end{cases}$

此时,不作答倒可以逃避争议;但假若作答,还真不太好写。严格意义上说,数组$(23,12)$是方程的一组解,但学生容易混淆,不知到底哪个是x,哪个是y。因此,较为清楚的写法是:方程组的解是"$x=23,y=12$"。但转念一想,这一说法和方程的解是"$x=3$"不是如出一辙吗?

"看来,有些事情既要说明白,又要不引起争议,还真得费一些功夫。"

"我们也不要钻牛角尖了,大家心知肚明不就成了,何必在这些小问题上如此费周折呢!"

第三节 函 数

一、函数的概念与学习要求

(一) 函数的有关概念

1. 函数的定义

初中阶段,函数的概念一般如下:在某个变化过程中,有两个变量,其中一个变量y随着另一个变量x的变化而变化,确定而确定,我们称y是x的函数。

但是,初中的定义有一定的局限性:如,两个变量t、s之间的关系如下图所示,可当变量t在范围$[10,20]$和$[25,35]$内变化时,变量y并没有变化呀,这两个变量之间还成函数关系吗? 学生难免有这样的想法。

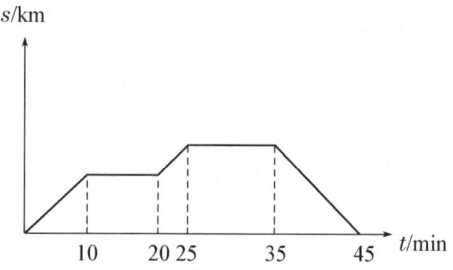

也就是说,初中借助运动变化给出的函数概念不够严谨,容易引起歧义;另外,"变量说"也容易局限函数的研究范围。因此,为了更为一般地研究函数,给予函数更为宽广的外延,高中阶段引出了所谓的"对应说":A、B是两个数集,对于数集A中的任意一个元素a,在数集B中都有唯一的元素b和它对应,我们称这样的对应关系为函数。

显然,"对应说"脱离了具体背景,相对比较抽象,而"变量说"基于具体的背景,极为形象,既易为学生所接受,又较好地反映了数学与现实之间的关系,反映了函数概念的本源和应用,凸显了函数学习的必要性,可以激发学生学习的积极性。正是基于这样的考虑,初中阶段从变化的角度给出函数的定义。

2. 函数的表示方法

为了反映函数关系,常用的表示方式有:

(1) 关系式法:也就是说,写出这两个变量之间的具体对应关系。

例如,$y = x^2 - 3x - 4$,$y = \begin{cases} -x, & x \leqslant 1 \\ x, & 1 < x \leqslant 2 \\ x^2, & x > 2 \end{cases}$

(2) 图像法:在直角坐标系上,标注出两个变量 x, y 对应的点 (x, y)。

(3) 表格法:在表格内将两个变量对应地罗列出来。例如:

x	1	2	3	4	5	6	7	8	9	10	…
y	4	7	10	13	16	19	22	25	28	31	…

这些表示方法各有其特点和适用范围。

关系式法,清楚地反映出两者之间的对应关系,因而可以直接由其中一个量解出另一个量。如某个一次函数的表达式为 $y = 3x - 2$,代入任意的 x 值就得到相应的 y 值;已知一个 y 值,也可以解出相应的 x 值。但生活中并不是所有函数关系都能写出所谓的表达式;就是可以写出,有些表达式十分复杂,可能超出我们的能力要求。此时,可以通过列表或者图像让人们更为直观地感受到两者之间的变化关系。下面的曲线反映着某天南京市的气温与时间之间的关系,对于这样一个关系,很难有一个函数关系式较为准确地描述它(实际生活中也不需要精确地描述它),因此,一般只要将时间与温度对应的点描出来,画出相应的图像就可以了。而且图像更为直观,人们从图像上很容易看出整天温度的变化趋势等,留下更为深刻的印象。

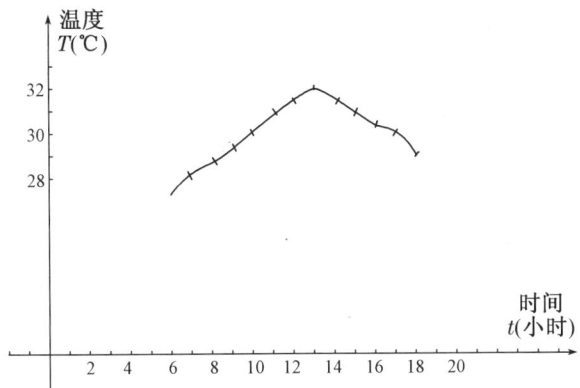

当然,图像法具有直观形象的优点,能够直观地反映变量的变化趋势(如增减性、对称性、周期性、有界性等),但由于绘图精度和个体视力的限制,图像只能近似地反映函数关系。

表格法,可以一目了然地看出各个对应值,直接读取相应的数据。

时间	6	7	8	9	10	11	12	13	14	15	16	17	18
温度	27.3	28	28.5	29.3	30.5	31	31.4	32	31.4	30.9	30.3	30	28.9

但也要注意,面对表格中一个个具体的纷繁复杂的数据,有人不知所措。对数据发展趋势的感觉,表格不如图像来得直观,而且它呈现的是一个个离散的点,忽略了中间点温度的刻画,一定程度上,它是一种粗略的方法。此外,表格法只能罗列有限种情况,因此,只能描述自变量是离散且有限的情况。

当然,一些资料中也用表格反映自变量无限的情况。如,用下表表示一次函数 $y=2x-1$。

x	⋯	−3	−2	−1	0	1	2	3	4	⋯
y	⋯	−7	−5	−3	−1	1	3	5	7	⋯

实际上,这一做法并不严格。因为,有限的对应值并不能唯一地确定其函数关系。事实上,有著名的插值公式:

$$f(x) = \sum_{i=1}^{n}\left[\prod_{j\neq i}\frac{(x-x_j)}{(x_i-x_j)}f(x_i)\right]$$

即在这 8 个值确定的情况下增补不同的第 9 个值就可能得到不同的函数表达式,因此,上表中最好能配以适当的说明,如在表中 y 一栏中标明 $y = 2x - 1$。

总之,各种表示方式,各有特点。实际工作中,应根据具体问题的要求,选择使用恰当的方法。

(二) 小学阶段函数认识的相关知识与要求

小学阶段,不要求学生学习函数,但并不排除,在小学阶段渗透函数的思想。实际上,我们可以创设机会让学生在具体的学习活动中形成对函数关系的初步感受。下面是几个很好的例子。

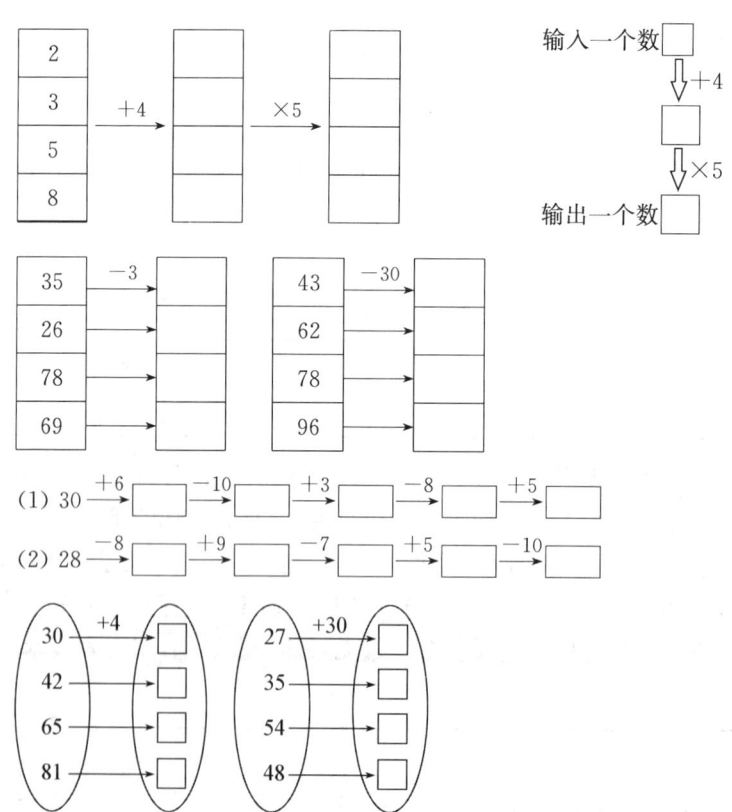

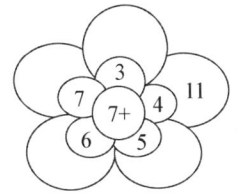 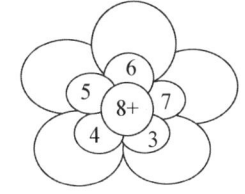

这里虽然没有函数的概念出现,但已经清楚地表明:最前面的数字发生变化,后面的结果也随之发生变化。运算的每一个阶段都可以设计类似的问题。在课堂教学中,还可以利用移动的卡片或综合多媒体技术,让式子中前面的数字"动"起来,帮助学生更好地感受运算结果随着数字的变化而变化。

例 4.4 在下面的图中,描出两个数相加后等于 10 的格子。

+	1	2	3	4	5	6	7	8	9
1									
2									
3									
4									
5									
6									
7									
8									
9									

本例不仅能帮助学生熟练地进行 20 以内的加法,并且数值与图形结合,有利于学生以后学习坐标系、图像等。实际上,如果将纵横轴上的两个数看成变量 x,y,则这里描出的"线"就是:$x+y=10$ 或者说 $y=10-x$。正比例、反比例关系阶段都可以做类似的工作,让学生借助图形更为直观地认识正比例、反比例关系。

案例 4.6 统计图

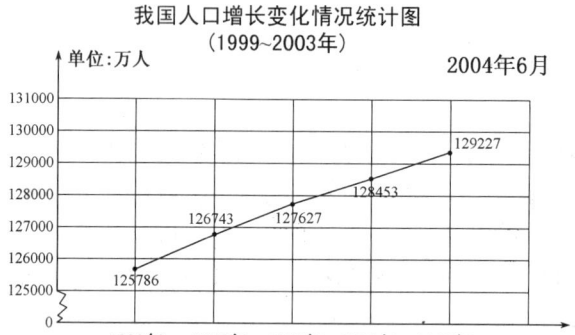

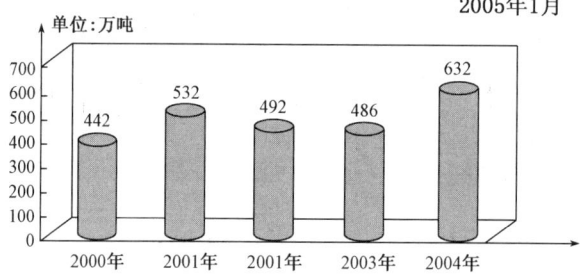

我国体育代表团在第 24—28 届国际奥林匹克运动会上获得的金牌数如下表：

届　　数	24	25	26	27	28
金牌数（枚）	5	16	16	28	32

上面使用不同的图表表示了数据信息，其中不同时间对应了唯一的数据信息，不也是函数关系的体现吗？

除了在各个学习阶段渗透函数的观点外，《课程标准（2011 版）》也列出了部分与函数认识直接相关的学习内容。为了让大家更客观地认识，将有关要求和案例抄录如下：

第一学段：
探索简单情境中的变化规律（参见下面的例 9、例 10）。
第二学段：

在具体情境中能用字母表示数。

通过具体情境,认识成正比例的量和成反比例的量。

会根据给出的正比例关系的数据在方格纸上画图,并会根据其中一个量的值估计另一个量的值(参见案例29)。

能找出生活中成正比例和成反比例关系量的实例,并继续交流。

探索给定情境中隐含的规律或变化趋势(参见例30、例31)。

附例:

例9 在下列横线上填上合适的数字、字母或图形,并说明理由。

1,1,2;1,1,2;_____,_____,_____;

A,A,B;A,A,B;_____,_____,_____;

□,□,▯;□,▯;_____,_____,_____;

[说明] 启发学生探索规律。希望学生感悟:对于有规律性的事物,无论是用数字还是字母或图形都可以反映相同的规律,只是表达形式不同。

例10 见前页例4.4,略。

例29 彩带每米售价3.2元,购买2米,3米,…,10米彩带分别需要多少元?在方格纸上把与数对(长度,价钱)的对应点描出,并且回答下列问题:

(1) 所描的点是否在一条直线上?

(2) 估计一下,买1.5米的彩带大约要花多少元?

(3) 小刚买的彩带长度是小红的3倍,他所花的钱是小红的几倍?

[说明] 希望学生感受成正比例关系的一组数对所对应的点在一条直线上,并且能够借助图形进行数据的估计。

教学中引导学生在描点之前,先建立下面的表格,有利于直观地理解正比例关系,并为描点作准备。

长度/米	0	1	2	3	4	5	6	7	…
价钱/元	0	3.2	6.4	9.6	12.8	16	19.2	22.4	…

例30 联欢会上,小明按照3个红气球、2个黄气球、1个绿气球的顺序把气球串起来装饰教室。你知道第16个气球是什么颜色吗?

[说明] 希望学生能够通过所给条件,发现规律,进一步了解规律可以借助各种符号表示(参见例9)。

在解决这个问题时,学生可以有多种方法。例如,用A表示红气球,B表

示黄气球,C 表示绿气球,则按照题意可以写成

AAABBCAAABBC……

从中找出第 16 个字母,并推出第 16 个气球的颜色。

例 31 在一个房间里有 4 条腿的椅子和 3 条腿的凳子共 16 个,如果椅子腿和凳子腿数加起来共有 60 个,那么有几个椅子和几个凳子?

[说明] 可以引导学生运用尝试的办法探索规律,得出结果,使学生感受这是数学探索的一种有效途径。比如,可以有规律地给出下面的计算:

椅子数/个	凳子数/个	腿的总数/条
16	0	4×16=64
15	1	4×15+3×1=63
14	2	4×14+3×2=62

继续计算下去,可以得到椅子数 12、凳子数 4 时,腿数恰好为 60。通过上表可以启发学生思考:每减少一个椅子就要增加一个凳子,腿的总数就要减少 4-3=1。腿的总数为 60 时,需要减少的椅子数是 64-60=4,于是椅子数是 16-4=12,凳子数是 0+4=4。最后验证一下:12×4+3×4=60,是正确的。当然,也可以从凳子数的变化思考:每减少一个凳子就要增加一个椅子,腿的总数就要增加 4-3=1。

对于学有余力的学生,教师可以鼓励他们讨论"鸡兔同笼"问题,还可以进一步用字母代替椅子数与凳子数,得到计算腿的总数的模型。

可见,《课程标准(2011 版)》主要通过下面两个具体的内容渗透函数观点:探索规律、正比例与反比例关系。为此,下面分别以这两个内容为载体解析函数思想的教学。

二、探索规律

(一)探索规律怎么属于函数的学习内容

函数,表示的是两个变量之间的关系,其代数表达式形如 $y=f(x)$,可是探索规律中,最终的结果形如 $f(x)$,形式上没有等号,因此,有人难免发出"探索规律怎么属于函数的学习内容"的疑问。

我们不妨还是分析一下案例 4.1。

在案例 4.1 中,学生最终列出的是代数式 $3n+1$,或者说,得到了规律:搭 n 个正方形需要 $3n+1$ 根火柴棒。看起来,学生获得的仅仅是一个代数式,并

不是函数。实际上,这仅仅看到了表象。任何时候,式子都反映着一定的关系,既然反映一定的关系,至少有两个量,否则何谈关系! 在这个问题中,学生列出的关系是:火柴棒的个数$=3n+1$,如果火柴棒个数也用一个字母(如 y)表示,则学生列出的是:$y=3n+1$,本质上是两个变量之间的关系,是函数。实际上,在这个案例中,学生也已经感受到正方形的个数 n 与火柴棒的个数 y 之间的依赖关系了,从 1 个正方形、2 个正方形、3 个正方形、10 个正方形、100 个正方形到 n 个正方形,在这样的过程中,学生感受到火柴棒的个数随着正方形个数的确定而确定,变化而变化,并最终找出了它们之间的依赖关系:$y=3n+1$。

因此,现实背景中没有单独的代数式,有的是量与量之间的关系。**所谓的探索规律,本质上就是寻求两个变量之间的函数关系。**

(二)探索规律的学习要求与意义

为什么《课程标准(2011 版)》在数与代数中单独列出了探索规律的学习内容和要求呢? 还得分析课程标准的目标追求和探索规律过程中学生的能力养成。

课程标准十分重视学生推理能力的发展,特别是合情推理能力的发展。《课程标准(2011 版)》在课程目标中明确提出:

第一学段:在观察、操作等活动中,能提出一些简单的猜想。

第二学段:在观察、实验、猜想、验证等活动中,发展合情推理能力,能进行有条理的思考,能比较清楚地表达自己的思考过程与结果。

第三学段:体会通过合情推理探索数学结论,运用演绎推理加以证明的过程,在多种形式的数学活动中,发展合情推理与演绎推理的能力。

实际上,过去的教学大纲中较多提及逻辑推理能力,而《课程标准(实验稿)》就明确提出了合情推理能力的发展目标。显然,这样的目标确定是符合学科发展和社会需要的。

合情推理能力是推理能力的重要组成部分,在科学研究和现实生活中,发挥着极为重要的作用。合情推理,从特殊推向一般,结果可能并不一定正确,演绎推理,从一般推演到特殊,其结果是确定的;但重大的科学发现、发明创造,并不完全是演绎的结果,常常是长期苦思冥想后的灵光一闪,而这样的灵光一闪中有很多合情推理的成分。例如,鲁班因为无意中被锯齿形的棘草划破了手指,类比联想发明了锯子,其中的类比就是合情推理的一种形态;再如,著名的哥德巴赫猜想,也是哥德巴赫通过一些较小的具体数据的观察,进而归纳出的一个猜想,数学上这样归纳得到的定理不胜枚举。

数学学习过程中,合情推理与逻辑推理往往协同作用。而小学阶段,由于学生认知能力的原因,课程标准将推理能力发展的重点确定为:通过观察、实验、猜想等数学活动培养学生的合情推理能力,同时通过结论的验证与应用为演绎推理能力的形成奠定必要的基础。

探索规律,正是发展学生合情推理能力的很好的载体。探索规律的过程中,学生势必通过对一个个具体数据(或现象)的观察,归纳出一个一般的猜想,当然,还会进一步通过更多的数据(或现象)验证(或修正)自己的猜想,这样的过程中,时时都在进行着合情推理。

因此,课程标准对探索规律提出了下面的具体要求:

第一学段:探索简单情境下的变化规律。
第二学段:探索给定情境中隐含的规律或变化趋势。

(三)探索规律的教学思考

多数教材设计了单独的单元进行探索规律的学习。实际上,"小学数学学习的整个过程中,探索规律无处不在"①。因此,教学中要创造机会让学生从事探索规律的学习活动。具体地,可以从下面两个方面着手:

1. 结合学习内容设计探索规律的学习内容

正如王永老师所说,小学数学学习中充满着规律,在小学数学学习的整个过程中,都可以引领学生探究规律。例如,小学运算学习中,运算的依据就是各种运算规律(如加法的和不变规律、单调性规律、加法交换律、结合律等)。因此,在教学中,可以引导学生自主探究这样的运算规律,形成有关猜想,进而验证猜想确认规律,并在运用中强化规律。

案例 4.7 加法交换律

南京市北京东路小学 张齐华

师:给大家讲一个"朝三暮四"的故事吧。(故事略)听完故事,想说些什么吗?

---

① 王永.数学化的视界——小学"数与代数"的教与学[M].北京:北京师范大学出版社,2013:225.

第4章 方程与函数

结合学生发言,教师板书:3+4=4+3

师:观察这一等式,你有什么发现?

生1:我发现,交换两个加数的位置和不变。

(教师板书这句话)

师:其他同学呢?(见没有补充)老师的发现和他很相似,但略有不同。(教师随即出示:交换3和4的位置和不变)比较我们俩给出的结论,你想说些什么?

生2:我觉得您(老师)给出的结论只代表了一个特例,但他(生1)给出的结论能代表许多情况。

生3:我也同意他(生2)的观点,但我觉得单就黑板上的这一个式子,就得出"交换两个加数的位置和不变"好像不太好。万一其他两个数相加的时候,交换它们的位置和不等呢?我还是觉得您的观点更准确、更科学一些。

师:的确,仅凭一个特例就得出"交换两个加数的位置和不变"这样的结论,似乎草率了点。但我们不妨把这一结论当作一个猜想(教师随即将生1给出的结论中的"。"改为"?")。既然是猜想,那么我们还得……

生:验证。

师:怎么验证呢?

生1:我觉得可以再举一些这样的例子?

师:怎样的例子,能否具体说说?

生1:比如再列一些加法算式,然后交换加数的位置,看看和是不是跟原来一样。(学生普遍认可这一想法)

师:那你们觉得需要举多少个这样的例子呢?

生2:五、六个吧。

生3:至少要十个以上。

生4:我觉得应该举无数个例子才行。不然,你永远没有说服力。万一你没有举到的例子中,正好有一个加法算式,交换它们的位置和变了呢?(有人点头赞同)

生5:我反对!举无数个例子是不可能的,那得举到什么时候才好?如果每次验证都需要这样的话,那我们永远都别想得到结论!

师:我个人赞同你(生5)的观点,但我觉得他(生4)的想法也有一定道理。综合两人的观点,我觉得是不是可以这样,我们每人都来举三、四个例子,全班合起来那就多了。同时大家也留心一下,看能不能找到"交换加数位置和发生变化"的情况,如果有及时告诉大家行吗?

学生一致赞同,随后在作业纸上尝试举例。

师:正式交流前,老师想给大家展示同学们在刚才举例过程中出现的两种不同的情况。

(教师展示如下两种情况:1.先写出12+23和23+12,计算后,再在两个算式之间添上"=";2.不计算,直接从左往右依次写下"12+23=23+12"。)

师:比较两种举例的情况,想说些什么?

生6:我觉得第二种情况根本不能算举例。他连算都没算,就直接将等号写上去了。这叫不负责任。(生笑)

生7:我觉得举例的目的就是为了看看交换两个加数的位置和到底等不等,但这位同学只是照样子写了一个等式而已,至于两边是不是相等,他想都没想。这样举例是不对的,不能验证我们的猜想。(大家对生6、生7的发言表示赞同。)

师:哪些同学是这样举例的,能举手示意一下吗?(几位同学不好意思地举起了手。)

师:明白问题出在哪儿了吗?(生点头)为了验证猜想,举例可不能乱举。这样,再给你们几位一次补救的机会,迅速看看你们写出的算式,左右两边是不是真的相等。

师:其余同学,你们举了哪些例子,又有怎样的发现?

生8:我举了三个例子,7+8=8+7,2+9=9+2,4+7=7+4。从这些例子来看,交换两个加数的位置和不变。

生9:我也举了三个例子,5+4=4+5,30+15=15+30,200+500=500+200。我也觉得,交换两个加数的位置和不变。(注:事实上,选生8、生9进行交流,是教师有意而为之。)

师:两位同学举的例子略有不同,一个全是一位数加一位数,另一个则有一位数加一位数、二位数加两位数、三位数加三位数。比较而言,你更欣赏谁?

生10:我更欣赏第一位同学,他举的例子很简单,一看就明白。

生11:我不同意。如果举的例子都是一位数加一位数,那么我们最多只能说,交换两个一位数的位置和不变。至于加数是两位数、三位数、四位数等等,就不知道了。我更喜欢第二位同学的。

生12:我也更喜欢第二位同学的,他举的例子更全面。我觉得,举例就应该这样,要考虑到方方面面。(多数学生表示赞同。)

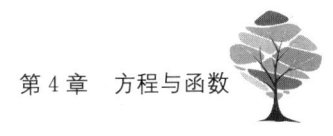

师：如果这样的话，那你们觉得下面这位同学的举例，又给了你哪些新的启迪？

教师出示作业纸：$0+8=8+0$，$6+21=21+6$，$\frac{1}{9}+\frac{4}{9}=\frac{4}{9}+\frac{1}{9}$。

生：我们在举例时，都没考虑到0的问题，但他考虑到了。

生：他还举到了分数的例子，让我明白了，不但交换两个整数的位置和不变，交换两个分数的位置和也不变。

师：没错，因为我们不只是要说明"交换两个整数的位置和不变"，而是要说明，交换……

生：任意两个加数的位置和不变。

师：看来，举例验证猜想，还有不少的学问。现在，有了这么多例子，能得出"交换两个加数的位置和不变"这个结论了吗？（学生均表示认同）有没有谁举例时发现了反面的例子，也就是交换两个加数位置和变了？（学生摇头）这样看来，我们能验证刚才的猜想吗？

生：能。

（教师重新将"？"改成"。"，并补充成为："在加法中，交换两个加数的位置和不变。"）

师：回顾刚才的学习，除了得到这一结论外，你还有什么其他收获？

生：我发现，只举一、两个例子，是没法验证某个猜想的，应该多举一些例子才行。

生：举的例子尽可能不要雷同，最好能把各种情况都举到。

师：从"朝三暮四"的寓言中，我们得出"$3+4=4+3$"，进而形成猜想。随后，又通过举例，验证了猜想，得到了这一规律。该给这一规律起什么名称呢？

（学生交流后，教师揭示"加法交换律"，并板书。）

师：在这一规律中，变化的是两个加数的_____（板书：变）

生：位置。

师：但不变的是_____

生：它们的和。（板书：不变）

师：原来，"变"和"不变"有时也能这样巧妙地结合在一起。

结论，是终点还是新的起点？

师：从个别特例中形成猜想，并举例验证，是一种获取结论的方法。但有时，从已有的结论中通过适当变换、联想，同样可以形成新的猜想，进而形成新

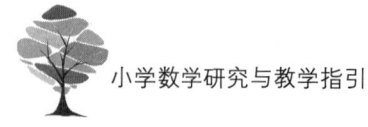

的结论。比如(教师指读刚才的结论,加法的"加"字予以重音),"在加法中,交换两个加数的位置和不变。"那么,在……

生1:(似有所悟)减法中,交换两个数的位置,差会不会也不变呢?

(学生中随即有人作出回应,"不可能,差肯定会变。")

师:不急于发表意见。这是他(生1)通过联想给出的猜想。

(教师随即板书:"猜想一:减法中,交换两个数的位置差不变?")

生2:同样,乘法中,交换两个乘数的位置积会不会也不变?

(教师板书:"猜想二:乘法中,交换两个数的位置积不变?")

生3:除法中,交换两个数的位置商会不变吗?

(教师板书:"猜想三:除法中,交换两个数的位置商不变?")

师:通过联想,同学们由"加法"拓展到了减法、乘法和除法,这是一种很有价值的思考。除此以外,还能通过其他变换,形成不一样的新猜想吗?

生4:我在想,如果把加法交换律中"两个加数"换成"三个加数"、"四个加数"或更多个加数,不知道和还会不会不变。

师:这是一个与众不同、全新的猜想!如果猜想成立,它将大大丰富我们对"加法交换律"的认识。(教师板书"猜想四:在加法中,交换几个加数的位置和不变?")现在,同学们又有了不少新的猜想。这些猜想对吗?又该如何去验证呢?选择你最感兴趣的一个,用合适的方法试着进行验证。

(学生选择猜想,举例验证。教师参与,适当时给予必要的指导。然后全班交流。)

师:哪些同学选择了"猜想一",又是怎样验证的?

生5:我举了两个例子,结果发现8-6=2,但6-8却不够减;3/5-1/5=2/5,但1/5-3/5却不够减。所以我认为,减法中交换两个数的位置差会变的,也就是减法中没有交换律。

师:根据他举的例子,你们觉得他得出的结论有道理吗?

生:有。

师:但老师举的例子中,交换两数位置,差明明没变嘛。你看,3-3=0,交换两数的位置后,3-3还是得0;还有,14-14=14-14,100-100=100-100,这样的例子多着呢。

生6:我反对,老师您举的例子都很特殊,如果被减数和减数不一样,那就不行了。

生7:我还有补充,我只举了一个例子,2-1≠1-2,我就没有继续往下再

举例。

师:那又是为什么呢?

生7:因为我觉得,只要有一个例子不符合猜想,那猜想肯定就错了。

师:同学们怎么理解他的观点?

生8:我突然发现,要想说明某个猜想是对的,我们必须举好多例子来证明,但要想说明某个猜想是错的,只要举出一个不符合的例子就可以了。

师:瞧,多深刻的认识!事实上,你们刚才所提到的符合猜想的例子,数学上我们就称作"正例",至于不符合猜想的例子,数学上我们就称作……

生:反例。

师:关于其他几个猜想,你们又有怎样的发现?

生9:我研究的是乘法。通过举例,我发现乘法中交换两数的位置积也不变。

师:能给大家说说你举的例子吗?

生10:5×4=4×5,0×100=100×0,18×12=12×18。

(另有数名同学交流自己举的例子,都局限在整数范围内。)

师:那你们都得出了怎样的结论?

生11:在乘法中,交换两数的位置积不变。

生12:我想补充。应该是,在整数乘法中,交换两数的位置积不变,这样说更保险一些。

师:你的思考很严密。在目前的学习范围内,我们暂且先得出这样的结论吧,等学完分数乘法、小数乘法后,再补充举些例子试试,到时候,我们再来完善这一结论,你们看行吗?

(对猜想三、四的讨论略。)

随后,教师引导学生选择完成教材中的部分习题(略),从正、反两面巩固对加法、乘法交换律的理解,并借助实际问题,沟通"交换律"与以往算法多样化之间的联系。

师:通过今天的学习,你有哪些收获?

生:我明白了,加法和乘法中有交换律,但却没有减法交换律或除法交换律。

生:我发现,有了猜想,还需要举许多例子来验证,这样得出的结论才准确。

生:我还发现,只要能举出一个反例,那我们就能肯定猜想是错误的。

生:举例验证时,例子应尽可能多,而且,应尽可能举一些特殊的例子,这样,得出的结论才更可靠。

师:只有一个例子,行吗?

生:不行,万一遇到特殊情况就不好了。

(作为补充,教师给学生介绍了如下故事:三位学者由伦敦去苏格兰参加会议,越过边境不久,发现了一只黑羊。"真有意思,"天文学家说,"苏格兰的羊都是黑的。""不对吧,"物理学家说,"我们只能得出这样的结论:在苏格兰有一些羊是黑色的。"数学家马上接着说:"我觉得下面的结论可能更准确,那就是:在苏格兰,至少有一个地方,有至少一只羊,它是黑色的。")

必要的拓展:让结论增值!

师:在本课即将结束的时候,依然有一些问题需要留给大家进一步展开思考。

(教师出示如下算式:20－8－6○20－6－8;60÷2÷3○60÷3÷2)

师:观察这两组算式,你发现什么变化了吗?

生:我发现,第一组算式中,两个减数交换了位置,第二组算式中,两个除数也交换了位置。

师:交换两个减数或除数,结果又会怎样? 由此,你是否又可以形成新的猜想? 利用本课所掌握的方法,你能通过进一步的举例验证猜想并得出结论吗? 这些结论和我们今天得出的结论有冲突吗,又该如何去认识?

2. 在具体问题的解决过程中引导学生探索规律

只有亲身经历了探究活动过程,学生才能留下深刻的印象。同时探究性学习也顺应了小学生的学习心理。因此,新课程倡导学生探究性学习。因此,面对一些具体的问题解决,教学中要倡导学生先自主探究,在自主探究过程中,学生会发现一些内蕴的规律或者方法,进而利用这些规律解决问题。因此,在具体问题的解决过程中引导学生自主探究,一定程度上就是一个很好的探索规律活动。

例如,《课程标准(2011 版)》附录中提供的例 31,就是一个典型的代表。类似地,在"鸡兔同笼"问题中也可以采用类似的方法。

我们再看一个实例。

案例 4.8 折痕数

将一张长方形的白纸对折,再沿着与折痕平行的方向反复对折,如果可以对折 10 次,对折 10 次后共可得到多少条折痕?

面对这题情境,学生最自然的是拿起一张纸,折折看。可是,一张纸折过5—6次就折不动了。但这样的工作并非完全徒劳。学生在折纸过程中积累了经验,容易获得下面的结果:

对折次数	1	2	3	4	5	…
折痕数	1	3	7	15	31	…

这些数据为探究规律提供了素材,那么这些数据蕴含着什么规律呢?寻找出数据之间的规律,不难求出对折10次后的折痕数。

当然,具体情境中的数字规律,还应结合具体情境加以解释,方可确认其正确性。如本例中折叠 n 次后折痕数为 2^n-1,可以解释如下:每折叠一次,将白纸分成的区域数加倍,因此,折叠 n 次后,白纸倍分成 2^n 个区域,折痕数为 2^n-1。但在没有获得数字规律之前,学生未必能如此解释。看来在这些纯粹数字 1,3,7,15,31 之间寻求规律是一个十分重要的能力。下面仅仅探讨数字规律的寻求。

(四) 数字规律的探索

1. 数字规律的探索方法研讨

我们脱离上面的背景,仅仅观察数列:

1,3,7,15,31,…

看看有什么规律。

如果你有能力一眼看出一般性的规律 2^n-1,那固然好了!如果你还不具备如此高的功力,一个可行的办法是,研究相邻近的几项之间的关系,因此,可能有下面的思路:

方法 1:相邻两项的差依次是 2,4,8,16,猜想这些差成倍增长,后续的差依次是 32,64,128,256,512,不难求出第 10 项为 1023。

一般地,第 n 项的数值为 $1+2+2^2+2^3+\cdots+2^{n-1}$,当然还可以化简为 2^n-1。

这一关系可以抽象为递推关系:$\begin{cases} a_1=1 \\ a_n-a_{n-1}=2^{n-1} \end{cases}$

方法 2:可能有学生发现"后一项是前一项的 2 倍多 1",即:

$$3=2+1,$$
$$7=2\times 3+1,$$

$$15 = 2 \times 7 + 1,$$
$$31 = 2 \times 15 + 1,$$
$$\cdots$$

也不难依次求出下面几项是 63，127，255，511，1023。因此第 10 项为 1023。

一般地，$\quad 3 = 2 + 1,$
$$7 = 2 \times (2+1) + 1 = 2^2 + 2^1 + 1,$$
$$15 = 2 \times (2^2 + 2^1 + 1) + 1 = 2^3 + 2^2 + 2^1 + 1,$$
$$31 = 2 \times (2^3 + 2^2 + 2^1 + 1) + 1 = 2^4 + 2^3 + 2^2 + 2^1 + 1,$$
$$\cdots$$

第 n 次折叠后的折痕数 $= 2^{n-1} + \cdots + 2^1 + 1 (= 2^n - 1)$。

这一关系可以抽象为递推关系：$\begin{cases} a_1 = 1 \\ a_n = 2a_{n-1} + 1 \end{cases}$

介绍这个例子的目的是，一般的纯粹数字规律，不外两个思路：

(1) 直接观察一般项的规律(当然这有赖于一般项规律比较特殊，易于识别，也有赖于你超强的观察能力)。

(2) 观察相邻项之间的联系，寻求递推关系。

上面方法 1、方法 2 分别寻求出了不同的递推关系，这是研究较复杂的数列通项公式的常规做法，其中前一种做法，数学上有专门的名称——差分，差分已经纳为高中选修课程的学习内容。

作为教师，应掌握这些知识，更应引导学生养成这样的观察数字规律的眼光、习惯。

2. 数字规律唯一吗？

例 4.5 在下面的空格上填数，使得这一列数具有一定的规律：

1，2，4，_____，_____，_____

显然，学生的规律可能是多样的。也许学生的结果如下：

1，2，4，8，16(后一个数是前一个数的两倍)

1，2，4，7，11，16(后一个数与前一个数的差依次是 1，2，3，4，5)

1，2，4，5，7，8(后一个数比前一个数的差依次是 1，2，1，2)

因此，符合要求的规律不唯一。

"这里仅仅提供了三个数字，当然，规律多样了，数字多一些，结果不就唯一了。"

那么,1,2,4,7,_____,_____,结果就唯一了?

除了上面的规律"1,2,4,7,11,16(后一个数与前一个数的差依次是1,2,3,4,5)",也许学生会出现:1,2,4,7,12,20(后面的数是前面两个数的和再加1)。

也许,你会说,学生会这么想吗?

你怎么知道学生会怎么想?你命题的人是这么想的,那么多个性化的学生,干吗都按照你的思路呢?

实际上,从数学上看,仅仅知道数列的前几项,无法确定下面的项。这个例子中,知道了数列的前4项 a_1,a_2,a_3,a_4,可以任意设定后面两项的值 a_5,a_6 等,有人疑问"任意写后两项,有规律吗?"

有!根据公式:

$$a_n = \sum_{i=1}^{n}\Big(\prod_{j\neq i}\frac{(n-j)}{(i-j)}a_i\Big)$$

可确定这个数列的通项 a_n,将 7,8,9,10,… 代入即可得到后面的各项。也就是说,随你知道前面几项,后面一项都是可以任意确定的。

当然,仅仅给出前面4个数,学生可不会这样考虑,也不能得到如此复杂的规律。但这说明一个道理:仅有前面几项,并不能确定后面的若干项。因此,你的参考答案仅仅是其中一个符合要求的,而学生完全可能得到其他符合要求的结论。因此,教学中要保持一个开放的心态,允许学生出现其他想法;学生一旦出现了其他想法,千万不要武断地否定学生,而应提请学生说明其思考过程,进而分析其合理成分。

三、正比例与反比例

(一) 比例反映着两个量之间的关系

比和比例是两个不同的概念。比的英文是 ratio,比例的英文是 proportion,反映着两个量之间的倍数关系。仅仅谈两个量的比例时,这两个量可以是常量,如甲乙两种物品的数量为3和5,他们数量的比例是3∶5,结果可以用分数 3/5 表示。

过去教材将比例视为两个比值相等的式子,表示4个数之间的关系,这是不对的!这人为地增加了一个新的概念,容易引起学生的争议,因此,《课程标准(2011版)》删去了这个概念。新课程也不再单独提及比例这个概念,与比例相关的仅有"按比例分配""正比例关系""反比例关系",后两者显然就是函数关系,前者就是说,分配时保持两者数量的比值为已知的比值(也许这就是所谓比例是两个比值相等的式子的根源吧)。

(二) 正比例、反比例关系就是函数关系

小学阶段的正比例关系、反比例关系,本质上就是函数关系。

下面是抄录某教材中的一段话:

路程与时间是两个相关联的量,时间变化,路程也随着变化。当路程与对应时间的比值总是一定(也就是速度一定)时,我们就说行驶的路程与时间成正比例,行驶的路程与时间是成正比例的量。

这已经说明,正比例关系实际上是两个变化的量相互之间的一种特定的依赖关系,这不就是函数吗!

当然,考虑到小学生的认知实际,《课程标准(2011版)》没有点出函数这个概念,因此,也就没有点出正比例函数和反比例函数。另外,小学阶段的正比例关系中两个变量是非负的,它们的比值也是正数,因此,相当于正比例函数 $y=kx$ 中的特殊情况: $y=kx(k>0, x>0)$ 。

既然是函数关系,应关注对函数本质的感受。

函数的本质是两个变量之间的依存关系,而表格法、图像法、关系式法等仅仅是函数关系的具体表示方式。教学中应注意通过多种方式呈现成正比例关系的量,避免单一的呈现形式造成学生对函数的片面认识。

为此,教学过程中,可以结合不同的情境采取多样的呈现方式;对同一个情境,也应注意通过多种方式理解两个量之间的正比例关系。

正比例关系的算术形态是两个数(量)的比值是常数;其代数形态即为 $y/x=k$;其几何形态为点在经过原点的直线上。教学中自然需要全面感受正比例关系的三种形态。因此,首先可以通过列表等方式感受这两个量之间的关系。

如匀速行驶的汽车,速度为 80 km/h 时,则汽车的行驶里程与行驶时间之间有下面的关系:

时间/小时	1	2	3	4	5	6	…
路程/千米	80	160	240	320	400	480	…

在表格中,学生感受到路程随着时间的增长而增长;不仅如此,学生还会发现,每增加一个小时,路程增加 80 千米,而且一直保持这样的比例;从这个

图表中,追问学生,一般地,假设 23 小时,t 小时,相应的路程是多少?学生不难得到两个量之间的一般关系式:

$$s = 80t$$

这就是这两个变量之间关系的代数表达形式。

还可以进一步通过图形感受这样的关系。将上面表格中的数据对应到坐标纸中,得到下面的图形(当然,仅仅是 6 个点)。通过进一步追问,如,你能估计 1.5 小时的时候的路程吗? 1.2 小时呢? 1.18 小时呢? 通过不断追问,使得图形不断加细,学生最终可以感受到,两个量之间的关系对应的图形应该是一条射线。

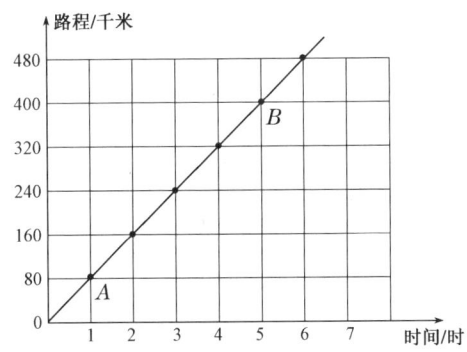

当然,我们要注意到,很多实际问题中成正比例关系的量可能有范围的要求,可能有数据是整数的要求,如:

当人数少于 30 人时,动物园的每张门票的售价是 12 元。

这时,人数就有两个限制,一是要小于 30 大于 0,其次是人数是整数,因此,对应的图像就仅仅是坐标纸中的一些点,而不再是一条线。

反比例关系的认识是一个难点。

反比例关系对应的图像,不再是直的,而是光滑的曲线,这对学生来讲可是一个新的挑战,初中阶段学习反比例函数图像时,它就是难点之一,因此,小学阶段不一定要学生能掌握这个图像,但还是应该设法给学生一些直观的感受。下面是王永老师提供的几个感受方式[①]:

在乘法表上,把积是 12 的方格圈起来,可以连成一条曲线。

---

① 王永. 数学化的视界——小学"数与代数"的教与学[M]. 北京:北京师范大学出版社,2013:218-221.

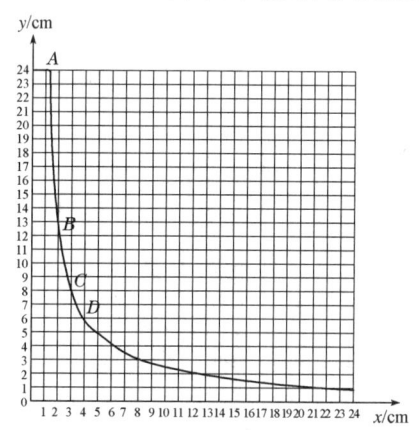

12	⑫	24	36	48	60	72	84	96	108	120	132	141
11	11	22	33	44	55	66	77	88	99	110	121	132
10	10	20	30	40	50	60	70	80	90	100	110	120
9	9	18	27	36	45	54	63	72	81	90	99	108
8	8	16	24	32	40	48	56	64	72	80	88	96
7	7	14	21	28	35	42	49	56	63	70	77	84
6	6	⑫	18	24	30	36	42	48	54	60	66	72
5	5	10	15	20	25	30	35	40	45	50	55	60
4	4	8	⑫	16	20	24	28	32	36	40	44	48
3	3	6	9	⑫	15	18	21	24	27	30	33	36
2	2	4	6	8	10	⑫	14	16	18	20	22	24
1	1	2	3	4	5	6	7	8	9	10	11	⑫
×	1	2	3	4	5	6	7	8	9	10	11	12

（3×4=12）

引导学生画出：面积为 24 cm² 的长方形相邻的两条边长之间的变化关系：

在图像中，感受到这些点不再在一条直线上，是曲线；另外可以通过个别点进一步认识到，每一段也应该是曲线。

特别需要说明的是，反比例关系中，一个量增加，另一个量随之减少；但反过来，一个量随着另一个量的增加而减少，并不一定是反比例关系。教学中注意呈现一定的例子，让学生对此有所体会，避免学生误解反比例关系、泛化反比例关系。

【思考与实验】

1. 这是一道一年级的填空题：5,7,9,_____,_____。空格中应该填什么数呢？一年级的小朋友凭着在幼儿园的经验十分自然地填上了数字 11 和 13，可思考片刻后，又犹豫地在前面的空格里填上数字 10，后面实在想不出是什么。小孩的母亲无意中发现了小孩的困境，问道：你为什么擦去 11 和 13 呀？小孩说：我也是这样想的，可我们刚学到 10 以内的数字呀，老师怎么会让我们填 11 和 13 呢？

作为教育工作者，可不要嘲笑小孩的幼稚哟，而应结合自身的教学进行反思。你从这个案例中有哪些感受？

2. 小学的算术方法解应用题和列方程解应用题有什么区别，请你通过一个具体问题说明。

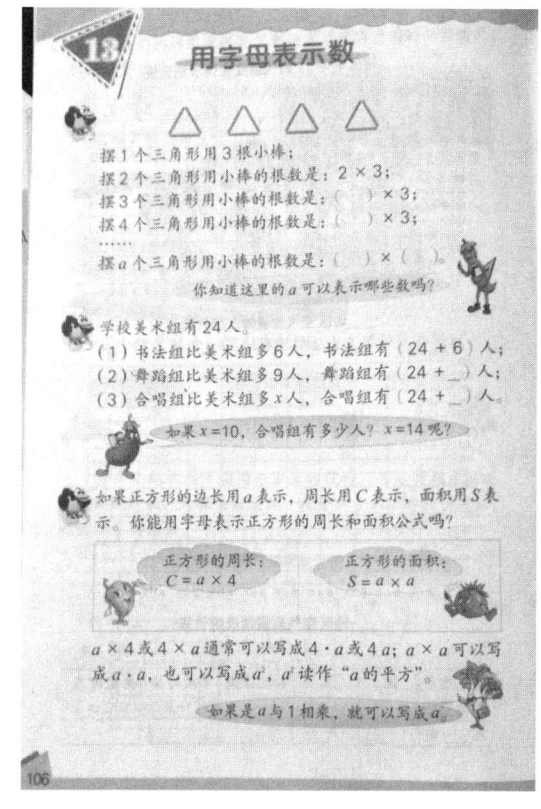

3. 上图是某小学数学教材四年级下"字母表示数"的内容：

（1）这里使用了三个情境问题，请分析使用这三个问题各自的意义；

（2）针对给出的内容，完成"字母表示数"的教学设计。

第二篇 图形与几何

不懂几何者免进。

——[古希腊]柏拉图(Plato,公元前427—公元前347)

几何无王者之道!

——[古希腊]欧几里得(Euclid,公元前330—公元前275)

- 图形与几何
  - 图形与几何的学习价值
  - 第5章 图形的认识
  - 第6章 测量的认识
  - 第7章 图形的变化

图形与几何的学习价值

一、为什么要学习图形与几何

我们生活在图形的世界里,现实生活离不开空间与图形。 研究空间和空间内的各种图形,例如,带领孩子认识东西南北、上下、前后、左右等方位,认识周围的各种物体及其形状等,可以更好地认识自然和社会,更好地生活。

现实问题的解决,需要发展研究图形特征的学科——几何。 例如,刻画两点之间的远近,需要引入距离的概念;研究一些土地占地的大小,需要研究各种图形面积的计算方法;为了间接地测量线段的长度,需要研究三角形中三边之间的关系,从而研究勾股定理。因此,身边的图形成为数学最为现实、最为直接的研究对象,几何成为数学中发展最早、最为完善的一门学科。

图形与几何的知识学习,成为后续学习的重要基础。 正因为研究内容现实,几何的研究开展较早,所以图形与几何成为数学学习与研究的基础。

图形与几何的学习,有助于发展学生的多种能力。 图形与几何的研究对象是空间与图形,因而可以发展学生的空间观念;图形与几何研究中需要观察、猜测、测量、推理等,因此是发展学生推理能力的很好载体;图形与几何的研究内容是图形,图形具有直观形象的特征,因此,图形与几何的学习有助于发展学生的几何直观。

空间观念、推理能力、几何直观是《课程标准(2011版)》给出的几个核心概念,也是对学生重要的能力要求,因此,图形与几何的学习有助于发展学生的这些核心能力。

下面我们就分别对这三个核心名称进行适当的解析。

二、空间观念及其教学思考

(一) 什么是空间观念

空间观念是对空间中物体的位置以及位置之间关系的感性认识,在《课程标准(2011版)》中关于空间观念是这样叙述的:"**主要是指根据物体特征抽象出几何图形,根据几何图形想象出所描述的实际物体;想象出物体的方位和相互之间的位置关系;描述图形的运动和变化;依据语言的描述画出图形等。**"[①] 即空间观念的本质是空间想象力,包括从现实物体到平面图形的抽象、对方位的认识,以及利用方位判断物体所在位置等。

(二) 为什么要发展空间观念

首先,学生生活在三维世界中,了解、探索和把握所生活的三维空间,能使我们更好地生存。因此,学生在义务教育阶段学习一些有关三维空间的初步知识,对认识其所生活的三维空间是十分必要的。

其次,实践证明"空间观念"是创新的一个基本要素。科学发现、科学创新更多地起源于直觉,而有关空间的内容具有直观、形象的特点,因而更易于诱发科学创新。有人认为,没有空间观念,几乎谈不上任何发明创造。因为许许多多的发明创造都是以实物形态呈现的,首先呈现在设计者头脑中的是设计物的实物形态,但表现出来的往往是其平面图形——设计图纸,然后工人师傅根据图纸制作出相应的模型(实物形态),再根据模型修改设计,直到最终完善成型。在这一充满着丰富想象和创造的探求过程中,人的思维势必不断在二维空间和三维空间之间转换,空间观念在这一过程中起着至关重要的作用。

此外,有关空间的内容,与学生的生活实际紧密联系,贴近学生的生活经验,因而便于学生从生活实际中抽象出数学对象,促进学生对数学对象的理解与应用,促进学生数学意识的养成。同时,贴近学生生活实际的有关空间的内容,呈现方式活泼,有助于激发学生的学习欲望和学习兴趣,发挥学生的主动性和创造性,克服传统教学过于强调计算与演绎证明、内容单调、呈现方式冷冰冰、学生被动学习等弊端,促进有效的教与学。

(三) 如何发展空间观念

在日常教学活动中,发展学生的空间观念,应注意以下几点:

---

① 中华人民共和国教育部. 义务教育数学课程标准(2011年版)[S]. 北京:北京师范大学出版社,2012:6.

首先,学生经验是发展空间观念的基础。

空间观念的发展源自学生从现实生活中积累的几何知识体验,也源自学生从事活动的过程。发展学生空间观念的基本途径可以是多种多样的。但无论何种途径,都是以学生的经验为基础。这些可能的途径包括:生活经验的回忆、实物观察、动手操作、想象、描述和表示、联想、模拟、分析和推理等。通过这些途径,学生感知和体验空间与图形的现实意义,初步体验二维空间与三维空间相互转换关系,逐步发展空间观念。丰富的现实原型是学生理解和发展空间观念的宝贵资源,因此在教学中要将发展空间观念的视野拓宽到生活的空间,重视现实世界中有关的空间与图形的问题,使学生逐步认识简单图形的形状、大小和相互位置关系,初步认识一些特殊图形的特征及性质,学会运用测量、计算、实际操作、图形变换、代数化以及推理等手段,解释和处理一些基本的空间图形问题。通过从不同的角度观察物体、辨别方位、动手操作、想象、描述和表示、分析和推理等活动,发展学生的空间观念。

其次,空间观念是在学生的发展过程中逐步形成的。

一般说来,低学段的学生借助与生活实际有关的具体情境,认识和把握与空间观念有关的内容,他们通过观察、操作等活动已经积累了一定的图形与空间方面的知识和经验,对于他们形成空间观念具有重要意义。这时要使学生有较多的机会不断丰富归纳和类比的经验,使空间观念得以形成和巩固。随着学段的增加,学生的语言表达能力、动手操作能力和自主探索的能力有所提高,他们可以通过观察、分析、独立思考、合作交流等方式,从形状、特征、方位、关系等多种角度认识事物。在这个基础上,分解、变换、运动以及确定方向和位置等诸多手段将使他们更全面地感知和体验周围的事物,理解空间、把握空间,直观和抽象进一步相互融合,并逐步产生演绎和论证的需要,在发展的过程中形成空间观念。

第三,空间观念的形成需要自主探索与合作交流的氛围。

被动听讲和练习为主的方式是难以形成空间观念的,培养空间观念需要大量的实践活动,学生要有充分的时间和空间观察、测量、动手操作,对周围环境和实物产生直接感知,这些活动不仅需要自主探索、亲身实践,更离不开大家一起动手、共同参与。只有大家共同探讨,才能在合作解决问题的过程中不断生成和发展,观察、操作、归纳、类比、猜测、变换、直观思考等对形成空间观念有重要作用的手段。合作交流可以使学生更明确自己对空间的看法,并有机会分享同学的想法,大家的共同感受对促进空间观念的发展具有重要意义。

(四)怎样评价空间观念的发展状况

一提到评价,多数人都联想到考试。其实,考试只是评价的一种方式。《课程标准(2011版)》指出,我们要改变评价方式单一的现状,实现评价方式的多样化。而这部分应是可以较好地体现这一理念的。在这部分内容的教学评价中,既要关注学生的学习结果,又可关注他们的学习过程,加强过程性评价,如可以观察学生在实践活动中所表现出来的学习态度、思维水平、表述水平、合作意识和技能等,并记入相应的成长记录袋中;既可以进行定量评价,也可以进行定性评价,如在期末测试时,除了笔试,可以增加口试、面试等测试方式,如让学生现场制作一个几何体、作出某个几何体在某一条件下的截面、绘制某个几何体的几种视试图、叙述某一部分知识在现实生活中的应用等。

三、推理能力及其教学思考

(一) 什么是推理能力

在日常生活、学习和工作中,人们经常要对各种各样的事物进行判断,判断事物的对与错、是与非、可能与不可能等。判断是对事物的情况有所断定的思维形式,由一个或几个已知判断推出另一个未知判断的思维形式叫作推理。推理既包括严密的演绎推理,也包括未必那么可靠的合情推理。具体的合情推理又可分为类比推理、归纳推理、统计推断等。例如:在学习正方体、长方体有关概念和运算时,我们可以类比正方形、长方形的有关概念和运算,这里就用到类比推理;在图形与几何中有关性质的探索中,就很可能运用到归纳推理;而通过统计做出决策的过程中,自然用到了统计推断。

有人说,合情推理的结论不像演绎推理那样具有必然性,往往具有较大的或然性,因而不应作为数学学习的目标。是的,合情推理的前提和结论之间没有必然的联系,具有一定的类比、猜测的成分,因而具有较大的或然性,但正因为此而具有较大的创新性,是数学创造的重要手段。也就是说,合情推理往往有助于数学发现,而演绎推理则多用于数学知识的整理,它们两者往往协同作用,不可偏废。对于这两者的关系,许多数学家都有所论述。如美国著名数学家、数学教育家G·波利亚在其数学教育名著《数学与猜想》中写到:一个认真想把数学作为他终身事业的学生必须学习论证推理,这是他的专业也是他那门学科的特殊标志。然而为了取得真正的成就,他还必须学习合情推理,或者这是他的创造性工作赖以进行的那种推理。一般的或者对数学有业余爱好的学生也应该体验一下论证推理,虽然他不会有机会去直接应用它,但是他应该获得一种标准,依此他能把现代生活中所碰到的各种所谓证据进行比较。

因此,课程标准加强合情推理能力的发展,应是大家的共识,而非争议的焦点。事实上,对于合情推理,过去的大纲也有所提及,过去一些优秀教师也鼓励学生从事一定的探索活动。但由于大纲没有明确将其作为一个课程目标,多数教师认为教学的最终目标是定理的掌握与运用,所谓的探索活动是为定理的掌握服务的,是"可有可无"的。正是为了避免这种状况的再现,课程标准明确提出合情推理的要求,要求学生经历一些几何结论的探索与证明过程,也就是说将一些定理的探索过程本身也作为一个教学目标,"逼迫"教师引导学生从事这样的探索性活动。

(二) 几何是发展推理能力的很好素材

几何结论的证明,需要基于一定的基础进行演绎推演,因此,可以发展学生的演绎推理能力。但几何结论的发现、几何证明思路的探索都离不开合情推理。例如,对于三角形的内角和,可能需要学生根据现实背景思考为什么要研究三角形的内角和,如何研究?对于这个问题,学生最朴素的思路也许是测量,在一定的测量活动的基础上,学生可以发现:好像不同三角形的内角和大致相等,都在180°左右;在教师的指导下,学生可以形成猜想:三角形的内角和是180°;当然,猜测的结果未必可靠,需要对这个猜测进一步验证或者严格证明。由于180°是一个平角,验证时,可以引导学生将三角形的三个角集中到一起,看看是否组成一个平角,这就是所谓的拼接方法。借助拼接,学生会更为相信自己的猜测,但拼接也未必可靠,拼接后是否确实组成一个平角,仍是基于学生的观察,因此,还需要严格证明。但正是由于有了拼接的基础,严格证明思路的获得就显得水到渠成了,只要设法将三个角相对集中到一个顶点处即可。在这个活动过程中,测量基础上的归纳是合情的;拼接验证活动中,已经开始借助逻辑分析了;而后续的证明,自然是逻辑的,但其推理思路的获得则又直接借助于上面的猜测和验证活动。这样一个过程中,合情推理和演绎推理协同作用,同时也让学生感受到各自的作用,感受到严格证明的必要性。因此,几何的确是发展学生推理能力的很好素材。

当然,小学阶段的图形与几何,以直观几何、实验几何为主,因此,多以归纳推理为主。教学中,在图形认识的基础上,注重引导学生对图形特征的归纳,如长方形的认识中,可以首先引导学生观察大量的长方形物品,从中抽取出长方形,从而形成对长方形的总体感觉,进而通过测量、平移等方式归纳出长方形对边相等。当然,还可以进一步追问,如果对边不等会出现什么情况,还是长方形吗？这里已经开始渗透演绎推理了。也就是说，小学几何学习应以归纳推理为主，适时稍微渗透演绎推理。例如下面的例子就有一定的演绎推理成分。

例1 图1中的三角形，被一张长方形的纸遮住了两个角，只露出一个锐角，你能说出这个三角形是什么三角形吗？你是怎么想的？

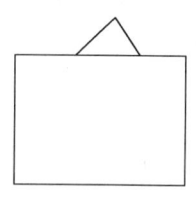

图1

面对这个问题，学生一般会自发地形成一定的猜想，"一定是锐角三角形""也可能是直角三角形"，有了猜想，自然会进行猜想的检验或评判，这样的过程可能是个体独立完成的，如自言自语的甚至是脑中默想的，也可以是学生相互之间的交流的，在这个反思、交流、辨析的过程中，学生需要解释自己的思考过程和其中的道理，这里就有很多演绎的成分。

四、几何直观及其教学思考

（一）几何直观的内涵

西方哲学家通常认为"直观就是未经充分逻辑推理而对事物本质的一种直接洞察，直接把握对象的全貌和对本质的认识"；心理学家则认为"直观是从感觉的具体的对象背后，发现抽象的理想的能力"；数学家克莱因认为"数学的直观就是对概念、证明的直接把握"。

我国著名数学家徐利治先生提出：直观就是借助于经验、观察、测试或类比联想，所产生的对事物关系直接的感知与认识，而几何直观是借助于见到的或想到的几何图形的形象关系产生对数量关系的直接感知。

这些论述都表明，几何直观，首先是借助几何图形这一形象的外形，其次是透过这一形象的外形形成对事物的直接感知。

而《课程标准(2011版)》则将几何直观泛化为"利用图形描述和分析问题"。① 基于标准的几何直观,实际上蕴含着两个层次,利用图形描述和分析问题的意识与能力。前者指,遇到问题,具有从图形的角度进行描述和分析的习惯、意识;后者指,具有从图形的角度进行描述与分析的能力。

从这个意义上讲,发展学生的几何直观,并不仅仅是几何教学的重要目标,而应蕴含于数与代数、统计与概率等各个领域内容的学习过程中。

(二) 几何直观的功能

1. 几何直观的发现功能

数学中很多结论具有很好的直观背景,从这些背景中洞察数学结论,是数学家的常用策略。因此,几何直观具有发现功能,数学家常常依赖直观进行数学思考,借助直觉推动数学的发展。很多著名数学家都是直觉的大师,并极力推崇直觉。庞加莱曾经说过:"感觉到数学的美,感觉到数与形的协调,感觉到几何的优雅,这是所有真正的数学家都清楚的真实的美的感觉。"显然,这里的美感隶属于直觉的范畴。

直观的图形,有助于发现,这样的案例,数学中屡见不鲜。例如,在下面的图形放缩过程中,角的大小没有改变,因而,"多边形的外角和等于周角(360度)"这一结论唾手可得。这显现出几何直观的发现功能。

案例1 多边形的外角和

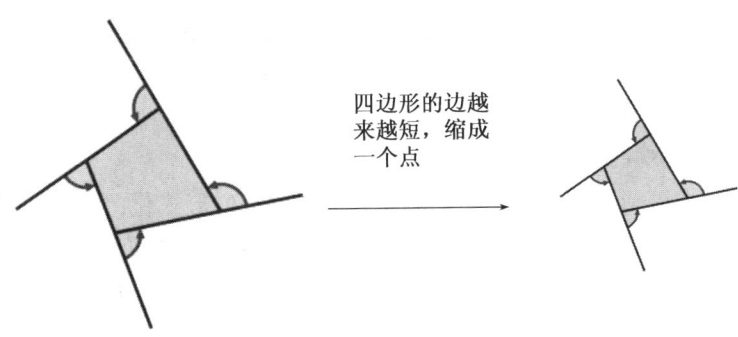

---

① 中华人民共和国教育部. 义务教育数学课程标准(2011年版)[S]. 北京:北京师范大学出版社,2012:6.

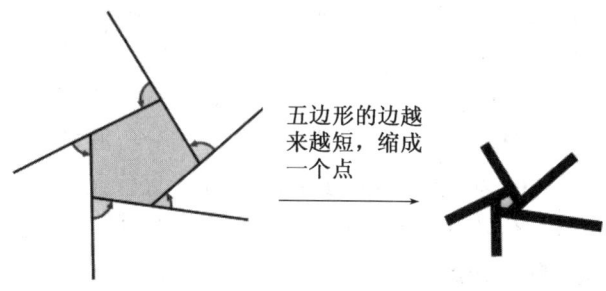

……

实际上,如能将外角扩展为移动过程中方向的改变量,还可以将多边形的外角和定理推广到曲线形。图 2 中,沿着曲线周界运动一周,方向的改变量是 360 度,因此,可认为,一个单链的封闭图形的"外角和"是 360 度。

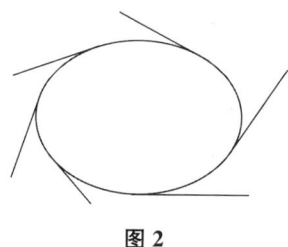

图 2

因此,一个直观的图形,可以让学生直观地看到结论,甚至揭示证明的过程,堪称"无字的证明",从而在学生的头脑中留下深刻的印象,形成这一直观图形与相应定理之间的对应关系,以致遇到这个定理就自然浮现出相应的图形。

2. 几何直观的解释功能

数学概念经过多级抽象后,呈现的往往是一系列形式化的结论。这样的结论,固然具有一般性,但往往也增加了其理解和解释的难度,从而使得数学逐步远离了大众,因此,有必要对有关数学内容以相对直观的形式加以解释。实际上,直观的解释,生动形象,可以激发多种感官的参与,促进学生的联想、类比,更便于学生的记忆、理解与运用。

如,借助图 3 可以很好地解释公式:$1+3+5+7+9+\cdots+(2n-1)=n^2$。

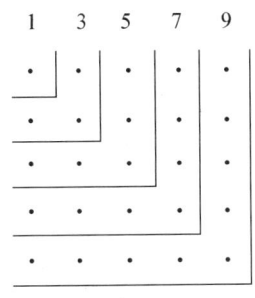

图 3

数学上有很多公式可以通过完全形式化的推演得到,但形式化的推演较为枯燥,低龄段学生多数难有这样的兴趣,如能借助一定的直观解释,既直观形象,又可以形成多方面的联系,是提高学生理解水平的好办法。

下面的图形,可以很好地解释公式:$1+2+3+\cdots+n=n(n+1)/2$。实际上,适度变化,还可以解释梯形的面积公式、等差数列的求和公式等。

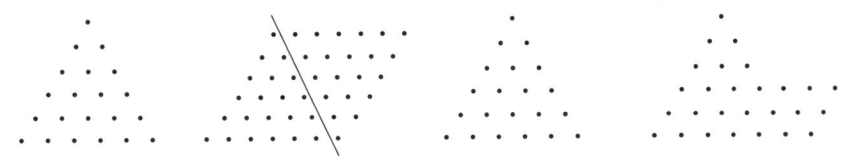

图 4

(三) 几何直观的教育价值与培养途径[①]

正由于几何直观的发现与解释功能,《课程标准(2011 版)》特别强调直观的作用,指出:"借助几何直观可以把复杂的数学问题变得简明、形象,有助于探索解决问题的思路,预测结果;几何直观可以帮助学生直观地理解数学,在整个数学学习过程中都发挥着重要作用。"[②]

发展学生的几何直观能力,要关注下面几个方面。

1. 关注概念、问题的直观表征

借助直观发现数学,解释、理解数学,其第一步自然是将对象直观化。对

[①] 章飞,凌晓牧.几何直观的内涵、功能与教学[J].中学数学教学参考,2013(9).
[②] 中华人民共和国教育部.义务教育数学课程标准(2011 年版)[S].北京:北京师范大学出版社,2012:6.

于非几何背景的问题,需要有几何直观化的意识。这一意识的养成是一个长期熏陶的结果,在问题解决过程中要习惯借助几何直观加以表征,在概念学习之初,同样需要设法解释有关概念的几何意义,从数、形多方面认识概念;只有这样,学生下次遇到有关问题,才能主动地进行几何表征,借助几何直观理解问题、解决问题。

2. 在结论的发现过程中,引导学生直觉的思考

直觉,不是天生的,需要积累相关的活动经验,只有经验累积到一定的程度,才能形成类似的直觉。因此,在发现结论的过程中,可以经常提醒学生,"你能看出图中有哪些相等的线段,相等的角,全等的图形""图中研究的这几个对象有什么特定的位置关系""类似的问题有什么结论"。这样的话语提示,应不厌其烦!只有这样才能使学生养成利用直觉思考问题的习惯。

3. 提供丰富的直观解释,提升学生的直觉能力

教学过程中,注意尽可能对一些对象或结论加以直观解释,甚至也可以进行一定的直观表示的训练,如案例2所示,通过对三角形内角和的直观解释,提升学生几何直觉的水平。

案例2 对于三角形内角和的几何直观解释

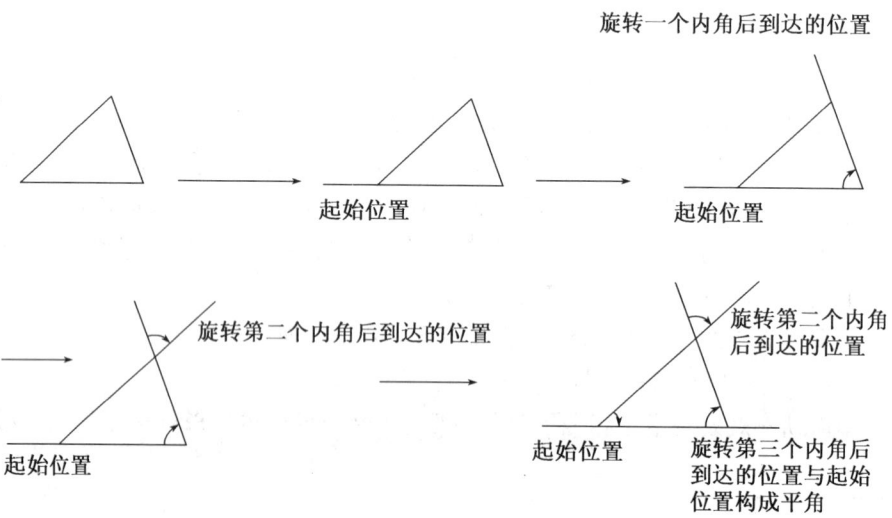

第5章 图形的认识

数学家通常是先通过直觉来发现一个定理；这个结果对于他首先是似然的，然后他再着手去制造一个证明。

——[英]哈代(Godfrey Harold，1877—1947)

小学数学中的几何图形，主要分为平面图形、立体图形两大类，其基本元素是：点、线、面、体、角，几何图形的认识就需要研究这些基本元素之间的关系。小学数学中平面图形主要有：线、角、三角形、四边形和圆，立体图形主要有：正方体、长方体、圆柱、圆锥和球。本章将从图形的认识入手，对相关问题进行研讨，以分析小学数学中有关几何图形的本质特征。

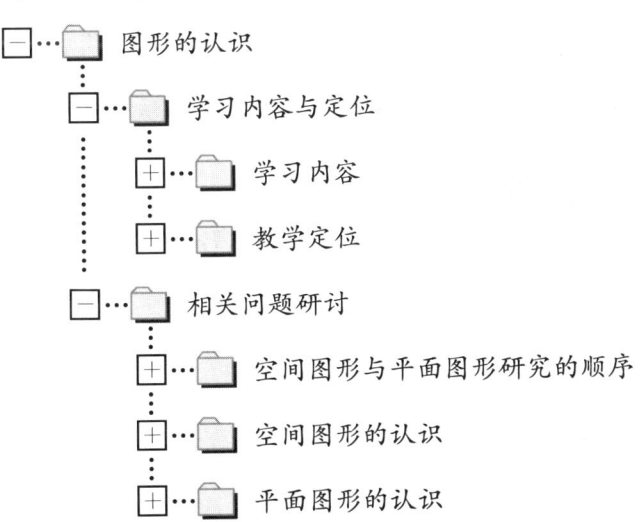

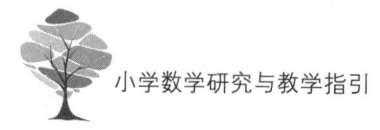

第一节 学习内容与定位

一、学习内容

《课程标准(2011版)》中,对图形认识的要求如下:

第一学段①:

1. 能通过实物和模型辨认长方体、正方体、圆柱和球等几何体。
2. 能根据具体事物、照片或直观图辨认从不同角度观察到的简单物体。
3. 能辨认长方形、正方形、三角形、平行四边形、圆等简单图形。
4. 通过观察、操作,初步认识长方形、正方形的特征。
5. 会用长方形、正方形、三角形、平行四边形或圆拼图。
6. 结合生活情境认识角,了解直角、锐角和钝角。
7. 能对简单几何体和图形进行分类。

第二学段②:

1. 结合实例了解线段、射线和直线。
2. 体会两点间所有连线中线段最短,知道两点间的距离。
3. 知道平角与周角,了解周角、平角、钝角、直角、锐角之间的大小关系。
4. 结合生活情境了解平面上两条直线的平行和相交(包括垂直)关系。
5. 通过观察、操作,认识平行四边形、梯形和圆,知道扇形,会用圆规画圆。
6. 认识三角形,通过观察、操作,了解三角形两边之和大于第三边、三角形内角和是180°。
7. 认识等腰三角形、等边三角形、直角三角形、锐角三角形、钝角三角形。
8. 能辨认从不同方向(前面、侧面、上面)看到的物体的形状图。
9. 通过观察、操作,认识长方体、正方体、圆柱和圆锥,认识长方体、正方体和圆柱的展开图。

---

① 中华人民共和国教育部. 义务教育数学课程标准(2011年版)[S]. 北京:北京师范大学出版社,2012:18

② 中华人民共和国教育部. 义务教育数学课程标准(2011年版)[S]. 北京:北京师范大学出版社,2012:23

从显性的知识点上看,小学阶段图形认识的学习内容主要包括下面几个方面:

◎ 能辨认简单的平面图形(第一学段3,6,第二学段1,3,4,5,7);
◎ 了解简单的平面图形的特征(第一学段4,第二学段2,6);
◎ 能辨认简单的立体图形(第一学段1);
◎ 能认识简单立体图形的展开图和不同方向看到的视图(第一学段2,第二学段8,9)。

二、教学定位

(一) 准确把握图形认识的教学要求

对于具体图形,课程标准常常运用"结合实例了解""通过实物和模型辨认"这样的字眼,其中"辨认"、"了解"、"认识"指明了认识的要求。

所谓辨认,就是在一群对象中找出符合要求的某些对象。例如,下列物品(图略)中可以看成圆柱的有哪些? 如果再提高一些要求,可以增强学生辨认的自主性,请学生找出几个生活中的物品,它们可以近似地看成圆柱,并说说你的思考。

关于了解,《课程标准(2011版)》明确指出了其意义[①]:

了解:从具体实例中知道或举例说明对象的有关特征;根据对象的特征,从具体情境中辨认或者举例说明对象。同类词有:知道,初步认识。例如,知道三角形的内心和外心,能结合具体情境初步认识小数和分数。

因此,教学中务必紧紧扣住课程标准对图形认识的要求,不要盲目拔高教学要求,造成学生不必要的学习负担。

(二) 注重结合实例认识具体图形的概念

课程标准明确提出了"结合实例"、"通过实物和模型"认识图形,这既符合小学生的认知实际,也有助于发展学生的直觉经验,加强数学与生活的联系。

严格而言,有关图形的概念是提炼到抽象层面的数学对象,这样的概念是一种理念上的存在,例如:点没有大小,线段有长度没宽度,面没有厚度。显然,这样抽象的概念学生是难以理解的,不符合小学生的认知实际,也不符合小学生的生活经验。点没有大小,线没有宽度怎么画呢? 有些概念给出的严

[①] 中华人民共和国教育部. 义务教育数学课程标准(2011年版)[S]. 北京:北京师范大学出版社,2012:72

格的定义显得十分啰嗦,而且未必能够让学生很好地感受到这些概念的本质,如棱柱严格的定义是:"有两个面互相平行,其余各面都是四边形,并且每相邻两个四边形的公共边都相互平行,这些面围成的几何体叫作棱柱。"这个定义比较啰嗦,不容易被小学生掌握,而且学生也未必能从中体会到棱柱的本质。正是基于这些考虑,小学阶段不严格地给这些概念下定义,而只是给出描述性的定义,给出若干生活中的实物或者图片,从中抽取出某些图形,然后明确:这些图形都是长方体(正方体、圆柱、球),即如下图所示①。

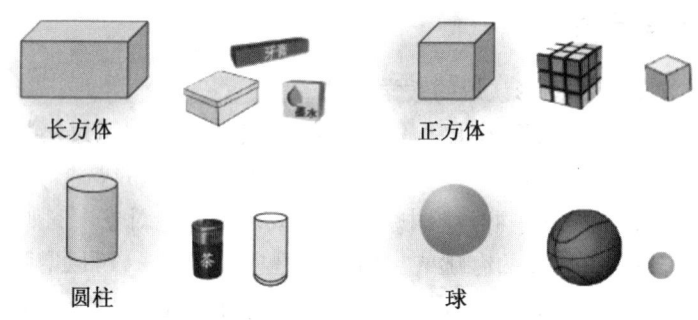

图 5.1　相关图形的实物图

实际上,学生结合生活实例理解这些概念并不困难,反而是记忆、理解有关概念的形式化的文字定义成为学生学习的障碍,因此,教学中一定要避免给这些概念下一些形式化的定义,更要避免进行一些定义的缺项填空之类的考题。

结合实例认识图形,也可以让学生充分感受到几何学习内容的现实性,感受到几何学习的现实意义,从而形成对数学与生活联系的良好认识,形成对数学、数学学习的良好认识(数学观、数学学习观)。

每次结合实例认识图形的过程,就是一次舍弃具体物体的非数量与空间特征,抽取其数量与空间特征的抽象过程,因此,结合实例认识图形是发展学生抽象能力的好机会。

(三)注重通过活动感受图形的本质属性

通过实例认识了图形的描述性定义之后,阐述图形属性就十分重要了,要设法通过各种活动让学生感知各种图形的本质属性。

某一类图形具有的数与形的特征都是这类图形的属性。例如,长方体,其

---

① 刘坚. 义务教育课程标准实验教科书(数学)(一年级上册)[M]. 北京:北京师范大学出版社, 2013:70.

表面是由6个长方形围成的,这6个面形成3对,每对相对的面大小、形状都相同;有12条棱,分成3组,每组4条棱平行且长度相等;有8个顶点,每个顶点处有3条棱,这3条棱两两垂直……这么多特征,学生怎么可能全部感知!正因为此,我们首先需要引领学生感知图形的本质属性,然后在理解本质属性的基础上,再具体感知一些非本质的属性,即使学生记不住那些非本质的属性,也可以由本质属性推演而得到。

那么,选择哪些属性作为图形的本质属性呢?从学生认知特征而言,这个本质属性最好是关于图形整体特征的、直观的,学生可以根据对图形的整体把握很直观地感知到这些属性。我们以长方体为例,其本质属性的感知建议抓住下面三点:上下一样粗(柱)、竖直的、底面是一个长方形,即底是长方形的直的柱子。学生感受到这三点,图形的表象已经跃然脑中,其他属性则可根据这个形象直观感知了。

类似地,棱柱概念注意抓住两点:所谓棱,就是有棱有角的;所谓柱,就是上下一样粗的柱子。教学中可设计活动,让学生充分感受"棱"、"柱",如通过抚摸感受棱,通过上下比划感受柱,还可以用一组平行于底面的平面去"砍"棱柱所得到的图形是一样的(全等的)多边形。反过来说明,将一个多边形沿着某个方向平移可以形成棱柱。直线的概念要抓住两点:直和向两端无限延伸。为了感受直,可以和曲对比,无限延伸则只能加以解释了。

教学中应通过各种活动让学生充分地感知这些本质属性,这样的活动自然是不拘形式的,可以是具体的"找一找"、"画一画"、"摸一摸"、"说一说"、"猜一猜"、"测一测"、"比划一下"等。

案例 5.1:圆柱

圆柱,本质上是底面是圆的直立的柱子,教学中可以采用的活动有:

找一找:周围有哪些物体可以近似地看成圆柱?

摸一摸:找出这个圆柱后,请你摸一摸,这个圆柱有什么特点?

袋子中有很多物体,请你从中摸出可以看成圆柱的物品,并说说你摸的时候是怎么想的。

猜一猜:袋子中有很多物品,你摸出一件后,试着用自己的语言描述这个物品,让同学猜一猜这个物品是什么形状。

比划一下:从袋子中摸出一件物品,用身体语言比划这个物品,让同学猜。

当然,对于一些图形,课程标准还要求学生了解这些图形的一些细节性特征,如"通过观察、操作,初步认识长方形、正方形的特征",因此,在对这些图形有了整体性的直观的认识之后,自然可以通过测量、平移等不同的方式感知这些图形的细节性特征。这个阶段,注意引导学生有条理地思考,如,对于几何体,注意按照从点、线、面或者面、线、点的顺序进行认识,对于具体的线的特征的认识,注意引导学生思考大小(相等)、位置(平行、垂直等)两个方面,而且要注意总结这样的学习经验,力图形成一定的活动经验,从而便于指导其他图形特征的认识。

(四) 图形认识中注意渗透分类的思想

认识图形不仅仅是让小学生知道哪一种图形叫什么名字,学会区别图形,更重要的是让学生学会对图形分类,分类的过程不仅能抓住图形的本质特征,还能有效培养学生的抽象能力①。

实际上,分类贯穿于图形认识中。从实例中辨认具体某种图形进而形成该图形的描述性定义时,呈现给学生的往往并不只是这种图形,而应包含其他图形,这时首先需要根据这些实例的特征进行分类,将具有相同特征的实例归为一类,并给出一个特定的图形名称。也就是说,认识图形的概念始于对所呈现图形的分类。在这个分类过程中,需要对图形的共性、个性加以分析,从而确定一个标准,将哪些图形视为同一类。下图是北师大版小学数学教材中认识图形的第一个活动②:

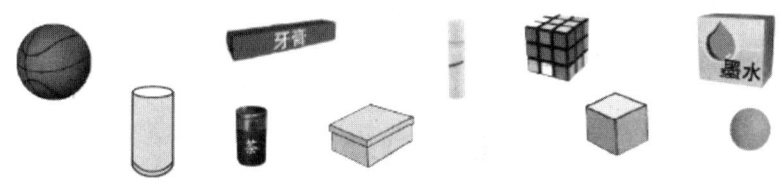

● 说一说,图中有哪些物品?你能把它们分成几类?

图5.2 认识图形的活动

面对这样的情境,要鼓励学生按照自己的理解进行分类,从而形成从不同

---

① 史宁中.基本概念与运算法则.小学数学教学中的核心问题[M].南京:江苏教育出版社,2013:57.

② 刘坚.义务教育课程标准实验教科书(数学)一年级上册[M].北京:北京师范大学出版社,2013:70.

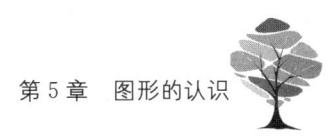

角度分类的多种方法,并且要求学生在交流中说出各自的标准,充分展现标准的确定过程和依据。

在认识了某类具体图形之后,为了更好地认识这类图形,还会对这类图形的外延集合再进行细分,也就是说将这类图形分成互不交叉的几类,如将三角形分为锐角三角形、直角三角形、钝角三角形。

在分类的过程中,我们可以让学生感悟如何合理地制定分类标准,学会遵循标准合理进行分类。在日常生活和生产实践中,制定标准、依据标准实施任务是十分重要的。因此,教学中应注意提升学生这方面的素养。例如,三角形分类中,三角形的数量特征有三边、三角,因此,可以从边的大小关系进行分类,这就有了所谓的等腰三角形和不等边三角形(没有两条边相等的三角形),按照最大角的大小可分为锐角三角形、直角三角形、钝角三角形。

(五)注意设计分割、拼接等实践活动,发展空间观念

图形认识中,我们当然需要认识各种具体的图形,但这些图形相对比较简单,因此,也不一定是一个一个地认识,可以设置相对综合的活动,要求学生选择适当的图形,拼接(组合)出符合实际意图的复杂图形,也可以反过来将复杂图形分解为若干个简单图形,在这样的过程中,既有助于揭示各种图形之间的关系、具体图形的组成,同时,其研究过程离不开直观操作和思维想象,也可以很好地发展学生的空间观念。

案例 5.2:圆的认识

南京市中华中学附属小学　胡金强

【教学过程】

活动一:创设情境,引入课题

1. 师(手持圆形物体):同学们,老师手里拿的是什么?关于圆,同学们一定不会感到陌生,请你想想,在哪里见到过圆?

2. 师:圆在生活中随处可见,今天这节课让我们一起走进圆的世界,去探寻其中的奥秘,好吗?(板书课题:圆)

活动二:探究感悟,理解概念

1. 活动中初步感受圆的特征

(1) 呈现问题

师:每个小组的信封里都有一些平面图形,闭上眼睛,请你从中挑出圆,并说说你有哪些经验。

(2) 活动开展与经验交流

引导学生思考:圆和我们学过的其他图形的区别。

(3) 经验总结

老师结合学生的回答,明晰结论:圆是一条曲线围成的封闭图形。

(4) 经验的再上升

教师追问:

一条曲线围成的封闭图形就一定是圆吗?

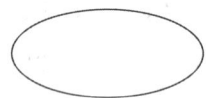

这幅图形是由曲线围成的,它可以看成圆吗?

【设计意图】

希望通过递进的活动,让学生感受到圆是封闭的曲线,但封闭的曲线未必是圆。刚才的图形有点"扁",不再是圆了,实际上,这也就是要求学生从直觉上感受到,从各个方向看圆都大致相同,这就是所谓各向同性的本质,当然,学生并不自知而已。

活动三:探究圆的特征

1. 生活中哪些东西是圆形的?大家分别举几个,与同伴交流。

2. 设法借助身边的圆形物体,自己动手画个圆。

3. 将自己画的圆剪下来,观察圆形纸片,你认为圆有什么特点?圆是轴对称图形吗?

4. 动手折一折,看看你的结论是否正确。

5. 想一想,圆的对称轴有多少条?再动手折一折,亲身感受一下。

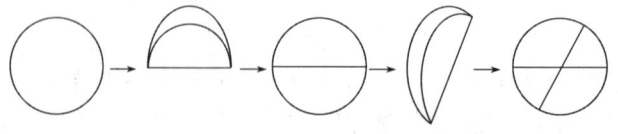

6. 打开折叠过多次的圆形纸片,你发现了什么?

(学生不难发现,圆有无数条对称轴;这些对称轴都交于一个特殊点,这个点在圆的正中间)

7. 明晰结论

对称轴的交点,位于圆的正中间,称为圆心。圆心一般用字母 O 来表示。教师在圆内板书:圆心 O。

对称轴上圆内的部分称为直径。

直径被圆心分成两个部分,每一部分称为半径。

8. 认识半径

圆有多少条半径?

这些半径的长有什么关系?先猜一猜,再量一量,验证你的猜测,也可以通过对折过程说说道理。

在此基础上,明晰:圆有无数条半径,一个圆的半径都相等。半径的长一般用字母 r 来表示。(教师板书:在同一个圆里有无数条半径,所有半径的长度都相等。教师在圆内画出一条半径,板书:半径 r)

9. 认识直径

类似地,我们自然需要思考:直径有多少条?一个圆的直径都相等吗?直径与半径之间有什么关系?

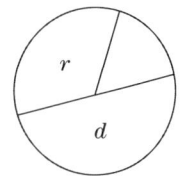

在师生交流的基础上,明晰:一个圆有无数条直径;一个圆的直径都相等,直径的长一般用 d 表示;一个圆的直径等于半径的 2 倍,即 $d=2r$。(教师板书:在同一个圆里,有无数条直径,且所有的直径都相等。在同一个圆里, $d=2r, r=1/2d$)

10. 概念辨析

想一想,为什么刚开始大家认为 ⬭ 不是圆?

学生可以从圆的不同属性的角度进行辨析,如学生可以说:圆无论怎么折都是轴对称图形,可这个图形不满足;圆心到圆上任意一点的距离都相等,这个也不满足;过圆心并且两端都在圆上的线段都相等,这个也不满足;等等。并在此基础再次明确:

圆心到圆上任意一点的距离都相等。

活动四:画圆

1. 刚才我们借助生活中的圆形物体,曾经画过圆。可那只不过是,将生活中已经有的圆形"复制"到了纸上。现在,你能根据圆的特点,借助手头的绳子等工具画一个圆吗?

先自主活动,然后小组交流,交流时注意说明,用绳子画圆时要注意些什么?

2. 生活中,你见过类似的画圆的作法吗?

可以引导学生思考,操场上为了画出圆形区域,体育老师是如何做的?

3. 学习圆规画圆

事实上,为了方便而又精确地画出圆,还有一个特别的工具:圆规。

请大家拿出手中的圆规,认真观察一下圆规的样子。教师介绍圆规各部分名称及使用方法,引导学生自学用圆规画圆,并小结出画圆的步骤和方法。

4. 练习用圆规画圆

请同学们用圆规画两个大小不同的圆,观察对比所画的两个圆,有什么不同?哪些地方不同(大小、位置)?

请同学们思考为什么两个圆会不相同呢?是什么决定圆的大小?

活动五:练习(略)

活动六:总结(略)

第二节 相关问题研讨

一、空间图形与平面图形研究的顺序

"图形的认识顺序,当然是从简单到复杂呗!任何知识的学习都是这样!""那什么是简单?""还用说吗? 一维比二维的简单,二维平面的比三维立体的简单。"

看起来是这样,儿童可未必哟!儿童生活在三维空间中,看到的实物可都是立体的,要从这些实物中抽取出平面图形,还得有一定的抽象能力呢!

正因为此,课程标准及有关实验教科书中,都是先认识立体图形,在对三维物体的初步认识和感知的基础上,再抽取出其中的平面图形,研究其中平面图形的性质。当然,对于立体图形的一些数量特征(如表面积、体积)等,由于需要平面图形的基础,自然放在平面图形数量特征研究之后了。这样既顺应了学生的生活经验,也使学生更感受到平面图形研究的必要性;更重要的是,尽早认识立体图形,有助于发展学生的空间观念,培养学生的空间想象能力。例如,北师大版教材在一年级上册首先认识直观的立体图形(长方体、正方体、圆柱体等),然后在一年级下学期再认识平面图形,而且平面图形的认识时,教

科书中注意揭示了立体图形和平面图形的关系,见下图①。

图 5.3

二、空间图形的认识

展开图和视图是空间图形认识的两个视角。关于空间图形的认识,课程标准还要求:能认识简单立体图形的展开图和不同方向看到的视图。实际上,展开图和不同方向看到的视图,是认识空间图形的两个视角。为了更好更全面地认识空间图形,需要从不同的角度观察这个图形,因此,就有了所谓的从不同方向看。为了了解立体图形的表面状况,生活中也常常需要用平面图形折叠成立体图形,因此,就有了展开图。实际上,为了认识立体图形,将立体图形剖开来,也是一个十分重要的视角(例如,为了了解人体器官内部病灶状况,CT扫描就是了解不同切面状况的一个重要手段)。这些内容的教学中,并不要求学生得到图形的精准度,而是重在经历过程,在过程中发展学生的空间观念。

---

① 刘坚.义务教育课程标准实验教科书(数学)一年级下册[M].北京:北京师范大学出版社,2013:36.

（一）正方体的展开图

1. 正方体的展开图有如下11种：

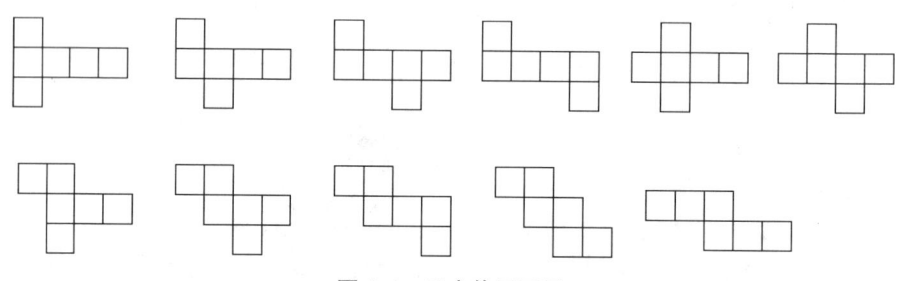

图5.4　正方体展开图

2. 这些展开图需要学生记住吗？

在教研活动中，曾有教师整理出关于正方体展开图的一个顺口溜："一线不过四，田、凹应弃之，相间、"z"端是对面，间二、拐角邻面知"，以帮助学生记忆这些展开图。我们不禁需要思考：这些展开图，需要记忆吗？

首先还是分析学习正方体展开图的目的，是以此为载体，发展学生空间观念，培养学生空间想象能力。既然如此，应关注从实际几何体到具体展开图的操作过程。当然这里并不仅仅停留于操作，需要经由实际操作到头脑中操作的过程（先做后想——先想后做——完全头脑想象）。

显然，要求学生记忆，是将想象水平、理解水平降低为记忆水平，万万不可！

类似地，几何体的切截、从不同方向看的教学定位也是如此。

"记总比不记好，考试总会讨点巧吧？"

真是这样吗？我们就不能在考查方式上做点文章，让你的记忆"失效"？实际上我们可以通过改变几何体的外在特征，切实考查学生的空间想象能力，如将正方体换成长方体、无盖的正方体，如给正方体表面做上记号（贴上数字、文字、图形等）。

例5.1　下图是每个面上都有一个汉字的正方体的一种展开图，那么在原正方体的表面上，与"看"相对的面上的汉字是　　　　　　　　　　　　（　　）

A. 南　　　B. 世　　　C. 界　　　D. 杯

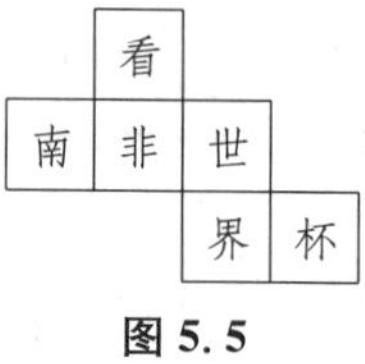

图5.5

(二) 立体图形的视图

1. 从不同方向看的意义何在

不同角度看到的事物是不一样的。如，南京市金陵中学张爱平老师呈现了学校钟楼的几张照片(图5.6)，让学生从生活实际中感受到从不同的方向看会有不同的效果，从而引出从不同方向看的意义。

图 5.6

不同角度看可以更为全面地了解对象。2003年江苏省优质课评比中，金陵中学的戴喜老师创设的情境凸显了情境的现实性和从不同方向看的必要性。戴老师用一张报纸包着一辆依维柯汽车模型(仅仅露出汽车的头部)，和学生有了下面的交流：

师：今天，我将和大家一起学习数学，学习过程中大家要分成小组进行活动，老师带来了一个礼物，奖给合作最为有效的小组。这是什么？

生：汽车模型！

师：什么汽车？

生：依维柯！

师：这辆依维柯汽车模型有多长？

生:……(一时无语,继而杂乱地叫嚷起来)老师,你得将汽车模型转过来,再把报纸拿掉,我们就知道了。

师:看来,仅仅从一面并不能全面地了解汽车这个几何体,要全面地了解一个几何体,需要从多几个角度(方向)看,今天我们就一起研究从不同方向看……

更为重要的是,这是研究空间几何体的一种方式,是发展学生空间观念的一个手段。

2. 视图是不同方向看的直接延伸吗?[1]

课程标准新增了视图有关内容[2]:如第1学段,能根据具体事物、照片或直观图辨认从不同角度观察到的简单物体,参见例5.2;第2学段,能辨认从不同方向(前面、侧面、上面)看到的物体的形状图,参见例5.3;第3学段,能通过丰富的实例,了解中心投影和平行投影的概念,会画直棱柱、圆柱、圆锥、球的主视图、左视图、俯视图,能判断简单物体的视图,并会根据视图描述简单的几何体。

例5.2 桌上放了一个茶壶,四个同学从各自的方向进行观察。请指出下面的四幅图分别是哪位同学看到的。

图 5.7

例5.3 观察下图,请指出从前面、右面、上面看到的相应图形。

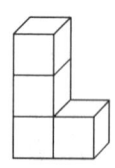   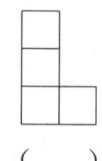   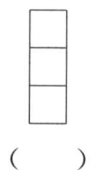   

          ( )   ( )   ( )

图 5.8

---

[1] 章飞. 视图有关知识的课程设计[J]. 数学教学,2007(9).
[2] 中华人民共和国教育部. 义务教育数学课程标准(2011年版)[S]. 北京:北京师范大学出版社,2012:20,27,44.

部分教材在设计的过程中,将从不同的方向作为视图的基础。从不同方向看,真能作为三视图的基础吗? 为此,笔者有了下面的调查。

笔者要求几个三年级小孩画出从正面看到的圆柱形茶杯的图形,小孩画出了图 5.9、5.10:

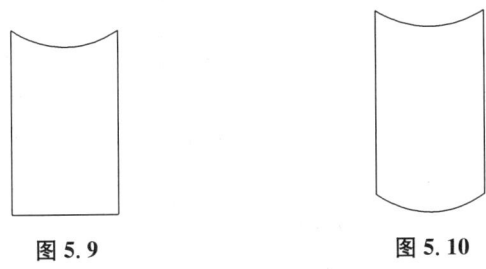

图 5.9　　　　　　　　图 5.10

下面是笔者和其中一个小孩(他画的是图 5.9)的对话:

笔者:可杯子上下两个底形状相同呀?

生 1:是的,应该一样,上下应该一样弯,那改成图 5.10 吧。

笔者:为什么上下都是弯的呢?

生 1:我看到的就是向我们这边弯的呀!

笔者(在杯子上方放一张纸板):你看,下面桌面是平的,上面纸板也是平的,或者说我们看到杯子下面的底一样高,它不应该是平的吗?

生 1:……你说得也对,但如果都画成平的我总感觉不像。(同时在图形上用铅笔尝试涂出明暗出来)

笔者:你学过画画吗?

生 1:没有。

笔者:没有学过画画,能想到利用涂颜色来表示远近,你真棒!

为什么学生都习惯将底边画成弯向我们这边,而很难认同底边应该画出平的? 这可能需要思考人的视觉原理。人是通过双眼确定物体的远近和位置的,仅有单眼,本无法完全确定物体的准确位置,但由于长期的生活经验,也能借助物体相互之间的遮挡关系、物体表面光线的强弱等区分远近。因此,虽然从逻辑上讲,杯子的底面是平的,但学生所看到的,是有远有近的,是弯的,你就是让他画成平的,他也会尝试画出远近的感觉,这就是小孩自觉地尝试涂色的原因。

从这个调查看,从不同方向正视过渡到视图是困难的。

也许有人说,小学阶段学生完全能解答例5.2、5.3,确实如此,虽然这两题也是视图,但其图形和呈现方式有所限定。这两题为选择题,学生只是从中寻找出一个更为可靠的,而不是要求学生画视图;当然,对一些比例5.3复杂的由正方体搭成的几何体,小学生也能画出从前面、左面、上面所看到的图形,但这并不是真正的视图,只是由于各个面本是平的,学生从正前方所看到的图形和视图相同(当然从本质上还是有差异的,学生看到的实际上相当于多面体表面相对于眼睛的中心投影,而非平行投影,但在不关注虚实线的情况下,所得到的图形相同),不会产生分歧。但真正意义上的视图,即使如上面的圆柱体那么简单,学生所看到的和视图仍有着十分大的差异,希望从不同方向正视过渡到视图是不现实的,只能是偷偷地"滑过"。当然,并不是说上面的例5.2、5.3对视图没有帮助,实际上,它们仍是视图学习很好的铺垫,只是仅仅这些还不够,要顺利导入视图还得从视图本身的意义出发,借助正投影为宜。我想,这也是初中阶段才正式学习视图的一个原因。

3. 绘制几何图形的直观图也是发展空间想象能力的好方法

正如前面分析的,从不同方向看(视线未必垂直于某个表面),并不能直接导向三视图,那么这会导向什么内容的学习呢?

视线不垂直于某个表面时(姑且称为斜视),学生将看到多个表面,得到的是立体图形(至少学生会这样认为)。如要求三年级学生将所看到的长方体、圆柱画下来,学生基本都能正确画出下面的图5.11、5.12,当然,也有部分同学会出现如图5.13的错误。实际上,学生已经得到了这些几何体的画法,只是他们并不自知而已。因此,笔者认为,从不同方向斜看是引入几何体画法较为"经济"的载体,十分自然。同时,实践表明,低年龄段学生已经具备了用平面图形表示立体图形的能力,此外,较早引入画法,可以很快实现头脑想象、实物操作与纸笔交流之间的统一,为学生从事其他几何体操作活动提供交流的语言,有助于培养学生的空间观念。

图5.11　　　　图5.12　　　　图5.13

但也应注意,学生能将看到的表示出来,但过一段时间,你再展现图

5.11、5.12给学生时,学生仍可能将它们仅仅看作两个平面图形,这是为什么呢?因为,这里离开了原来的情境,而且仅仅从图5.11,确实还不能呈现出立体感。而不像具体的某个长方体的照片,虽然学生也只能看到三个表面,但三个表面的亮度不同,学生能从中感觉出远近感、立体感,而图5.11中各个面的亮度相同,学生无法感受远近。为此,画家通过涂色调整亮度以体现画面的立体感。但学生并无画家的技能,为此,可以引导学生将几何体的各个面表现出来,这需要描画出特殊的点和特殊的线(面与面的交线),为了增加立体感,将看不见的部分用虚线画出,得到图5.14、5.15。也就是说,小学低年级段学生认识几何体的直观图时,最好将看不到的线都用虚线画出,这样也有利于学生更全面地认识这个几何体(既然先学习空间几何体,并引入了虚线,建议初中阶段改用实线作辅助线,以示与立体图形的区别,当然,为了区分原图已有线段,可以换一种色彩,在多是彩版或双色版教材的今天,这并不困难)。

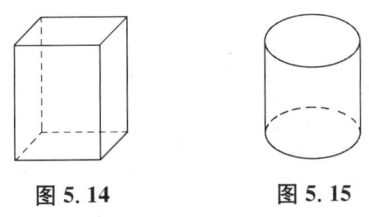

图 5.14   图 5.15

因此,在现有教材内容下,为了发展学生的空间想象能力,笔者还是建议老师们可以引导学生绘制立体图形的直观图。当然,核心目标是发展空间观念,所作图形能够传神、达意即可(特别是低年级段),不必要求精准。

4. 立体图形直观图中,○、□为什么常画成⬭、▱、

立体图形直观图中,常用⬭、▱表现圆、正方形。也许,有人认为这是一个约定而已,教材就是这么规定的;但作为教师,应注意思考这么约定的合理性。也许,通过亲身的绘图实践发现,有时无法将这些圆、正方形原原本本地画出(如正方体),有时就是原原本本地画出了,图形也不那么像(如,图5.16就不如图5.17像一个圆柱)。这只是人的一种感觉吗?是的,所谓像不像,是针对人的眼睛这一感官的,是一种感觉,那么,为什么图5.17就更像一些呢?作为教师,我们有必要追根究底。

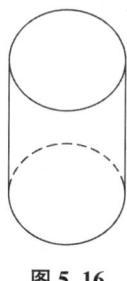
图 5.16

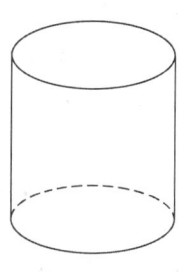
图 5.17

我们不妨先感觉一下。手持一枚硬币(如图 5.18),正对眼睛前后移动,这时,眼睛看到的是一个个的圆;但多数情况下,眼睛并不是正对这个圆面的,为此,可以将硬币水平放置于人的前方,然后上下移动硬币,所看到硬币的外轮廓的"宽度"在不断变化,圆形被挤压成不同的椭圆。实际上,如果用照相机代替眼睛,这时照相机所拍得的图片就是图形在眼睛下的像。

 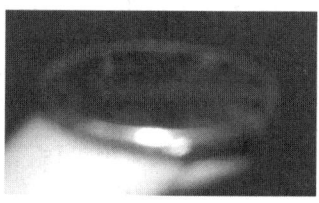 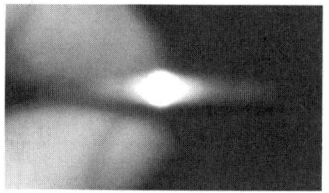
图 5.18

当然,作为教师,可能还要深究:为什么圆形在人眼或照相机下就变成了椭圆呢?

这得了解视觉原理,简化起见,不妨将眼睛看成一个点(投影点),视网膜看成一个平面(投影面),物体在视网膜上会落下一个像,人们再根据这个像复原物体的图形。如图 5.19 是圆在视网膜上投影的示意图,M 表示眼睛的瞳孔,$α$ 表示视网膜所在平面,连接 M 与圆周各点形成一个圆锥(眼睛不在圆的正上方时,是一个斜圆锥),可以证明:与 $ABCD$ 平行的截面是圆,不平行的截面是椭圆。眼睛不在圆的正上方时,$α$ 与 $ABCD$ 不平行,圆在视网膜上的像是一个椭圆,因此,人们看到的就是一个椭圆了。

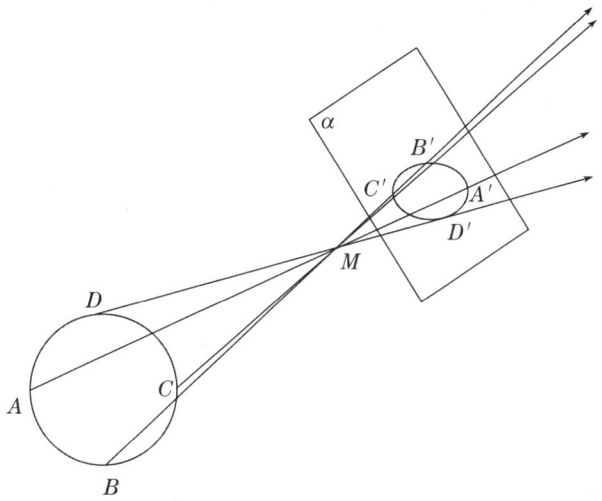

图 5.19

类似地,可以发现,当眼睛不在正方形正上方时,所看到图形不再是正方形,而是平行四边形(特殊的位置可以是长方形)。对于平行四边形的形状并无具体规定,因为,不同位置观察得到的平行四边形的扁、斜程度不同。

可大家知道,斜二测画法绘制正方体(图 5.20)时要求:$AD:AB=1:2$,$\angle DAB=45°$,那又是为什么呢?

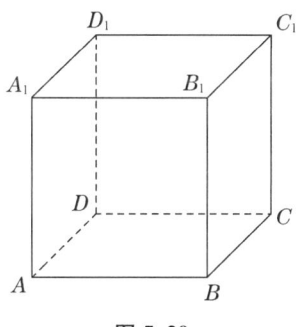

图 5.20

斜二测画法,基本上是从前面的右上方观察的结果。从这个位置看,前面的正方形 ABB_1A_1 基本保持原图形不变,另两个相邻的面 $ABCD$、ADD_1A_1 地位相同,对称起见,规定了 $\angle DAB=\angle DAA_1=45°$。

实际上,从不同的位置观察图形得到的画法是不同的。对于正方体的直观图,还有一种画法:正等侧画法,如图 5.21,$A_1B_1=B_1B=B_1C_1$,$\angle A_1B_1B=\angle BB_1C_1=\angle A_1B_1C_1=120°$,实际上,这是正对点 B_1 所看到的图形,三个可见的面完全相同。

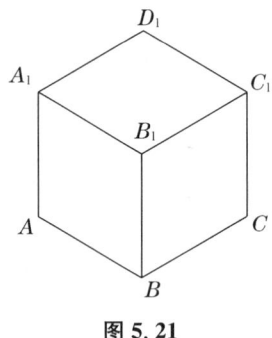

图 5.21

作为教师,需要追根究底,于无疑处质疑,方能深化理解,实施更为高效的教学。

(三) 立体图形的截面

1. 如何让学生感知截面

操作是让学生感知这些截面最好的方法,在新课程实施之初,就有老师采用"切萝卜"、"切土豆"的方式让学生感知截面。当然还有一些创新的感知方式,例如:观察容器中水面的变化来感受截面(有盖)。下图反映了一个有盖的圆锥体各种情况下的截面形状。

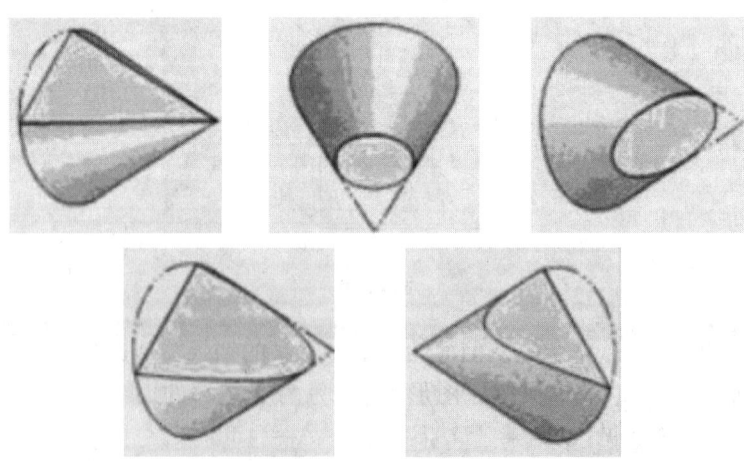

图 5.22

实际上,用一个平面截圆锥,截面形状可以是圆、椭圆、双曲线、抛物线等,所以它们被统称为圆锥曲线(圆锥截线)。

在学生亲身体验的基础上,适度的计算机动画演示,可以直观形象地展现正方体截面从三角形到四边形、五边形、六边形的动态变化过程(如图5.23所示)。

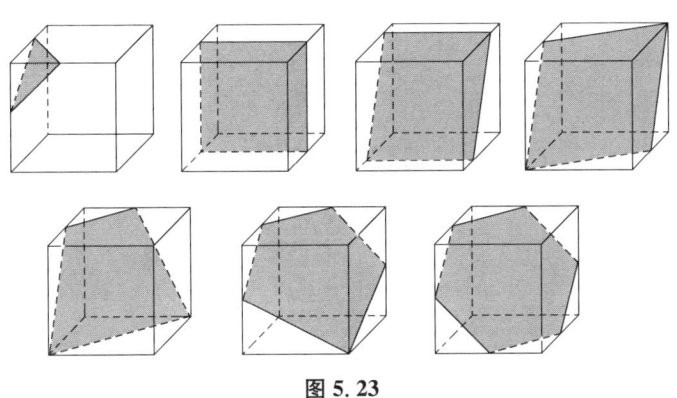

图 5.23

2. 圆柱体的截面形状

我们可以用水杯来感受,一个圆柱形的有盖水杯,装上水后摇动水杯,水面会是什么形状呢?

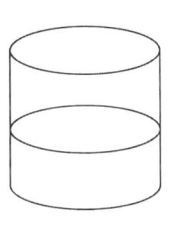 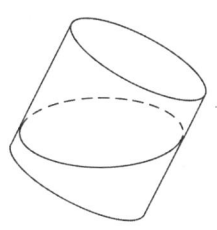 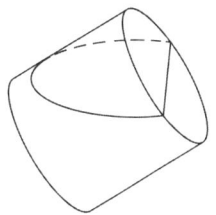

图 5.24　　　　图 5.25　　　　图 5.26

显然,图 5.24、5.25 分别是圆、椭圆;图 5.26 曲线部分很像抛物线,是这样吗?我们不妨将"茶杯"摆正、放大,如图 5.27,原来是椭圆的一部分哦!

能说明斜着截一个圆柱,截面是椭圆吗?

实际上,古希腊人就证明了这个问题,下面我们一起感受这个证明。

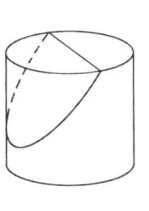

图 5.27

椭圆的定义是：平面上到两点距离之和为定值的点的轨迹是椭圆，当然该定值大于两点间距离，这两个定点也称为椭圆的焦点，焦点之间的距离叫作焦距。

下面利用这个定义，证明如图 5.28 所示的圆柱，被截得到一个截面，该截面是一个椭圆。

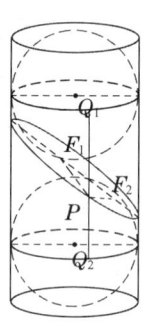

图 5.28

如图 5.28，将两个半径与圆柱半径相等的半球从圆柱两端向中间挤压，它们碰到截面的时候停止，那么会得到两个公共点，显然它们是截面与球的切点，设这两点为 F_1、F_2。对于截面边界曲线上任意一点 P，过 P 作圆柱的母线，母线与两个球和圆柱相切的两个大圆分别交于 Q_1、Q_2，则 $PF_1 = PQ_1$，$PF_2 = PQ_2$，所以 $PF_1 + PF_2 = Q_1Q_2$，是一个定值。所以截面是一个以 F_1、F_2 为焦点的椭圆。

用同样的方法，也可以证明圆锥的斜截面（不通过底面）为一个椭圆（如图 5.29）。

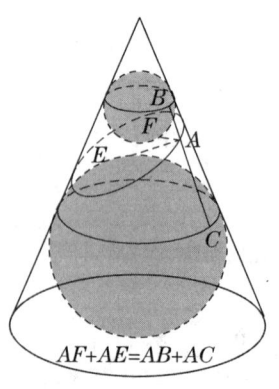

图 5.29

类似地，可以证明不同位置的圆锥截线是椭圆、双曲线、抛物线等。

说明这些的目的，不是要求小学生掌握圆锥截线，而是提醒老师们要认识到这些图形的复杂性，因此，要避免不经意地出现了类似的问题，加重学生的负担。

三、平面图形的认识

（一）平行的本质

平行，大家十分熟悉，"平面内不相交的两条直线"，何谓不相交？"没有交点呗"，你怎么知道它们就没有交点了？"现在没有找到"，那可不成，得说明永远找不到交点。"保持平行？"那不又循环了吗！

"想说明什么？"也许我们需要思考：平行就该这么定义吗？

"还能怎么定义？"

方向相同的两条线呗！一直保持等距呗！

实际上，过一点作平行线，不就是平推这条线（保持直线的方向不变）吗（如图 5.30）。知识丰富后，也可以在线的同侧再找一个等距的点，将这个点和已知点连起来。

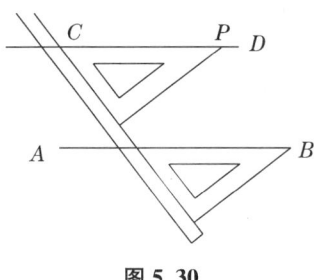

图 5.30

类似地，空间作平行平面，不也相当于平推平面，或者在平面的同侧再找两个与平面等距的点，从而和原来点构成一个新的平面。

可你怎么知道方向相同呢？和上面"不相交的两条线"一样，好像无法验证。

但这个解释比不相交更反映平行的本质，实际上，在三维空间，不相交就不再是平行了，还可能是异面直线，而方向相同则可保证平行。小学阶段方向相同不好表示，将来可以从数量上表示向量的方向，自然可以表示两条直线的方向相同了。

当然，小学不一定用方向相同来定义平行，但教学中应让学生明确，平行线的方向相同，方向相同也是刻画平行的一个很好的角度；平行线之间的距离保持不变，自然不会相交了。

(二) 角

1. 角的定义

角有两种定义方式：一种是静态角的定义，另一种是动态角的定义。

静态定义：有公共端点的两条射线组成的图形叫作角。

动态定义：一条射线绕着它的端点从一个位置旋转到另一个位置所成的图形，叫作角。

数学学习中，我们一般先学习静态角，再学习动态角。

在小学阶段，学习的主要是静态角。这是由于生活中存在大量的"静态角"的原型（两边、顶点都可见的），而"动态角"的两边并不是同时存在的；其次，人们习惯于先观察静态的图形，相对难以把握动态的变化，因此，先学习"静态角"是必然的。

那为什么又要学习"动态角"呢？这就需要考察角的本质。

从角的未来发展看，其本质并非这一静态特征，而是反映两个方向（射线）的差异（例如两条异面直线所成的角，二面角等）。从其中一个方向旋转到另一个方向就消除了这个差异，因此就有了角的旋转这一动态定义，从这个意义上，角就不再是一个图形，而是一个度量，刻画方向差异的度量。实际上，欧几里得在《原本》中对角就是这么认识的，"角是在一个平面内但不在一条直线上的两条相交线相互的倾斜度"。再进一步，正是有了角的旋转定义，将来高中才能进一步拓展到任意大小的角（可正可负，可以是任意大），进而定义任意角的三角函数，并利用三角函数刻画周期现象（如数学分析中的傅里叶级数）。因此，学习角的动态定义同样是必要的，符合未来发展需要的。

因此，小学阶段首先认识的是静态的角。如图 5.31[①]，角是现实可见的部分。

[①] 刘坚.义务教育课程标准实验教科书（数学）二年级下册[M].北京：北京师范大学出版社，2013：62.

在生活中，我们经常看到各种角。

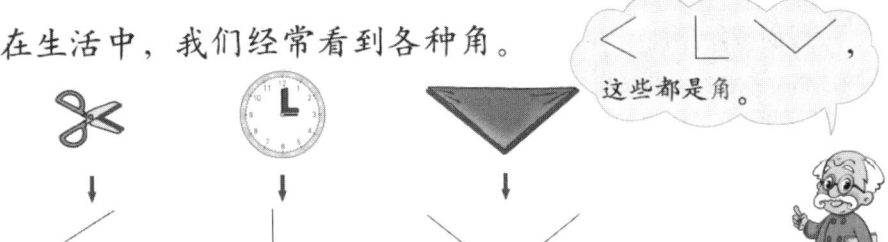

图 5.31

但在静态角的认识阶段，注意借助适当的实例进行动态渗透。例如，上图剪刀上的角、时针分针形成的角，都给人动感。这就为后面认识动态角提供了基础。甚至还可以引导学生在钟表模型上拨动指针形成一些特定大小的角，让学生感受动态角。从这个意义上，建议不要学生记忆"角是同一顶点出发的两条射线之间的部分"这样的定义。实际上，上面这个定义有很多模糊之处，例如：角到底是指图形中的哪个部分呢？两条射线组成的图形指的是夹角的面积吗？角的边是射线，但是三角形中的角，它的边长是线段啊？因此对这样的定义，只要结合图形认识即可，不必过于追究细节，当然，如果为了让学生感受到角的两边可以无线延伸，可以提出下面的趣题：

什么东西在放大镜下不会被放大？

为了更好地感受角是反映方向差异的量，可以提出下面的判断辨析题：

下面两个角哪个大？说明理由。

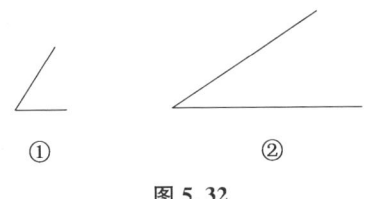

图 5.32

2. 量角器的困难与教学思考

我们首先回忆一下用量角器量角的大小的步骤：

将量角器的中心与角的顶点重合；

将量角器的 0°刻度线与角的一边重合；

观察角的另一边的位置,在量角器上读出度数。

一般而言,前两步学生不容易出错,但第三步,读数时,因为量角器有内外两圈读数,学生容易读错。

面对这个问题,老师有很多好的建议。如:

建议1:你不妨直觉判断一下这个角是锐角还是钝角,如果是锐角,自然用小于90的读数了。

建议2:明确角的第一条边是和量角器的零刻度线重合的。如果角的第一条边和右边的零刻度线重合,看角的另一条边所对的里面一排的刻度;如果角的第一条边和左边的零刻度线重合,看角的另一条边所对的外面一排的刻度。

建议1,关注直觉,注重学生直觉判断对于结果的校验,较好地渗透了估计的思想,但当角与直角很接近时,学生不一定能够判断。建议2,是规范的量角的要求,但学生还是很容易出错。原因是两排读数,确实容易混淆。学生前面的学习中没有这样的经验(长度测量只有一排读数),将来的测量活动也很少这样的设计。既然如此,干吗要这样设计量角器呢?何不简化量角器,设计得简单一些!

根据这样的想法,魏光明老师提出了设计单排读数的量角器的想法,并做了对比实验,取得了很好的教学效果①:

借用四年级两个平行班进行了实验教学,A班学生使用有内外两圈刻度的旧量角器,B班学生使用拿修正液涂抹掉外圈刻度而只剩下内圈刻度的新量角器(如图5.33)。同样的设计、同样的教师、水平相当的学生,却出现了不一样的课堂。在A班,常见的问题依然出现,而在B班,教学很顺利,连度量不同开口方向的角这一难点内容也轻松解决。课后的对比检测显示:使用简化后的量角器,更便于学生掌握量角和画角的方法,正确率也有很大提高。

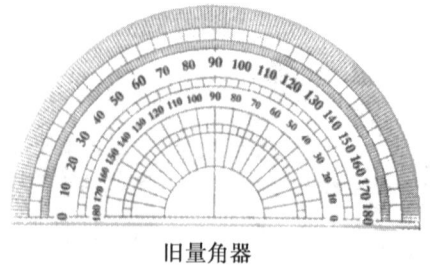

旧量角器　　　　　　　　新量角器

图5.33

① 魏光明,王俊亮.基于小学数学核心知识教学的课堂实践[J].江苏第二师范学院学报,2014(2).

(三) 三角形

"高",是三角形中最容易出现理解偏差的一个概念。

学生常有这样的疑惑:"钝角三角形的高,竟然有两条在三角形外,挺怪的。"

"不要奇怪,按照定义就是这样。从三角形的一个顶点向对边所在直线作垂线,顶点和垂足之间的这一段线段就是三角形的高。"

"可为什么要定义这个高呢?"

"后面研究三角形的面积需要用到高的长度(也简称为高)。"

"那干吗不在求三角形面积的时候研究高呢?"

实际上,从这段对话可以感受到,在学习三角形概念的时候,并没有学习高的必要性,至少学生体会不到需要研究这个概念。因此,教学中,可以在三角形概念部分不出现这个概念,而在研究三角形面积时,根据面积研究需要引出高。同样地,平行四边形的高也可以到平行四边形面积探究时引出。如在方格纸上研究三角形的面积,最终转化为平行四边形的面积,得到三角形的面积等于相应的平行四边形的面积的一半,这时平行四边形的底就是三角形的一边,平行四边形的高(方格纸上"上下边的距离",或者说平行四边形的宽度)就是三角形的宽度,也给出一个特定的名称"高"。并让三角形的顶点在水平线上移动(如图 5.34),感受这时三角形的面积不变,高的长度也不变,但高的位置发生变化,有时在三角形的内部,有时到了三角形的外部。

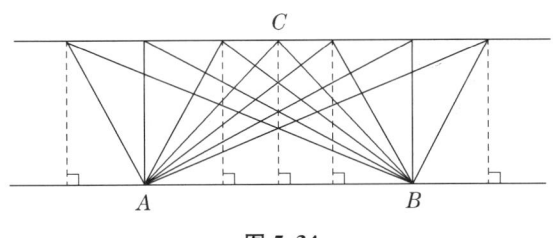

图 5.34

(四) 四边形

1. 正方形与长方形的关系

正方形是长方形吗?对数学工作者而言,这不成为问题,正方形自然是长方形的一种特殊情况了,而且将正方形统一归类为长方形有很多好处,如面积、周长公式就可以统一了,一些题目中"数长方形的个数"不用再区分是不是正方形,这样结果更加统一,也更具有一般意义。

但,低龄段儿童可未必这么认为!

"这个方方的,那个有点扁",低龄段儿童可能会这样描述正方形和长方形之间的区别。

类似的问题还有:正方体是长方体吗?圆是椭圆吗?自然圆也可以看成椭圆的特例,但可能对中学生而言都未必这样理解。因此,希望从逻辑上,让一二年级的学生认为正方体是长方体的特例,确实有一定困难。既然如此,何不顺应这个年龄段儿童的认知实际,暂时认为这是两个不同类型的图形,到了高龄段再明确正方形是长方形的特例(长方形的宽度增加到和长度一样,这就是特殊的长方形——正方形了。参见图5.35)。

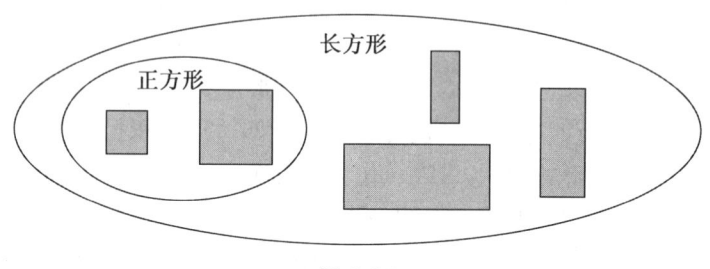

图 5.35

2. 平行四边形定义的思辨

什么是平行四边形?下面是北师大版数学教材的设计①:

---

① 刘坚.义务教育教科书(数学)(四年级下册)[M].北京:北京师范大学出版社,2013:29.

第5章 图形的认识

四边形分类

● 给下面的四边形分类,说一说你是怎么分的。

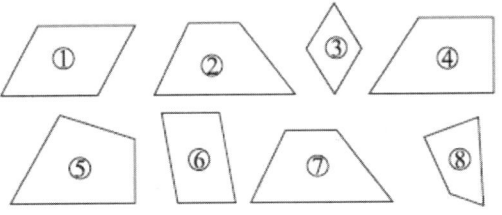

● 笑笑是这样分的,你能看懂吗?说一说,认一认。

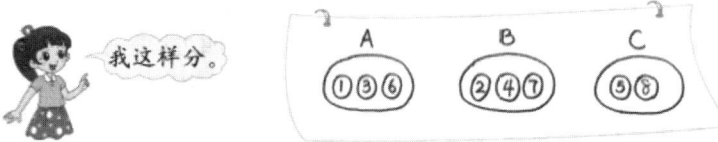

A组中的图形有两组对边分别平行,它们都是平行四边形。
B组中的图形只有一组对边平行,它们都是梯形。

图 5.36

呈现若干四边形,引导学生自主进行分类,并将每一类中的共同的特征提取出来,形成了所谓定义:两组对边分别平行的四边形是平行四边形。

(1) 可以选择其他特征作为平行四边形的定义吗?

回答这个问题,首先需要思考什么是定义。

定义,是通过适当的语言明确概念内涵的一种方式。

常见的定义方式是属加种差,即研究这个属概念与包容性更大的种概念之间的差别,然后用属概念加上种差这个限制性要求。例如,两组对边分别平行的四边形是平行四边形,就属于这种定义方式。平行四边形是一个属概念,四边形是相应的种概念,属概念与种概念的差距是两组对边分别平行。

因此,要回答上面的问题,就相当于定义中的种差可不可以换成其他的。所谓种差就是种概念不具有而属概念具有的特征,这样的特征很多,如对边平行,对边相等,对角相等,中心对称等等,那么,是否将所有的种差都放到定义中呢?那显然不合适,如果那样,这个定义也太啰嗦了。数学追求简洁,只要种差能够确保图形一定是这个属概念即可。因此,就需要在上面这些种差中选择部分。对于平行四边形而言,可以选择"两组对边分别平行""一组对边平

231

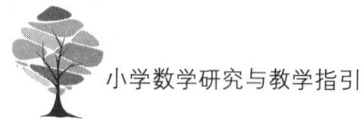

行且相等""两组对边相等""两组对角相等""中心对称",因此,可以形成不同的定义,如中心对称的四边形、对边相等的四边形等。

从这个意义上看,定义就是选择了图形的某些特征作为定义,而将其他特征作为图形的性质。

(2) 为什么教科书都选择这个定义呢?

你可能会说:"这是规定,就这么定下来了,有什么好讨论的。"没错,但是从教师的角度我们可以思考:小学阶段选择这个作为定义的合理性。

如果需要选择某些特征作为定义的话,一般而言,被选中的特征应该是符合这个阶段儿童的认知的,而且是比较直观的。相对而言,对边平行比对边相等可能要直观一些,特别是在方格纸上,中心对称也比较直观,但可能又超出了学生当前的认知水平。因此,多数教材选择了"对边平行的四边形是平行四边形"作为定义。同时这个定义和图形的名称"平行四边形"非常地吻合,容易记忆与理解。

(3) 教学思考

教学中,学生很少参与下定义的活动,欠缺类似的活动经验,而这样的活动经验在未来的学科学习中十分重要。任何一个新概念的引入都是一个选择属性下定义的过程,因此,根据学生的认知实际,倒不妨选择某些概念,让学生参与到下定义的过程中,让学生感受到所谓下定义就是选择某些属性限定这类对象的过程。

以平行四边形为例,可以首先呈现若干图形,其中含有很多平行四边形,然后从中将这些平行四边形抽取出来,研究这些图形有哪些共性(可以提示学生,可以从位置和大小两个方面思考,所谓位置,如线与线之间的关系;所谓大小,可以研究边的长度、角的大小等),在学生充分感受到平行四边形共性的基础上,和学生明晰,数学上需要给这类对象下一个定义,可以全部用上,但太啰嗦了,我们一般尽可能简洁一些,如果你选择两个属性来定义平行四边形,你可以怎么下定义,在此基础上,明确有多种方法,我们选择了这种作为定义,其他作为平行四边形的性质。初中阶段,我们将把定义作为前提条件,根据定义可以说明,这样的图形一定具有学生探究得到的性质。

3. 平行四边形的对称性

小学阶段学习的对称主要是轴对称。在平面内,如果一个图形沿一条直线折叠,直线两旁的部分能够完全重合,这样的图形叫作轴对称图形,这条直线叫作对称轴。例如:等腰三角形、等边三角形、正方形、等腰梯形、圆等。

显然,一般的平行四边形不是轴对称图形,只有特殊的长方形、正方形、菱

形才是轴对称图形。

但一般的平行四边形也有某种对称性——中心对称性。

一般而言,对称指某种变换之下的不变性。平面上,反射变换下的不变性就是轴对称;旋转变换下的不变性就是旋转对称;旋转180度后的不变性就是中心对称性。具有中心对称性的图形就是中心对称图形。即如果一个图形绕某一点旋转180度,旋转后的图形能和原来的图形完全重合,那么这个图形叫作中心对称图形。显然,平行四边形是中心对称图形(如图5.37所示)。

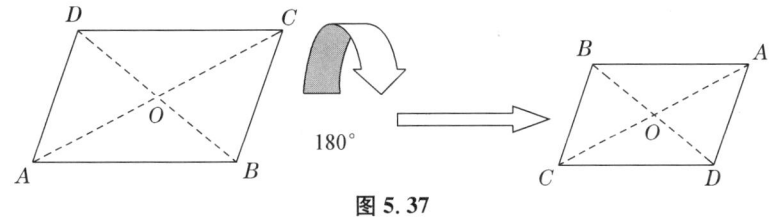

图 5.37

4. 梯形与三角形、平行四边形的关系

(1) 所有的多边形都可以分解成三角形

三角形是平面几何研究中最重要的图形,三角形也是最简单的封闭图形。它是边数最少的多边形,其他的多边形都可以分割成若干个三角形。

三角形的研究最为基础。多边形可以分解成三角形,因此,只要掌握了三角形的有关结论,其他多边形分解为三角形后即可解决,甚至曲边形(如圆)也可以借助多边形来逼近,进而转化为三角形来研究。在多边形的内角和、外角和、面积研究中,不难感受到三角形研究的基础性。为此,教学中应通过适当的活动(如图5.38中的剪拼)让学生感受到这一点。

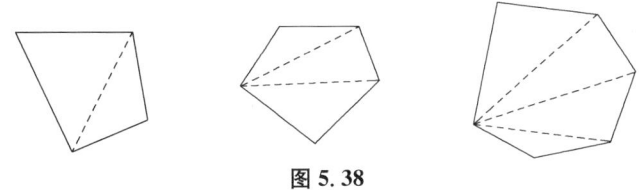

图 5.38

(2) 三角形、平行四边形可以看成特殊的梯形

梯形,顾名思义,像梯子一样的图形呗!

梯形与先前学习的三角形、平行四边形有着丰富的联系,具体体现在下面几个方面:

① 三角形、平行四边形,可以看成是特殊的梯形。梯形的上底收缩成点,

就变成三角形;梯形的上底放大到与下底相等,就变成了平行四边形。因此,梯形的有关结论可以直接推演到三角形和平行四边形,如梯形的面积公式。如下图所示:

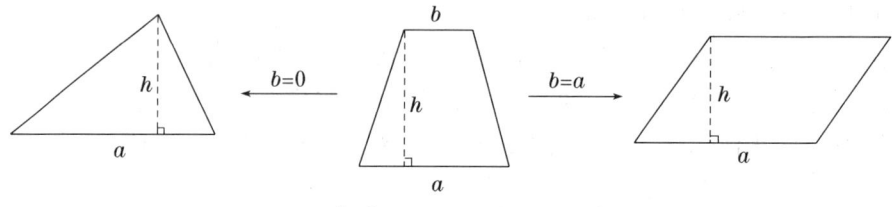

图 5.39

② 梯形可以分解成三角形和平行四边形的组合(如图 5.40)。

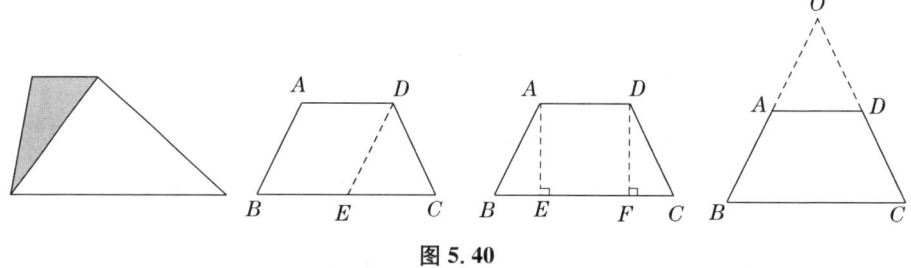

图 5.40

梯形通过适当的剪拼可以得到平行四边形、三角形(如图 5.41)。

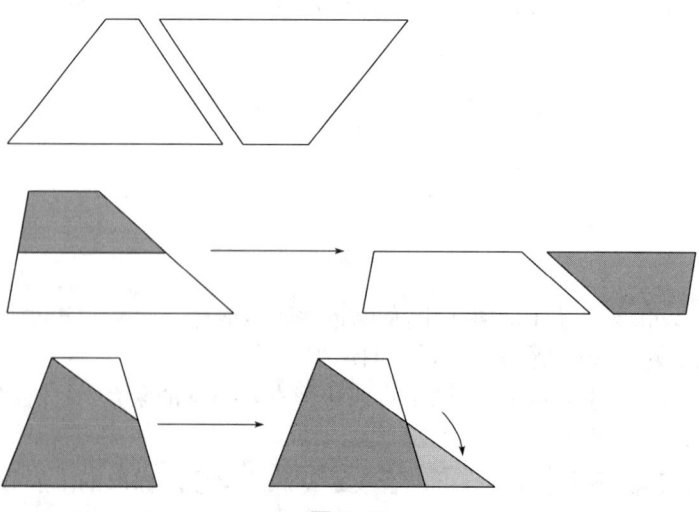

图 5.41

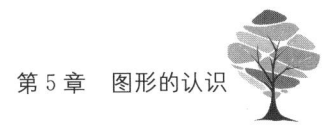

③ 反过来,切割三角形、平行四边形可以得到梯形(如图 5.42)。

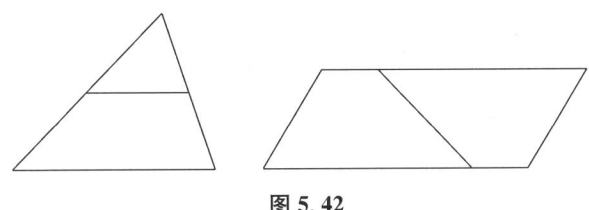

图 5.42

(3) 教学建议

认识梯形时,建议设计剪切、拼接等活动,让学生感受各种图形之间的关系,尽早揭示梯形与三角形、平行四边形的上述联系。这些联系为小学阶段研究梯形的面积打下了充实的活动经验基础,在后续梯形面积计算公式的探索中,学生不难得到多种割补图形,得到多种探究方法。当然,联系也为初中研究梯形及特殊梯形(等腰、直角梯形)的性质打下了很好的基础。

(五) 圆

1. 圆是边界还是区域

我们先看一下圆的定义。

高中的定义是:到顶点距离等于定长的点的轨迹。

初中的定义是:平面上到定点距离等于定长的点的集合。

小学阶段,北师大版教材在 1 年级首先从立体图形的边界画出了平面的圆(如图):

图 5.43

在 6 年级圆的认识中,又是通过下面的活动得到圆的概念的(如下图所示):

● 画一画，你能想办法画一个圆吗？认一认。

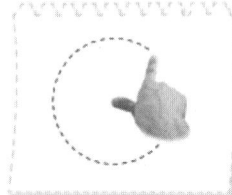 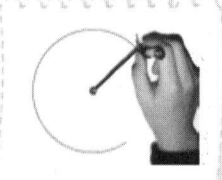 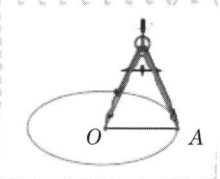

图 5.44

因此，教材中的圆实际上是圆周，是边界。

既然是边界，仅仅是圆周那么一圈，可以求周长，何谈圆的面积？

是的，小学阶段研究圆时，是不区分圆周和圆面的，都统称为圆，当然，就可以谈圆的面积了。实际上，其他几何图形也是如此理解的，小学阶段并不太区分边框还是区域，更多从图形特征的角度认识，因此，既可以求它们的周长也可以求面积，教学中要避免引发学生产生这样的争议与思考。

2. 圆的本质属性——对称性

圆的本质属性很多，像定义中的"一中同长"，但从人们的生活经验看，可能各向同性更为直观，更可感知。瞧，三维的球处处相同，手摸上去没有差别；圆形的物体，同样处处手感相同。

所谓各向同性，本是物理名词，数学上即旋转任意角度的旋转对称性。这一特性的特例就是中心对称性，当然，也能推证出轴对称性。

实际上，小学就可以感受这一属性，只是未必明辨而已。如认识圆时，学生都能认识到这一图形与先前学习的图形（三角形、四边形）的差别，其他图形有棱有角，而圆没有棱角，也就是说好像边界是光滑的，可以让学生用小手摸一摸，感受光滑；何止光滑，鸭蛋也光滑，可没人说它是圆呀，"圆每个地方弯的程度好像一样，鸭蛋形有的地方弯的厉害……"如果让学生亲自感受一下，沿着周边摸一摸，或者反过来转动图形，看看小手是否需要改变样子，这个活动不就感受了各向同性、旋转对称性吗？

另外，每个点弯的程度相同，高等数学上，不就是处处曲率相等，曲率半径相同。你看，半径相同，又到了圆的定义了。所以，旋转对称性是圆的本质属性，平面上具有任意角度旋转对称性的图形一定是圆形。

3. 生活中的圆

正由于圆形的各向同性，孕育了圆形美，也生成了更多的圆！

第 5 章　图形的认识

各向同性,是低等生命体的基本属性,因此,大量低等生命呈现圆形(类圆形)的形态,如(水母,海葵),欣赏圆形之美,也许这是高等生命对于生命起源的回归。

各向同性,导致光滑、圆满,这些成为美的要素,因此,人们憧憬圆月之美,设计圆形图案以实现这一美好的憧憬。

各向同性的光滑圆满,更是极为受用,圆形物体的摩擦极小,因而处处见到圆形的车轮等物体。

各向同性,反映着人们对于平等的追求,形成了很多圆形的设计(圆桌会议)。

在欣赏圆、运用圆、创造圆中,人类进一步丰富对圆形美的认识。但这离不开其本源:各向同性。

当然,谈及生活中的圆,常常提及两个有趣的例子:

(1) 为什么车轮要做成圆的

生活中的许多事物都做成圆形,为什么呢?可不仅仅因为圆的"圆满",而是因为圆没有棱角,可以减轻摩擦、减少阻力。

学生可能会接着问:"椭圆也没有棱角啊,为什么不做成椭圆呢?"实际上,一般而言,可假设底面是平整的,因此,为了保持稳定性,就要求车轴到地面距离不变,即轴心到任意一点的距离相等,因此将车轮做成圆形。也就是说,车轮做成圆形的主要利用了"一中同长"。

(2) 为什么下水道的窨井盖要做成圆的

我们首先假想一下不做成圆形,比如做成正方形,会有什么缺点?

如果做成正方形井盖,在以前井盖和井口之间没有活页转轴连接的时候,方井盖一旦错位,因为正方形的对角线比它的边长长出很多,因此,井盖很容易掉下去。

因此,如果没有转轴连接,为了保证井盖不易掉落,应该要求无论是从任何方向错位,圆井盖都能保证卡在井口以上而不落入井中,因此,每个方向的最大距离一致,也就是"直径"相等。

满足直径相等图形只有圆形吗?那倒不是,还有一些图形也能保证每个方向的最大距离一致,如下面几个图形。

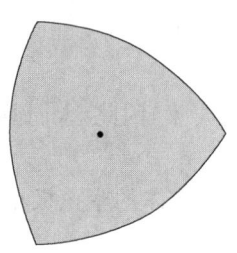
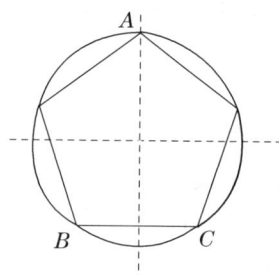

图 5.45

那为什么还是做成圆形呢?

可以想象一下,圆形比上面的图形具有更好的对称性,上面左图只能保证旋转 120 度后图形形状不变,而圆形旋转任意角度形状完全相同;此外,物品具有更好的对称性,也就可以保持更加均衡的承重力,更好的对称性也便于维修人员出入,人们自然凭直觉就将井盖做成圆形了。

【思考与实验】

1. 用直尺量长度时,如果起点不从 0 开始可不可以? 类似地,量角度的时候,角的一边不和 0 度刻度线重合呢?

2. 直尺上每一个毫米的刻度都刻出来,操作起来挺麻烦的。有人在直尺上仅仅给出了 0—1 厘米之间的毫米刻度,其他地方仅有厘米刻度线,这样的尺子可不可以测量精确到毫米的线段的长?

3. 薇儿好不容易用小木块拼成了一个大正方体,但是被调皮的哈哈拿走了一些小木块,变成了这样(如下图)。

(1) 哈哈到底拿走了多少个小木块呢?
(2) 这个几何体的三个视图分别是什么?
(3) 与这个几何体三个视图完全相同的几何体,其中最多可以包含多少个小木块,最少又必须包含多少个小木块?

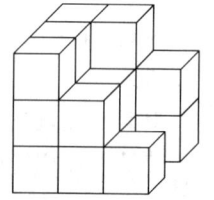

(4) 这样的问题,你认为适合什么年级进行教学,学生可能有哪些困难,你打算怎么帮助学生?

第6章 测量的认识

科学是从测量开始的。

——[俄]门捷列夫(1834—1907)

在度量图形时,一维图形、二维图形、三维图形的大小分别用长度、面积、体积来度量。在这一章,我们先从测量的认识入手,然后,探讨小学数学中与距离、周长、面积、体积相关的教学内容。

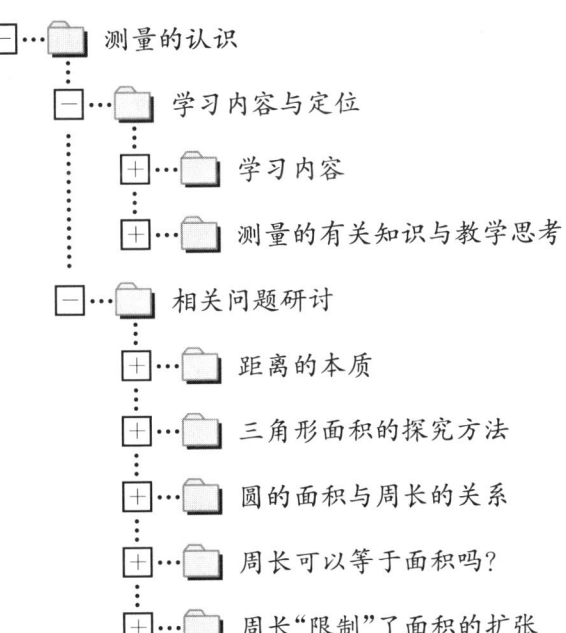

⊞ 📁 圆柱体积的教学思考

⊞ 📁 圆锥体积的教学思考

第一节 学习内容与定位

一、学习内容

小学阶段关于测量的学习内容,《课程标准(2011版)》的要求如下①:

第一学段

1. 结合生活实际,经历用不同方式测量物体长度的过程,体会建立统一度量单位的重要性。

2. 在实践活动中,体会并认识长度单位千米、米、厘米,知道分米、毫米,能进行简单的单位换算,能恰当地选择长度单位。

3. 能估测一些物体的长度,并进行测量。

4. 结合实例认识周长,并能测量简单图形的周长,探索并掌握长方形、正方形的周长公式。

5. 结合实例认识面积,体会并认识面积单位平方厘米、平方分米、平方米,能进行简单的单位换算。

6. 探索并掌握长方形、正方形的面积公式,会估计给定简单图形的面积。

第二学段

1. 能用量角器量指定角的度数,能画指定度数的角,会用三角尺画 30°,45°,60°,90°角。

2. 探索并掌握三角形、平行四边形和梯形的面积公式,并能解决简单的实际问题。

3. 知道面积单位平方千米、公顷。

4. 通过操作,了解圆的周长与直径的比是定值,掌握圆的周长公式;探索

---

① 中华人民共和国教育部. 义务教育数学课程标准(2011年版)[S]. 北京:北京师范大学出版社,2012:18-19,23-24.

并掌握圆的面积公式,并能解决简单的实际问题。

5. 会用方格纸估计不规则图形的面积。

6. 通过实例了解体积(包括容积)的意义及度量单位(立方米、立方分米、立方厘米、升、毫升),能进行单位之间的换算,感受1立方米、1立方厘米以及1升、1毫升的实际意义。

7. 结合具体情境,探索并掌握长方体、正方体、圆柱的体积和表面积以及圆锥体积的计算方法,并能解决简单的实际问题。

8. 体验某些实物(如土豆等)体积的测量方法。

纵观课程标准的要求,测量部分的主要学习内容可以分为这样几个方面:

1. 体会测量的意义,感受测量的必要性。
2. 体会并认识度量的单位及其实际意义。
3. 了解测量的一些基本方法,在具体问题中进行恰当的估测。
4. 掌握一些基本图形的角度、长度(包括周长)、面积(包括表面积)和体积的测量方法和公式。

二、测量的有关知识与教学思考

(一) 测量与度量的概念

谈到测量,难免提及与它相近的几个概念:度量、测度,为此首先对这三个概念进行适当的辨析。

1. 度量

度(duó)(动),指量(长短),如《齐桓晋文之事》:"度,然后知长短";量 liáng(动),指用量器计算东西的多少、长短。因此,度量作为动词是指借助工具知道东西的长短、大小等。如今数学上的度量(dù liàng),是一个名词,指可以"度量"的那个量。因此,**度量就是对事物某个特征进行刻画的那个量。**例如,为了刻画山坡的陡峭程度,可以选择山坡与地面所成的二面角的大小作为度量,也可以用这个二面角的正切作为度量(这就是一般意义上的坡度);再如,为了刻画长方形与正方形的近似程度,可以定义一个所谓的正度(宽与长的比),这个正度就可以看成一个度量。

从这个意义上,度量可能是一个人为的定义,甚至可以不关注具体现实意义,或者说与现实意义有偏差。当然,对于中小学生而言,脱离现实意义学习度量有点荒诞不经,是没有必要的。

2. 测度

测度是一些特定度量的结果。 有些度量的值并不是测度,如正切值;而概率、距离的值是测度。测度,除了度量的要求外,还具有下面的特性:

非负性:其对应的数值非负。距离的值(长度)还能为负的吗?可能性还能为负吗?

可加性:两个独立对象合并起来的测度可加。两个线段合起来,长度可不能缩水呀!长度,本来仅仅是直线段的长度。由于可加后,可以推广到折线段的长度(周长也是长度、一周之长而已)。

可比性:不仅指它们的数值可以比较大小,还要求它们的数值比反映实际意义。如线段甲的长度是线段乙的两倍,表示两个线段乙合并后可以形成线段甲;事件 A 的概率是事件 B 的两倍,确实反映着两者可能性的比值。

3. 测量

测量是利用合适的工具确定某个度量的测度的过程。

广义上讲,用适当的方法(如试验)确定概率的值,也是测量;用适当的方法(如考试)确定学生的学习水平也可以看成测量。但我们习惯所说的测量,往往是指借助可见的工具(如具体的直尺、量角器、测角仪、经纬仪等)进行测量。因此,中小学数学中常见测量的结果多指长度和角度(面积、体积等的测量往往还是一种间接的计算过程)。也就是说,可测量的量一定是测度,但一些测度并不是常规意义上的可测量的量。

我们以最常见的距离为例加以解释。如点和直线之间的距离。

图 6.1 中 D、E、F 三个点,哪个距离直线 l 最近,哪个最远,学生可以凭直觉做出粗略的判断;那么,到底 E 点和直线 l 的距离比 D 点远多少呢?距离到底是多少倍呢?这时直觉可能就已经不够了,需要思考,到底怎么刻画点到直线的距离(这就是说,要建立一个新的度量来刻画点和直线之间的差距);这个新的度量到底如何表示呢?这时,凭直

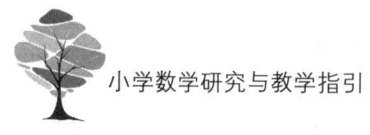

图 6.1

觉和生活经验,学生不难设法从这个点出发向直线引线段,当然,一般会正对着直线引,这就是垂线段,也就是说,希望用垂线段的长短刻画点和直线之间的距离,度量已经建构完成,下面只是需要具体测量出这个度量的值,也就是说测量线段的长度了。

从这个例子中,我们不难感受到,测量可能有两个不同的任务:一是度量

的建构与认识,二是具体度量的测量。

(二) 度量的教学思考

1. 度量建构的原则

(1) 确定性

即对象给定后,按照定义,这个度量也被唯一确定。例如:如果对于两条平行线的距离,我们采用了"夹在平行线之间的线段的长度"作为距离定义就不恰当,因为当两条平行线确定后,这个距离不能被唯一确定。为了使它确定,我们可以增加要求,例如"且与平行线成45°角"。

(2) 优越性

即这样的定义应尽可能方便、自然、简单、便于推广。例如"垂线段"比"和两条平行线相交成45°的斜线段"优越,因为它更特殊、更自然、更方便、更符合人们的经验。

(3) 合理性

即这样的定义符合人的认知规律。例如,我们判断某个长方形是否更接近于正方形。可以规定"以相邻两边的差的绝对值"为度量,显然该度量具有确定性,也比较自然方便,但是对两个相似的长方形来说,我们一般认为两者接近正方形的程度应该相当,但是利用这个定义就不一样了,因此,这个定义就不合理了。

2. 度量建构学习的关注点

任何一个新的度量,实际上,就是给出一个新的定义,利用数量来刻画研究对象的某个特征。度量建构的学习中,需要关注:

感受度量引入的必要性。教学中一般应设计一个情境,在情境中提出问题:如何比较两个事物某个方面的差异,从而引出该度量的研究。如可以呈现下列问题:D、E、F 哪个点到直线 l 距离远一些?引出刻画点到直线的距离的一般性方法。

引领学生经历度量的获得过程,感受度量的原则。具体度量的方法(或定义),不是天然存在的,而是人类的创造,是人类探究的结果,因此,教学中,一般需要引领学生经历一个探究的过程,在探究过程中让学生感受到度量的确定性、优越性、合理性等原则。因此,度量建构学习的常见过程是:问题情境——探究(猜测、交流、验证、确认)——明晰概念——运用巩固。

小学数学有关度量有:两点之间的距离、点到直线的距离、两条平行直线的距离、角度、长度(包括周长)、面积(包括表面积)、体积等。

线段的长度清晰可见,而且学生具有比较线段长短的直觉经验,因此,对于长度,一般不要求经历所谓的度量建构过程,而是直接明确用长度表示线段的长短,下面将重心转向如何选取单位进行测量。角度、面积、体积等度量的处理也类似,都侧重于对度量的认识而不是建构。

但两点之间的距离、点到直线的距离、两条平行线的距离,并不是图中现成存在的,一般可以引导学生进行自主建构。当然,这几个度量的建构还比较简单,探究过程较为顺畅,但也不要忽视这个过程,未来工作中,常常需要对一些事物进行比较,这时,首先需要制定所谓比较的标准和量规,然后借助量规进行数量化,进而比较数量的大小,这就是一个典型的度量建构过程。因此,数学学习中要提供学生这样的学习机会,从而积累相应的活动经验。

如有可能,还可以选择一些稍微复杂的问题,引导学生建构度量进行比较,如下面就是一个较为典型的例子:

如图6.2,右边的方格纸上(方格纸上每个小正方形的边长是1厘米),有三组点:$A_1, B_1, C_1, D_1; A_2, B_2, C_2, D_2; A_3, B_3, C_3, D_3$。你认为这三组点中,哪一组的点相对集中些,哪一组的点相对分散一些?注意,比较两组点的集中状况,可得制定一个适当的标准,请介绍一下你所制定的标准(说明:实际试题中图形是准确的,为了节省篇幅,这里的图有所缩小)。

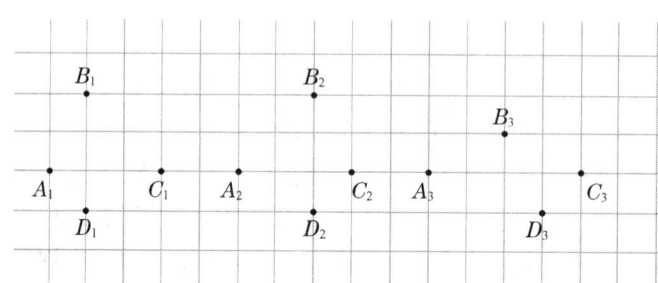

图 6.2

当然,这些对象的特征,不一定都能建立一个大家公认的度量,但这样的自主定义过程,确实有助于发展学生的探究能力。

3. 度量认识的教学思考

正如前面分析的,周长、面积、体积等度量一般不要求学生建构,而是直接结合情境加以认识。在认识了这些度量之后,再将中心转移到如何测量。对于这些度量的认识,我们认为应关注如下几点:

(1) 注意有关度量概念的早期渗透

小学常见的长度、周长、面积、体积等概念,基本都是描述性的,而且学生很小的时候就有相关的生活经验,因此,在正式学习这些概念之前,可以结合其他一些知识点进行渗透。例如,在一年级"比较"中设计了下面的比较长短(图 6.3),实际上已经渗透了长度的概念。学生面对这样的问题,可以凭直觉进行判断,也可以从形的角度进行直接比较,相信也会有学生从数的角度进行比较。教学中,教师可以进一步追问:"三个小蚂蚁分别爬了几格,你是怎么知道的? 试着说给同学听听。"实际上,前面的问题中就已经渗透了长度的概念,最后的问题中则可以形成用一格作为单位测量长度的经验。

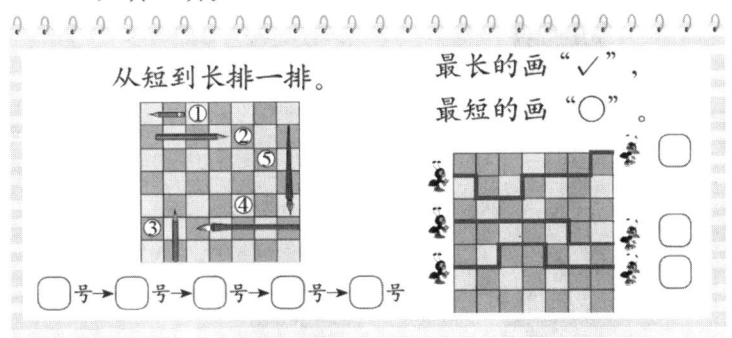

图 6.3

在乘法学习时,可以设计下面的问题,渗透面积概念。类似地,也可以通过数立方块渗透体积的概念。

图 6.4 中阴影部分占的地方是一个小正方形的多少倍?

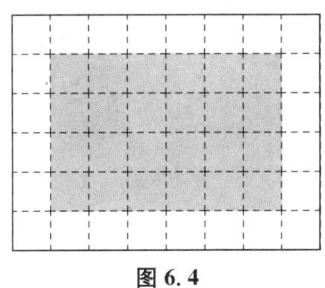

图 6.4

(2) 度量概念的学习建议从一般图形开始

现在,多数教材中都是先从一般的不规则图形入手认识这些度量的(如图

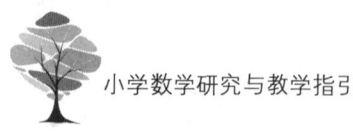

6.5)。道理也很简单,一般图形更能凸显这些概念的本质;一般图形的这些度量的测量,不会马上指向所谓的公式计算,只能寻求更具一般意义的方法。例如,一般意义上的周长,只能用描、滚、绕等方式进行,在这样的过程中可以更好地感受周长的概念;一般意义上图形的面积,可以更好地指向于借助较小的方格(单位)进行测量,这是解决面积问题的通法,这样的过程可以更好地凸显学生分析问题、解决问题的过程,提升学生的解决问题活动经验。

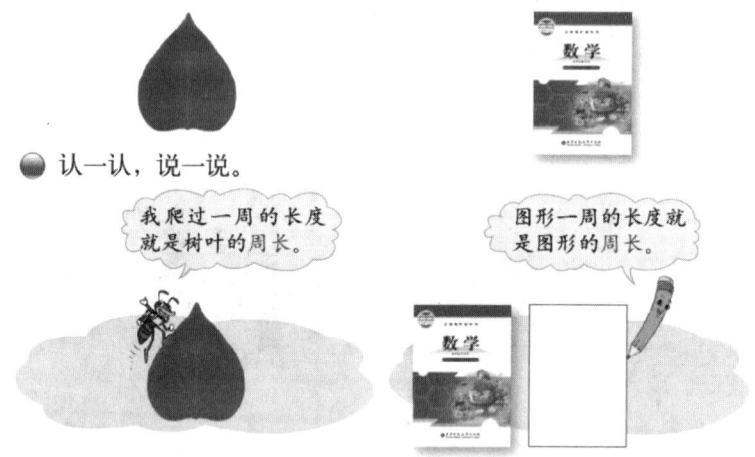

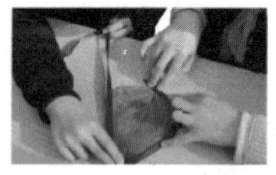 

图 6.5

(3) 注重结合生活情境感受度量的意义

教学中要注意结合具体的生活情境让学生感受到学习新知的意义,从而更好地加强数学与生活的联系。例如,对于周长,可以设计成下面的情境:班级要组织活动,需要适当布置一下教室环境,小朋友们准备给黑板边框做一定的装饰,最后选定了某种样式的花边,那么,需要买多长的花边呢?通过这样的活动,让学生在问题解决过程中自然过渡到周长的学习,感受到周长在生活中的现实意义。类似地,对于表面积,务必设计一些具体的情境,在情境中需要确定表面的总的面积,从而自然地引出表面积的概念,例如,给某个圆柱形的积木的表面涂上油漆,给某种物体外面包上纸等。

(4)注重在活动中理解有关度量的概念

小学阶段,长度、周长、面积、体积等概念,基本都是描述性的,并不需要给出所谓严谨的定义,正如上面教材中,"我爬过一周的长度就是树叶的周长""图形一周的长度就是图形的周长"。有的教材没有给出面积概念,有的教材给出这样的面积概念:物体的表面或封闭图形的大小,即它们的面积。表面积也不是什么新的概念,顾名思义,就是物体表面的面积的和而已,通过具体情境学生不难理解。对于这些概念,不要纠缠于定义本身,更不要纠缠于一些词语(如,不要做这样的题目:图形____的长度叫作图形的周长),而应关注对这些概念意义的理解。例如,对于周长的概念,学生看到的平面图形往往是"实心"的,也就是说学生看到的多是平面图形,而非边界,因此,教学中应注意让学生沿着图形的边界具体地"走一走",在这个活动中感受一周的长度就是周长。

在这些概念的第一课时,绝对不要吝啬学生活动的时间,学生只有充分活动,才能对这些概念形成深刻的感受,但也不是一味地重复活动,需要设计灵活多样的活动形式,既可以更好地激发学生的兴趣,又可以形成不同形式的感受。如,对于周长,可以设计摸一摸、走一走、看一看、想一想、测一测等活动,通过手、脑、眼等多个器官形成对于周长的直观感知。

案例 6.1:"认识周长"教学设计

山西省运城市临猗县楚侯乡李汉小学 陈 亮

【教学内容】

北师大版三年级上册数学 P44"认识周长"。

【学习目标】

1. 通过观察、操作(摸一摸、画一画)感知图形的周长,认识周长。

2. 通过实践操作,探究周长的测量策略,培养学生合作意识以及观察、概括的能力。

3. 结合具体情景,感知周长与实际生活的密切联系。

【重、难点】

理解周长的意义,学会探索图形周长的测量方法。

【学前准备】

课件,圆形、长方形、五角星形硬板纸、树叶、绳子、直尺、软尺等工具。

【教学过程】

活动一:情境导入,明确目标

今天老师给大家带来了一段精彩的动画,一起来欣赏一下。

秋天到了,一片片树叶从树上飘落下来,一只小蚂蚁爬到树叶上,这只小蚂蚁特别爱运动,你看,它已经做好充分的准备活动了。

大家仔细来看,这只小蚂蚁是怎样运动的?(课件出示小蚂蚁沿着树叶的边界爬行的动画)

你们也想跟着小蚂蚁一起运动吗?伸出你们的小手,随着欢快的音乐和小蚂蚁一起爬一爬。

小蚂蚁又运动了一圈,你能用一句话说一下,小蚂蚁是怎样运动的吗?

对,沿着树叶边缘爬了一圈。

我们把树叶边沿的这条线叫作边线。老师把红色边线展开,红线的长度就是树叶的周长。

今天就请同学们跟随着老师,一起走进奇妙的周长世界。板书:周长。

出示学习目标,学生齐读。

活动二:认识周长

在我们这个世界里,周长,可以说无处不在,到处都是,让我们一起去看看吧!请看大屏幕!

1. 看一看、画一画

(1) 演示国旗的周长(这是我们伟大祖国的国旗——五星红旗,它是我们国家的象征,我们的自豪。伸出小手一起画一画。)

(2) 演示金牌的周长(这是五项全能的金牌,让我们画一画它的周长,希望同学们也能做个全面发展的学生。)

(3) 演示鸽子周长(鸽子象征和平,一起画一画,祈祷世界和平。)

2. 说一说

刚才我们认识了很多物体的周长,那么,谁用自己的话来说一说,什么是周长呢?我们可以用这样的句式来说:(　　)一周的长度就是(　　)的周长

(板书)。谁来试一试?以鸽子为例,什么是鸽子的周长?金牌的周长呢?红旗呢?

师:边线超过一圈是一周吗?边线不到一圈是一周吗?

生:……

师:所以图形要首尾相接,沿边线画一圈,不能超过,也不能有缺口,明白了吗?

3. 找一找、摸一摸

下面我们来做个游戏:找周长(3分钟)

课件出示要求:请同学们在我们身边找一找物体,然后摸一摸(离我们最近的数学书、文具盒和课桌等),同桌说一说它的周长。

学生展示,教师评价,"同学们举的例子都非常好,说明大家都是善于观察的孩子",然后进行小结:我们把这些物体统称为图形,请同学们再说一说什么是周长?(齐读)

活动三:测量周长

1. 四人小组合作,探究测量方法(5分钟)

师:那图形的周长到底有多长呢?如何去测量?用什么工具测量?

大家想不想亲自动手量一量图形的周长?下面请同学们根据自学提示来研究测量的方法。自学提示(5分钟):

(1)拿到物品后,先在小组内商量用什么工具测量最好,然后再利用工具试一试。

(2)合作时要明确分工,互相配合。

(3)汇报:你测量的是哪个物体的周长?你是怎样测量的?

物品有长方形、五角星、圆形纸片和边界平滑的树叶一个。

活动后,学生上台演示完成情况(一般有两种方法:用直尺量或用线绕一圈再测量长度),然后教师引导学生对方法进行比较归纳。

师:刚才测量周长时,老师发现有的同学直接用直尺就可量出图形的周长,而有的同学先用绳子围一周,再用尺子量出绳子的长度才得到图形的周长。什么样的图形就可以直接用直尺量?什么样的图形得先用绳子绕一绕,再量出绳子的长度?

生:像五角星、长方形都有直直的边,就可直接用直尺量,像圆形、树叶是弯的,就得先拿绳子绕一圈。

2. 小结

师：一个图形的边比较平直，就可以直接用尺子来量它的周长，没有直直的边，就得先用绳子绕一周，再用尺子量它的长度。

3. 再次测量激趣

师：那老师想知道自己的腰围是多少，谁来帮老师量一量？

活动四：练习拓展

同学们在课堂上的表现很精彩，对周长也有了一定的了解，也知道测量不同物体要选择不同的工具。下面老师来考考你们。有没有信心接受挑战？

1. 小判官：下面图形的边线画的对吗？（指名回答）

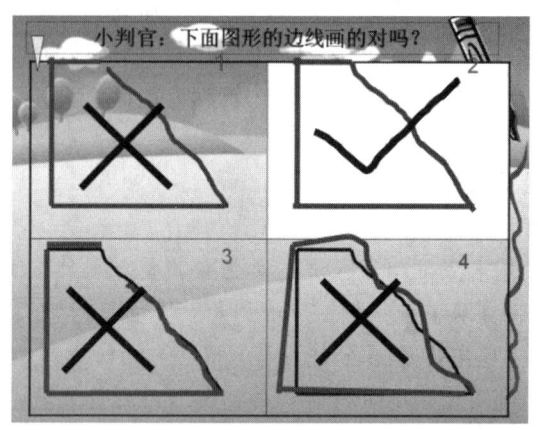

2. 蜗牛沿着图形的边线走一周，请将它们走的路线画出来。（书上第1题独立完成，集体订正）

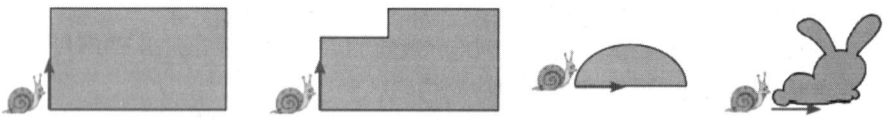

3. 下面图形的周长是多少？（学生抢答）

出示三个图形以及相应的长度，让学生抢答。

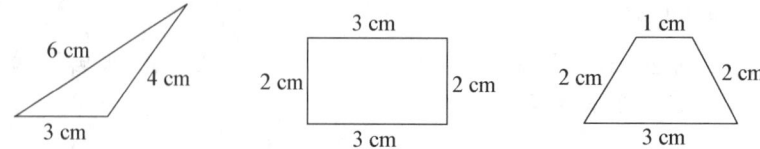

4. 同学们,学习这么长时间,老师给你们讲一个故事来放松一下吧。

出示课件:小黄和小白是一对好朋友,有一天小黄对小白说:"我们赛跑吧,你围着右边的这块草地跑,我围着左边这块草地跑,看谁先跑完一圈,好不好?"小白说:"那不公平,你跑的路程短,我跑的路程长。"小黄说,"不对,我们跑的路一样长啊。"小白不相信,于是两位好朋友吵了起来。到底谁说的对呢?你能给他们评评理吗?

先小组讨论,然后进行班级汇报与评点。

活动五:课堂小结(略)

(三) 测量的教学思考

小学阶段常见测量的量有长度(以及衍生出来的周长、面积、体积等)和角度。对于这些量,现在已经形成了较为完善的测量工具和完整的测量体系,但从人类历史上看,还是经历了一个漫长的过程。测量,一般会经历:

自定单位。建立自己的测量单位,实际上也就建立了自己的测量体系,但不同体系之间存在交流的困难。

形成公用单位,促进不同系统下公用单位的统一。为了交流的需要,产生了公用的单位,形成公用的测量系统。

间接测量和计算。形成测量单位、制作测量工具,还是希望借助工具进行直接测量,数学发展还需要形成一些间接的测量方法和相关的测量公式等(如面积、体积的公式)。

因此,测量学习包括下面几个任务:

1. 鼓励自定单位进行测量

测量本质上就是被测量与测量单位之间的对比,用测量单位去度量被测量。因此,测量的首要任务就是选取测量单位。在人类早期,常常自发地借助身边常见的物品或者身体上的一部分作为比照的标准即测量单位,因此,就有了所谓的搾、庹、步、脚(英国的英尺 feet)等这些随身的单位。教学中应注意引导学生寻找自己的尺子或者周围的尺子(如地砖的长度等)。学生有了一把自己的尺子,就可以随身随地进行测量活动,这样就可以丰富学生测量活动的经验,同时在这样的活动中,学生会认识到更多物品的长度,也会调整自己对于物品长度的估计,从而形成比较好的数量直觉。

2. 体会建立统一单位的重要性

课程标准在第一学段要求"结合生活实际,经历用不同方式测量物体长度的过程,体会建立统一度量单位的重要性",这个要求对于面积、体积的单位同样适用。

只有建立了统一的度量单位,才能进行交流。秦始皇统一中国后,首先统一了度量衡;英国皇室为了全国交流的方便,规定当时皇帝的脚长为一英尺,并沿用至今。当然,如今国际交流中,统一使用了米作为长度的单位,并制作有国际米原尺作为标准。因此,教学中,应为学生提供必要的机会,鼓励学生选用不同的方法进行测量,并在互相交流中发现单位的选择对测量结果的影响,进而体会到建立统一的度量单位的重要性。例如,在感受到长方形的面积可以用小的单位去度量后,一位老师事先准备了两张相同的长方形纸片,其中一张被分成6个长方形,其中一张被分成8个长方形,课堂上教师依次拿着两张纸片,问学生哪个大,因为并没有将这两张纸同时出现,学生多数直接数上面长方形的个数,认为后面那张纸片大,然后老师将两张纸片重合,发现原来一样大,通过这个活动,学生很好地感受到度量面积大小时,需要确定一个统一的单位。

3. 把握测量单位的实际意义

长度(面积、体积)单位不是一个抽象的概念,而对应着一个个具体的量,教学中要引导学生通过活动对这些量形成感受,这样的感受将成为正确的数量感的重要经验基础。只有把握了单位的实际意义,形成对单位的切身体验,学生才能对具体实物进行"量"的估计,才能根据具体的情境选择适当的度量单位。

例如,为了对1厘米形成较为正确的感受,可以安排下面的活动让学生自主建立各种面积单位的印象①:

① 闭眼想一下1平方厘米(分米、米)的大小。

② 用手比画一下1平方厘米(分米、米)的大小。

③ 用手摸一下1平方厘米(分米、米)的正方形大小。

④ 找找身边哪些物体的表面大小是1平方厘米(分米、米)。

⑤ 在作业本上画一个1平方厘米(分米)大的正方形。

---

① 严虹. 面积、体积的概念与单位教学研究[M]. 北京:教育科学出版社,2014:104.

此外,还可以将身边的物品与平方厘米之间建立联系,如,一个橡皮大约几平方厘米,手边的一张便笺纸、文具盒呢?

4. 在具体情境中选择恰当的工具、单位和方法进行测量

测量是从人类的生产、生活实际需要中产生的,学习测量的目的是为了实际的应用。在明确实际测量的对象后,选择恰当的度量单位、测量工具和方法,关系到测量是否方便、可操作,影响着测量结果的准确程度。例如,测量跳高的高度用厘米作单位,测量操场的长度用米作单位,测量两个城市之间的距离用千米作单位,教室的面积较为恰当的单位是平方米,书本一般习惯用平方分米,南京市区的面积自然需要平方千米了。再如,可以用学生用的小三角板测量文具盒、书本、学桌的长度,但用小三角板测量黑板、教室的长度就不方便了,而用直尺或者小三角板测量一张纸的厚度,则需要寻求可行的方法了。教学中,要引领学生在亲身实践中积累选择度量单位、测量工具和具体方法的经验。例如,如何测量教室、操场的面积;如何测量一个高楼、小山的高度;在只有直尺的情况下,如何快捷地借助教室内部的特征测量教室的面积;借助地图,如何估计南京市的国土面积,如何估计两个地方之间的最短行车距离,等等。

5. 重视估测及其简单应用

生活中,有时不需要有时也不可能进行精确测量,因此,估测具有很好的现实意义。估测既是一种意识,也是一种能力。估测可以形成对空间量的较为精准的感受,从而可以很好地发展学生的空间观念。

发展学生的估测能力,需要对测量单位实际意义的准确把握,需要具有测量单位的选择能力,当然,更需要了解适用哪个估测方法,在具体的测量活动中,通过估测结果与实际结果的比对,形成较为精准的数量直觉,掌握较为科学的估测方法。

《课程标准(2011版)》的案例33是一个很好的例子。

图6.6中每个小正方形的面积是1,估计曲线所围成的图形的面积。

在这个案例中,对于处于边界上的正方形如何处理,可能有很多方案。如较为粗略的做法是,每个处于边界上的正方形都算半个;可以估计一

图6.6

下是否超过半个,超过半个算1个,少于半个忽略不计;还可以对每个处于边界的正方形进行大致的估计,凭自己的感觉精确到小数点后一位,然后相加。

这个案例,已经有了方格作为背衬,更实际的问题中,方格背衬需要自行添加,如根据南京城区图估测某个不规则区域的面积,这对学生更具挑战性,当然,也可以更好地发展学生的估测能力。

6. 探索并掌握规则图形的周长、面积和体积公式,并能应用公式解决实际问题

对于规则图形(正方形、长方形、平行四边形)的周长,教材中给出了公式,但这些公式比较简单,只是原有各个量合并同类项而已,因此,即使学生记不得也不要紧,只要回忆图形特征,一般即可得到。周长中,对学生最具挑战性的是圆的周长。

圆的周长,顾名思义,就是圆一周的长度吗?可圆周是弯的,怎么量长度呢?学生根据自己的生活经验不难想到下面一些方法:用细线绕圆一周,拉直后测量所绕线的长度;或者用软尺绕圆一周,直接测量圆的周长。上述过程也可以转化为圆沿直线滚动一周(如图6.7)。所以,在一些教材中,给出了这样一个测量圆的周长的"滚动法",将圆周长转化为线段的长度。不管哪一种方法,都是"化曲为直",化未知为已知。教学中要注意让学生在现实生活情境中通过操作、想象经历绕圆一周的过程,将圆周长的概念形象化。这既有助于理解圆周长的概念,也为在实际问题(如汽车、自行车的运行速度与轮子的半径以及轮子转动速度之间的关系)中运用打下基础。

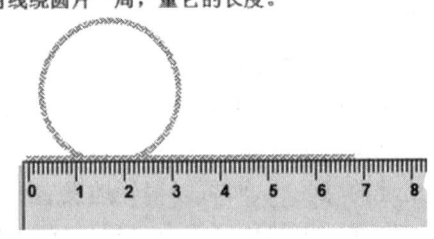

图 6.7

关于圆的周长公式 $C=\pi d$,很多老师和教科书直接要求学生测量周长和直径,然后求这两者之间的比值,但本探究最关键的问题是:为什么求两者的比值而不求其他形式呢?也就是说,这里应注意引导学生感受周长与直径、半径之间的比例关系,在感受了关系的基础上再计算它们的比值。为此,圆周长的探究学习可以大致按照下面的程序展开:

(1) 问题导入。通过实际问题,感受测量圆周长的必要性。

(2) 测量周长。上面的问题就是要求圆一周的长度——周长,问题是圆

的一周是弯的,怎么测量呢?引导学生自主探究测量方法,并结合一个圆具体测一测,然后班级交流。

(3) 反思提升,引发探究。遇到圆的周长,我们都这么测一测,是不是太麻烦了?何况有时还不好操作,怎么办?对,我们需要探究周长的计算公式。

(4) 思考定向。引导学生思考,确定圆的大小有哪些量,圆的周长与哪些量有关?学生不难发现周长与半径、直径有关,确定了直径,就确定了圆,也就确定了周长,从而将目标定向于研究周长与直径的关系。

(5) 初步感知周长与直径的关系。要研究周长和直径的关系,先得有研究的素材呀!我们不妨多画几个圆,分别看看它们的周长和直径是多少。当然,为了研究方便,画图的时候不妨将直径取成整数厘米。具体画一画、量一量,并填写下表。

序号	直径 d	周长 C
1	1 cm	
2	2 cm	
3	3 cm	
4	4 cm	
...		

在学生测得这四个圆的周长,并填表后,引导学生交流。学生交流中可能会有下面一些结论:

随着直径的增加,周长也变大了;

直径每增加 1 cm,周长约增加 3.1 厘米;

周长约是直径的 3 倍多一点。

(6) 验证周长与直径的关系。学生得到猜想"周长约是直径的 3 倍多一点"后,引导学生具体算一算周长和直径的比值,发现比值基本固定,大约是三点一九。

(7) 明晰结论。周长和直径的比值是一个常数,用 π 表示,因此,有公式 $C=\pi d$, $C=2\pi r$, 其中 $\pi=3.14\cdots$

对于规则图形的面积、体积公式的探索,主要应关注其中的化归思想,也就是说将需要研究的图形转化为已经研究过的图形。(表面积只是表面各个面积的和而已,因此,表面积的有关公式也不是什么新知识,只要结合情境理解表面积的意义即可。）

案例 6.2：面积学习的顺序和蕴含其中的化归思想

图 6.8 是面积学习的结构图,其中⇨表示学习的顺序,⟵表示研究时转化的方向。

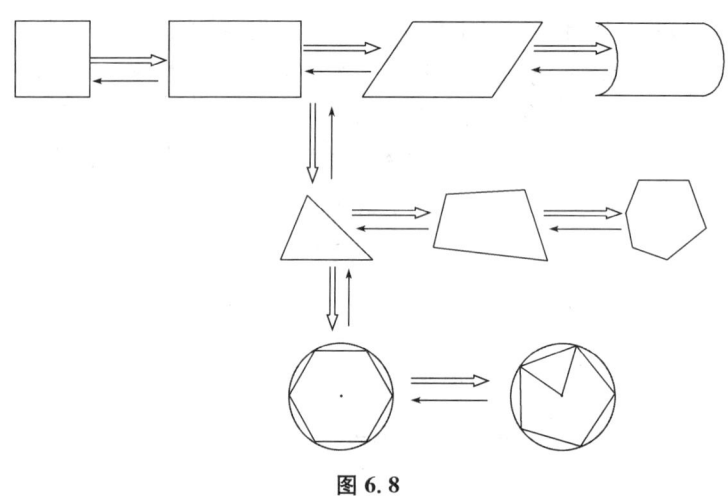

图 6.8

具体地,对于其中某一种图形面积的探究学习,一般应经历下面几个过程:情境引入,点明课题;回顾经验,思维定向;自主探究,形成猜想;验证确认,明确结论;变式运用,巩固新知。下面以平行四边形的面积为例加以说明。

案例 6.3：平行四边形的面积公式

活动一：情境引入，点明课题。

设计一个实际的问题情境,从中引出需要研究某个平行四边形的面积。一般地,需要研究平行四边形的面积公式(点明课题)。

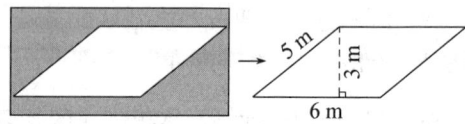

如图,公园准备在一块平行四边形的空地上铺上草坪。

● 如何求这块空地的面积？说一说你的想法和理由。

例如,北师大版教材给出了上面的情境,引导学生研究平行四边形空地的面积(当然,教材已经给出了高,可能希望给学生某种暗示)。教学中也可以直接由类似的情景点明课题:"本学期需要研究平行四边形的面积,今天我们就学习研究一般的平行四边形的面积。"

活动二:回顾经验,思维定向

你认为影响平行四边形大小的量可能有哪些?

活动三:自主探究,形成猜想

(1) 长方形的面积等于长乘以宽,那么,平行四边形的面积等于两个邻边的长度的乘积吗?

也就是说,上面的平行四边形的面积等于5乘以6吗?不妨放到方格纸上看一看。

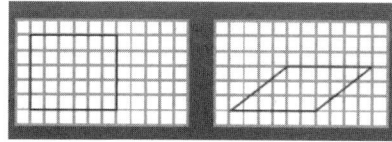

显然,平行四边形的面积小于5乘以6。

(2) 这个平行四边形的面积到底等于多少呢?在方格纸上具体做一做,与同伴交流。

学生不难得到平行四边形的面积是18,在同伴交流的过程中追问学生的具体方法和道理,引导学生从左右两边拼凑的角度进行解释。

活动四:验证确认,明确结论

上面有方格纸作为背衬,我们发现,平行四边形的面积等于底乘以高,如果没有方格纸作为背衬,你能验证这个猜想吗?

你能将平行四边形剪拼成前面学习的长方形吗?

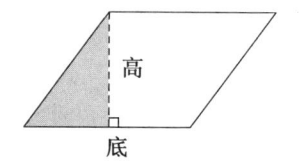

在此基础上,得到:

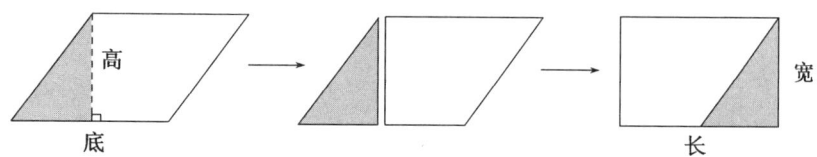

进而明确公式。

活动五:变式运用,巩固新知

(1) 在方格纸上画 3 个等底等高的平行四边形。(每个小方格的边长表示 1 cm)

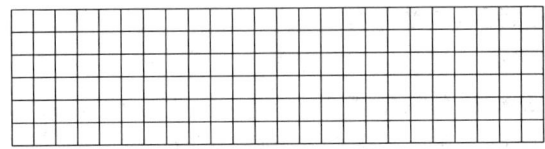

① 你是怎么画的?与同伴交流。

② 它们的面积一样吗?说一说你的理由。

(2) 求下列各平行四边形的面积

①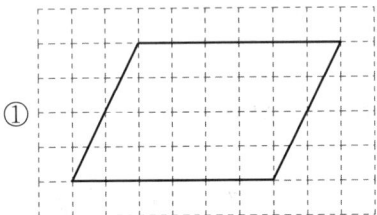

②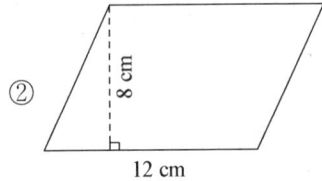
8 cm
12 cm

③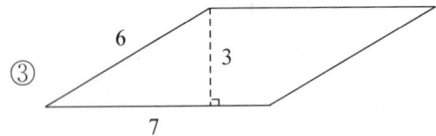
6
3
7

④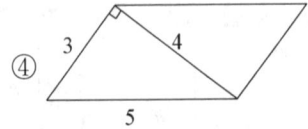
3
4
5

变式:求④中长度为 5 的这条边上的高。

(3) 一个平行四边形广告牌的面积是 12.8 m²,高是 0.8 m,这条高对应的底边长是多少米?

第二节　相关问题研讨

一、距离的本质

(一) 距离的本质

中小学阶段研究的距离很多,有两点距离、点线距离、点面距离、线线距离、线面距离、面面距离等。这些距离分别是如何定义的?这些距离之间有怎样的联系,距离的本质如何?

除了两点距离之外,其他距离中都有"垂线段"。那么"作垂线,找垂线段"是其共同的本质吗?这就促使我们思考,任意两个几何对象(点的集合)之间的距离,都用到垂线段吗?

如图 6.9,平面上两个点集 A、B 的距离,感觉好像没有垂线段可言。因此,垂线段也许并不是距离的本质。我们不妨思考垂线段的特点,不难发现,垂线段是两个点集间连线的最小值。实际上,"最小值"才是距离的本质。显然,最小值满足了定义的"唯一确定性、优越性和合理性",同时也顺应了距离的未来发展。

一般地,研究两个点集距离时,从两个集合中各取一个点形成线段,然后用这些线段长度的最小值作为两个点集的距离。

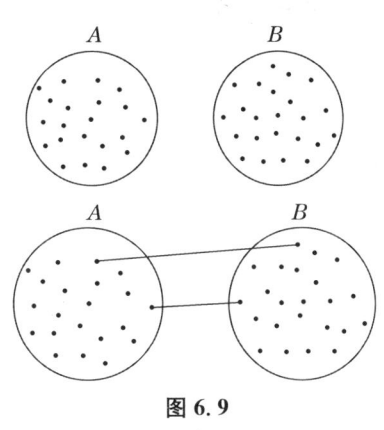

图 6.9

更广义地,生活中很多距离都是最小值,如两个城市之间的距离,由于路网条件的限制,并不是两个城市的直线段长度,而往往在两个城市间的道路网中找出一个最短路,将这条最短路的长度作为两地的距离;当然,也可以考虑路况因素,将两个城市之间的最短车程作为两个城市之间的距离;考虑环保因素,将汽车能耗的最小值作为两个城市之间的距离;甚至综合考虑各项因素,构建一个兼顾几项因素的函数,将使得函数取得最小值的路网作为行车路线,并将这个函数最小值作为两地的距离。总之,垂线段内蕴的最小值更好地反映了距离概念的本质。

(二) 教学启示

教学中应注意揭示这一本质,为后续发展打下基础。如,在概念得到之后,马上引发学生思考这个线段的长度有什么特点,与其他线段的长度有什么关系,通过教师的追问或者适当的题目练习,揭示这个本质。

二、三角形面积的探究方法

(一) 探究方法

正如前面所分析的,三角形是平面几何中最基本的图形,至少三个点才能形成封闭的平面图形,所有的多边形都可以分解为若干个三角形,平面曲线型的面积也是通过直线型的面积来逼近的。因此,三角形的面积是平面图形面积学习中一个十分重要的节点。

三角形面积的研究,自然还是转化为前面已经学习过的长方形、平行四边形。如何转化呢?下面是一些可能的做法:

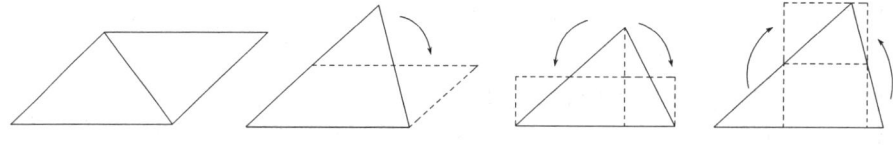

图 6.10

教学中可以引导学生设法将三角形纸片剪拼成平行四边形或者长方形,思考有哪些拼接的方法,可以得到哪些结论。

(二) 教学困惑

实际教学中,老师们可能有几个疑虑:

1. 双拼的方法,学生怎么想得到

第一个图形的方法,相对于其他方法较为独特。如果没有明确的提示,学生一般不会想到拼的方法。因为,一般而言,是希望将现在的三角形变化为和它等积的平行四边形或矩形,一般想不到用两个拼成双倍的平行四边形。这个问题有几种可选的处理方式:(1) 在前期进行拼图的渗透,如认识平行四边形、三角形等图形时,进行有关图形相互关系的渗透;(2) 引导学生思考,平行四边形和三角形有哪些关系,能否通过拼接三角形得到平行四边形,直接引导

过渡到这种方法;(3)在探究的时候不引导学生研究双拼,在后面的习题中展现"双拼"的图形,要求学生尝试进行解释。

2. 这些剪切、拼接后的图形真的是长方形、平行四边形吗?

这是不容置疑的,利用初中的知识完全可以证明。当然,小学阶段就没有必要如此吹毛求疵了,只要学生能够从直观上感知即可,绝对不要引发学生这样的思考。实际上,在下面的案例中,学生借助方格纸应该能够确信这个结论,不会有多少疑虑。

3. 学生能自主得到这些拼接方法吗?

学生是否能想到这些拼接方法,完全依赖于学生先前活动经验的基础。如果学生先前从事过图形剪拼等活动,具有一定的经验基础,还是可以想出这些方法的。因此,首先建议小学阶段要引导学生多从事有关图形变换、剪拼等实践活动。这些活动的目的,绝不仅是为了现在可以进行所谓的剪拼,而是希望更好地认识图形相互之间的关系,更好地积累相关活动的经验,发展学生的空间观念。当然,如果学生先前的活动经验不甚丰富,确实可能有一定的困难。这时,方格纸是一个比较好的载体。在方格纸上,学生可以比较清晰地看出三角形的水平放置的边和竖直方向的宽度——高,也可以很好地看到面积单位——小正方形,看出三角形中包含了多少个完整的小正方形,边界上还有哪些小正方形等。这样,学生可以通过拼补等多种方式借助方格纸得到三角形的面积,进而还可以据此形成关于三角形面积的猜想。

(三) 教学设计案例

案例6.4:三角形面积公式探索(片段)

回忆旧知

提问:前面我们学习过哪些图形的面积,还记得这些图形的面积公式吗?还记得平行四边形面积的探索过程吗?

引导学生回忆公式、公式推导过程以及其中蕴含的化归思想,为后续探究提供经验。

引发猜想

提问:下面几个图形(图略)的面积哪个大?你们认为三角形的面积可能与什么有关?

引发学生猜想,三角形的面积可能与三角形的边和宽度(高)有关,聚焦探究方向。

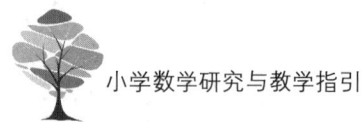

自主探究

如图,方格纸上小正方形的边长是1,请设法依次求出这些三角形的面积,并与同学交流各自的结果与方法。

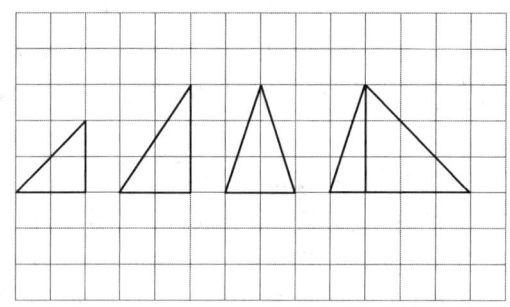

在学生交流后,请学生填写表格,并猜想可能的面积公式:

序号	水平的底边	竖直的高	三角形的面积
1			
2			
3			
4			

猜出面积公式后,不妨再在方格纸上画一个底边水平的三角形,验证一下自己的猜想。

反思提升

如果不借助方格纸,你还能验证上面的猜想吗?你能否将这些三角形通过适当的剪拼转化为先前学习过的长方形和平行四边形呢?

由于有了基于方格纸的活动经验,相信学生一定可以得出上面的这些图形。

三、圆的面积与周长的关系

通过高等数学的学习可以知道:体积(三维)可以看成面积(二维)的积分,面积(二维)看成长度(一维)的积分;长度看成面积的微分,面积看成体积的微分。例如圆的周长(一维)实际上是面积(二维)的微分。具体说明如下(如图

6.11)：

设半径为 r 的圆的面积 $S=\pi r^2$，则当半径增加 Δr 时，面积的增量 $\Delta S = \pi(r+\Delta r)^2 - \pi r^2 = \pi(2r+\Delta r)\Delta r$，而 $\lim\limits_{\Delta r \to 0}\dfrac{\Delta S}{\Delta r} = \lim\limits_{\Delta r \to 0}\pi(2r+\Delta r) = 2\pi r$，即 $S'(r) = 2\pi r =$ 圆的周长。

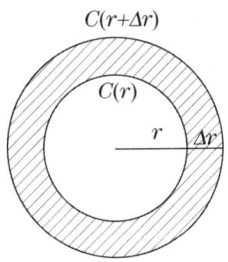

图 6.11

反过来，也可以利用圆的周长公式积分得到圆的面积公式。如图 6.12，将区间 $[0,r]$ 分为 n 个小区间，每个小区间的长度为 $\dfrac{r}{n}$，则圆被分为了若干个圆环，每个圆环的面积都近似于其内侧圆的周长乘以小区间的长度。

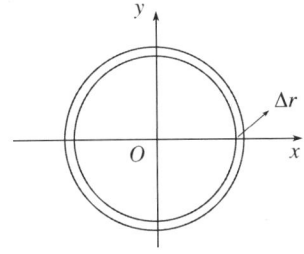

图 6.12

于是半径为 r 的圆的面积

$$S = \lim_{n\to\infty}\sum_{i=1}^{n} 2\pi \frac{i-1}{n}r \cdot \frac{r}{n} = \lim_{n\to\infty} 2\pi \frac{r^2}{n^2}(0+1+2+\cdots+n-1)$$

$$= \lim_{n\to\infty} 2\pi \frac{r^2}{n^2} \cdot \frac{n(n-1)}{2} = \lim_{n\to\infty} \pi r^2\left(1-\frac{1}{n}\right) = \pi r^2$$

也可直接用积分的形式说明。$\Delta S = \pi(x+\Delta x)^2 - \pi x^2 = \pi(2x+\Delta x)\Delta x$，$S = \int_0^r 2\pi x \mathrm{d}x = \pi r^2$。

四、周长可以等于面积吗？

有人说,可以呀,你看,如果一个正方形的边长是 4,那么它的周长和面积都是 16,这个正方形的周长和面积不就相等了吗？

显然,这个说法是错误的。

首先周长和面积是两个不同度量,不同的度量无法相等。实际上,这样说可能是由于我们很多时候习惯于脱离原有的背景,完全从数字上考虑问题。实际上,应该说周长反映的是长度,其单位是米、厘米等反映长度的单位,而面积反映的图形占据二维空间的大小,其单位是平方米、平方厘米等,两者无法比较大小。

五、周长"限制"了面积的扩张

周长和面积是从不同的维度反映图形特征的量,对于一个具体的图形而言,这两个量有一定的联系。但不针对具体图形,这两个量没有明确的关系,你不能说,"周长变大了,面积也会相应变大"。当然,如果图形的形状确定了(也就是说相似的情况下),图形的周长变大,相应的图形各部分也都会变大,面积自然也变大了。

周长确定后,图形的面积会受到一定的范围限制。数学上可以证明:周长一定的平面图形中,圆的面积最大。

这一定理也称为等周定理,三维空间对应的等周定理是"在表面积相等的立体图形中,球的体积最大"。

这一结论早已为人所知,但要严格地证明这一点并不容易。首个接近答案的步骤出现在 1838 年,雅各·史坦纳以几何方法证明若答案存在,则答案必然是圆形。不久之后他的证明被其他数学家完善。1901 年,赫尔维茨凭傅里叶级数和格林定理给出一个纯解析的证明。

下面是两个相对初等的直觉的"证明"。

思路 1:从学生易于研究的多边形入手。

三角形的情形,可以计算,可以严格说理。如果计算,可以给定周长(例如 12 厘米),请大家分别计算几个三角形,看看是否是正三角形面积最大。严格说理的过程如下:

三条边都在变,不方便考虑,假设固定其中一条边 AC,那么另两边长度和也确定了,但顶点 B 在变化,操作发现 B 在一个封闭的曲线上运动,这个曲线是对称的(以 A、C 为焦点的椭圆),直观可见,当 $AB=BC$ 时,$\triangle ABC$ 的面积最大。这就说明了面积最大时,AB 必等于 BC,同理,BC 必等于 AC,因此,面积最大时必是正三角形。

如果顺着这一思路拓展下去,很容易得到 n 边形中正 n 边形面积最大,如图 6.13,面积最大的图形中 $AB=BC$,依此类推该多边形所有边长都相等。

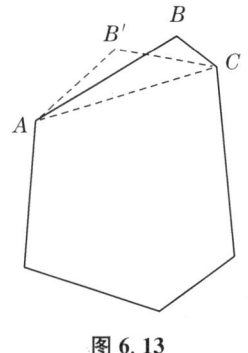

图 6.13

边数	边长	面积	面积公式 (L 表示周长)
三	4	6.928	$\frac{\sqrt{3}}{36}L^2$
四	3	9	$\frac{1}{16}L^2$
六	2	10.392	$\frac{\sqrt{3}}{24}L^2$
…	…	…	…

那么在正多边形的情况下,几边形的面积最大呢?当然,学生可以具体地算一算,如可以要求学生填表(周长都是 12 的正三角形、正方形、正六边形等,哪个面积最大),感受到,边数越多,面积越大。实际上,下面的策略颇有创造性:把正 n 边形看作一个非正的 $n+1$ 边形,这时有 n 条边长都是 a,另外一条边长为 0($n+1$ 边形的两个相邻顶点重合了)。应用前面的结论,正 $n+1$ 边形的面积比等周长的非正 $n+1$ 边形的面积更大,因此我们有结论:两个等周长的正多边形,边数越多的面积越大。

至此,学生自然感受到:面积最大的图形应是"当 n 无限增加时的正 n 边形",非圆莫属了。

思路 2:从圆的整体性质"对称性"考虑。

分析面积最大的图形具有什么特点,显然,这个图形是凸的、对称的。因此,只要解决半周长问题:半周长确定时,得到图形的"面积"什么时候最大?当然,就是要证明这时半圆的面积最大了。半圆有什么特点?半圆上一点对直径的张角都是直角!因此,只要说明曲线上的任何一点 O 对 AB 的张角都是直角即可。

若不然,$\angle AOB$ 不是 90 度,调整 $\angle AOB$ 接近 90 度时,$\triangle AOB$ 的面积会更大,达到 90 度时,面积达到最大(如图 6.14);而在此过程中,图中的阴影部分面积(以及弓形的弧长)都没有变化,因此调整后图形的面积变大了。这就说明,面积最大时,上面任一点对 AB 的张角都是 90 度,这个图形只能是半圆。

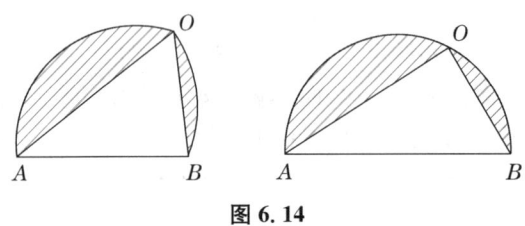

图 6.14

这一原理在物理世界有很多运用,对应的物理学原理是:最小作用量原理。

一个直观的表现就是水珠的形状,在没有外力的情况下(例如失重的太空舱里),水珠的形状是完全对称的球体。这是因为当水珠体积一定时,表面张力会迫使水珠的表面积达到最小值。根据等周定理,最小值是在水珠形状为球状时达到。

类似的现象很多,可以引导学生感知:

吹肥皂泡时,肥皂泡如同小球在空中飞舞;

早晨的露珠,在荷叶上滚动,细小如同球形;

宇宙空间,太阳、地球、月球、行星等,都自然地形成球形或者近似于球形;

向日葵的种子排满了盘的表面,这些种子"撑"出了一个圆形;

用柔软的细绳捆扎一束细杆,捆出的近似于圆形。

甚至亲身试验感受:

将一条固定长度的柔软细绳两端接起来,形成一个封闭曲线,将它轻轻地放在一个蒙有肥皂膜的铁框内(绳子要轻,不能把肥皂膜压破了),然后用针刺破封闭曲线内的膜,这段曲线会立刻撑为一个圆形。

类似地,还有:

周长一定的长方形中,正方形面积最大;

周长确定的 n 边形中,正 n 边形的面积最大。

这些都可以通过适当的活动让学生感知。如,固定长方形的周长,计算不同的长宽比下,长方形的面积,逐步感受面积的变化,可以发现:周长相等的长方形,长和宽越接近,面积越大,最接近的时候自然就是正方形了,这时面积最大。

六、圆柱体积的教学思考

(一) 圆柱体积学习的难点分析

小学阶段,在圆柱体积之前,学生学习的体积仅局限于长方体,长方体的体积较简单。如果长方体的长、宽、高都是整数,可以直接分割成若干个单位正方体;即使不是整数,也可以用更小的单位正方体度量或者类比长方形的结论。但是,圆柱没有办法直接用单位正方体去度量。原因也很简单,主要在于其底面是弯曲的圆,这样学生就没有办法借助先前体积公式探究的经验了。

怎么解决这个问题?我们先看看古代数学家是怎么解决这个问题的。

(二) 祖暅原理

我国南北朝杰出的数学家祖暅(祖冲之的儿子)在求球体积时,使用一个原理:"幂势既同,则积不容异"。"幂"是截面积,"势"是立体的高。意思是两个同高的立体,如在等高处的截面积恒相等,则体积相等。更详细点说就是,夹在两个平行平面间的两个几何体,被平行于这两个平行平面的任何平面所截,如果截得两个截面的面积总相等,那么这两个几何体的体积相等,这就是祖暅原理。现在高中球体体积的计算正是运用这个原理,如下左图。

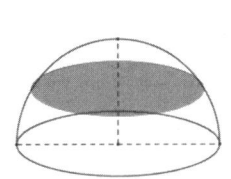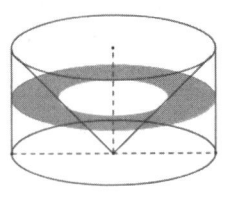

图 6.15

实际上,这个原理十分浅显易懂。上右图很好地说明了这个道理。学生也有类似的生活经验,如桌上整齐码放的一叠书,不小心碰歪了,体积可没有变。

此外,这个原理是等积变形的理论基础,是研究体积的通用方法,在未来相关面积学习、体积学习中还会用到,而且学生也不乏这样的生活经验和切身体验(如捏橡皮泥),因此,建议在教学中充分调用学生类似的生活经验,借助祖暅原理类比得到圆柱的体积公式。

关于圆柱体积公式,还有一种做法:将圆柱的底面分割成若干扇形,圆柱分成若干个扇形柱,然后将这些扇形柱拼成近似于长方体,这种做法完全类似于圆的面积的处理方法(见案例10.5)。正如案例10.5所分析的,这种处理圆面积的方法学生一般想不到,而且仅仅是圆形特有的技巧,并非通用的方法,因此,不建议以这种方法作为探究圆柱的体积公式的方法。当然,正如圆的面积学习中一样,拼接的方法有助于理解圆的面积与周长之间的关系,有助于帮助学生记忆公式,因此,在探究得到圆的面积公式之后,可以借助拼接的方法加深学生的理解,同样,圆柱学习中,也可以在探索得到圆柱体积公式后,通过分割拼接的方法加深学生对圆柱体积公式的理解。

（三）教学设计

根据上面的分析,圆柱学习的流程大致如下：

1. 先出示一个实际问题情境,需要研究圆柱的体积,点明课题。

2. 思考圆柱的体积可能与什么有关,形成关于体积探究的大致定向,学生不难猜出体积与底面积（或半径等）和高有关。

3. 引导学生回忆其他柱体的体积公式,如长方体的体积公式＝底面积×高。

4. 引导学生通过操作思考感受到祖暅原理（当然不提这个原理,只要感受到其具体的意义即可）。如：

这样一叠书的体积如何计算？

如果将这叠书不经意碰歪了,这时书的体积变化吗？

小时候有过捏橡皮泥的经历,如果将一块长方体捏成和它一样高的三棱柱,在这个过程中,他们的底面积、高、体积哪些发生了变化？

将上面这个长方体捏成和它一样高的柱体,如果底面变成了五边形、六边形、七边形等,它们的底面积和体积会有变化吗？如果捏成圆柱呢？

5. 形成猜想,明确公式。"现在你能猜猜圆柱的体积公式吗？说说你的想法"。在学生交流的基础上,明确公式。

6. 展示圆柱的变形过程,再次认识公式。"还记得圆的面积学习时,我们曾经将圆形分割成很多小扇形,然后拼接成'长方形'吗？"（展示当时的动画），"实际上,我们也完全可以类似地,将圆柱分割成很多扇形柱,然后拼接成'长方体',我们一起感受一下"（展示动画）。

七、圆锥体积的教学思考

有了前面圆柱的学习经验,学生不难想到圆锥的体积与底面积、高有关系。当然,为了加深学生的感受,也可以同时呈现几个圆锥（如图6.16），让学

生比较这几个圆锥的体积,并说说道理,从而更好地感受到影响圆锥体积的因素。

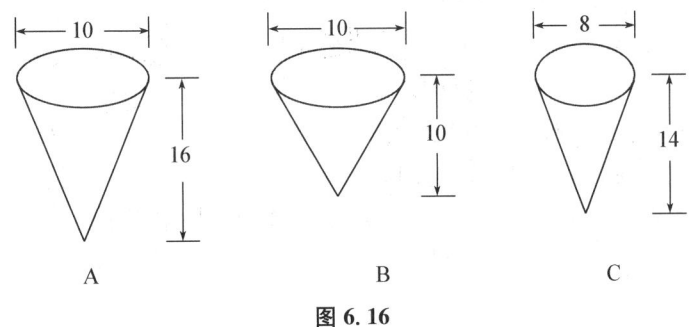

图 6.16

下面自然是猜想圆锥的体积与底面积、高之间的关系了!

通过上面的活动,学生不难感受到:随高度的增长、底面积的增加,圆锥的体积变大,因此,可能会想到用底面积乘以高,但显然结果偏大了,因为圆柱的体积才是底面积乘以高,这时可以引导学生进行猜测。由于先前三角形的经验,很多学生会猜测是 $\frac{1}{2}$×底面积×高,具体是多少,凭学生现有的经验,没有办法给以理论的解答,面对这样的情况,适时地引导学生借助实验否定猜想。在实验验证的过程中不难发现,圆柱的体积正好是等底等高圆锥的体积的 3 倍,即圆锥的体积=$\frac{1}{3}$×底面积×高。

从上面的分析可以看出,学生难以想到"1/3",在实验之前学生甚至会怀疑"1/3",圆锥体积公式的验证方法也比较奇特,我们在小学数学学习中较少有这样的实验体验,既然如此,更需要提供学生动手实验的机会,让学生认识到,实验也是解决问题的一个常见方法。

【思考与实验】

1. 试分析方格纸在图形面积探究中的作用。

2. 一个球、一把长度大约是球的直径 $\frac{2}{3}$ 长度的直尺,你怎样测出球的半径? 如果需要的话你还可以找其他一些东西来帮忙,比比谁的方法更巧妙。

3. 将一个正方形分割成 6 个面积相同的三角形。

(1) 有多少种分法?

(2) 试建立适当的标准,对这些分割的方法进行分类。

(3) 教学中设计这样的问题的价值有哪些?

4. 阿基米德的墓碑上刻了一个球内切于圆柱的图案,还在图案中刻了一个圆锥,如右图所示(其中圆柱的底面直径与其高度相等,也与圆锥的高度相等)。

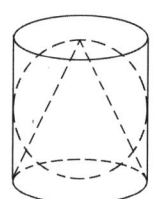

(1) 试求:圆锥、球、圆柱的体积比。

(2) 请查阅资料,了解相关历史资料,了解阿基米德研究球体体积的方法,并思考对我们教学的启示。

第7章 图形的变化

算术符号是书写出来的图形,而几何图形是绘画出来的公式。
——[德]希尔伯特(David Hilbert,1862—1943)

在这一章中,我们研究小学数学中几种平面图形的变化。先对图形变化的相关知识做一个整体的回顾,了解学习图形变化的作用;然后,探讨与小学数学中平移、旋转、反射相关的教学内容;最后,对图形变化的关系进行梳理。

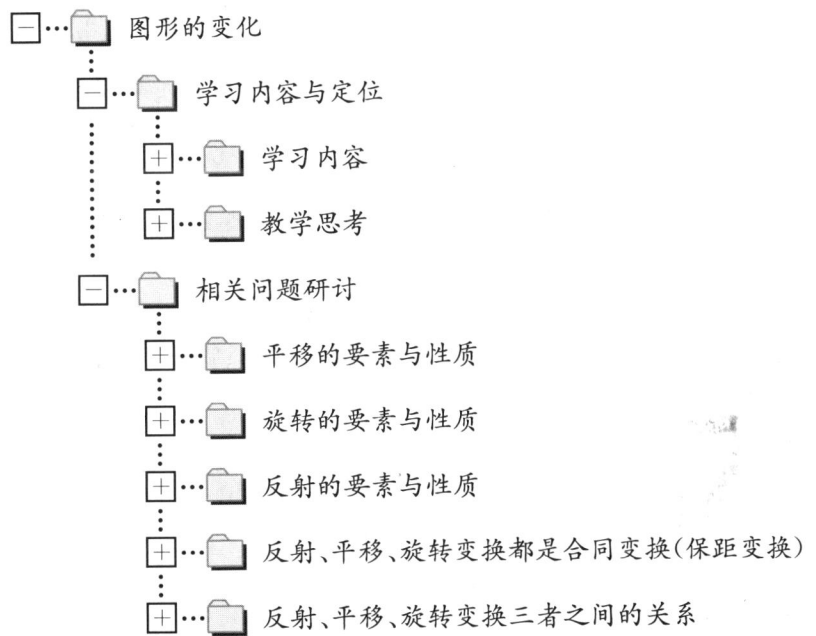

相似变换

第一节 学习内容与定位

一、学习内容

由于变换这一词语较为抽象,另外小学阶段的一些变化还没有从变换的角度加以理解,因此,《课程标准(2011版)》将"图形与变换"更名为"图形的变化"。《课程标准(2011版)》中图形变化的具体要求如下:

第一学段:

1. 结合实例,感受平移、旋转、轴对称现象。

2. 能辨认简单图形平移后的图形。

3. 通过观察、操作,初步认识轴对称图形。

第二学段:

1. 通过观察、操作等活动,进一步认识轴对称图形及其对称轴,能在方格纸上画出轴对称图形的对称轴;能在方格纸上补全一个简单的轴对称图形。

2. 通过观察、操作等,在方格纸上认识图形的平移与旋转,能在方格纸上按水平或垂直方向将简单图形平移,会在方格纸上将简单图形旋转90°。

3. 能利用方格纸按一定比例将简单图形放大或缩小。

4. 能从平移、旋转和轴对称的角度欣赏生活中的图案,并运用它们在方格纸上设计简单的图案。

根据课程标准,小学阶段研究的图形变化有平面内关于直线的反射(课程标准称其为轴对称,通俗的说法也可以是翻折)、平移、旋转。具体要求包括下面几个方面的内容:

认识这些变化现象,认识轴对称图形;

能借助方格纸等画出变化后的图形;

能从变化的角度欣赏图案、设计图案。

二、教学思考

（一）为什么要学习图形的变化

变化，"前"有坚实的基础。 图形的变化，学生并不陌生。生活中随处可见各种运动变化，如汽车的行驶、门窗的推移、人体的各种运动等，这些都可以看成一个图形的变化，它们构成了学生的现实生活经验基础。同时，对于变化，学生也不乏活动经验。从幼儿时期开始，他们就进行了大量的搭积木、拼图等游戏活动，这些活动，一方面发展了学生的空间想象能力，同时也是学生感受变化的一个好的机会。在拼摆活动中，小孩常常拿着图片不停地摆弄，其中就涉及平移、旋转、反射等，并能初步感受到这些变化的本质与差别（如学生可能有这样的经验，无论如何移动和旋转某个图片都无法放到目标位置，而只有翻折过来才能完成任务）。因此，学习变化，学生有基础。

变化，"后"有持续的发展。 图形的变化，更严格地讲，应称为图形的变换，它对于学生的未来发展具有重要意义。变换，在后续的数学学习、研究中，在学生未来的生活、工作中，都具有广泛的运用。如，初中阶段将进一步学习平移、旋转、轴对称和中心对称的性质，并运用这些性质解决实际问题；高中有一个学习专题"矩阵与变换"；工程运用上，操控机器人的运动、计算机中各种图形的运动，需要将这些运动用相应的数学表示出来，这些都离不开变换；医院所使用的 CT 机就利用了数学上的拉东变换等。因而，变换具有发展性。

变化是研究图形性质的一个好工具。 当图形具有一定的"对称"特点时，我们可以从变换的角度来认识、研究图形。例如，我们可以从轴对称的角度研究等腰三角形、等腰梯形，可以从旋转对称的角度研究圆、平行四边形。

变化是解决问题的一个好视角。

例 7.1 如图所示，三个同心圆的两条直径相互垂直，最大的圆的半径是 2 cm，求阴影部分的面积。

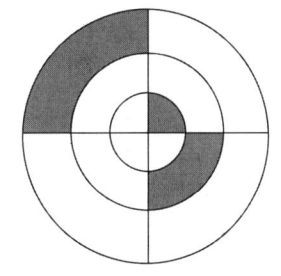

图 7.1

本题中阴影部分比较分散，而且具体各部分的数据不足，因此无法确定各部分的面积。但如能观察到图形的对称性，将阴影部分通过"变化"聚集到一起，不难将三个阴影部分都集中到左上角的四分之一大圆里，阴影的面积为 $\frac{1}{4} \times \pi \times 2^2$，即 π cm²。

(二)教学定位与思考

考虑到小学阶段学生的认知状况,图形变化仅仅研究:

认识这些变化现象,认识轴对称图形;

能借助方格纸等画出变化后的图形;

能从变化的角度欣赏图案、设计图案。

图形变化阶段的教学定位:通过这些现象的认识和活动的操作,形成运动变化的眼光,发展学生的空间观念。因此,现阶段的教学应注意以下几个方面:

1. 重视学生对有关变化现象的生活感受

加强数学与现实的联系,既有助于调用学生的生活经验,更好地理解学习对象,也有助于激发学生的学习兴趣,同时还能培养学生良好的数学观,帮助学生形成对数学的正确认识。何况,图形变化本就是从生活中的运动变化中抽象出来的,同时,数学学科中研究图形变化就是为了将来更好地描述和刻画生活中的运动变化,甚至通过算法语言控制运动变化,因此,图形变化的学习中一定要重视学生对有关变化现象的生活感受。

具体地,应通过适当的生活实例引入运动变化的学习;在形成运动变化的概念之后,应引导学生自主发现生活中的运动变化现象,运用运动变化解决简单的实际问题。

例如,初次引入平移概念时,教师可以借助生活中学生较为熟悉的实物来教学。当然,为了更好地揭示概念的本质,避免一些无关的干扰甚至无谓的争议,这样的现象应该特征清晰、本质属性明显,例如,推拉窗户、电梯运行等,这些现象中,图形整体上所有的点都发生了平移,没有个别点的偏移情况,而且移动的方向与距离也可直观地感知,因而便于学生感受到平移运动的共同属性,从而形成概念。引入阶段不要选用下面的例子:汽车在笔直平坦的道路上行驶。汽车的行驶,从整体而言,也可以粗略地看成平移,对于学生而言,汽车整体类似于在地面上做平移运动,但严格意义上讲,汽车运动时,汽车的某些局部如轮胎,除了整体前移外,还同时进行了旋转运动,因此,汽车的运动就不再是严格意义上的平移。这样的例子,容易存在争议,就不宜作为平移引入时候的例子。当然,在平移概念之后,学生如举出这样的例子,应首先肯定学生的想法,生活中的物体运动很多时候只是粗略的感觉,并不一定那么精准,例如,我们常说人的脸是左右对称的,一般学生也没有异议,但真的就是左右对称吗,有几个人做到左右完全对称呢?生活中,一些细微的差异往往忽略不计

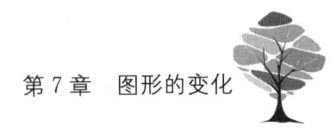

了。因此,我们认为,学生举出汽车行驶的例子,不妨首先给予适当的鼓励,然后稍事说明这还不是严格的平移,个别点有点偏差了。

类似地,旋转引入时的生活实例,应能够凸显旋转的特征:旋转中心、旋转方向和旋转的角度,如,风车的转动、螺旋桨的转动、手表上指针的转动等。

2. 借助方格纸等工具认识和研究图形的变化

考虑到小学生的认知实际,《课程标准(2011版)》仅要求小学生能在方格纸上做出图形变化后的图形。

方格纸确实很好地降低了学生作图的难度,同时也可以很好地帮助学生理解相关运动变化的概念。方格纸可以很直观地反映上面各个点的位置、两点之间的距离、线的方向、线和线之间的平行垂直等位置关系,因此,可以很好地反映确定各个图形运动变化的基本要素,如方向、距离、角度等,学生可以从方格纸上很直观地看到这些确定运动变化的要素,自然可以很好地理解有关运动变化。例如下图中,运动变化过程中的方向、距离直观可见。

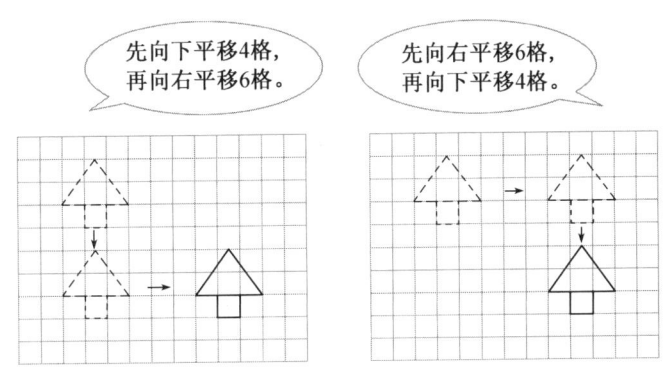

图 7.2

例 7.2 将下图中的三角形逆时针旋转 $90°$,并放大 1 倍。

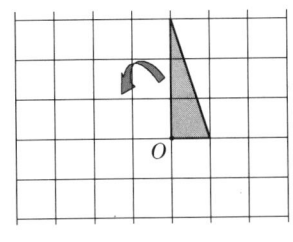

图 7.3

旋转中心已经标出,旋转角度 90°,直角在图中是现成的;放大 1 倍,也就是相应的长度变为 2 倍,方格纸中各线的长度清晰可见,变为两倍只是延长一下而已。

3. 注重在操作、想象等活动中发展学生的空间观念

发展学生的空间观念是几何学习的目标之一,也是图形变化阶段十分重要的一个学习目标。教学中,应引导学生参与各种实际的操作活动或者头脑想象活动,在活动中理解图形的变化、发现图形变化的性质、借助图形变化解决问题,在这样的过程中发展学生的空间观念和空间想象能力。

例 7.3 为了得到各种轴对称图形,可以设计:

画一画:在方格纸背景中按照自己的想法画出某个轴对称的图形,并说明你想表达的意图。

改一改:在方格纸上已经有了几个正方形组成的图形如下,请再在这个图形中增加一个单位正方形,使得合成的图形是轴对称图形。

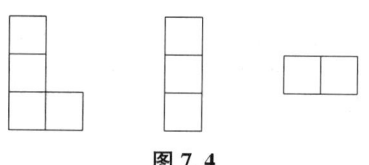

图 7.4

折一折:请用折纸的方法折出一个轴对称图形。

剪一剪:请剪出下列图形(图略)。

拼一拼:给出一些图形素材,请选用其中部分素材组合成轴对称图形。

找一找:在文具盒中找一找轴对称图形,在书本上找出轴对称图形,在教室里找出轴对称图形,生活中哪些建筑可以看成轴对称图形?

例 7.4 画出三角形绕 A 点顺时针旋转 90° 的三角形。

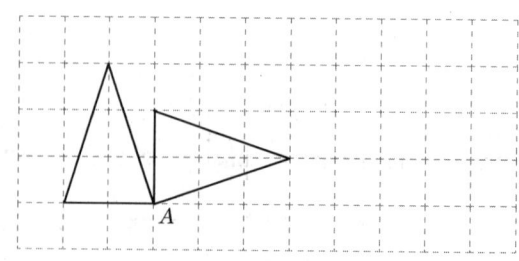

图 7.5

面对这样的作图题,可以有多种方法。如:

方法1:严格按照旋转的概念,依次作出三角形的三个顶点绕A顺时针旋转90度后的对应点,然后连线,即可得到所求三角形。

方法2:先想象出三角形旋转后的图形位置和样子,然后直接找出对应的点。

方法3:作出水平线关于点A顺时针旋转90度后的竖直线段,然后根据三角形的要求做出图形。

方法1步步为营,差错率低,从技能发展角度看,是一个很有效的方法。

方法2基于想象,有时难免出错,但可以很好的发展学生的空间想象能力。

方法3首先做出其中部分图形,然后根据图形旋转后的形状,确定另外的点,进而连线成形,兼顾了方法1和方法2的特点。

教学中,应鼓励学生自主作图,共享作法,并形成自己的作法。鼓励学生开展想象,发展学生的想象能力。

类似地,下面的作图中,左图同样可以有多种作法,右图则不可能完全做出所有点的对应点,只能首先想象最终图形的样子(圆)、大小、位置,然后找出最终这个圆最关键的点——圆心,进而作出相应的图。这里,更多的是想象和合理的推断。

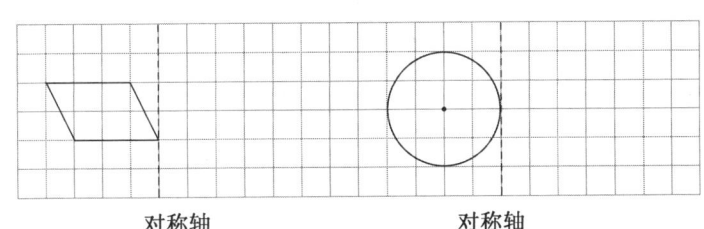

图 7.6

4. 注重形成用变化的观点看待事物的眼光

(1) 发现图形之间的关系并借助变化加以解释

《课程标准(2011版)》要求"能从平移、旋转和轴对称的角度欣赏生活中的图案,并运用它们在方格纸上设计简单的图案",实际上,这就是运用变化的观点看待事物的一个方面。

例 7.5 下图是由一个简单三角形经过一系列变换形成的,请你说出它的变换方式。

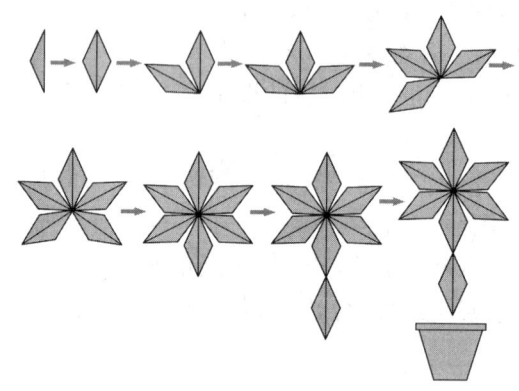

图 7.7

例 7.6 下图是老师用电脑绘制的图画,你能猜出我的绘制过程吗？你知道我在绘制过程中运用了怎样的图形变换方式吗？你能不能也用这样的方式,画出一朵更漂亮的花？

图 7.8

要学生形成这样的眼光,首先需要学生能从复杂的图形中发现全等的图形。为此,教学中可以设计一些全等图形的寻找活动,增强学生对图形全等的直觉能力。

(2) 主动借助运动变化将复杂的问题简单化

在上面的问题中,全等形已经存在,关键是用变化进行解释。变化观点的更高层次是主动进行图形的变化,将复杂的问题简单化。

例 7.7 小明家的院子里有一块长 30 米、宽 20 米的长方形菜地,地里有两条相互垂直而且宽都是 1 米的小路。这块地实际种菜的面积是多少？

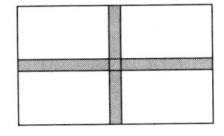

图 7.9

四个长方形的长和宽都未知,无法先求出四个长方形的面积,为此,需要思考能否将这些长方形进行适当的"归并"。为此,可以将右边两个图形先左移 1 米,然后同样地将下面的图形上移 1 米,形成一个大的长方形,不难得到这时的长、宽分别是 29 米、19 米,进而计算出其面积为 551 平方米。

在这个问题的解决过程中,本没有图形全等,因此也就没有直接图形之间的变化关系,而是解题者主动地借助图形的运动变化将分散的图形聚集到一起,从而化解了难点。

平面图形面积的学习中,将待研究的图形通过适当的分解、重组,转化为已经研究过的图形,这样的过程中,也是充分借助图形的变化保证了图形的等积变形。

解决这类问题的关键之处是:怎么想到构造图形的变化,构造什么样的图形变化。教学中应注意结合具体问题引导学生思考这两个关键点,形成构造图形变化解决问题的能力。

第二节　相关问题研讨

小学阶段涉及的变换有反射、平移、旋转、位似(在方格纸上将图形放大或缩小)。

一、平移的要素与性质

所谓平移,是指这样的图形运动:图形上所有点都向同一个方向移动了相同的距离。

平移有两个要素:平移的方向和平移的距离。方向和距离一旦确定,这个平移运动即已经确定。当然,在小学教学中,平移是具体指向某个图形的,因此,教学中要引导学生说出是哪个图形向哪个方向移动了多少距离,通过这样完整的句法认识平移。

平移看成一个运动,因此研究这样一个运动变化的性质,一般可以有两个视角:运动前后结果的对比和运动过程的认识。这两个视角也是认识其他运动变化的常见视角。

具体地,需要研究平移前后图形之间的关系以及平移定义的过程中的一些量,因此,一般有下面的性质:

(1) 平移前后的图形的形状不变,大小相同,方向一致。

(2) 经过平移,对应线段平行(或共线)且相等,对应角相等。

(3) 平移前后的对应点连成的线段平行(或在同一直线上)且相等。

(4) 多次连续平移相当于一次平移。

学生感受这些属性没有多少困难,特别是在方格纸的背景中。正因为其简单,同时平移又是最先学习的图形变化,教学中可以适当梳理认识图形变化有关性质的视角,以形成认识图形有关性质的经验,促进后续其他图形变化有关性质的学习。

二、旋转的要素与性质

所谓旋转,是指这样的图形运动:图形上所有点都绕同一个点向某一个方向旋转了相同的角度。

旋转有三个要素:旋转中心、旋转方向、旋转角度。其中方向和角度可以合并,如高中阶段将逆时针方向旋转的角看成正角,顺时针方向旋转的角看成负角,但考虑到小学生的认知状况,还是分别各看成一个要素为宜。旋转中心、旋转方向、旋转角度一旦确定,这个旋转运动即已经确定。当然,在小学教学中,旋转是具体指向某个图形的,因此,教学中要引导学生说出是哪个图形绕哪一个点、向哪个方向、转动了多少角度,通过这样完整的句法认识旋转。

类似于平移,旋转有下列性质:

(1) 旋转前后图形的形状不变,大小相同。

(2) 经过旋转,对应线段相等,对应角相等。

(3) 对应点到旋转中心距离相等,对应点与旋转中心连线所成的角度等于旋转的角度。

(4) 绕同一个点多次旋转相当于一次旋转。

其中(3),实际上相当于旋转概念的翻版,本应该很容易感知的,但由于学生直接感知到的往往是旋转前后的两个图形,从图形中看不到旋转过程,也看

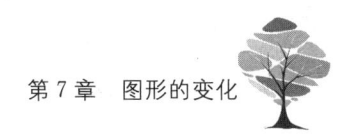

不到对应点与旋转中心的连线,因此,这个性质反而是最难感知的,教学中要注意引导学生经历画图过程,在画图过程中,将点与旋转中心的连线以及旋转角表示出来。

三、反射的要素与性质

反射(翻折),从运动的角度已经不再是平面上的运动了,但由于中小学仅仅研究将一个平面图形沿同一平面上的某条线翻折,最终得到的翻折后的图形还在这个平面内,因此,一般也看成平面上的运动。另外,从变换的角度看,原来的图形和变换后的对应图形仍在同一个平面内,因此,反射仍是一个平面内的变换。

所谓反射,是指这样的图形运动:某个平面图形上所有点都沿同一平面上的某条直线翻折到另一侧。

反射仅有一个要素:反射轴(对称轴)。平面上,只要反射轴确定了,这个反射就唯一确定了。当然,类似于平移、旋转,小学教学中,并不研究抽象意义上的反射变换,而是研究某个具体图形沿着某条直线的反射,因此,教学中要引导学生说出是哪个图形沿哪条直线翻折,通过这样完整的句法认识翻折。

反射(翻折)是指一个运动变化过程,而轴对称图形是指具有某种对称性的图形。

所谓对称性,是指某个图形在某种变化下还和原来的图形重合。因此,就有了所谓的轴对称、旋转对称、中心对称。轴对称图形,是指具有这样性质的图形:它沿着某条直线翻折后仍和原来的图形重合。

从翻折过程可以看出下面的性质:

(1) 翻折前后的图形形状不变,大小相同。
(2) 翻折前后的对应线段相等,对应角相等。
(3) 翻折前后的对应点连线段被对称轴垂直平分。

四、反射、平移、旋转变换都是合同变换(保距变换)

下图是一个 △ABC 分别经过轴对称、平移、旋转变换之后得到的对应图形。

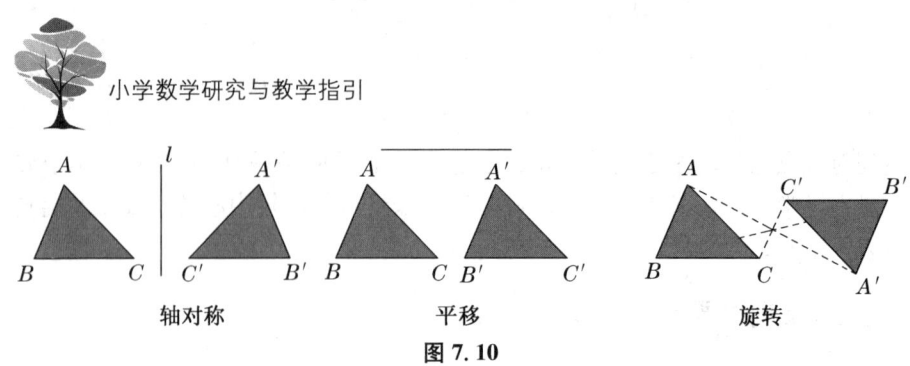

图 7.10

在三幅图中,都有△ABC≌△A′B′C′。

一般地,这三个变换前后的对应图形全等(合同)。反过来,平面上任意两个全等图形,都可以通过有限次实施这三种变换而相互得到。如图:

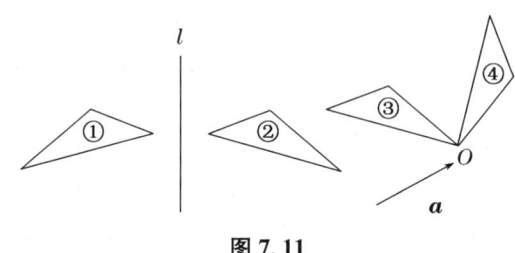

图 7.11

如图 7.11,①以 l 为对称轴,得到②;②以向量 a 为平移方向,得到③;③以 O 为中心旋转,得到④。

因此,这三个变换也称为合同变换(全等变换)。

数学上,合同变换,也称为保距变换,因为,在合同变换下,两点之间的距离保持不变。实际上,可以证明,只要保距了($AB=A′B′,BC=B′C′,CA=C′A′$),就可以保证变换前后的三角形全等(△ABC≌△A′B′C′),当然,也就可以保证变换前后的角相等($\angle ABC=\angle A′B′C′$),也就是说,保距性是合同变换的本质,保角性是保距性的自然推广。

当然,这三个合同变换,还有一些细微的差别。平移、旋转不改变图形的边界转向;反射变换前后图形的边界方向发生了改变(如原图形中 ABC 为逆时针方向,反射后 $A′B′C′$ 为顺时针方向)。因此,平移、旋转属于第一类合同变换,反射属于第二类合同变换(镜像合同变换)。

五、反射、平移、旋转变换三者之间的关系

两个反射的复合(乘积)是平移或者旋转,我们还是从生活实例开始。

也许你有这样的生活经验,有的电梯(理发店)里有两面相对的镜子,当镜

子之间放一个物体时,你会看到无数个物体的影子向两边铺展开来,而且相间的两个影子之间的间距相等。如果沿着与镜面垂直的方向剖开,将这一现象抽象到平面上,如图 7.12。

可以证明:$PP''=2d$,d 是两条平行直线 l_1、l_2 之间的距离。

这一现象反映着一个数学结论:当两个反射轴平行时,两个反射的乘积(复合)就是一个平移,而且,平移的距离为两条平行线间距的两倍。

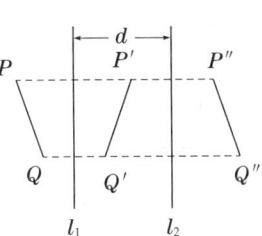

图 7.12

为了表述的方便,节省一些篇幅,我们还是引入一些记号(当然,你也可以完全不理会这些抽象的符号)。

$S(l)$:以 l 为对称轴的反射。$S(l)P$:P 经过变换 $S(l)$ 后的对应点(数学上也称为像)。

$R(O,\theta)$:以 O 为中心、旋转角等于 θ 的旋转。$R(O,\theta)P$:P 经过旋转 $R(O,\theta)$ 后的像。

$T(a)$:平移变换,对应的平移量等于向量 a。

$R(O,\theta)S(l)$:先进行反射变换 $S(l)$,接着再进行旋转变换 $R(O,\theta)$,也称为两个变换的积(或者复合)。

这样,上面的结论就可以简记为:

当 $l_1 /\!/ l_2$ 时,$S(l_2)S(l_1)$ 把 PQ 平行移动了 $2d(d=d(l_1,l_2))$,此变换是平移变换。

当反射轴相交时,两个反射的复合则是旋转,如图 7.13。

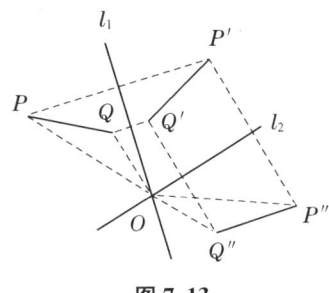

图 7.13

当 $l_1 \cap l_2 = O$ 时,$S(l_2)S(l_1)$ 把 P 绕点 O 旋转了 2θ(θ 为 l_1 到 l_2 的夹角,

有方向)到点 P'',此变换是旋转变换。

类似地,还有下列结论:

反射轴平行的两次反射的乘积是平移;反之,平移可以写成两次反射的乘积,而且其中一个确定,另一个反射也就随之确定。

反射轴不平行的两次反射的乘积是旋转,旋转中心是反射轴的交点;反之,任意一个旋转都可以分解成两个经过旋转中心的反射的乘积,并由第一次反射完全确定。

平移的乘积还是平移。

具有相同旋转中心的两次旋转的乘积还是旋转。

中心不同的旋转乘积,当两角和为 360°时,构成平移;当两个角和不等于 360°时,仍然是一个旋转。

六、相似变换

所谓相似变换,变换前后对应的线段未必相等,但保持比例不变。相似变换不再要求保距了,但还是具有一个很好的性质:保角性,即变换前后图形中对应的角相等。

只要满足保角性的变换一定是相似变换。以三角形为例,假设变换前后的三角形分别是 $\triangle ABC$ 和 $\triangle A'B'C'$,保角性要求:$\angle ABC = \angle A'B'C'$,$\angle BCA = \angle B'C'A'$,$\angle CAB = \angle C'A'B'$,三对角相等自然保证了 $\triangle ABC$ 与 $\triangle A'B'C'$ 相似。由于曲边形可以用多边形逼近,多边形可以分割成若干三角形,因此,可以证明保角变换即相似变换。

位似变换是一种特殊的相似变换。所谓位似,就是对应点连线经过一个定点的相似变换。图 7.14 中,每个图中的两个图形可以通过位似变换相互得到。当然,前者的位似比是正的,保持图形的转向不变,对应线段平行且同向;后者的位似比是负的,保持图形的转向不变,对应线段平行但反向。

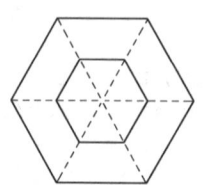
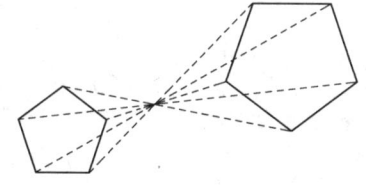

图 7.14

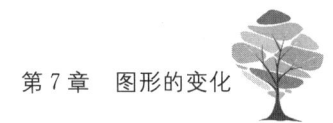

第7章 图形的变化

任意一个相似变换,可以看成若干合同变换和一个位似变换的复合;也就是说,任意两个相似图形,可以通过平移、旋转、反射和位似而相互得到。

【思考与实验】

如图,网格中每个小正方形的边长为1,请你认真观察图(1)中的三个网格中阴影部分构成的图案,解答下列问题:

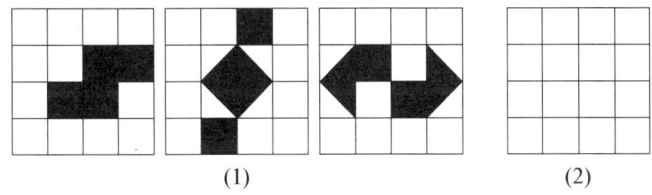

(1) 从图形变化的角度描述这三个图案的共同特征。

(2) 请在图(2)中设计出一个面积为4,且具备上述特征的图案,要求所画图案不能与图(1)中给出的图案相同。

(3) 这道题主要考查学生什么能力?谈谈这样的习题对教学的导向作用。

第三篇 统计与概率

在终极的分析中，一切知识都是历史；在抽象的意义下，一切科学都是数学；在理性的基础上，所有判断都是统计学。

——［美］C. R. 劳（Calyampudi Radhakrishna Rao，1920— ）

结构图

```
┬···📁 统计与概率
   ├···📁 第8章 统计
   └···📁 第9章 概率
```

第8章 统 计

统计工作不是把数字随便填到几个格格里去,而应当是用数字来说明所研究的现象在实际生活中已经充分呈现出来或正在呈现出来的各种社会类型。
——[俄]列宁(1870—1924)

本章概览

统计与人们的生活密切相关,而学生的统计意识相对薄弱。《课程标准(2011版)》提出了统计的学习目标,明确提出要发展学生数据分析观念。本章将介绍统计学的发展、含义、学习统计学的意义,进而分析小学统计的学习目标,具体讨论数据分析观念的内涵,通过对分类、统计图表、数据代表的讨论,进一步理清统计有关知识,提升对统计有关知识及其教学的认识。

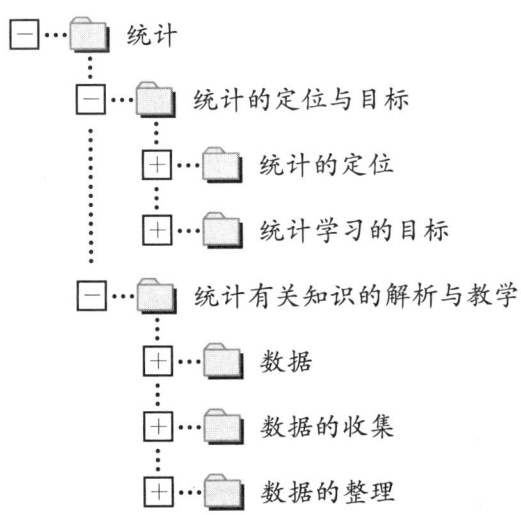

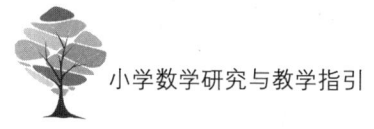

⊞⋯🗀 数据的处理

第一节 统计的定位与目标

一、统计的定位

(一) 统计学的历史及含义

1. 统计本意指国情学

统计学是一门很古老的科学,一般认为其学理研究始于古希腊的亚里士多德时代,迄今已有两千三百多年的历史。它起源于研究社会经济问题,本意是国情学。

英文统计学一词(statistics)最早源于现代拉丁文 statisticum(国会)以及意大利文 statista(国民或政治家)。18 世纪德国政治学教授亨瓦尔(G. Achenwall)在 1749 年所著《近代欧洲各国国家学纲要》一书绪言中,把国家学名定为"statistika"(统计)。这个词原意是指"国家显著事项的比较和记述"或"国势学",认为统计是关于国家应注意事项的学问。此后,各国相继沿用"统计"这个词,并把这个词译成各国的文字,法国译为 statistique,意大利译为 statistica,英国译为 statistics。这些都说明,统计起源于国情调查,是一门研究国情状况的学问。

汉语中的"统计"有合计、总计的意思。其语词源自日本。日本最初将"statistika"译为"政表""政算""国势""形势"等,直到 1880 年在太政官中设立了统计院,才确定以"统计"二字正名。1903 年(清光绪二十九年)由钮永建、林卓南等翻译了横山雅南所著的《统计讲义录》一书,把"统计"这个词从日本传到我国。1907 年(清光绪三十三年)彭祖植编写的《统计学》在日本出版,同时在国内发行,这是我国最早的一本统计学书籍。"统计"一词就成了记述国家和社会状况的数量关系的总称。

2. 如今,统计学是应用数学的一个重要分支

两千多年的发展过程中,统计学逐步由"城邦政情"阶段、"政治算数"阶段发展到"统计分析科学"阶段。19 世纪末 20 世纪初,统计与数学的结合趋势日益明显,从而发展形成了"统计分析科学"。

如今,统计学(statistics)成为应用数学的一个重要分支,主要通过概率论建立数学模型,收集数据,进行量化的分析,并进行推断和预测,为相关决策提供依据和参考。也就是说,现代统计学,已经发展成为一门数据收集、整理、分析、推断的学问。它被广泛应用于社会科学,自然科学和工程技术科学领域。

(二)统计学习的意义

应该说,如今统计已经渗透到各行各业中,成为运用最为广泛的一个数学分支;同时,统计的观念也成为人们认识事物的一种思维方式。人们面临一个决策(如一个企业的选址、几种建设方案的选择等),首先需要占有相关资料,需要进行相关数据收集活动,然后整理数据、分析数据,进而做出合理的推断,做出相应的决策。也就是,数据已经成为决策的重要依据,我们要养成利用数据说话的意识,这实际上就是一种统计的意识、观念。

因而,具有良好的统计意识是每一个公民的基本素质。

然而,我国国民的现状不容乐观。1950年的《小学算术课程暂行(草案)》中曾提出"常用统计表的认识和作法、简单统计图的认识和画法"的要求。1952年的《小学算术教学大纲(草案)》中没有统计的内容和要求。1956年颁布的《小学算术教学大纲(修订草案)》中将简单统计图表与简单簿记并列,目的是"使儿童获得一些实际应用的知识和技能,并且可以为将来的劳动生产做一些准备"。后来历次小学数学的大纲修订中,都保留有统计的内容,但是学习的侧重点都有所偏颇,例如1992年颁布的《九年义务教育全日制初中数学教学大纲(试用)》,虽然也规定了统计的学习内容,但由于各种原因,更多的停留于算术的层面,并非真正的统计,学生没有经历数据的收集、整理、分析等过程,而更多的是数字运算,因此,学生的统计意识较薄弱,统计技能较低,学生学习了统计但不会做调查是常见的现象。从社会层面看,各种拍脑袋做决断的事屡见不鲜,这些都反映了我国国民统计意识的薄弱。

发展统计意识,提高决策的科学性、民主性已成为当前社会决策中亟须解决的问题。因而,中小学生掌握一些统计知识,初步具备对数据的收集、整理、描述和分析的能力,已经成为时代的要求。

二、统计学习的目标

(一)小学统计的学习目标

由于以往统计的学习内容总是表现在平均数的计算等方面,因此有人认为:"统计,不就是算算弄弄吗?"如果统计就是算算弄弄,那统计的学习目标不就成了发展运算技能吗？没这么简单！

对于统计的学习目标，史宁中教授认为主要有三点："首先，养成通过数据来分析问题的习惯。其实质是通过事实来分析问题，当遇到问题时，应当去调查研究，应当去收集数据，在此基础上进行的推断才可能客观地反映实际背景。其次，建立随机的概念。有些事情可能发生，有些事情可能不发生，这在日常生活中是大量存在的。即便如此，只要我们掌握的信息多了，也能够合理地推断实际背景。第三，学习如何去判断事情的主要因素。我已经谈到，统计学能够在一堆看似杂乱无章的数据中提炼信息、寻找规律，这就需要抓主要因素。"①

在《课程标准(2011版)》中，统计在第一学段的学习内容为"数据统计活动初步"，在第二学段为"简单数据统计过程"，具体目标为"经历简单的数据收集、整理和分析的过程，了解简单的数据处理方法"，"能对调查过程中获得的简单数据进行归类，体验数据中蕴涵着信息"，"经历数据的收集、整理和分析的过程，掌握一些简单的数据处理技能"，"进一步认识数据中蕴涵着信息，发展数据分析观念"。②

(二) 数据分析观念

《课程标准(2011版)》中，明确提出要发展学生的数据分析观念。为什么要如此强调数据分析观念呢？

因为统计学的研究基础是数据，是通过对数据的分析得到产生数据背景的信息。由此可以知道，虽然在数据分析的过程中要用到数学，但统计学与数学还是有所不同的，因为数学研究的基础是抽象了的定义和假设。因此在"统计与概率"的教学中一定要强调数据，强调数据分析观念。③

数据分析大体可以分为两种情况：一种是描述统计，另一种是推断统计。

描述统计只是针对调查了的数据本身进行表述。例如，调查了全部同学的身高可以得到一个表格，为了把这些数据表述得更加清晰，可以把身高分段，形成扇形统计图或频数分布直方图，还可以对数据进一步分析，得到一些特征数据，例如，最高身高、最低身高、平均身高等，这样就表述了全班同学身

---

① 史宁中，孔凡哲，秦德生，杨述春.中小学统计及其课程教学设计——数学教育热点问题系列访谈之二[J].课程·教材·教法，2005(6)：48.
② 中华人民共和国教育部.义务教育数学课程标准(2011版)[S].北京：北京师范大学出版社，2012：10-12.
③ 史宁中.基本概念与运算法则：小学数学教学中的核心问题[M].北京：高等教育出版社，2013：65.

高的信息。在这个过程中没有必要强调数据的随机性,只是对数据本身的一种统计。

推断统计则是希望推断调查数据以外的信息。比如,通过一个班同学的身高数据推断全年级同学的身高信息。这时对数据的分析方法可以与描述统计的方法一样,但是得到的结论是一种估计,是或然的。在这个过程中数据的随机性(代表性)尤为重要。可以看出,推断统计的核心就是通过经验过的事物推断未曾经验的事物,即通过样本推断总体。现实世界的大多数事物都是以随机现象出现的,因此现代统计学主要研究的是推断统计。

但是就小学生而言,不能完全理解这些思想,因此《课程标准(2011版)》中对"数据分析观念"只要求:"了解在现实生活中有许多问题应当先做调查研究,收集数据,通过分析做出判断,体会数据中蕴含着信息;了解对于统计的数据,可以有多种分析的方法,需要根据问题的背景选择合适的方法;通过数据分析体验随机性,一方面对于同样的事情每次收集到的数据可能不同,另一方面只要有足够的数据就可能从中发现规律。"

可见,在小学阶段对数据分析观念的要求主要有两条:一条是知道数据蕴含着信息,知道许多事物应当通过调查研究得到结论;一条是知道通过样本得到的数据具有随机性。显然,让小学生理解第二条是困难的,需要通过情景、活动让学生逐步感悟。[①]

(三) 对教学的启示

在《课程标准(2011版)》中第一学段就安排了统计的内容,更是提出了数据分析观念。有人可能会担心义务教育阶段的学生,特别是小学生能否胜任统计内容的学习。

判断学生能否胜任一个知识内容的学习,一般可以考查学生的认知基础和生活经验基础。

现实生活中,报刊、杂志、电视、网络等媒体中充斥着各种统计数据或图表,这些为学生学习统计知识积累了丰富的生活经验基础;同时,统计知识的思维要求不高,更多的是一些生活常识和实践技能,这些实践技能,只要假以时日,多多实践,完全可以达成。因此,学生也具备学习统计知识的认知基础。

此外,统计意识、数据分析观念的形成,都需要假以时日,长期发展,因此

---

① 史宁中.基本概念与运算法则:小学数学教学中的核心问题[M].北京:高等教育出版社,2013:65-67.

尽早开展统计活动,也是十分必要的。某小学对本校学生进行了抽样,询问学生"什么是统计"。有的孩子回答:"统计就是分类",有的孩子回答:"就是把苹果摆在一起,把橘子也摆在一起",有的回答:"统计就是各种统计图表"……虽然每个学生对"什么是统计"表达方式不尽相同,似乎离标准答案尚有距离,但是仔细品味学生的说法,其实他们已经根据自己经历过的统计活动,道出了统计的某些环节,进一步说明学生对于学习过的统计知识和活动是理解的、是可以接受的。

第二节 统计有关知识的解析与教学

一、数据

(一)数据与数

数据不仅仅是数。实际上,统计里的数据就是信息。例如,某教师统计了班级 15 名学生的入学情况(如下):

学号	性别	身高(厘米)	入学成绩		
			语文	数学	外语
1	女	167	81	88	优
2	男	162	78	85	良
3	女	165	86	90	优
4	男	160	81	99	中
5	女	165	94	86	优
6	女	167	83	75	良
7	女	165	88	94	优
8	男	166	79	98	优
9	女	159	72	65	中
10	男	169	86	97	优
11	男	168	91	96	优

(续表)

学号	性别	身高(厘米)	入学成绩		
			语文	数学	外语
12	男	158	80	93	良
13	男	160	85	89	优
14	女	159	90	84	优
15	女	162	91	89	优

这里 15 名学生的各种信息,如性别、身高、入学成绩等都是数据。其中男、女是关于性别的数据;167 cm、162 cm 等是关于身高的数据;81 分、88 分等是关于语文、数学成绩的数据;"优"、"良"、"中"等等第是关于外语成绩的数据。

(二) 数据的类型

细心的你,可能觉得以上数据好像有不同类型。的确,数据有各种类型,我们可以将数据分类。

有的数据没有好差之别,它们是定性的,如上例中男、女这两个关于性别的数据;而有些数据可以排出一定的顺序,它们是定序的,如上例中学生入学的外语成绩就是定序的;还有些数据是定量的,它们可以直接比较大小,如上例中学生身高、语文成绩、数学成绩等。

另外,定量的数据还可分为可比的数据和不可比的数据,如上例中的身高就是可比数据,又如摄氏温度,就不是可比的数据,2 ℃并不表示 1 ℃的两倍。

通过一些约定,定序的数据和定量的数据可以相互转换。

例如,在上面的调查中,可以约定 90 分、80 分、70 分来代替英语成绩优、良、中。这时,定序的数据就转化成定量的数据了,就可以计算英语成绩的平均数(只有定量的数据才有平均数)。

反过来,定量的数据也可以通过适当的分段,转化为定序的数据。例如在入学调查中,如果约定 90 分及以上为优、90 分以下 80 分及以上为良、80 分以下 70 分及以上为中、70 分以下 60 分及以上为及格、60 分以下为不及格,这时原先为定量数据的语文和数学成绩就可以转换成定序的数据了。

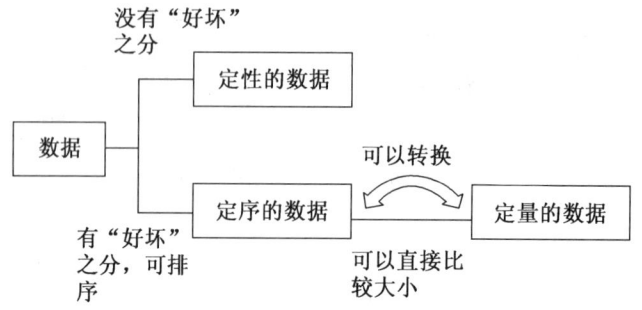

二、数据的收集

(一) 数据收集的方法

统计的第一步,当然是收集数据了!

如何收集数据呢?那得看具体问题的要求。例如,你将如何获得下列数据?

1. 从一定高度均匀地抛一枚硬币,了解国徽朝上的可能性大小;
2. 了解一个班级中学生最喜欢的水果品种;
3. 了解某型号电灯泡的使用寿命;
4. 了解 2015 年我国大陆国内生产总值和它近五年的变化情况。

显然,我们可以亲自参与数据的收集过程,即直接收集(如 1、2、3),当然,也未必需要(有时也不可能)事必躬亲,当了解的数据量较大、范围较广、个人无法完成时,可以通过查阅报纸、相关文献或上网的方式,间接获得数据(如 3、4)。在信息时代,间接获取数据信息是公民的一个重要技能,不可小视。你可以进入某个具有搜索引擎的网站,例如 www.baidu.com,在搜索栏中输入查找的关键词(如"奥运会开幕式"),点击搜索,计算机将显示找到的相关网页,进入这些网页,就可以查找需要的资料了。国家统计局的网站(www.stats.gov.cn)就是一个查资料的好地方。当然,间接收集数据毕竟并非你自身获得、并非原创,因此,也应注意不要偏信盲从。

直接收集数据的方法,一般又可分为调查和实验两种。如,为了了解抛掷一枚硬币落地后国徽朝上的可能性,一般可用实验的方法;为了了解一个班学生对几门学习科目的喜好情况,可以采用调查的方法。

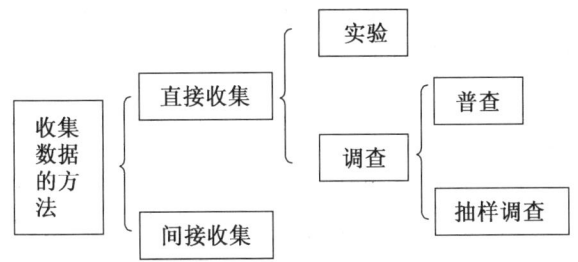

调查又可分为普查和抽样调查。当总体中个体数目较小、调查比较方便而又不具有破坏性时,人们往往采用普查的方式,如可以通过普查了解班级学生最喜爱的水果;而总体中个体数目较大、调查不甚方便或调查具有破坏性时,人们往往采用抽样调查的方式,如了解电灯泡的使用寿命。

应该说,现实生活中,抽样更为省时省力,因而比普查更为普遍。比如,工业中产品的检验、农业中害虫的危害程度、交通上车流量的大小、社会学中人口的流向以及人们对某类电视作品的喜爱程度等等。有人认为,还是普查来得准确,实际上也不尽然,当调查量很大时,普查也难免产生漏查和错误,因此无法保证其结果一定精确。如果样本选取适当,抽样同样可以很好地准确反映总体的状况。

总之,具体选择哪种方式,往往是综合考虑数据本身的特点、具体实施的可操作性、实施条件的许可程度等多方面因素的结果。

(二) 调查

1. 调查的一般过程

一般地,调查活动会经历以下步骤:(1)明确调查的问题和目的;(2)选择调查方法,确定调查对象;(3)设计有关调查问卷(表)、访谈提纲等;(4)实施调查;(5)整理收集到的数据并表示;(6)分析数据,得出结论,帮助人们做决策。

2. 调查表的制作

具体调查问卷的设计,当然是基于调查目的的。如为了了解一个班级学生最喜欢的福娃的状况以及是否具有性别上的偏好,可以设计一张调查表。这里问题比较明确。而为了了解学生是否具有良好的用眼习惯,仅仅提问"你的用眼习惯如何?"就并不明确,

调查表	
你的性别	写出你最喜欢的福娃的名字(只能写一个)

需要对其细化,因此,一般需要从多个角度提出问题,了解学生多方面的用眼状况,如一般连续用眼多长时间后休息一下、做眼保健操的次数和认真程度、每天看电视的时间、用于体育锻炼的时间等。

一般设计具体问题时,应注意:

(1) 问题应简明准确,与调查的话题相关。如学生性别和身高等一般与用眼习惯无关,就不需要将性别、身高作为调查问题。

(2) 问题的设计应科学,不要提问人们不愿意回答或不好回答的问题。如提问:"你每天用于学习的时间? A. 2小时,B. 3小时,C. 4小时,D. 5小时",也许有学生的学习时间是2.5小时,这时就无法选择了,对于这些连续的量,最好设计成一些连续的"段",如 A. 2小时以内;B. 2～4小时;C. 4小时以上。

(3) 提供的答案要尽可能全面。如提问:"你吃早餐吗? A. 每天都吃,B. 几乎天天吃,C. 很少吃,D. 不吃,E. 有时",答案基本全面了,人们便于作答。

(4) 问题不应具有导向性,不能暴露提问者个人的观点。如提问:"你是否认为骑车比乘坐公交车上学更快捷,因为不用担心堵车? A. 是,B. 不是",这个提问就有明显的倾向性。

三、数据的整理

(一) 分类

通过调查等渠道收集到数据后,我们要做的工作就是对大量繁杂的数据进行整理。在整理过程中,首先的工作就是将数据分类。

怎么分类?这里涉及调查目标。例如,对于某次考试,如果我们想了解班级的整体状况,这时,我们可以按照分数段分类,整理好的数据则能清晰演示各个分数段内的学生数,从而可以帮助我们了解班级的整体情况。如果我们想了解班级中男女生的学习状况,那么这时再分类时,必须考虑性别这一分类标准。

对于小学的统计,以及统计中涉及的分类,《课程标准(2011版)》的要求是"能根据给定的标准或自己选定的标准,对事物或数据进行分类,感受分类与分类标准的关系"。

最常见的分类研究如下图,此时已经给出了分类的标准,学生只需要按照已有的经验,归类就可以了。

第8章 统 计

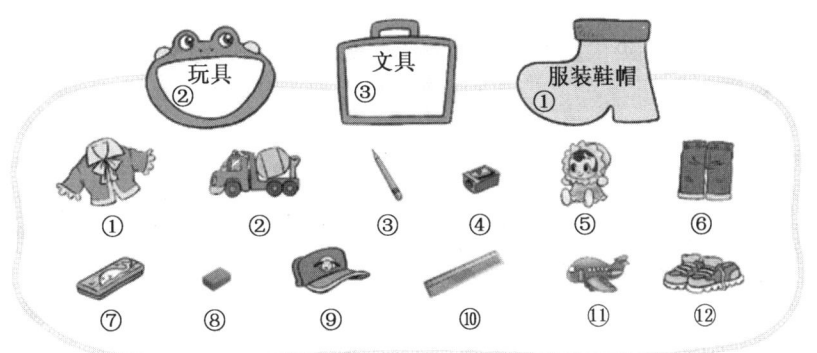

　　进一步的研究就需要学生自己寻找分类的标准,并进行分类。这时分类标准的选择和制定是对小学生的一项考验,它反映了学生思维的能力,也促进了学生思维能力的发展。一般情况下,当我们进行分类时,有一些基本的要求:(1)当标准给出后,被分的事物只能属于某一类,不能既属于A又属于B;(2)被分的事物必须属于某一类,不能不属于任何一个分类。一般教材中,会给出不同的情境和要求,以此锻炼学生对分类标准的制定。

299

(二)统计图表

当我们完成数据的分类后,需要将这些数据信息更好地呈现出来,于是统计图表粉墨登场。

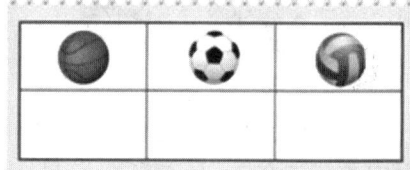

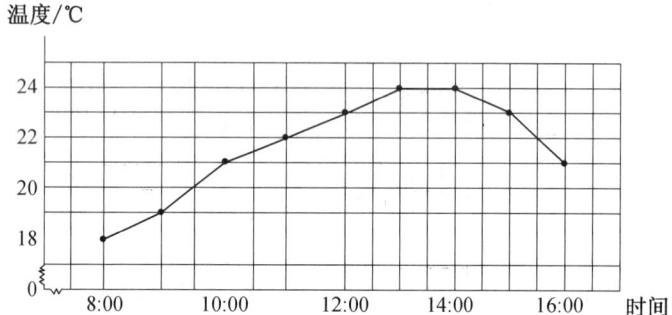

1. 对统计图表的认识

(1) 统计图和统计表的差别

图和表是有差别的。当我们对每一个数据的精确值给予关注时,比如,要了解每个学生的成绩,通常是制表而不画图。图更为直观、形象,而且可以更好地反映宏观态势,而表能表现细节。

(2) 义务教育阶段常见图表的特点

小学阶段有统计表和统计图,其中常见的统计图有条形统计图(单式、复式)、扇形统计图、折线统计图等。由于图表的作用是提供信息,我们自然关心的是:不同图表提供的信息的多少、哪一种图表提供的信息更醒目更清楚、不同图表的特点和优劣等等。

统计表:可以直接读出数据的大小;

条形图:可以直观地反映每个分量的多少;

扇形图:可以较好地反映各部分占总数的百分比;

折线图:可以反映一个运动变化的趋势。

城市	北京	呼和浩特	上海	福州	广州	南宁	重庆	成都	乌鲁木齐
日照时数/时	2 450.2	2 677.8	1 676.7	1 291.3	1 471.2	1 295.7	812.0	780.6	2 864.6

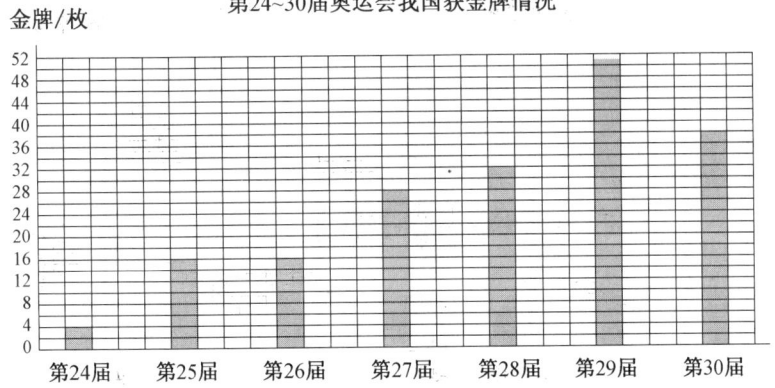

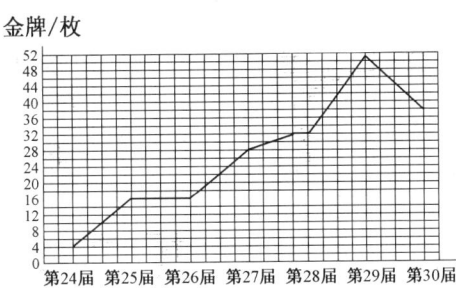

如,为了比较世界五大洲的人口数,我们可以画条形图。但如果还想了解每个洲的人口数和世界总人口数的关系,那么扇形图就比条形图要好。如果要比较不同时间数据的关系,例如每月的工业产值,折线图是一个好的选择。

虽然各种统计图的功能有所不同,但只有"好坏"之分,而无"对错"之分。也就是说,在实际描述中无论使用哪一种统计图都不能说是错,只能说描述的不够好或还有更好的方法,这也是统计学与数学的不同之处。

2. **统计图表的教学**

(1) 小学阶段关于统计图表的学习是一步步分层完成的

首先学习的是统计表和象形统计图。

例如：对下列水果分类整理。

① 学生通过图片的摆放完成分类

② 如何表示上述分类的结果？一般有两种形式，一是统计表，一是象形统计图。

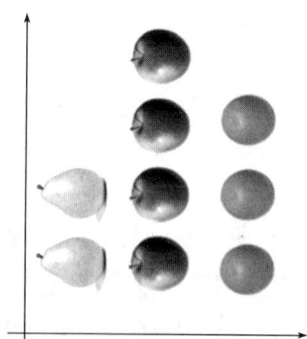

③ 将具体的水果抽象为小方格，于是生成了一般意义上的条形统计图。

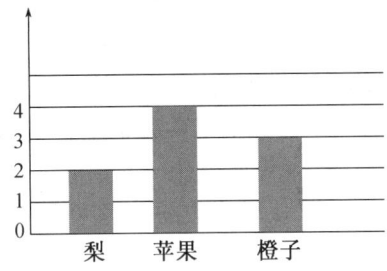

此时纵轴一个格子表示1个,后来随着数据的扩大,一个格子表示1个单位(可以是2,3,…);横轴方面也会由单式变为复式。

④ 由于统计图表表示数据各有优势和特点,在学生熟练掌握条形统计图后,一般会利用其他问题情境,引入折线统计图和扇形统计图。

(2) 统计图表的学习要求

在小学阶段,学生会学习多种统计图表,在这个过程中,制作统计图表固然是学生需要掌握的一种技能,但是重点不是学习如何制作统计图表,更为重要的是需要感受统计图表制作的意义(必要性),了解各种图表的制作原理,能从图表中快速、准确地获取信息。

四、数据的处理

完成了数据的整理工作后,我们需要对数据反映的总体情况有所了解,希望从数据中获取内蕴的信息,为此需要进行相应的数据处理。怎么处理?选择什么数据反映总体情况?这就涉及数据的代表。

(一) 数据的代表

1. 最为常见的数据的代表就是平均数

事实上,利用平均数作为数据的代表,是有其数学上的道理的。一组数据 $x_1, x_2, \cdots, x_n$,希望用一个数据 x^* 来作为这组数据的代表数,当然希望这个数据和各个数据的总体误差较小了。数学上,总体误差常用方差刻画,因此希望方差最小,即 $\dfrac{(x_1-x^*)^2+(x_2-x^*)^2+\cdots+(x_n-x^*)^2}{n}$ 最小,不难算出此时的 $x^* = \dfrac{x_1+x_2+\cdots+x_n}{n} = \bar{x}$。

19世纪,平均数在统计学中占有绝对的统计地位。统计学家一致认为:"统计学的任务是从一般方法的角度研究平均数的应用和利用,并且确定平均数在统计方法中的地位。"下面这个史实可以作为平均数所占地位的旁证：19世纪的大文豪狄更斯在12月的某日，宣布他当年不再搭乘火车，"理由是英国每年铁路意外事故的平均额度尚未满，因此意外事故就要发生"。

然而，到了20世纪，平均数遇到了种种责难。例如，统计有个经典故事，讲的是数学家调侃统计学家，说你们统计学家经常讲平均数，假如把一个人的头放在炉子上，脚放在冰箱里，从平均数的角度来看，那么这个人一定会感觉温度正合适。

又如，由5个人组成的篮球队，平均年龄23岁，该是一个个生龙活虎的小伙子吧？上场一看，原来是一位七旬老太领着4个十一二岁的娃娃。

更令人大跌眼镜的是，有一家只有15名员工的公司，薪水总额是198万，老板吹嘘说该公司的年平均薪水为13.2万元，好像每个人都拿了高薪。事实上呢？老板自己拿了100万，总经理拿了50万，另两位部门经理每人各20万，其他11位雇员总共拿了8万元，平均不到0.75万元。老板隐藏了这极端的不平衡。

于是人们对平均数也做了修正，将极端数据剔除后，再求平均数。

2. 其他的数据代表

在数学上还常用中位数和众数作为数据的代表。

中位数，顾名思义，指具有中间位置的数（当然得先按序排列）。数学上讲，中位数和各个数据的差距的绝对值之和最小，即使得 $\frac{|x_1-x^*|+|x_2-x^*|+\cdots+|x_n-x^*|}{n}$ 最小。

众数，指这组数据中出现次数最多的数。实际上，这是对数据最为直观、粗略的刻画。它同样有着广泛的运用，如学生的鞋码统计数据，我们去求平均数，根本没有意义，因为平均数尺寸的鞋一般都不存在；中位数的鞋码也未必存在，就是存在也没有多少价值；我们更多的是考察各个尺寸鞋码的数量、比例，这时众数的意义体现得较为明显。

在有关社会问题的研究中，众数和中位数具有十分重要的地位。例如，为了制定一个城市的税负政策，仅仅了解这个城市居民的平均收入是不够的，还需要了解这个城市多数居民的收入水平、中等收入者的收入等，因此，需要关注众数和中位数（居于中间位置的数）。实际上，人具有从众心理和比较心理，在与团体内其他人的比较中，众数和中位数具有十分重要的意义。

(二) 教学启示

对于数据的代表，我们在教学中不能简单将其视为一种运算技能，需要讲清选择这些数据作为整体数据代表的合理性,需要学生在实际问题中选择恰当的数据反映总体的情况。因此在进行教学设计时,要注意统计的过程、统计量具有的实际意义。

案例8.1:平均数

南京市中华中学附属小学　魏光明

教学目标:

1. 在丰富、具体的问题情境中,感受求平均数是解决实际问题的需要,同时通过操作和观察,体会平均数的意义,学会计算简单数据的平均数(结果是整数)。

2. 在运用平均数描述和解释简单生活现象、解决简单实际问题的过程中,积累分析和处理数据的方法的经验,发展数学思考和数据分析观念。

3. 进一步感受数学与生活的联系,体验运用已学统计知识解决问题的乐趣,增强数学的应用意识。

教学过程:

活动一:创设情境

师生谈话:为了迎接青奥会,我们学校组织了"童心迎青奥"系列体育活动。你瞧,前几天刚组织了套圈比赛,规定每人比赛3次,每次套10个圈。老师班上有几个同学参加了比赛,想不想知道他们的比赛成绩?

活动二:探索新知

1. 初步感知

(1) 解读信息:【条形图】让我们先看看小红的成绩。

她第一次套中几个?第二次、第三次呢?

(2) 师生互动:你认为她的套圈水平怎么样?

你能用一个数来表示小红三次比赛的总体水平吗?

预设1:18从哪里来?18表示的是什么?(有道理。有不同的意见吗?)

预设2:【可以用6表示吗?】为什么可以用6表示?【三次同样多、平均】

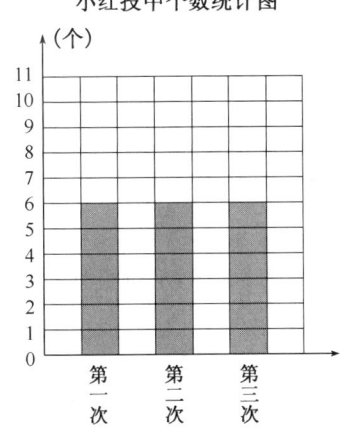

2. 继续感知

(1) 看图思考：再来看小军的成绩。

你也能用一个数来表示小军三次比赛的总体水平吗？

(2) 讨论互动：

预设1：15从哪里来？15表示的是什么？（有道理。有不同的意见吗？）

预设2：小军想用8表示，你们同意吗？为什么？可以用3表示吗？

预设3：5在哪里？5是怎么来的？——跳转到第4环节

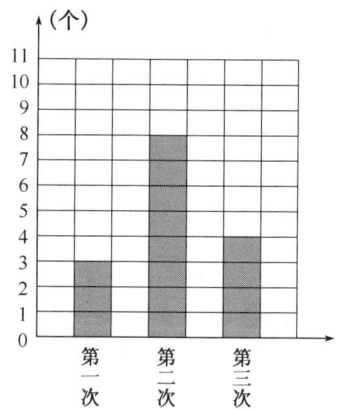

小军投中个数统计图

【这里使用条形统计图呈现相关数据信息，与之前的统计学习（数据的整理）相呼应。同时呈现两个不同形态的统计图，激起学生的认知冲突，为讨论数据代表的选择做了铺垫】

3. 制造冲突

(1) 自然过渡：看来，我们可以用几次成绩的和来表示他们套圈的总体水平了？

(2) 提出问题：看到小军的成绩，小华非常高兴，说他一共套中16个，比小军的水平高。请你们看看，他说的对吗？为什么？

(3) 讨论互动：比赛次数不同，比较几次成绩的和合理吗？

说明：看来，用和表示孩子们套圈的总体水平，有时候是不合理的。

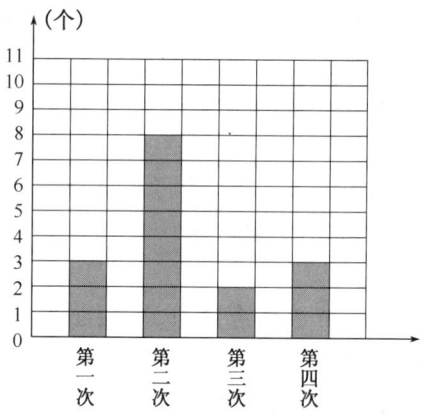

小华套圈成绩统计图

追问：那么，用一个什么样的数来表示才能不受次数的影响，更加合理呢？

4. 引导聚焦

(1) 引发思考：回过头来看小红的成绩，除了用和表示之外，还用了哪个数表示？为什么可以用这个数表示？

追问：能不能也用一个像这样的数（指着小红的水平"6"）来表示小军的水平呢？

(2) 同桌讨论:你有什么办法得到这样的数?先看图想一想,再和同桌交流一下。

(3) 师生互动:(5是从哪里来的?)你的办法是什么?

预设1:【借助条形图】你的方法就是把多的移到哪里去?移到什么时候为止?

说明:这就是"移多补少"的方法。

追问:在移多补少时,什么是不变的?

预设2:【借助算式】你的方法就是把三次的和怎么办?为什么除以3?如果比赛4次呢?

说明:这就是"求和均分"的方法。

【关于平均数的求法:不仅介绍了常见的公式求法,还借助于统计图的直观,从图形上判断】

5. 讲解互动

(1) 观察思考:这个"5"表示小军第一次套中的个数吗?表示第二次或者第三次套中的个数吗?那么,"5"表示的是什么?

(2) 教师讲解:像这样,在总数不变的前提下,通过移多补少或者求和均分,得出一个同样多的数,我们把这个数称为几个数的平均数。

追问:5是哪几个数的平均数?6呢?

说明:我们通常用平均数表示一组数据的总体水平。

(3) 提问聚焦:现在你认为用哪个数表示几个孩子套圈的总体水平更加合理?为什么?

追问:从总体上看,谁的套圈水平高一些?

(4) 观察比较:看图想一想,通过移多补少得到的小军套圈的平均成绩,肯定比几多,比几少?也就是说,肯定在什么范围之间?

【过渡:小军是一个不服输的孩子,套圈比赛输了,就开始准备参加跑步比赛】

活动三:巩固新知

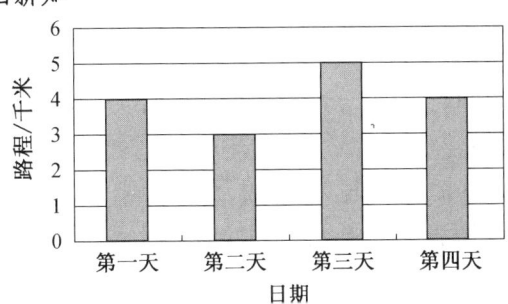

1. 一次反馈

(1) 观察图示:小军每天分别跑步多少千米?

(2) 独立练习:选择一种你喜欢的方法求出结果。

(3) 交流互动:你用的是什么方法?

追问:平均每天跑步4千米,每天就一定都是跑4千米吗?

有比4千米多的吗?比4千米少的吗?那么,4表示什么?

2. 二次反馈

(1) 观察判断:老师买了三条丝带包扎奖品,其长度分别为14厘米、24厘米、16厘米。小红算出这三条丝带的平均长度是28厘米。不计算,你能知道他算得对不对吗?

追问:为什么?平均数一定在什么范围之内?

(2) 计算验证:请选择一种方法来验证一下。

(3) 核对互动:这题你用了什么方法?在什么情况下用"移多补少"的方法比较合适?

3. 比较小结

通过学习,现在你对平均数有什么认识?平均数一定在什么范围之间?平均数一定和每一个数都相等吗?怎样求出一组数据的平均数?

【过渡:学了知识是为了用,你能用平均数的知识解决生活中的问题吗】

活动四:深化理解(略)

活动五:全课总结

平均数真的无处不在。课后请孩子们看报纸、看电视,搜集一些关于平均数的信息,看看自己能不能读懂这些平均数的含义;同时量一量自己的身高,再求出所在小组的平均身高。

【思考与实验】

1. 针对低年级和高年级,分别设计两个统计活动,要求充分考虑学生的认知水平和兴趣爱好。

2. 有时一组数据的平均数、中位数、众数都相等,请举出几个这样的例子,并将数据用条形图表现出来,说说相应的条形图有什么特点。

3. 小明参加套圈比赛,成绩如下:

套圈次数	1	2	3	4	5	6	7	8	9	10
套圈成绩	2	5	3	5	5	8	5	4	6	7

有同学提出要使用众数来表示小明套圈的成绩,班上大部分同学认为,要用平均数。你的观点是什么?你打算如何和同学交流?

4. 你打算让同学们做一个关于环保意识的小调查。有小组提出:在学校随机采访同学作为调查对象,也有小组提出:组内成员各人回家调查自己的爸爸妈妈、爷爷奶奶,还有小组提出在马路上随机调查行路的人。对于这些小组提出的调查对象,你作为教师有什么指导性意见?

第9章 概　率

生活中最重要的问题，绝大部分其实只是概率问题。

——［法］拉普拉斯（Laplace，1749—1827）

我们的生活中充满不确定现象，而概率就是研究随机现象的一门学科。本章将从概率的定义说起，分析小学概率的定位与目标，并结合教师教学的难点，分析概率中的有关知识。

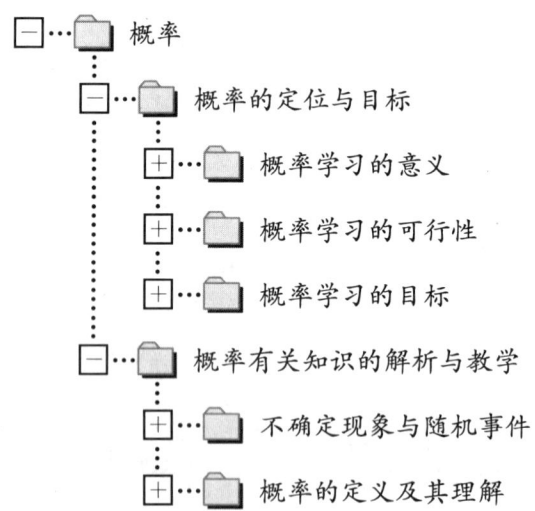

第9章 概率

第一节 概率的定位与目标

一、概率学习的意义

1. 概率的研究对象十分普遍

概率是研究随机现象的数量规律的一个数学分支。"随机现象,结果又不确定,研究它作甚?""不然,随机现象十分普遍,数学能不研究这样普遍的现象吗!"

生活中随机现象十分普遍。例如,明天你准备去看一场足球比赛,你可能会想:明天会不会下雨,要不要带雨衣? 明天会不会堵车,要不要提前出发? 哪个队先进球? 最终比赛结果如何? 也许,你冥思苦想了半宿,还是不能预知结果,像球王贝利一样成为著名的"乌鸦嘴"。这些现象,都有一个共同的特点:在事情发生前,无法确切预知事情的结果,因而称为不确定现象或随机现象。

当然,数学上研究的随机现象指:在相同的条件下,重复同样的试验,其试验结果却不确定,以至于在试验之前无法预料哪一个结果会出现。

你还别说,生活中严格确定性的现象十分有限,不确定现象倒是普遍存在的,你不研究它,说不过去呀!

2. 概率学习可以指导实践

随机现象并非毫无规律,研究这些规律,可以指导实践。例如,明天是否下雨,虽然事先没有绝对的把握,但气象局还是会预报,甚至预报说,明天南京地区下雨的可能性是80%。也就是,还是有一定的规律性的。实际上,气象部门先测得相关天气条件的数据,再依据历史记录,得到同等或近似条件下第二天下雨的可能性。这样,我们就可以根据天气预报,确定是否需要带雨衣了。再如,现在得到一个任意球的机会,贝克汉姆还是兰帕德主罚,教练可不能随意拍板,他会根据以前比赛中两人主罚任意球的数据作出选择。

实际上,懂点概率知识,还可以给你一双慧眼,不为妖言所惑,识破骗局!

案例9.1:美国总统的生日玄机

有人调查了美国前36任总统的生日和忌日,竟然发现很多神奇的巧合。

如詹姆斯·波尔克与沃伦·哈定都生于11月2日;费尔莫和旦夫丁都死于3月8日;亚当斯、杰弗逊、门罗三人都死于7月4日,前两人都是1826年去世的,后一位死于1831年。一年365天,36人竟有如此多的巧合,也许有人认为这就是天意了。

学习过概率,可以知道,23个人中有两人生日相同的概率就达到50%,50个人中有两人生日相同的概率达到97%,36任总统72个生日和忌日,出现相同的实在正常不过了。我们很多所谓的巧合,在概率的意义上,实际上是十分正常的事情。但由于缺乏概率知识,很多人容易误认为这是天意、缘分等,迷信自然而生。

案例9.2:免费的游戏

熙熙攘攘的集市上,某人在设摊"摸彩"。只见他手拿一袋,内装大小、形状、质量完全相同的4个绿球和4个红球。每次让顾客"免费"从袋中摸出4个球,输赢的规则如表格。

所摸球的颜色	顾客的收益
4个全红	得4元
3红1绿	得1元
2红2绿	交3元
1红3绿	得1元
4个全绿	得4元

"5种可能的情况中只有一种可能输钱,其他4种都能免费'赚钱',多美的事,何乐而不为呢?"没有学习过概率的小朋友也许会如此思考。

不想,设摊的商人会如此傻吗?

事实上,从4个绿球和4个红球中任意摸出4个球的方法一共是 C_8^4 种,其中摸到的4个球都是红色的可能性只有一种,相应的概率是 $\frac{1}{C_8^4}$;摸到3红1绿的可能性有 $C_4^3 \cdot C_4^1$ 种,相应的概率是 $\frac{C_4^3 \cdot C_4^1}{C_8^4}$;摸到2红2绿4个球的可能性有 $C_4^2 \cdot C_4^2$ 种,相应的概率是 $\frac{C_4^2 \cdot C_4^2}{C_8^4}$;类似地,1红3绿的概率是 $\frac{C_4^3 \cdot C_4^1}{C_8^4}$,4绿的概率是 $\frac{1}{C_8^4}$。不难发现,2红2绿的概率超过50%,输钱的可能性较大;另外还可以算

所摸球的颜色	概率
4个全红	$\frac{1}{70}$
3红1绿	$\frac{16}{70}$
2红2绿	$\frac{36}{70}$
1红3绿	$\frac{16}{70}$
4个全绿	$\frac{1}{70}$

出平均一次输钱的量:$\frac{1}{70} \times 4 + \frac{16}{70} \times 1 - \frac{36}{70} \times 3 + \frac{16}{70} \times 1 + \frac{1}{70} \times 4 = -\frac{68}{70}$。

学习了概率,我们的学生还会轻易地上这些当吗?

3. 概率学习可以发展学生的随机观念和辩证思维

我们虽然不能在试验之前预知试验的确切结果,只能知道每个结果发生的概率;虽然,确定的理论概率也不能给人们提供绝对无误的行为判断,但仍然可以指导我们的实践,并且在这样的实践中,提高自身的辩证思维能力。

例如,明天的降水概率为10%,后天是90%,这一信息,可以指引我们实践。可能你明天不带雨衣,后天一定会带雨衣。当然,现实也可能和你开个玩笑,说不定明天下了雨,而后天却没有下雨,你固然可能会抱怨天气预报出现了一些问题。但你总不会因为这件事情说,以后播报降水概率90%的那天我不带雨伞,而降水概率为10%的那天带雨伞。这就是概率不确定性思维的特点,概率学习可以很好地发展学生的随机意识和辩证思维。

二、概率学习的可行性

看了上面的案例,难免发出感慨:"概率,蛮难的,以后再学习呗!"那么为什么义务教育阶段又安排了概率的学习内容呢?

任何一个知识,其学习的要求、定位是决定难易的最重要因素。

如果定位于理论地算出事件发生的概率,对于稍为复杂一些的古典概型,都得根据排列组合的知识,算出事件的总数 n 和符合要求的事件数 m,这也是过去到高中才学习概率的原因。

但对于普通老百姓而言,如何具体算出这两个数,可能并不重要,不成就查阅资料呗。

关键是,老百姓要建立随机观念,能客观地看待随机现象,不要因为买彩票没有中奖而骂娘,因为天气预报不甚准确而恼火。从这个角度看,义务教育阶段的学生还是可以感知概率的,特别是经过大量的试验后。

三、概率学习的目标

(一) 小学概率的教学目标

当今社会,概率相关术语在媒体中的使用频率已经大大增加,概率的运用也日渐广泛,《课程标准(2011版)》将小学概率教学的目标定位于:体验随机事件和事件发生的等可能性,通过实例感受简单的随机现象。

（二）义务教育阶段概率学习的目标

作为小学老师，也应了解初中阶段概率学习的目标，这样可以更好地把握概率学习的定位。

义务教育阶段概率学习的目标关键是促进学生形成初步的随机观念。

学生对随机观念的认识表现为两个层面：一是对随机现象本体的认识；二是应用随机观念解释自然、社会现象，解决实际问题的一种行为主动性或者一种主动的应用意识。对随机现象本体的认识，又可细分为这样几个层次[①]：

（1）理解确定事件和不确定事件的基本概念，能够辨别一个事件是否是确定事件。例如知道"随意抛掷一枚硬币，落地后国徽朝上"这一事件是不确定事件，在抛掷之前无法保证它是否一定发生，再如"摸彩中奖"、"明天下雨"、"小明今年考取大学"等大量生活中事件都是不确定事件。

（2）粗略地感知某一事件发生的可能性。这是（1）的必然发展，在定性地知道了某一事件有时发生、有时不发生的情况下，学生自然希望知道到底这一事件发生的可能性大还是不发生的可能性大。例如转动下面左图的转盘，停止转动时指针落在红色区域和落在蓝色区域的可能性哪个大？而用下面右图的转盘呢？再如现在经常听到某人购买某种彩票获得巨额奖金的报道，那是否购买彩票就能获奖呢？获得巨奖的可能性有多大呢？应该说明的是，人人梦想一夜暴富的心理是不健康的，也是不现实的，我们的学生应对这些事件发生的可能性有个直觉的估计。

（3）用数量较为精确地刻画某一具体事件发生的可能性。这是（2）的精细化，因而要求学生能用各种方式进行计算。当然，这里的计算又有理论计算和试验估算两种方式。对于义务教育阶段的学生而言，能够进行理论计算的概率模型只能是简单的古典概型，而古典概型中最为核心的概念是等可能性，而对等可能性的体验又要借助于试验，因此说，这两者存在着内在的统一，即多次试验的频率渐趋稳定于其理论概率。

---

① 章飞.义务教育阶段概率有关知识的内容定位与教材实施[J].数学教育学报 2004(1).

(4) 理解某一事件发生的试验频率与理论概率存在偏差,而且偏差的存在是正常的、经常的。虽然多次试验的频率渐趋稳定于其理论概率,但也不排除无论做多少次试验,试验概率仍然是理论概率的一个近似值,而不能等同于理论概率。例如,理论上事件"随意抛掷一枚硬币,落地后国徽朝上"发生的概率为 1/2,但试验 100 次,并不能保证恰好 50 次国徽朝上,50 次国徽朝下。只要学生真正动手做试验,必能体会到这一点,事实上,做 100 次掷币试验恰好 50 次国徽朝上,50 次国徽朝下的可能性仅为 8% 左右。只有认识到这一点,学生才算对某一事件发生的概率有较为全面的理解,初步形成随机观念。

(5) 理解模拟试验或随机抽样结果的随机性。实际上,这是(4)的泛化。只有认识到这一点,学生才能真正明白现实世界广泛存在的随机性,形成真正的随机观念,并主动地应用到现实生产、生活中去。

基于以上对随机现象的认识,义务教育阶段概率有关知识结构大致如下:

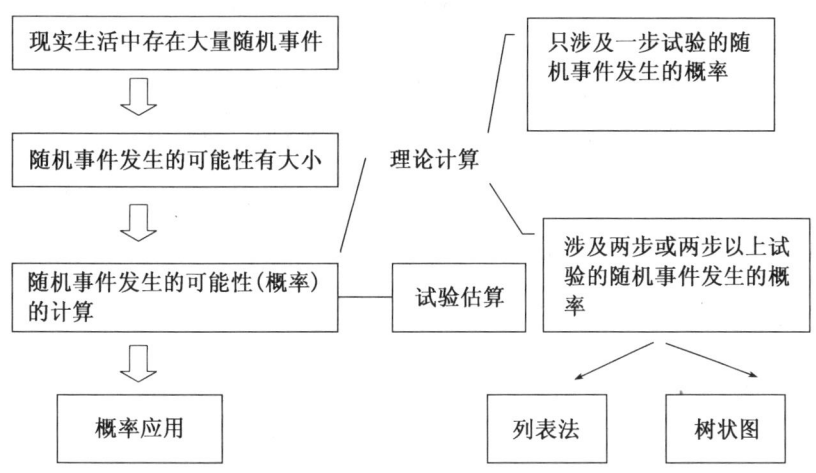

第二节　概率有关知识的解析与教学

一、不确定现象与随机事件

生活中存在着大量不确定现象。例如:"火星上是否有生命?"这个问题现在还不能确定,那么,这一问题能说成是随机事件吗?

这得回到数学上随机现象的定义：在条件相同的情况下，做重复试验，试验结果却不确定，以至于在试验之前无法预料是哪一个结果出现，这样的现象称为随机现象。这时的试验结果称为"随机事件"。换句话说，数学上研究的随机现象、随机事件是和重复试验紧密相连的。并非所有不确定的结果都是随机事件。

显然，"月球上有没有水"、"火星上是否有生命"不是随机事件。因为，其结果没有任何随机性，它是完全确定的，只是人们不知道其结论而已。类似地，"哥德巴赫猜想"等数学上尚未被证明或否定的命题，"是否有外星人"等尚没有被确认的事实，它们没有任何随机性，不是随机事件。

"明天的足球比赛中阿根廷和德国哪一个队会赢"，这样的问题也不作为数学上的随机事件。虽然其结果也是不确定的，具有一定的随机性，但这样的问题并不是可重复的实验，因而不作为数学研究的对象。

也许你会说，人们也会在日常言谈中谈到这些事情发生的"可能性"。如，人们会说："我猜火星上有生命的可能性不到万分之一"、"我看阿根廷十有八九会赢"等等。显然，这只是一种猜测而已，它反映了个体主观的想法或愿望，因而称之为"主观概率"。主观概率是认识主体根据其所掌握的知识、信息和证据，对某种情况出现可能性大小所做的数量判断，它是对随机现象可能性大小的基于经验的一种主观的估计。虽然，主观概率的结果是主观的、个体的，但也不是毫无意义。在一次性事件的场合下，目前还不存在一种公认的客观方法去计算其概率，因此，只能诉诸主观判断。当然，由于其结果毕竟是主观的，因人而异的，因此，它不是概率论研究的内容。

教学随机事件时所举的例子，一定要和重复试验紧密相连，强调是相同条件下的试验，可不要太"随意"哟，更不能举一些容易引起争议的例子，如"从三楼掉下一个玻璃杯会不会碎"、"1公斤铁比1公斤棉花重"、"广州市每年都会下雨"之类的。

二、概率的定义及其理解

（一）概率的定义

概率是指随机事件发生可能性的大小。一般情况下，这个可能性的大小是未知的。虽然概率（用 p 表示）是未知的，但是生活经验告诉我们，可以认为概率是一个非负的、不大于1的数，即 $0 \leqslant p \leqslant 1$。当 $p=0$ 时，认为随机事件发生的可能性为0，意味着这个事件不能发生；当 $p=1$ 时，认为随机事件发生

的可能性为1,意味着这个事件必然发生。而其他的随机事件都在不能发生和必然发生之间。

得到未知概率的方法一般有两种:一种是估计的方法,通过大量试验,用频率估计概率。即在相同的条件下做大量重复试验,一个事件出现的次数 k 和总的试验次数 n 之比,称为这个事件在这 n 次试验中出现的频率。当试验次数 n 很大时,频率将稳定在一个常数附近。n 越大,频率偏离这个常数较大的可能性越小。这个常数称为这个事件的概率。

另一种就是不借助数据而直接利用背景定义概率,义务教育阶段主要涉及的是古典概型。如果试验的全部可能结果只有有限个,而且每个结果发生的可能性大小相等,将一个事件发生的概率定义为该事件发生的所有结果的数目与所有可能发生的结果总数的比。

(二) 试验频率与理论概率的关系

以"国徽朝上的概率"为例。

抛掷一枚均匀的硬币,国徽朝上的概率是1/2。也许小学生都会如此认为。但,其概率真的是1/2吗?如何理解这个概率1/2呢?

"那很显然,要么国徽朝上,要么国徽朝下,只有这两种可能,因此,概率是二份中的一份,1/2。"

"只有两种可能,也未必就各是1/2呀,只能说明两种情况的和是100%,也许国徽朝上53%,国徽朝下是47%!"

"噢,忘了说明两种情况的可能性相同。你瞧,硬币这两面基本没有什么差别吧,我们可以认为它们相同,因此,落下来朝上和朝下的可能性没有理由不同呀!"

"是的,如果两面完全一样,应该是各1/2。可两面并不完全一样呀!"

"这样吧,我们做做试验,看看试验结果是否支持这一看法。"

"试验次数少,偶然性大,说明不了问题,那得试多少次?"

这样吧,我们看看前人做的试验结果。

试验者	抛掷次数(n)	正面朝上的次数(m)	正面朝上的频率
布丰	4 040	2 048	0.506 9
德·摩根	4 092	2 048	0.500 5
费勒	10 000	4 979	0.497 9
皮尔逊	12 000	6 019	0.501 6

(续表)

试验者	抛掷次数(n)	正面朝上的次数(m)	正面朝上的频率
皮尔逊	24 000	12 012	0.500 5
维尼	30 000	14 994	0.499 8
罗曼诺夫斯基	80 640	39 699	0.492 3

还真的差不多是 1/2。从试验结果看，我们也没有理由说国徽朝上的可能性大还是朝下的可能性大，因此，姑且认为它们一样大，分别是 1/2。以后遇到硬币问题，就不再做试验了，直接默认它们是 1/2 了。

"试验结果还只能说概率大约是 1/2。至于理论值，有没有？到底是多少？我感觉还不好确定。当然，规定这个概率为 1/2，也基本符合实际，我们就这么默认也无妨。"

看来，试验频率和理论概率还真差不多。

（三）等可能是古典概型的基础

基本事件发生的可能性相同是古典概型问题的前提条件。

多数情况下，根据基本事件之间的对等性、对称性可以判断它们发生的可能性相同。如，袋中两个球，它们没有其他区别，只是标上了号码，因此，随机摸出一个球，是 1 号球和 2 号球的可能性理应相同。再如一个均匀的骰子，每个面都完全一样，只是在不同的面上做上记号 1、2、3、4、5、6 而已，当然，各面朝上的概率也相同。

有些情况，虽然没有这么好的对等性，但也看不出多少差别，我们也近似地认为它们是等可能的。例如，抛掷硬币的问题，硬币的正反两面差异不大，因此，姑且认为它们也是对等的，任何一面朝上的概率相同，都等于 1/2。注意，这种情况就没有上面的例子那样来得确定了。只是试验也发现差别不大，而且你也没有办法得到一个确切的结果，为了研究的方便，姑且这么认为吧。类似地，我们小孩玩具中挖掉几个点的骰子，出现 1、2、3、4、5、6 的概率相等也不是那么确定的，因为毕竟各个面不完全一样了嘛！当然，挖掉的点子小，可以近似地认为没有什么影响。

实际上，更多的情况下，并没有这种先天的对等性，等可能并不是自然的假设，因此很多随机现象发生的概率并不适合古典定义。

否则，就可能造成争议。

案例9.3：小猫找鸟

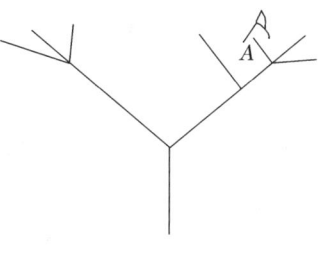

右图是一棵小树的示意图,一只受伤的小鸟躲在其中一个树梢A上。小猫从树根处随机地到达树梢,能一次找到小鸟的概率是多少?

解答1:总共7个树梢,小猫一次就找到这个树梢的概率是1/7。(理由是小猫到达每个树梢的可能性相同)

解答2:小猫要找到小鸟,每个分叉口都得走对;第一个分岔口走对的概率是1/2,第二个分岔口走对的概率是1/2,第三个分岔口走对的概率是1/3,因此,小猫一次就找到小鸟的概率是1/12。(理由是,每到一个分岔口随机地进行选择,因此,每个分叉口走入各个分支的可能性相同)

你说哪个解答对?还真不好说。

也许很多教师认为,这是故意挑刺,倒也不是,学生确实可能出现这样的争议。问题出在,本题中的等可能基础,并不是先天就有的、显然的,因此,这里的等可能只是人们的一个假设或者说命题者的一个假设,命题者不将自己的假设明白无误地告诉别人,别人如何清楚,你让别人猜测你的想法呀!别人猜错了你的意图,还责怪别人,有道理吗?

这类问题命制时,要尽可能清楚地交代出等可能假设,避免学生的理解障碍。

案例9.4:"恼人的三门问题"

三个完全一样的门,其中一扇门后面放有一辆小汽车,另外两扇门后面空无一物。你当然不知道哪扇门后面有小汽车,只能随机地选取一扇门。这时,主持人(知道小汽车在哪扇门后面)从另外两扇门中选择一个空门,并且打开它。这时你被告知,如果你改变主意,选择剩下的那扇门还来得及。你改变选择,还是不改,还是无所谓?

"小汽车,反正就在这两扇门后面,它们各有1/2的可能性,选择哪一个无所谓。"这是多数人的想法。

"可是,小汽车在这两扇门后面,只能说明在两扇门后面的概率和是

100%,也许在一扇门后面的概率是70%,另一扇是30%呢?并不能说明它们各有1/2的可能性。"

"两扇门有没有什么不同,凭什么你的可能性大我的可能性小呢?"

"两扇门样子是一样的,在你选择的时候是一样的,但你选择后,实际上主持人又做了一个判断,这时可不一样了。"

"这个哪里说得清,还是不明白。"

"是的,等可能的基础到底是哪一个还真不太说得清楚。但如果主持人没有打开一扇门,你得奖的可能性应该是1/3,实际上,你也知道另外两扇门中一定有一扇没有小汽车,主持人打开不打开对你是否得到小汽车应该没有影响,可现在怎么概率就增加了,变成1/2呢?"

……

看来,等可能的基础问题是大家争议的焦点。面对争议,如果不能相互说服,不妨借助实验作出判断。

本题传自美国,当时也引起了很多人的争论,据说很多数学工作者也意见不一。为此,电视台邀请一位科普工作者做了一个节目,当场做了十几次试验,明显发现改变选择要合算一些。有兴趣的读者,不妨也做几次试验。

当然,我们数学教师不能满足于试验,我们还希望关注理论上的结果。

首先我们应明确这个试验中的几个等可能基础:

1. 汽车在三个门后面是随机摆放的,也就是说初始时刻,3个门后面有汽车的概率是相等的,都是1/3。

2. 你的选择也是随机的,也就是说,选择任何一扇门的概率相等,都是1/3。

而且,摆放小汽车是主持人做的,选择是你做的,两者之间相互独立。因此就有等可能的9种情况。

假设你选择了1号门,东西在2号门,主持人打开的肯定是3号门,这时你不改,拿不到东西,你一改动,肯定可以拿到小汽车,因此,这种情况下改动合算。一一分析,不难得到右表。因此,

放 猜	1号门	2号门	3号门
1号门	不改	改	改
2号门	改	不改	改
3号门	改	改	不改

在9种等可能的情况下,3种情况不改合算,9种情况改合算。也就是说,改变选择即可获得小汽车的概率是2/3。

现在结论更为清晰了。可为什么很多人会出现这种观点:"小汽车,反正就在这两扇门后面,它们各有 1/2 的可能性,选择哪一个无所谓。"因为我们最先学习的概率模型都是古典概型,而且古典概型学习的时间相对较长,比重较大,人们印象深刻,同时在古典概型学习中容易默认等可能性。为了避免这一情况,建议:

1. 学习概率从试验开始,而且初始一定要出现非古典概率模型,让学生认识到大量的概率问题并没有等可能的基础。

2. 学习古典概型问题时,应充分说明其等可能的基础,在确信这一基础的前提下才使用古典概型进行计算。

完全类似的问题:

三罪犯问题:有甲、乙、丙三个罪犯,他们之中的一个将被随机地选出给予释放,而其他两个将被处以死刑。在一次和看守的谈话中,乙对看守说:"既然他们两人(甲、丙)中至少有一人要被处死,你最好告诉我究竟是谁。"看守说:"甲将被处死。"乙松了一口气,说:"我能活下来的机会从 1/3 变到了 1/2。"

真是这样吗?看守这句话真的能给你增加活下来的机会吗?看守不说,不是也知道另外得有一个人死吗?

【实践与思考】

1. 做了 100 张签,分别标记了数字 1—100,两人从中随机各抽出一张。下面是两人的对话:

甲:抽到 30 的可能性比抽到 1 的可能性大。

乙:应该一样大。

甲:不一样。你说是签里面是两位数多,还是一位数多?

乙:两位数多。

甲:所以嘛,30 是两位数,1 是一位数,所以抽到 30 的可能性比抽到 1 的可能性大。

你如何评价两人的对话?

2. 两位同学在一起做掷硬币的实验。做了 100 次,发现正面朝上出现了 62 次,正面朝上频率为 $\frac{62}{100}$,下面是两人的对话:

甲:如果再做100次后计算正面朝上的频率,一定会比$\frac{62}{100}$小比0.5大。

乙:为什么?

甲:试验次数越多,频率越接近概率吗?

你如何评价两人的对话?

3. 某商家促销宣称:购物抽奖,中奖率为50%。小明打算抽两次,因为他认为这样自己一定有一次可以中奖。他的观点对吗?原因是什么?

4. "三张卡片"问题:有三张卡片,其中一张两面都是红的、一张两面都是白的,另外的一张一面是红的一面是白的。从中随机地抽取一张,并且随机地放下,这时红色朝上。问这张卡片的背面也是红色(即双面皆红)的概率是多少?

也许有人会这样想的:既然这张卡片是红色朝上,那么这张卡片一定不会是双面皆白的那张,也就是说这张卡片的不是双面皆红的那张就是一面红一面白的那张,因此,双面皆红的概率是1/2。真是这样吗?研究一下,看看本题与本章哪个问题完全同构。

5. 你打算采取哪些方法,帮助学生建立随机观念?

第四篇　问题解决与综合实践

问题是数学的心脏。

——[美]哈尔莫斯(Paul Halmos,1916—2006)

在数学的领域中,提出问题的艺术比解答问题的艺术更为重要。

——[德]康托尔(Georg Cantor,1845—1918)

- 问题解决与综合实践
  - 第10章　问题解决的教学思考
  - 第11章　综合与实践

第 10 章 问题解决的教学思考

我解决过的每一个问题都成为日后用以解决其他问题的法则。

——[法]笛卡尔(Rene Descartes,1596—1650)

如果你不能解决这个提出的问题,环视一下四周,找一个适宜的有关的问题。辅助问题可能提供方法论的帮助。它可能提示解的方法、解的轮廓,或是提示我们应从哪一个方向着手工作等等。

——[美]G. 波利亚(George Polya,1887—1985)

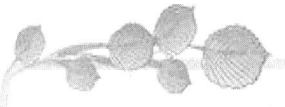

数学学习离不开问题解决。在问题解决的过程中,可以发展学生发现问题、提出问题、分析问题和解决问题的能力。发现问题、提出问题的能力是《课程标准(2011 版)》新增的学习要求,教学中应注意结合适当的情境,展现提出问题的视角,引领学生提出问题,获得提出问题的亲身体验;面对具体情境,要求学生提出问题,通过任务压迫提升学生提出问题的意识和能力。本章重点阐述具体问题解决过程中如何提升学生的分析问题、解决问题的能力。本章首先分析了问题解决的一般过程,然后重点阐述了提高学生问题解决能力的若干策略,并通过具体案例分析了问题解决中的常见问题。

- 问题解决的教学思考
  - 问题解决的一般过程分析
  - 提高学生问题解决能力的若干策略
    - 提升学生题意理解能力的若干思考

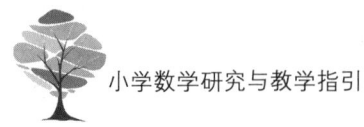

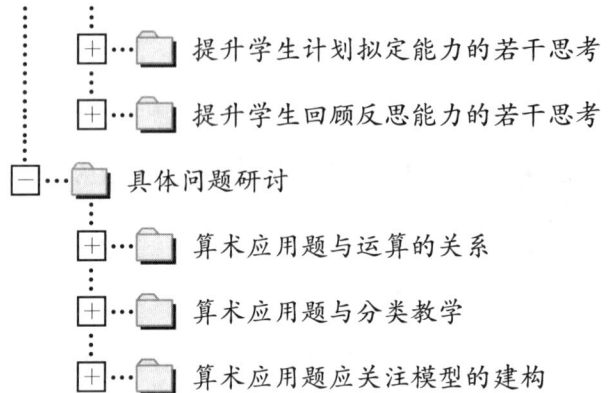

第一节 问题解决的一般过程分析

数学问题(problem),不只是数学习题。数学问题一般包括两类:一类是常规性的,即背景相对简单、条件明确、解法常见的,教科书中多数习题以及一般教学中多数考题,基本属于这一类;另一类是非常规性的问题,这类问题的背景相对复杂,条件隐含,答案开放,没有现成的解答可以套用,常称之为具有挑战性的问题。本书中的问题,泛指一切有助于提升学生问题解决能力的数学问题。当然,这些问题的呈现形式也是多样的,可以是文字呈现的应用题,也可以是图形呈现的,并没有绝对的限定。

问题解决的过程,常常是因人而异、因题而异的,但也有一些共性的规律。美籍匈牙利数学家波利亚在名著《怎样解题》中将解决问题的过程分成了四个步骤,其中很多关于问题解决的建议,颇有教益。因此,下面笔者以波利亚的《怎样解题》中的表述为主,对解决问题的过程以及教学建议进行适当的解读。

波利亚把数学问题解决过程分为四个阶段:弄清问题、拟定计划、实施计划、回顾反思。

弄清问题,是建立联系、获得解题方案的前提。弄清题意,可以从这样几个方面入手:

(说明:下面楷体部分是波利亚《怎样解题》中的原话,不妨感受一下大师的建议)

明确目标(未知量是什么?要求证的是什么?要作的是什么?);

确认条件(已知数据是什么?条件是什么?);

确信题目的正确性(条件有可能满足吗?条件是否足以确定未知量?或者它不够充分?或者多余?或者矛盾?);

尽量表示出题意(画一张图,引入适当的符号。将条件的不同部分分开,你能将它们写出来吗?)。

拟定计划,就是解题者根据自己对问题的理解,逐步找出条件和结论之间的联系,最终导出探求结论的流程的过程。毫无疑问,探求解题计划,需要基于对相关的数学概念、原理、规则的掌握以及以往的解题经验。为此,拟定计划的第一步,就是明晰问题中各个数学概念、相关原理,调用已有的解题经验。前者实际上在理解题意阶段就已经开始,而后者则是问题解决中一个十分重要的环节。因此,波利亚提出了很多调用已有解题经验的策略(你以前见过它吗?你知道一道与它有关的题目吗?困难是,以前学习过太多的题目,如何从中筛选出有用的题目、有用的经验呢?这时,看着未知数不失是一个很好的建议。看着未知数!尽量想出一个具有相同未知数或相似未知量的熟悉的问题。如果你幸运地想到了类似问题,这是再好不过的了。这里有一个与你的题目有关而且以前解过,你能利用它吗?)。

调用解题经验是获得计划的一个前提条件,其目的当然是借用这些经验解决现行的问题。那么,如何借助过去经验解决现行的问题呢?可能有很多通道,最为常见的通道,就是将现行问题转化为过去已经学习、研究过的问题,这就是转化归结,即化归(你能重新叙述这道题目吗?你还能以不同的方式叙述它吗?)。化归,是将问题转化为一个等价的问题,但这一策略并非处处可行的,因此,解决问题时,可能还会从一个与它相关但不等价的问题的解决过程中寻求解决问题的思路或者寻求问题的结论。例如,一般化、特殊化(你能否想到一道更容易着手的相关题目?一道更为特殊化的题目?一道类似的题目?)、将问题进行分解和重组(你能解出这道题目的一部分吗?只保留条件的一部分,而丢掉其他部分,那么未知量可以确定到什么程度,它能怎样变化?你能从已知量中得出一些有用的东西吗?你能想到其他合适的已知量来确定未知量吗?你能改变未知量或已知量,或者有必要的话,把两者都改变,从而使新的未知量和已知量彼此更接近吗?)等。有时沉醉于联系、类比中,可能将我们拉离主题,离题过远,这时注意回到原问题,可以提醒:你用到全部的条件吗?你把题目中的所有关键的概念都考虑到了吗?

实现计划,如果将解题计划比作建筑蓝图,那么,执行解题计划就是建筑施工。与探求方案相比，执行解题计划不是难事，只需将经过探索、设计而成的解题方案进行逻辑整理，运用已掌握的数学运算、推理、作图等技能熟练地将解题过程清晰地表达出来。在整理过程中，遇到一些细节问题作适当的技术处理。这时需要的是耐心和细心。

对解题过程、结果、方法进行理性地回顾与反思，可以有效地提升解题经验、归纳解题规律，最终获得策略性的知识，因而是将解题技能升华为解题能力的重要环节，不可或缺。具体的内容包括：

回顾结论，可使结论更为可靠、精致，深化学生对结论的理解，优化解法（你能检验这个结果吗？你能检验这个论证吗？你能用别的方法导出这个结果吗？你能一眼看出它来吗？）；

反思结论的运用，产生各种变式问题（你能在别的什么题目中利用这个结果或这种方法吗？"当我们成功地解决了一道题目之后，我们仍不应该忘记再寻找更多的好题目。好的题目和某种蘑菇有种相似之处：它们都成串生长。找到一个以后，我们应该四处张望，很可能在很近的地方又能找到更多的。"）；

反思方法，比较方法（还可以有其他解决问题的方法吗？这些方法有什么特点？你喜欢哪种方法？这些方法分别可能有哪些运用？）。

波利亚的怎样解题表，绝不仅仅是告诉我们解题的步骤与方法，而更是指导学生解题的最佳典范，从其字里行间，我们不难获得下面的启示：

1. 学生的解题需要帮助，教师的职责就是切合实际地帮助学生！

2. 教师的帮助、建议应是自然的。教师应当谨慎地、不露痕迹地帮助学生，顺乎自然地帮助学生，使学生有独立工作的感觉。当然，要做到这一点，需要站在学生的角度，努力理解学生心里正在想什么，然后提出一些问题或者一些建议，而这正是学生自己原本应想到的。

3. 教师的建议应该是普适的、简单的，切忌"像从一顶帽子中抓出一只兔子的戏法一样令人感到意外"。

4. 普适的建议，教给学生的是解决问题的一般策略，而非具体技巧，因而可以迁移运用于其他问题，促进学生解题能力的提高。如理解题意阶段，帮助学生掌握捕捉解题信息的策略；在探求途径阶段，帮助学生掌握变换问题的策略；在解题的结束阶段，帮助学生养成反思与评价的习惯。

5. 波利亚尤其强调解后回顾与反思，回顾反思本身不是目的，主要在于通过这个反思，养成反思的习惯，提升学生对问题的理解，提升学生的解题经验和解题能力；同时，经过长期的这些训练，学生必将获得反思的方法，从而形成学生反思的策略性知识。

有人认为波利亚的观点对于解决一些高难度、多关系的问题帮助比较大,对于小学数学的问题解决似乎没这么大的作用,是这样的吗?不妨看一个例子。

例10.1 一个长方形小花园,长8米,现在保持宽不变,将长延长3米,此时面积增大15平方米,问原来花园的面积有多大?

我们不妨感受一下波利亚所说的解题的四个步骤。

阅读题目,已知条件说,有个长方形的花园,长是8米,能画出示意图吗?

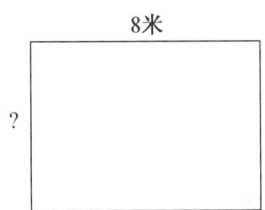

另外还知道,保持宽不变,将长延长3米,此时面积增大15平方米,这几句话如何在图中表示,怎么画?

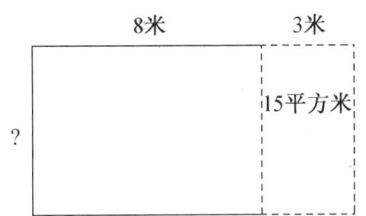

题目求什么?在这里,我们引导学生分析题目中的已知和未知,帮助学生用示意图将这些信息表征出来,这不正是波利亚讲的弄清问题吗?

为了求出这个原来的面积,我们还需要知道什么?它们可以怎么求出?

由于小学数学涉及的知识点相对较少,问题比较简单,因此在弄清问题的基础上,拟定计划和实施可能比较简单,相信学生已经获得了解题思路。但是不能因此忽略这些分析问题、解决问题的良好习惯的养成。小学教学的一个重要任务是习惯的养成,只有从小养成良好的分析问题、解决问题的习惯,到了中学阶段才能更快更好地适应后继更为抽象的学习。

由于小学生年龄、认知的限制,很少有学生会自觉地进行解题反思。反思更大程度上要依赖于教师的帮助,教师应帮助学生提炼解题的思路,或者根据这道题,改编一系列的问题(如下),这些都是教师引导下的解题反思。

（1）已知一个长方形小花园,长8米,宽5米,现在保持宽不变,将长延长3米,则面积增大多少平方米?

（2）已知一个长方形小花园,长8米,宽5米,现在保持长不变,将宽延长3米,则面积增大多少平方米?

（3）已知一个长方形小花园,长8米,宽5米,现在将长、宽各延长3米,则面积增大多少平方米?

第二节 提高学生问题解决能力的若干策略

基于上一节的分析,下面主要从题意理解、计划拟定、解后反思、问题意识的培养等几个维度对提升学生问题解决能力提出一些建议。

一、提升学生题意理解能力的若干思考

解决问题的第一步,自然是理解题意了。那么如何帮助学生题意理解,如何提升学生理解题意的能力呢?

首先需要分析学生理解题意过程中可能出现的问题和困难。

学生出现理解题意的错误主要有下面几个方面的问题:

（1）学生对于较大的文字量比较厌烦,另外,在较大文字量中不太能抓住有用的信息。

（2）学生对现实背景或学科背景不太理解,因而出现解题的障碍。例如,一艘客轮在静水中每小时行25千米,在大运河中顺水航行,水速是每小时3千米,航行140千米需要几个小时?这里需要利用"静水速度＋水速"求出顺水时的速度,但这用到了其相对速度,学生不了解这一学科背景,难免出现解题障碍。

（3）学生常常对一些关键的概念和词语出现理解失误。例如,学生往往会将"增加2倍"与"扩大2倍"视为相同的含义。

正是基于这样的分析,我们建议,教学过程中注意做好以下几个方面的工作:

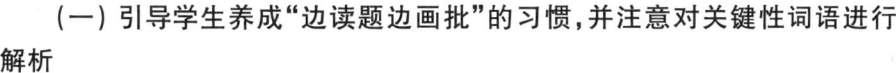

（一）引导学生养成"边读题边画批"的习惯，并注意对关键性词语进行解析

1. 养成画批的习惯

也许小学阶段看不出太大的差异，但将来面临更复杂的情境时，涉及的量、信息比较多，学生很容易遗漏其中的部分信息，而通过画批可以再次强化这些信息，避免信息遗忘的情况；另外，在画批的过程中，学生一般对这个信息会做一些解读，可以避免一些错误的理解，甚至可能对信息做进行进一步的挖掘。

例 10.2 一块布长 12 米，做裤子用了它的 1/6，做上衣用了剩下的 1/5，后来又用了 0.8 米做了防尘罩，现在这块布还剩下多少米？

这道题的已知条件提到了 4 个量——"12、1/6、1/5、0.8"，在阅读题目的过程中，可以让学生画出"做裤子用了<u>它的 1/6</u>，"（解读是全长的 1/6），画出"做上衣用了<u>剩下的 1/5</u>"（解读是剩下布的 1/5），可以有效提示学生，避免错误。

2. 关注关键词语的解析

实际问题中一些关键性词语常常影响着问题的本质和解决问题的方法与结果，为此，教学中应关注这些关键性词语，注意对这些词语进行解读。

例如，关于逆水、顺水行船的问题中，顺水速度＝静水时的行船速度＋水流速度，逆水速度＝静水时的行船速度－水流速度；溶液混合问题中，混合溶液的体积等于各自的体积和，溶液的浓度等于溶质质量除以体积；已知两年前数据和今年数据，研究平均变化率时，平均变化率并不是去年的变化率与今年变化率的平均数。但对于这些概念，学生并不一定这么理解。学生也许能够感受到顺水速度比静水速度快，但速度的和并不就是直接相加呀，实际上高中学习我们知道，两个速度的合成一般遵循平行四边形法则，并不是直接数据相加，只是现在正好两个速度是同向而已；学生也能感受到两种物质合并之后体积变大，但变大也未必是直接相加，举个极端的例子，一堆衣物中加入一定量的水，这时学生看到的体积变化可不是两者体积的和，实际上从化学上讲，两种物质不发生化学反应时，由于分子相互作用，体积也会与两者的和有一点误差，只是多数情况可以忽略不计而已；平均增加率，从日常语言的理解上，学生认为是两个增长率的平均值也未尝不可，只是我们数学上做了特定的约定而已。说明这些的目的是，面对一些新的情境，可能有一些数量关系并不是学生原有的认知水平所能理解的,或者说,学生自身的理解与实际情况会有一定的偏差,面对这样的情境,建议教师可以通过一定的活动,让学生形成适当的感受,或者直接点明这样的关系,而不要让学生因为对这些概念之间关系的理解的偏差造成解题的困难。

当然,还有一些词语,学生能够理解,但很容易与相近的语词混淆,因而造成解决问题的障碍。为了避免学生这样的理解偏差,教学中可以将略有差异性的问题放到一起,进行对比训练。

例如,某班男生 30 人,女生 20 人,总数 50 人,以这个背景可以编制下面的题目:

某班有男生 30 人,女生 20 人,男生比女生多百分之几?

某班有男生 30 人,女生 20 人,女生比男生少百分之几?

某班有男生 30 人,女生 20 人,女生占全班的百分之几?

通过这样的问题对比,让学生更好地理解比例问题中是以哪一个量为基础进行比较的。

再例如,可以呈现下面的问题:

从一根绳子中剪去 3/4,还有 6 米,这根绳子原来长多少米?

从一根绳子中剪去 3/4 米,还有 6 米,这根绳子原来长多少米?

通过对比,让学生理解这里的 3/4 到底是比例还是具体的数量。

类似地,学生对"增加到"和"增加了"也常会出现一些误读。教学中要注意收集学生常常出现误读的情况,针对这些易于误读的情况设计对比练习,加深学生的理解。同时,在教学中可要求学生在阅读题目时,对这些易于误读的关键性词语进行画批,在画批的过程中通过醒目的标记,加深自己的理解。

(二)开展情境的操作、模拟活动,促进学生理解情境

很多问题中蕴含着实际的生活背景,因此,理解题意时首先需要熟悉所谓的背景。学生熟悉背景,需要一定的生活经验。一般而言,教材与教学设计中所涉及的具体问题背景,应尽量贴合相应年龄段学生的生活体验,这是教材设计的一个基本原则。但我们应该明白,并不是所有的素材都能适合全国不同地区学生的现状,另外也有一些背景虽然学生现在不熟悉,但有必要让学生了解这样的背景。因此,面对学生不熟悉的背景,作为教师需要引领学生逐步熟悉这样的背景。课堂教学中可以组织适当的活动(如组织或模拟类似的情境活动、通过操作再现情境活动等),在活动中加深对于情境本身的理解,从而促进学生更为精准地理解题意,让学生明事理。例如,打折销售问题,如有可能,可以要求学生结伴或者与家长一同走访超市或者商场,了解打折销售,并在课堂进行相关信息的交流;如果学生还是不熟悉这样的背景,就需要在课堂上对这样的背景进行解释,甚至通过活动形成一些亲身的感受、体验,例如进行一些促销活动现场的模拟等,通过模拟促销活动对促销各个环节的量以及量之间的关系形成一定的体验,这些都有助于帮助学生明白事理。

即使学生熟悉背景,也不一定能理清问题所涉及的各个量之间的关系,这时可以引导学生进行情境的操作、模拟。

例 10.3 (1)小李和小刘在周长为 400 米的环形跑道上跑步,小李每秒钟跑 5 米,小刘每秒钟跑 3 米,他们从同一地点同时出发,反向而跑,那么二人从出发到第二次相遇需多长时间?

(2)若两人在相距 400 米的 A、B 同时相向跑,到终点后均折返,两人速度保持上述不变,则二人从出发到第二次相遇需多长时间?

在这个问题中,已知两人的速度,要求相遇时间,关键要知道相遇路程,即相遇时两人共跑了多少。但很多学生对这个背景不是很熟悉,往往不能很好地了解相遇时两人的总路程。实际上,遇到这些情景,最简单的做法是,让学生操作情境、模拟情境,如在纸上画一个圆表示圆形跑道,然后用两种不同颜色的笔沿着圆形跑道画线,直至两次相遇,这时追问,两人共跑了多少,学生就不难理解两人第二次相遇共跑了 2 个全长(400 米),而问题(2)中,共跑了 3 个全长(400 米)。

我们不妨再看一个案例:

例 10.4 一列长 300 米的火车,以每分钟 1 200 米的速度通过一座大桥,已知由车头开始上桥到车尾离桥共用了 4 分钟,求大桥的长度。

学生不一定熟悉这个情景,就是熟悉这个情境,也不一定能理清其中蕴含的数量关系,因此,首先可以引导学生通过活动模拟这样的情境(例如,用铅笔代替火车,沿着桌面上的直线段平移),进而画出火车过桥的图示:

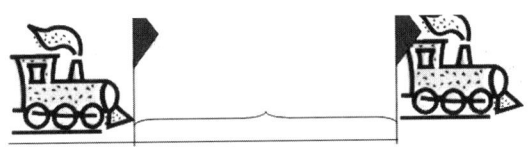

最后将上述情境抽象,得到下图:

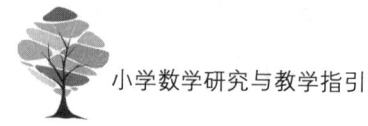

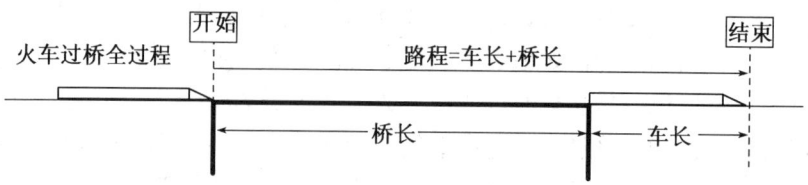

在上图中标出相应的各量,如下图:

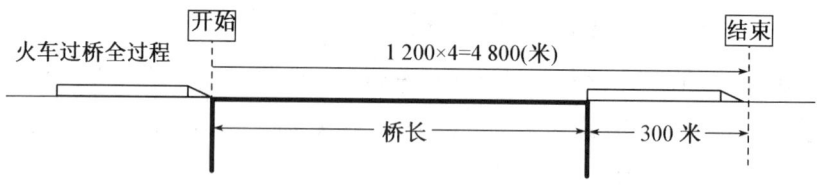

不难得到:桥长等于 4 500 米。

(三) 养成直观表征题意的习惯

为了更好地理解题意,便于寻找出各个量之间的相互关系,需要将各个相关概念、各个量以及这些量之间的相互关系通过适当的方式表征出来。这正是波利亚所强调的:尽量表示出题意(画一张图,引入适当的符号。将条件的不同部分分开,你能将它们写出来吗?)

具体地,**要引导学生养成借助图表进行直观表征的习惯。**

1. 养成画图表征的习惯

(1) 为什么要养成画图的习惯

下面也许是一些理由:

① 图形直观、形象,有助于理解概念与关系。

例 10.5 一张长方形纸条,第一次减去它的 1/2,第二次减去剩余部分的 1/3,则第二次剪下的部分占这张纸条的几分之几?

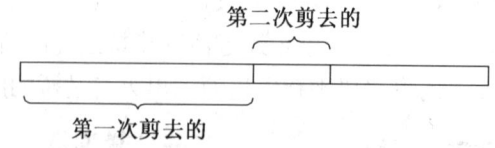

例 10.6 根据下图确定航模小组有多少人?

第10章 问题解决的教学思考

利用图形,可以更清晰地表示实际问题中各数量之间的关系。

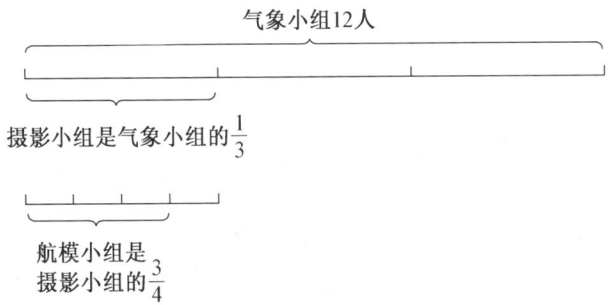

② 图形直观、形象,有助于反映各个量之间的关系,有助于理解问题。

例 10.7 甲乙两车原来共装苹果97筐,从甲车取下14筐放到乙车上,结果甲车比乙车还多3筐,两车原来各装苹果多少筐?

可以引导学生用线段图表示出前后两次甲乙两车的状况。

未搬运之前,可以得到下图,但此时条件不够,什么都求不出

从甲车搬运14筐给乙车后,情况如下图:

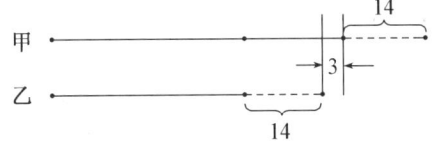

在这个图中,苹果的总量97框表示哪些线段的和?能根据这个图形求出

335

其中某条线段吗?

相信学生不难得到:

现在乙车有苹果:(97-3)÷2=47(筐),原来乙车有苹果:47-14=33(筐)。

例10.8 李白街上走,提壶去打酒;遇店加一倍,见花喝一斗,三遇店和花,喝光壶中酒。试问酒壶中原有多少酒?

这是我国民间广为流传的一道著名算题。题意是:李白提壶上街买酒、喝酒,每次遇到酒店,便将壶中的酒量增添1倍,而每次见到香花,便饮酒作诗,喝酒1斗。这样他遇店、见花经过3次,便把所有的酒全喝光了。问:李白的酒壶中原有酒多少?

遇到这道题目,学生如能按照时间的先后顺序画出题意:

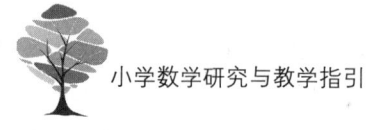

下面从已知的0斗按照时序倒过来,自然就得到了问题的解,这不就是很多教科书中所谓的"倒推法"吗?从这道题再次看到题意表征的重要性。实际上,本题的解答,只要学生在图形中进行操作得到下图即可,不一定要运用文字语言"规范"地表述出来。

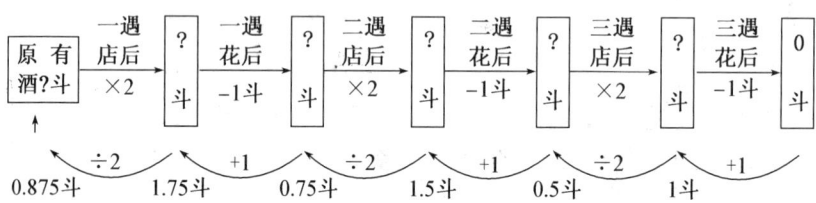

③ 长期的画图训练,可以形成一定的直觉,发展学生的几何直观能力。

(2) 如何发展学生的画图能力

① 早渗透

通过图形等方式直观地表征题意,是一个十分重要的能力。教学中应注意早渗透。

考虑到低年级孩子认字能力、读题能力较低,低年级教材大多采用直观图示与文字叙述相结合的呈现方式,这也是在渗透图示法,这样,后面的文字应用问题阶段进行图形表征就顺理成章、水到渠成了。例如,低年段教材常以以下形式呈现问题：

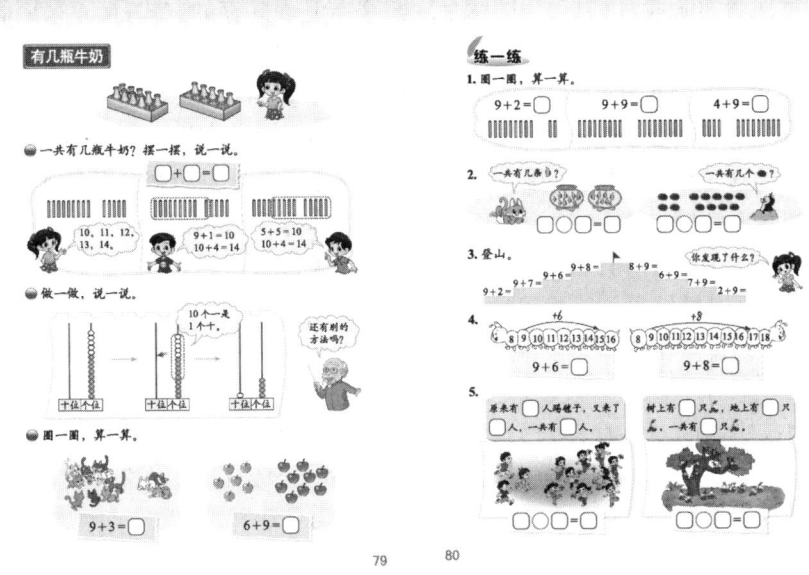

在低龄段的教学中，鼓励学生通过操作或画图来理解题意、解决问题。

例 10.9 小明在排队，从前面数，他是第五，从后面数，他是第四，这排有多少人？

可以先引导学生借助实物具体地排一排或者画出下面的示意图：

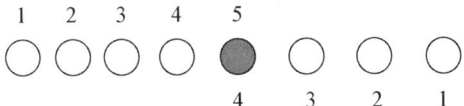

借助线段图可以很好地理解题意，解决复杂的实际问题。为了渗透线段图，可以在低龄段的教学中，主动采用线段图的形式呈现问题，要求学生根据图示，说明问题的已知量和待求量等，从而较早就形成关于线段图的直觉体验，有助于后续学习中形成画线段图的能力。当然，可能有教师认为：这样做，缺少了图示的建构过程，更多的是阅读理解。但教育教学首先应针对学生实际，做到合理有效。低龄段儿童完全自主建构图示还是有一定困难的，如能借助实际问题形成关于图示的经验，这样的经验将有助于后续理解实际问题，也有助于高龄段解决实际问题时引发学生自主建构线段图。

② 有序推进

早期渗透阶段,可以采用图示呈现与文本呈现并存的方式;接着采用图示呈现,要求学生阅读理解;后期可以采取文本呈现,要求学生自主进行图形表征的形式,这样通过层层递进的有序设计提升学生的图形表征的能力。

图形表征的自我建构阶段,也应注意循序渐进,不可操之过急,特别是对低年级的孩子,认知能力有限,有些孩子的语言和表达发展得还不够理想,这时不能过于急躁。例如,上面的例10.9中,如果学生没有经验,可以先借助实物操作积累经验。另外,注意由易到难的问题设计,逐步达成目标。如例10.9中,可以继续设计下面各题:

(a) 一排队伍有8个人,从前往后数,小明排在第四,那么他后面有几个人?

(b) 小明的左边有3个人,右边有4个人,那么这一排有多少人?

(c) 一排男生有4人,在每2个男生中排一个女生,这样排完后,男女生一共有多少人?

这里的问题(a),一排的人数已经知道,相对而言较为容易,而问题(b)(c)中,一排的人数未知,相对较难理解。

③ 对于具体图形表征的学习,可以按照"示范—练习—内化"的学习顺序

对于具体的图形表征的学习,可以遵循新知学习的规律,首先通过具体例子进行示范,然后通过练习加以巩固,最后总结图形表征中的注意点等,形成关于图形表征的一般规律,从而达成新知的内化。

案例10.1:简单行程问题的线段图表示

例题:A、B两地相距50 km,甲、乙两人分别骑摩托车和开汽车从A、B两地相向而行,甲、乙的速度分别是40 km/h,60 km/h,两人多长时间后相遇?

算术的做法是:两人的速度和是100 km/h,因此时间等于50/(40+60)。可不要小看这样的问题,学生还是有困难的。如学生会提出疑问:为什么要研究速度和?速度能求和吗?

示范

对于这样的问题,还是顺其自然,先操作情境、理解情境(如,在纸上模拟两人的运行情况),进而画出两人运行情况的图示(1),思考,"如果将道路搞得简单一些,变成直的,得到图(2),结果会受影响吗?"这样就得到了线段图。

第10章 问题解决的教学思考

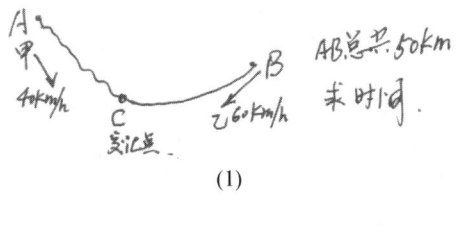

(1)

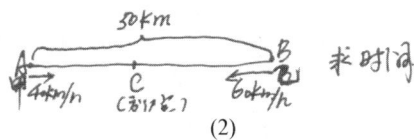

(2)

这时的做法就是一个示范。师生共同研讨得出图示，教师明晰图示并交流图示中信息表示的要点，如，说明图示中关键点（两人的起点），方向如何表示的，速度如何体现的，关键时间点的位置如何体现的。

练习

接着可以出一些简单的练习，要求学生画出图示。如，类似的情境，只是数据变化，要求学生画出图示（略）。

再接着可以出现一些图示，要求学生说明图示所表达的意思。

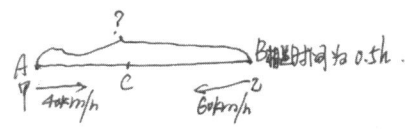

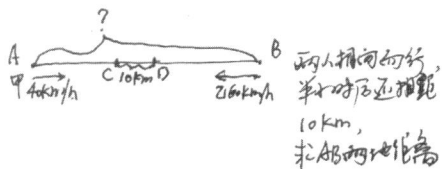

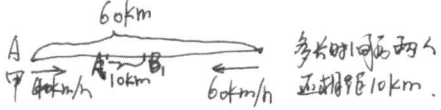

内化

练习之后，还需要学生反思画图的意义、道理和注意事项等。如为什么要画图?这样画图有什么好处?这种画图方法中要注意些什么?如何将有关信息通过图形更好地表示出来?类似的问题在更复杂的情境中显得尤为必要。

2. 形成表格整理多维数据的习惯

对于画图、画表,多数教材作为解决问题的策略单独列出。但从我们前文的分析可以看出,这两种做法并不指向问题解决,而只是题目信息表征的两个方法。

对于表格整理信息的方法,和画图一样,同样应该早渗透;到了教材中所谓的策略阶段,应该是对先前运用表格整理信息的经验的再次提炼与总结。类似地,小学教材中转化、倒推、代换等所谓的解题策略,仅仅是问题转化的一些具体方法,并不是一般意义上的解题策略;这些具体方法实际上在低年级段就应该通过具体例子加以渗透,而不是到所谓的解题策略阶段集中教学,到了教材中所谓的策略阶段,应侧重于对先前经验的再次提炼与总结。

运用表格整理信息的教学中,务必让学生感受到表格整理信息的好处,或者说感受到运用表格整理信息的必要性。那么为什么要用表格整理信息呢?不外乎这样几个原因:信息多,容易凌乱,需要适当的梳理;信息之间的关系比较复杂,而且不止一个维度,需要从2个维度排列。也就是说,要让学生感受到,用表格梳理信息是十分自然的,感受到好处。

例 10.10 小明骑车从 A 到 B,先走了段上坡,用了 14 分钟,又走了 3 000 米的平路,最后走了一段下坡,用了 11 分 40 秒。已知小明上坡、平路和下坡的速度依次是 2.5 米/秒、4 米/秒、6 米/秒,则小明从 A 到 B 再返回 A,需要的时间是多少?

这里的信息有:速度、距离、时间,同时,行进过程中有很多段,每一段分别有各自对应的时间、路程、速度,自然就有两个维度了,一个维度是按照行进的顺序有很多段,另一个维度是时间、速度、距离。对于这样的具有两个维度的信息,一般可以用二维的表格呈现,因此,自然有下表:

	从 A 出发的上坡	平路	从 A 出发的下坡	从 B 出发的上坡	平路	从 B 出发的下坡
路程(米)	S_1	3 000	S_2	S_2	3 000	S_1
速度(米/秒)	2.5	4	6	2.5	4	6
时间(秒)	14×60=840		700			

在表格中，根据第2、4列数据不难求出S_1，S_2，进而在其他各列利用时间、速度、距离之间的关系，求出其他各段的时间，求和后即可求出总时间。

	从A出发的上坡	平路	从A出发的下坡	从B出发的上坡	平路	从B出发的下坡
路程（米）	14×60×2.5 =2 100	3 000	6×700= 4 200	4 200	3 000	2 100
速度（米/秒）	2.5	4	6	2.5	4	6
时间（秒）	14×60=840	3 000÷4 =750	700	4 200÷2.5 =1 680	3 000÷4 =750	2 100÷6 =350

从这个例子可以看出，涉及时序的问题中（例如去年、今年、明年等），运用表格法梳理信息可以更加清晰。

例10.11   A、B、C、D、E五位同学进行乒乓球单循环赛（其中任何一位同学都必须和其他同学赛一场），比赛了一段时间后，A赛了4场，B赛了3场，C赛了2场，D赛了1场，这时E赛了多少场？

这里每一场比赛在两个同学之间进行的，即每一个信息都对应着两个同学，因此，可以采用表格的方法梳理。不难得到下表，因而E赛了2场。

	A	B	C	D	E
A		√	√	√	√
B	√		√		√
C	√	√			
D	√				
E	√	√			

当然，本题也可以用画图的方法表示。因为每场比赛对应着两个同学，因此，可以在两个同学之间连上线表示两人进行了一场比赛，这样，每个同学比赛的场次数就对应着这个同学连出去的线段数。不难有下图，也易得E赛了2场。

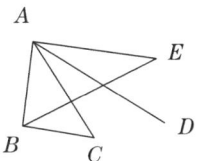

两个元素之间进行的某种联系(如两人握手、两队比赛、两国互访等),常常采用列表或者画图的方法。

关于图表表征信息的好处,我们不妨通过一个初中的例子再感受一下:

案例 10.2:打折销售的教学片段

教学中,笔者带领的团队首先带领学生回顾生活经验,了解打折销售全过程中可能涉及的量,然后师生共同梳理这些量之间的关系,形成了下面的图表:

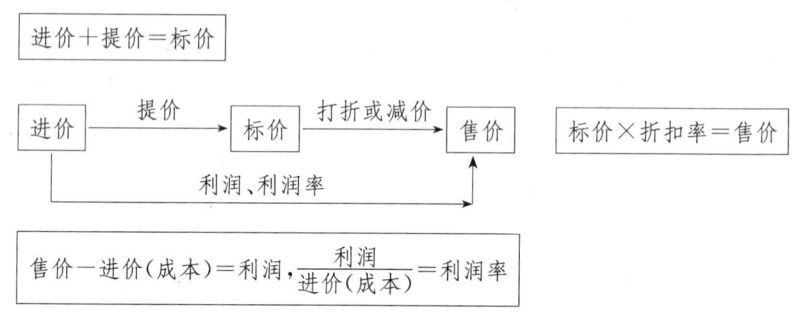

后续问题的解决中,要求学生借助图表表示信息,进而解决相关打折销售的问题。如,一家商店将某种服装按成本价提高 40% 后标价,又以 8 折优惠卖出,结果每件仍获利 15 元,这种服装每件的成本是多少元?

出示问题后,引导学生:

● 将有关条件(信息)标注到框图中(得到下图):

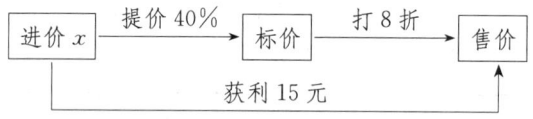

● 尝试从不同的角度,用含有 x 的代数式表示某个量。

学生不难从上下两个通道,得到售价的表达式:$x(1+40\%)\times 0.8$ 和 $x+15$,得到方程 $x(1+40\%)\times 0.8=x+15$。

在这个案例中,图表的形式使得各个量的关系更为清晰、直观,同时也为具体问题中信息的标注、条件的运用提供了很好的"平台"。后续,每个问题的题意理解中,都充分运用这个框图,梳理各个量之间的关系,借助这个框图表征信息,极有条理,不易造成遗漏和重复。此外,学生还可以发现这里基本量的个数是3,一般地,知道三个独立的量,就可以确定其他三个,这样,就可以自主编题了。

二、提升学生计划拟定能力的若干思考

拟定计划,就是解题者根据自己对问题的理解,逐步找出条件和结论之间的联系,最终导出探求结论的流程的过程。

拟定计划阶段,首先要熟悉解决问题的常规思路,其次要熟悉条件、结论的特征,了解问题的关键,进而寻找适当的突破口,选择适切的方法。为此,我们下面首先较为宏观地分析解决问题的常规策略,并结合具体例题分析如何根据题目的具体特征寻求解题的突破口,寻求解题思路。

(一) 解决问题的常规方法

提到小学数学的解题方法,一线教师能提出很多,如假设法(参见案例10.3)、倒推(参见例10.14)、转化、类比、分类、割补、消去(参见例10.12、例10.13)、等量代换(参见例10.12、例10.13)、对应等。我们不妨再看几个例子。

例10.12 师徒两人合做一批零件,徒弟做了6小时,师傅做了8小时,一共做了312个零件,徒弟5小时的工作量等于师傅2小时的工作量,师徒每小时各做多少个零件?

信息整理如下:

徒弟6小时加工的零件数+师傅8小时加工的零件数=312;

徒弟5小时加工的零件数=师傅2小时加工的零件数。

如果学生首次学习这类问题,前面遇到的问题中一般仅有一个未知量,而现在的困难是,第一条信息中有两个未知:徒弟1小时加工的零件数,师傅1小时加工的零件数。能否利用第二条信息消去其中一个未知的量呢?根据徒弟5小时加工的零件数=师傅2小时加工的零件数,可以知道师傅8小时加工的零件数相当于徒弟20小时加工的零件数,因此,第一条信息转变为:徒弟26小时加工的零件数=312,问题转化为以前会做的问题了。

例10.13 如图,正方形边长是6厘米,甲三角形是正方形中的一部分,乙三角形的面积比甲三角形大6平方厘米,求CE长。

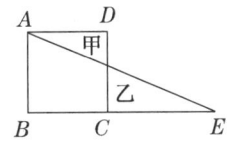

如学生养成了标注信息、整理信息的习惯,不妨设梯形为丙,信息可整理如下:

已知:正方形边长是6厘米,正方形面积为36平方厘米,即甲+丙=36;乙=甲+6。

求:CE。

如何建立已知条件与所求结论之间的联系呢?可以从条件和结论出发向中间靠拢。结论是求 CE,CE 所在的图形是乙,能否求出这个三角形的面积和高?看来有点困难,那么能否求出与 CE 相关的长度或者与乙相关的图形的面积?条件是两个面积之间的关系,能否通过适当的转化变为与 CE 有关的图形的面积,如乙这个图形的面积或者含有乙的某个图形的面积?这时根据两个条件,变形可得:丙+乙=丙+甲+6=36+6=42,即三角形 ABE 的面积等于42平方厘米,这样,再来求 CE 的长就简单了。

例 10.14 甲、乙两篮苹果,只数不等,从甲篮里拿出一些苹果放到乙篮里,使乙篮里的苹果增加了一倍,再从乙篮里拿出一些苹果放回到甲篮里,使甲篮里的苹果数也增加了一倍,这时两只篮子里的苹果数都是48只。问原来甲、乙两篮各有多少只苹果?

文字就挺长的,甲篮乙篮颠来倒去,学生很容易"云里雾里的"。首先整理信息。好像原来两个篮子中放了东西,接着好像两次换东西,最后有个结果,不妨按照时间顺序,把要求和信息梳理一遍。

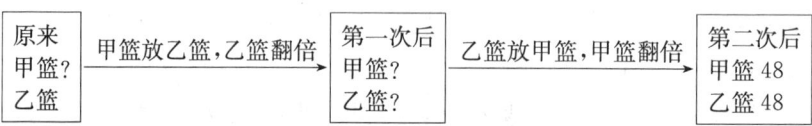

要求的是什么?初始状态两个篮子中的苹果数。

我们现在知道的是什么?最终状态:甲篮48只,乙篮48只。

为什么是这个状态?因为经过两次调换。

那从最终状态倒回来呗!

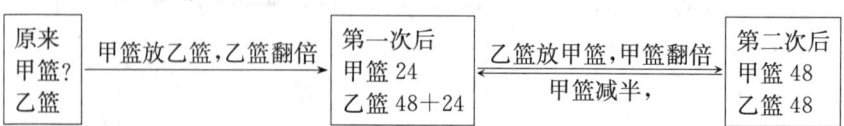

相信学生已经能够再次返回得到初始状态了。当然,也可以整理成下面

的表格。

	甲篮	乙篮
最终状态	48	48
↑乙篮放甲篮,甲篮翻倍	↓48÷2	
第二次变化前	24	24+48=72
↑甲篮放乙篮,乙篮翻倍		↓72÷2
第一次变化前(原始)	24+36=60	36

从上面这些案例可以看出,很多所谓的方法,基本都是设法转化为相对简单、比较熟悉的问题,如假设法、倒推、消去、等量代换等实际上都是化归的一些特例,是基于不同问题的特征的分析后转化方法的自然体现。因此,教学中可以对这些方法进行适当的归并,从更上位的角度给出学生一些思考问题的方向即可。因为,方法过多后,学生往往无从下手,"到底选择哪种方法合适呢"?学生就需要根据题目的特征进行方法的匹配,显然,这容易引导学生"套题型",这样既可能增加了学生的工作量,同时又失去了对本质性想法的感悟。

解决问题,最为常见的通道,就是转化归结,即化归。如果这个新的问题和原来所学习、研究过的某些问题存在显性的联系,学生一般设法将该问题转化为原有的问题,这就是化归。

但化归策略并非处处可行的,因此,解决问题时,可能还会从一个与它相关但不等价的问题的解决过程中寻求解决问题的思路或者寻求问题的结论。例如,从特殊的情况入手寻求经验,进而归纳出一般的结论与方法,这就是归纳;也可能从相似的问题中获取结论的灵感或者考虑问题的方法,这就是类比。

如果新的问题属于一个全新的知识领域,没有与其具有显性联系的先前知识准备,甚至归纳、类比思路都难以实现,这时我们也不能束手就擒,实在不成,也要大胆地尝试猜测,进而举例反驳或验证确认猜测。

因此,笔者认为,**解决问题的最常用的通道有下面三类:转化归结,归纳类比,尝试猜测**。当然,随着学习经历的丰富,可能转化归结运用最为广泛,以致很多学生太过熟悉这种方法而忘记了其他通道而已。

对于同一个问题,基于学生不同的认知基础,可以有不同的解决问题的方法,如下面的案例。

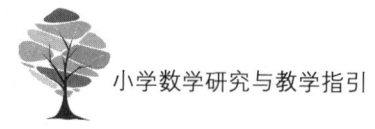

案例 10.3 类似鸡兔同笼问题的多种方法

例题:(类似鸡兔同笼,参见《课程标准(2011版)》案例31)在一个房间里有4条腿的椅子和3条腿的凳子共16个,如果椅子腿和凳子腿数加起来共有60个,那么房间里有几个椅子和几个凳子?

这道题可能有下面几种计算方法:

方法1:尝试(猜测),逐步调整。如先猜得有14个椅子,2个凳子,发现共有62条腿,适当调整后猜得有11个椅子,5个凳子,发现有59条腿,腿数又少了,再次调整,总会得到最终结果:12个椅子,4个凳子。

方法2:穷举(一一列举)。椅子和凳子总共就16个,反正就这么些情况,一一罗列出来,总可以找出符合要求的情况:12个椅子,4个凳子。

椅子数(个)	凳子数(个)	腿的总数(条)
0	16	48
1	15	49
2	14	50
3	13	51
4	12	52
5	11	53
6	10	54
7	9	55
8	8	56
9	7	57
10	6	58
11	5	59
12	4	60
13	3	61
14	2	62
15	1	63
16	0	64

方法3:归纳。在猜测或者列举的过程中,学生可能会发现一定的规律,进而利用规律解决问题。如,得到下面的数据:

椅子数/个	凳子数/个	腿的总数/条
16	0	4×16=64
15	1	4×15+3×1=63
14	2	4×14+3×2=62

观察这些数据,学生可能发现:每减少一个椅子(同时增加一个凳子),腿的总数就要减少1。当然,这是有道理的(4－3＝1)。已知腿的个数是60,因此,需要再减少2个椅子(同时增加2个凳子),因此,最终的椅子数是12,凳子数是4。

方法4:假设法:假设16个全部是椅子,则有64条腿,现在只有60条腿。为什么?只要有1个椅子"变成"凳子,那么就会少了1条腿,有2个椅子"变成"凳子,那么就会少了2条腿。现在一共少了4条腿,可以得到有4个凳子。

(二) 遵循学生的认知规律,充分展现各种视角与方法

1. 兼顾各种方法,不要偏废

案例10.3中,给出了4种不同的方法,也许一些小学老师认为,其中的方法4(假设法)最为一般,最为简单,数学化程度最高,教育的价值最大,真是如此吗?我们不妨分析一下这几种方法各自的价值。

方法1,尝试猜测,逐步逼近,看似粗糙,有点巧合,但这样的做法在现实生活中十分正常。现实生活中,常常需要的是符合现实需要的一个近似结果,因此,只要能够通过逐步逼近的方法得到符合要求的结果即可;况且很多问题本身在数学上就没有所谓的精确的结果,只能通过适当的方法得到其近似值。这种方法内蕴的思想是"逼近",在现实生活和数学研究中有着广泛的应用,是一个基本的数学思想。这个方法的运用有利于发展学生的数据直觉。

方法2,则需要学生进行有序列举、分类,这也是基本的数学思维方式。

方法3,则体现了归纳的思想方法,同时也渗透了函数的思想,这些同样是后续学习中十分重要的思想方法。

方法4,假设法,当然注重了学生推理能力的发展,但作为方法本身具有局限性,因为,它仅仅解决线性问题;另外,这个方法对学生的要求较高,在没有任何指导的情况下,学生难能想到这个方法,即使教师介绍过这种方法,当问题背景更换时,学生也不太容易识别并采用假设的方法解答。因此,这种方

法并不如前面几个方法那么"自然"。

假设法,实际上是基于归纳的规律后的化归。讲授此法时,应关注假设的由来,希望从直观或者归纳中形成假设法,否则,学生很容易记忆算法,但未必能够理解算法,稍微有所变化,学生就会出现理解的障碍。在某思维训练学校的教程中,假设法后面布置了这样一道习题:

现有鸡兔若干只,它们共有头25个,兔脚的数量比鸡脚的数量多46,求鸡和兔各多少只。

提供的解答是:

鸡:(4×25－46)÷(4＋2)＝9(只)

兔:25－9＝16(只)

从式子看,这是标准的假设法,但多数学生不得其解。不妨将这个解答适当展开:

假设25只全是兔子,那么兔子有100只脚,鸡有0只脚,兔脚的数量比鸡多了100只,每用一只鸡换一只兔,兔脚的数量比鸡脚的数量多的数字减少了(4＋2),现在兔脚的数量比鸡脚的数量多46,因此,鸡的数量为(100－46)÷(4＋2)。

即便这样,估计仍有很多学生不能理解。当然,原因很多,但过于关注假设法的算法而忽视了假设法的来源过程,可能也是其中一个十分重要的原因。如能引领学生经历多种方法,学生估计可以类似地解答本题,如采用上面的方法3,解答如下:

兔子数/个	鸡数/个	兔脚数/只	鸡脚数/只	兔脚比鸡脚多的数量/只
25	0	4×25＝100	2×0＝0	100－0＝100
24	1	4×24＝96	2×1＝2	96－2＝94
23	2	4×23＝92	2×2＝4	92－4＝88

学生罗列几行后,不难归纳出规律:鸡的数量每增加1,最后一行的数量就减少6。而且还可以结合背景解释规律:鸡的数量增加1,鸡脚数增加2,相应的兔的数量减少1,兔脚数减少4,因此,最后一行减少6。下面运用规律解题,就是顺理成章的事了。

说明这些的目的是,教学中决不能仅仅介绍方法4,而应该遵循学生的认知规律,充分展现各种方法。具体地,可以在不同的阶段呈现不同的方法,也可以在某个阶段完全由学生自主解决问题,在解决问题之后的交流中分享各种方法。

2. 问题解决是个不断优化的过程

问题解决一般都会经历一个由粗略到精细、由直观到理性的过程,是个不断优化的过程,教学中应尽量展现原貌,不要直接跳跃,至多稍微精炼一些,相对快速地通过,如比较两个线段的长短,下面几种方法是逐步深入的:① 相差比较大时,直接估测;② 相差不大时,如果是实物比较,将两个实物平移到一起,观察两端状况(当然,最好一端重合);③ 如果不好移动,可以设法寻找一个中介物(如绳子等)将某一个物体移动过来进行比较;④ 文具盒中有各种学具,借助这些学具作为中介物可以很好地实现间接比较,其中自然就有了借助于圆规的"形"的比较和借助直尺的"数"的比较。这样的顺序,实际上也反映着一种教学的自然顺序。

就是某个阶段的重点是习得较抽象的方法,也应该注意方法习得的适度直观化。例如,上面的案例"鸡兔同笼",可以通过下面的方法适度直观化。

案例 10.4:鸡兔同笼

笼子里有鸡和兔共 8 只,一共 22 条腿。鸡和兔各有几只?

可以先和学生交流,形成下面的方法:

第一步:先画 8 个 ⬤ 表示鸡兔共有 8 个头

第二步:给它们配上脚。

可能 2 个,可能 4 个,怎么办?不管他,总得 2 个,先给每个头都配上 2 条腿,共有 16 条腿(这不就相当于假设全是鸡嘛)。

第三步:应该 22 条腿,还少 6 条腿,再在 3 个头下面各补 2 条腿(这不就相当于其中 3 只鸡变成了 3 只兔嘛)。

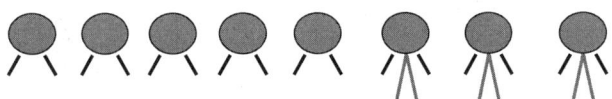

这样的过程中,形成了假设法的活动经验,如果将头和脚的数量增大,例如变成 100 个头,236 只脚,学生肯定不会再真正画图了,但从中获得的经验对于解题仍有帮助,不难引出假设法。在这个过程中,学生可以直观地感受到假设法的来源和学习的必要性。

3. 关注本质性的通性通法

(1)关注通性通法

解决问题的方法是多样的,但我们更应该关注通性通法。所谓通性通法,应是自然的、本质的、通用的。

案例 10.5:圆的面积公式

圆的面积教学,多数教科书设计了下面的探究活动:

将圆 16 等分,剪下来拼接成右边的图形,如果等分份数越来越多,右边的图形将是什么形状,你们能由此得出圆的面积公式吗?

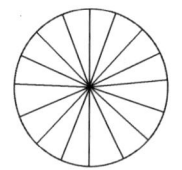
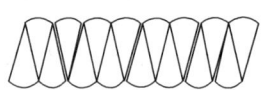

教学实践中,教师在活动前,更是从化归的角度提请学生思考,如何将圆形转化为前面学习过的长方形的面积,操作活动也有效地调动了学生的积极性,课堂气氛活跃,同时该活动较好地揭示了圆的周长与面积之间的关系,深化了学生对圆的面积公式的理解水平。但课堂教学中,也不难发现,初始阶段学生狐疑的眼神,"弯的圆能够拼成直的长方形吗?"在教科书或者教师明确了这样的分割方法再拼接后,学生看到的也不是长方形,上图中的边界明显是弯的。也就是说,这样的探究思路并非源自学生的自然,实际上学生只是在教师设计的探究活动中获得了一个意外的收获——圆的面积公式。在未来的学习或工作中,这样的意外收获有多少呢?又有谁帮助学生指出探究思路呢?再者,这个方法也不通用。试想,圆可以这样拼接,一般的曲线形能这样拼接吗?显然,这种方法只是知道了结果之后利用这个结果的形式设计的一个探究活动,因此,笔者认为,本活动并非真正意义上的探究,它无助于学生探究水平的提高。

那么,圆的面积公式到底应该怎么探究呢?还是向古人学习吧!

古人的做法——直线型逼近。中外古代数学家都选择了利用直线型逼近。如我国古代数学家刘徽的割圆术,利用多边形逼近圆形,"割之弥细,失之弥少",如,由圆内接正六边形算起,逐渐把边数加倍,算出正十二、正二十四、正四十八、正九十六边形等的面积,这些面积会逐渐接近圆面积。刘徽等古代数学家的方法,蕴含着极限的思想,它可

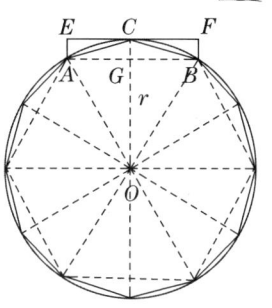

以用于解决一切曲线形的面积(古希腊数学家阿基米德已经在极限的基础上形成了积分的方法,能够求出很多曲线形的面积和曲面体的体积,也就是说阿基米德已经在极限思想的基础上掌握了积分的思想,只是当时没有微分,没有能揭示微分与积分的联系而已)。

教学怎么办?自然应遵循古人通用的想法。但古人方法中用到多边形的面积,对于多边形的面积,学生还有困难,另外,如果仅仅关注于多边形逼近,也还是圆的面积特有的计算技巧,应考虑一般曲线形的通法。研究一般图形面积的通法之一是,分割成若干部分,利用三角形逼近,但对于各部分三角形的面积也没

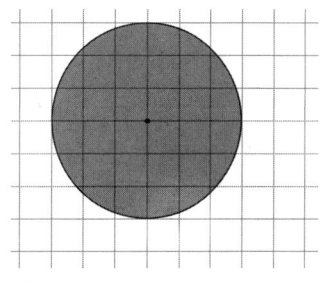

有通用的计算方法;另一种通法是,退到一般意义上面积的认识:用单位正方形进行度量。为此,圆的面积教学中不妨也退到用单位正方形来度量。大致做法可以如下:顺应面积认识部分对树叶、地图等不规则图形的认识,用单位正方形来度量圆形,如,首先通过不同半径的圆形面积的比较,感受圆的面积与半径平方之间的比例关系;通过缩小单位正方形的面积,感受到它们之间的比例大致是 3 多一点;在此基础上,明确这个比例就是圆周率 π,即明晰圆的面积公式 $S=πr^2$。当然,为了增进学生的理解,得到圆的面积公式之后,可以借助教科书中设计的活动,让学生感受圆的面积与周长之间的关系,这既有助于学生对圆的面积公式的记忆与理解,也有助于将来学生理解扇形的面积公式。

(2) 关注本质的揭示

案例 10.6:恼人的"单位 1"

2010 年 4 月,笔者考察全国某课改名校时,听了一节一元一次方程的复

习课,题目大致如下:

去年某家庭有 A,B 两项支出,其中 A 项支出占总支出的 40%,今年 A 项支出增长了 20%,总支出增长了 14%,求今年 B 项支出比去年增长的增长率。

学生基本都能列出下列方程,进而求出其解:

$$40\%(1+20\%)+(1-40\%)(1+x)=1+14\%。$$

上面的方程中,有很多个 1,笔者与学生有了交流:

"这里的 1 分别表示什么?"

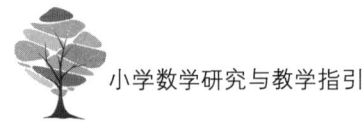

"$40\%(1\ +\ 20\%)+(1\ -\ 40\%)(1\ +\ x)=\ 1\ +\ 14\%$"

去年的 A 项支出　　去年的总支出　　去年的 B 项支出　　去年的总支出

笔者进一步追问:"同一道题目中,1 为什么可以表示几个不同的量呢?"

学生也难以回答,多数说:"小学阶段老师说,可以设单位 1。"

这不禁引发我们对单位 1 的思考:这里的 1 是单位 1 吗?什么是单位 1,为什么要引进单位 1,如何引入单位 1?

准确地说,上面的方程应修正为:

$$(1\times40\%)\times(1+20\%)+[1\times(1-40\%)](1+x)=1\times(1+14\%)。$$

这里共有 7 个 1,其中第一、三、六个 1,表示去年的总支出,可以看成单位 1,其余的 1 则是表示比例 100%,或者说 1 倍。

那么,去年的总支出为什么可以看成单位 1 呢?

因为,如果设去年的总支出为 a,则方程变为:

$$(a\times40\%)\times(1+20\%)+[a\times(1-40\%)](1+x)=a\times(1+14\%)。$$

式子中去年的总支出 a 不管是多少,都可以约去,变成了:

$$(1\times40\%)\times(1+20\%)+[1\times(1-40\%)](1+x)=1\times(1+14\%)。$$

既然可以约去,就不妨设为单位 1 了。

"可是,学生怎么知道可以约去呢?"

"学生可以根据经验判断。"

"那干吗要让学生判断呢,直接设去年的总支出为 a 不就得了?"

"可小学生不太熟悉字母,特别是不太熟悉字母的运算。"

"这倒是一个理由,看来小学阶段学习单位 1 还是颇有道理的。但得让学生知道单位 1 的本质呀! 就是说,总支出不管是多少,都不影响结果,不妨就设为最简单的 1 呗。"

"怎么让学生感受这个本质呢?"

"还是要让学生经历其发生过程,我们不妨以一个具体题目为例感受一下吧。"

修建一段公路,若由甲工程队独立施工,需要 20 天做完;若由乙工程队独立施工,需要 30 天做完。现在两个工程队同时施工,多少天可以做完?

如果学生没有学习过类似的问题,可能会提出疑问:"老师,这道题不好做,好像不知道公路有多长耶!"老师可以顺应学生的思路:"老师让你做,肯定好做的哟!如果你认为需要知道公路的长度,你们不妨用自己喜欢的数字试试!"在其后的学生交流中,学生不难发现,尽管各人选用的公路长度不同,结果都一样,都是 12 天。道理也很简单,让学生将过程展现出来,进行对比,不难发现,各人所设的公路长度在运算过程中会约去。

一般地,如果设公路长度为 a km,则甲、乙两个工程队每天可以完成的公路里程数为 $\frac{a}{20}$ km,$\frac{a}{30}$ km,甲乙两个工程队同时施工,一天可以完成 $\left(\frac{a}{20}+\frac{a}{30}\right)$ km,完成整个工作需要的天数为 $\frac{a}{\frac{a}{20}+\frac{a}{30}}$,即 $\frac{1}{\frac{1}{20}+\frac{1}{30}}$ 天。

既然如此,索性设为最简单的 1 呗!这就是单位 1。

当然,具体题目中,设单位 1 未必最简单哟。例如,上面的例子中,设公路的长度为 20、30 的倍数 60,计算量最小。但我们可不能刻意让学生去思考设哪个数最简单,因此,就有了统一的设为单位 1。

总之,初中阶段,学生已经能熟练地进行字母运算时,最好用字母表示工程量;小学阶段,由于学生对抽象的字母不熟悉,可以教学单位 1,但务必让学生感受到"为什么要设单位 1",如果不熟悉,也不妨设为其他的量。

(三)加强对学生计划拟定的指导

理解题意之后,拟定计划是解决问题最为关键的一步,因此,自然应在具体实例中加强对学生拟定计划的指导,提高学生的解题能力。具体如何指导,自然首先应让学生置身于解决问题的困境中,了解学生的困难,然后针对性地提出具体的策略。当然,作为教师,事先也应分析问题的特征,做出一定的预设。我们还是通过几个例子加以说明。

例 10.15 如图,象棋棋盘上一只小卒过河后沿着最短的路走到对方"将"处,这只小卒有多少种不同的走法?

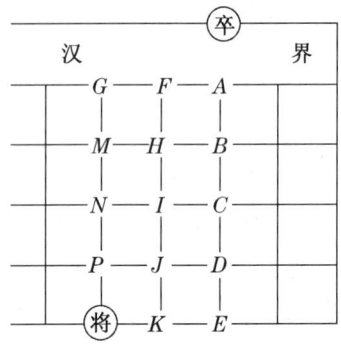

部分小学生对象棋的走法不一定熟悉,因此,教学中可以首先让学生交流一下小卒的走法,讨论一下什么叫"沿着最短的路走到对方"将"处",具体地,可以在纸上画几条可能的路线。但就是学生已经懂得题意了,学生初次遇到此类问题,也难以下手。这时不妨了解一下学生的困难,学生的困难之一是:"这么多点,路线太多了,很容易乱"。

"既然认为点太多了,也就是说起点'卒'到终点'将'太远了,不妨先研究'卒'走到较近一点的终点,如 A,B,C,F,H,I,G,M,N 各点分别有几条路,并在这些点处标出相应的路线数。"

学生在较近的点处标注了路线数后,引导学生观察,相邻的点对应的数是否存在一定的规律,引导学生发现其中蕴含的规律,进而结合图形解释这样的规律,最后运用这个规律不难得到结果 15。

有老师认为,这道题关键要讲清分类的方法,因为与"将"直接相通的是 P 点和 K 点,所以要求从 A 点到"将"处有多少种走法,就必须先求出从 A 到 P 和从 A 到 K 各有多少种走法。这种做法固然是正确的,但对于没有任何经验的学生而言,这样的要求太过理性了,一般学生是难以想到的,故难以一下抓住问题的本质。这时从较近的点(较小的数量、较简单的情况)入手,寻求解决问题的经验,在解决问题的过程中归纳、总结规律,进而解释规律,运用规律解决问题,这是十分重要的数学活动过程,务必不要错过。

小学阶段多数问题的解决方法为转化,但总体而言比较简单,更多的是已知条件和所求结论之间的转化。但不管简单还是复杂,教学中都应关注于解决问题的一般思路、习惯的养成。如应注意引导学生形成从条件可以得到哪些结果、从结论倒过来分析需要什么条件、从条件结论两端往中间靠的思维习惯。教学中可以通过"现在已知什么?根据已知条件可以求出哪些量,尽可能多地说出来""这些得到的量和结论有什么关系,还需要做什么""要求这个结论,一般需要知道什么?现在我们已经知道什么,还需要知道哪些量,你能从已知中求出这些量吗"这些引导性问题的架构,实现问题的解决。当然,具体问题的问法可以有所差异,但务必注意一些通用的思维方式的揭示,以期养成学生的思维习惯。

例 10.16 有一笔钱,用它买奶糖,恰好可以买到 5 千克,如果买单价贵 2 元的棒棒糖,恰好可买 4 千克,这笔钱有多少?

教学中,首先还是引导学生表示题意。"有一笔钱,用它买奶糖,恰好可以买到 5 千克"学生可能这样表示出题意:

类似地,"买单价贵 2 元的棒棒糖,恰好可买 4 千克"可以这样表示:

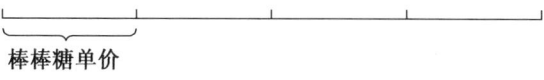

"这两条线有什么关系?"
"表示的都是总的钱数,应该一样长。"

"对,以后画图时首先就想好它们的关系,避免返工。"
这时,可能有学生就会出现思维短路,一些学生僵在这里走不下去了。怎么办?下面可以有多种引导方式,如"还有哪个信息没有用到,在图中怎么表示这个量",如"为什么买到的糖的数量不一样?单价不同呗,相差 2 元,设法在图形中表示出来"。前者引导学生回顾条件,充分利用信息,后者引导学生对图形差异进行追问,从而更好地使用信息、挖掘信息,这些都是很好的思维习惯。学生不难得到下图:

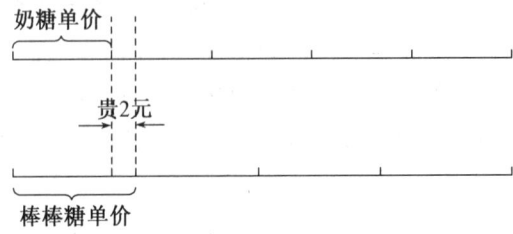

"要求总的钱数,也就是全段长度表示的钱数,知道的钱数是2元,这个2元和全段是否有某种关系?"

"这2元是全段的1/4和全段的1/5的差,这个数量2对应线段的$\left(\frac{1}{4}-\frac{1}{5}\right)$即$\frac{1}{20}$,不难求出这笔钱为:$2\div\frac{1}{20}=40$(元)。"

实际上,本题中2元对应着总钱数的比例是本题的"题眼",在小学阶段有关分数的应用题中,"题眼"往往是已知的一些数据之间的对应关系或者比例关系。大家可以通过这个例子和下面的例子进行感受。教学中也可以专门进行一些寻找"题眼"的训练。

例10.17 甲乙丙三人用同样多的钱买西瓜。分西瓜时,甲、丙都比乙多拿了7.5千克的西瓜,结果甲和丙各给了乙5元钱,问每千克西瓜多少钱?

我们不妨分析一下这道题的某种方法,具体如何引导学生逐步求解,请读者自己设计。

这里给出的条件不多。大家出同样的钱后,由于分配问题,又调整了出的钱,问题很清楚。但是求每千克西瓜多少钱,似乎和已知远了一点。其实也不远,不就是要算出每千克西瓜多少钱吗,肯定充分运用题中的两个数量:7.5千克、5元。如果能算出7.5千克西瓜值多少钱,或者5元能买多少千克西瓜,问题就可以解决了。怎么算,当然要理清这里7.5千克西瓜和5元钱的关系。还是请图形帮帮忙吧!

一开始,甲乙丙出了同样多的钱,我们可以用三条相同长度的线段表示。

后来，大家拿的西瓜不同，所以甲和丙各给了乙5元钱，这相当于甲在原来的基础上多付了5元(线变长了一截)，丙和甲一样，在原来的基础上多付了5元(线变长了一截)。乙呢？他收了甲的5元，也收了丙的5元，所以他在原来的基础上实际少了10元。那么大家实际的付款情况可以这样表示：

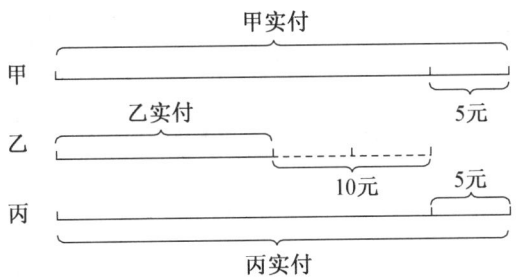

这样一来就很清楚啦！原来甲比乙多付了15元，为什么？因为他多拿了7.5千克西瓜，于是每千克西瓜的价钱为15÷7.5=2(元)。

高年级段，面临一些复杂问题时，可以引导学生通过思维流程图，外显思维过程。也可以在解决问题之后，重新借助思维流程图梳理解题的思维过程，从而使得学生的思维更有条理。我们不妨借助下面这个难题加以说明。

例 10.18 兄弟俩骑车郊游，弟弟先出发，速度为每分钟200米，弟弟出发5分钟后，哥哥带一条狗出发，以每分钟250米的速度追赶弟弟，而狗以每分钟300米的速度向弟弟追去，追上弟弟后，立即返回，见到哥哥后又立即向弟弟追去，直到哥哥追上弟弟，这时狗跑了多少千米？

这题不宜作为一般小学生的学习用题，至多作为学优生课外思维拓展题。当然，如果学生在老师的帮助下解答了这道题后，最好能引导学生梳理一下思维过程，得到下面的思维流程图：

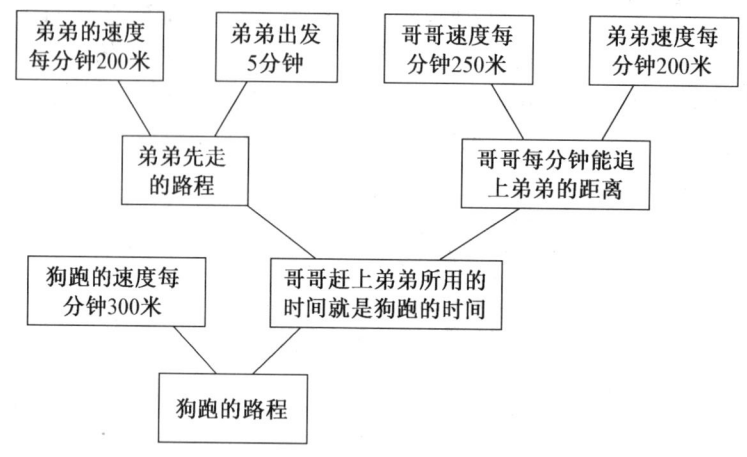

三、提升学生回顾反思能力的若干思考

学贵在悟,而悟的一个重要途径就是回顾反思。回顾反思的习惯和能力,属于元认知的范畴,有助于提升学生的学习能力。那么,到底反思什么?怎么反思呢?

(一) 反思的内容与意义

1. 反思相关知识与方法,加深学生对学科知识的理解

学生对于学科知识的理解,需要多次的回顾与调用,而解决问题之后主动地思考问题解决过程中所涉及的知识、方法,正是一个很好的回顾机会。因此,问题解决之后,可以引导学生回顾本问题解决中所涉及的知识、方法,如"涉及哪些知识点,运用了哪些方法,这些知识有什么特点,这些方法是如何运用的,运用的过程中有什么特点,这样的方法在其他情况下是否运用过,现在的运用和过去的运用有何联系、有何差异,是否有规律性的东西"这样的回顾与反思,并不仅仅是对相关知识、方法的再次回顾,更是反思了相关知识、方法的特点和运用情境,因而可以加深学生对知识的理解。

如果学生形成了这样的习惯后,自然会在不同背景下对同一内容进行多次反思,那么就可能产生许多新的认识。同一数学对象的本质特征在不同的情境下是不变的,但其表现出的非本质特征却不尽相同,如果在不同情境下把这个数学对象的本质属性与其各种非本质属性加以比较、分析、归纳,就会大大提高对其本质属性认识的深刻程度,久而久之其认识就会变得越来越深刻、越来越完善。更重要的是,与情境联系在一起的知识,才是活的知识,才是能

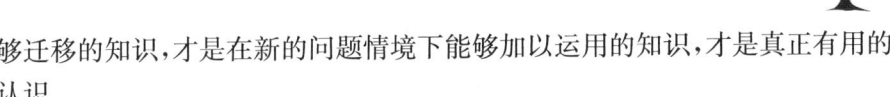

够迁移的知识,才是在新的问题情境下能够加以运用的知识,才是真正有用的认识。

2. 反思思路的获得过程,提升解题经验

解题的目的不仅仅是解题本身,而是通过解题活动,学会解决问题,提升能力。解题能力的提升在于经验的积累,而非题量的积累。解题教学的追求就是,通过少量经典的解题活动,提升学生的能力。但学生的解题经验并不是自发形成的,需要教师有意识的引导,需要引导学生回顾解决问题的全过程,在这个过程中思考各个环节出现的问题和经验,从而形成相应的解决问题的经验。如,回忆理解题意时,是否遗漏过什么信息,为什么会遗漏?题意中哪些信息不太容易理解,为什么?对题设的条件之间、条件与目标之间有哪些关系没有发现,关系的转化是否有错误,是什么原因导致的?对题意的理解自己存在什么其他的偏差,造成这种偏差的原因是什么?如回忆自己从开始到结束的每一步心理活动,一开始自己是怎么想的,遇到了哪些困难,走过哪些弯路,碰到了哪些钉子,这些困难又是如何解决的;为什么会走这些弯路,碰到这些钉子,有什么规律性的经验可以吸取;自己在一些思考的中途能否做某些调节,为什么当时不能做出这些调节;自己在思考的过程中有没有做出过某种预测,这些预测对自己的思考是否起到了作用,自己在预测和估计方面有没有带普遍性意义的东西可以归纳;自己的思考与老师或同学的有什么不同,其中的差距是什么,原因是什么;等等。

3. 反思多样的思路,促进发散思维

教学中,还可以引导学生从不同的视角认识同一个问题,"还可以有其他解决问题的方法吗?"从而产生多种解决问题的方法,促进学生发散思维能力的发展;同时,面对多样的方法,学生自然会对多样的方法进行比较,"这些方法有什么特点,你喜欢哪种方法?这些方法分别可能有哪些运用?""还有哪些问题中可能运用到这样的方法?"通过对方法的比较加深对方法特征和方法运用范围的理解。

4. 反思问题的变式,拓展学生的学力

正如波利亚所说,"当我们成功地解决了一道题目之后,我们仍不应该忘记再寻找更多的好题目。好的题目和某种蘑菇有种相似之处:它们都成串生长。找到一个以后,我们应该四处张望,很可能在很近的地方又能找到更多的。"解决问题之后,应引导学生反思结论和方法的运用,产生各种变式问题。如,"你能在别的什么题目中利用这个结果或这种方法吗?""在同样的条件下你还能得到哪些结论?""如果条件更加一般些,还有类似结论吗?",通过这样的问题引导,可能产生原有问题的一串变式,这样无形中提升了原有问题的学习效益,同时在问题的变化中,学生也可以更好地感受问题的共性和本质。

当然,反思不可能通过一个问题完成,也不可能通过某节专门的习题课一次实现,而是一个长期的过程。对于小学生,我们也不可能要求他们一次进行那么多内容的反思。反思对绝大多数小学生而言还不是一种自发的行为,这种学习习惯的形成需要靠教师的示范、引导,需要教师在完成解答之后提出一些辅助性的问题,帮助学生反思。当然根据学生的年龄和认知特点,我们也可以在一定的年龄段设定一定的目标要求。例如,在低年级将反思的主要工作重心放在对题意的理解上;在中年级将反思的重心放在对解题过程和涉及知识的反思上,通过有针对性的设计,逐步帮助学生形成反思的意识和习惯;在高年级则逐步渗透变式的方法和要求,通过反思,可以有效地提升学生分析问题、解决问题的能力,在一系列的变式下(鼓励学生对问题进行变化)也可以培养学生发现问题、提出问题的能力,培养学生的问题意识。

(二)提升学生反思能力的策略

1. 渗透反思的内容,养成学生反思的意识

教学中,教师应通过具体问题的示例,渗透反思的内容与方法,通过长期的教学渗透,使得学生认识到回顾反思对于数学学习的价值,并产生一定的反思意识。

2. 展示反思的过程与方法,教会学生反思的能力

仅仅具有反思的意识是不够的,还需要通过一定的教学活动,形成反思的能力。如教学中可以具体展示反思的过程与方法,通过示例让学生了解反思的方向和具体的反思内容;还可以教学生一些具体的反思方法,并将这样的反思作为学生的学习任务,"逼迫"学生在任务的完成过程中提升反思能力。例如,为了引导学生形成问题变式的意识和能力,教学中,教师应有意识地外显各种问题变式的方法,甚至可以专门上几节问题变式方法的课,让学生了解问题变式的方法,然后通过具体例子布置学生变式的任务,要求学生对原有问题运用不同的变式方法进行变式。

当然,作为教师,首先应该了解变式的方法。**常用的变式方法有:延展性变式,条件变式(类比变式、一般化变式、特殊化变式),逆向变式,背景迁移变式,命题方式变式**等。下面我们通过一个例子说明一下各种变式的方法。

案例10.7：变式方法

原题：甲、乙两个班级，甲班有学生30人，乙班比甲班多16人，乙班有学生多少人？相应的图示为：

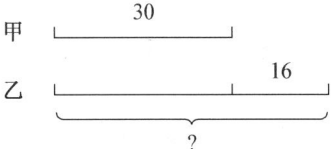

延展性变式：还可以求什么？

变式1：甲、乙两班级，甲班有学生30人，乙班比甲班多16人，两个班一共有多少人？

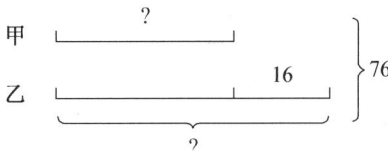

逆向变式：如果将变式1的条件结论部分互换，可得变式2。

变式2：甲乙两班共76人，乙班比甲班多16人，则甲班、乙班各有多少人？

条件变式：如果将变式2的条件作一些变化，可得变式3—5。

变式3：甲乙两班共76人，乙班给甲班8人后，两班人数一样多，则甲班、乙班各有多少人？

变式4：甲乙两班共76人，乙班给甲班7人后，乙班仍比甲班多2人，则甲班、乙班各有多少人？

变式5：甲乙两班共76人，乙班给甲班6人后，乙班仍比甲班多4人，则甲班、乙班各有多少人？

背景变式：换一个背景，但是相同的结构。

变式6：甲乙两人同时做某种零件76个，已知甲比乙少做16个，两人分别做了多少个？

命题方式的变式：可以将条件空缺，要求补全。

变式 7：甲乙两班共有学生 76 人，甲班比乙班少 _____ 人，可以求出甲班有学生 30 人。

变式 8：甲乙两班共有学生 76 人，甲班与乙班学生的比例是 _____，可以求出甲班有学生 30 人。

变式 9：甲乙两班共有学生 76 人，请增加一个条件，并根据这个条件确定甲乙两个班级的学生数。

变式 10：甲乙两班的学生数分别是 30 人，46 人，请设计一个题目，符合这个要求。

案例 10.8：简单行程问题的线段图表示

类似地，案例 10.1 的行程问题可以进一步变式：

变式 1：A、B 两地相距 50 km，甲、乙两人分别骑摩托车和开汽车从 A、B 两地相向而行，甲的速度是 40 km/h，半小时后两人相遇，则乙的速度是多少？

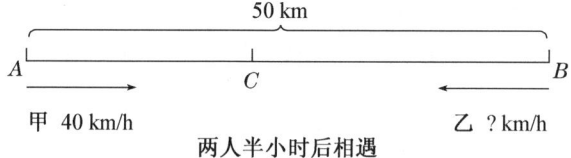

变式 2：A、B 两地相距 60 km，甲、乙两人分别骑摩托车和开汽车从 A、B 两地相向而行，甲、乙的速度分别是 40 km/h，60 km/h，多长时间后两人相距 10 km？

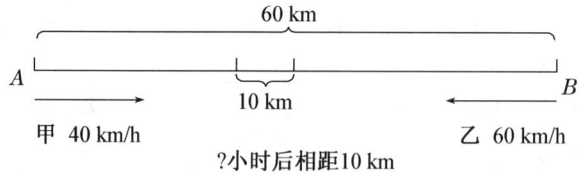

变式 3：甲、乙两人的车速分别是 40 km/h，60 km/h，甲先出发从 A 到 B，他走了 10 km 后乙才从 A 出发，结果两人同时到达 B，则 A、B 两地相距多远？

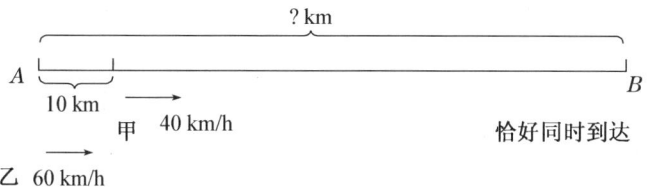

延展性变式和条件变式,要求联想能力(结论联想出去,条件联想出去),因此,可以专门做一些联想训练。

案例 10.9:联想训练

甲、乙两人共同完成某铺设道路工程。甲完成了 100 米的铺设,占工程的 $\frac{2}{5}$,则乙完成了多少米的铺设?

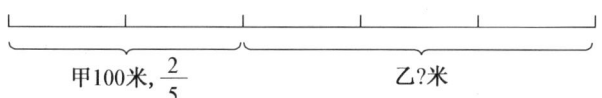

能联想到什么?

甲完成了 100 米,占工程量的 $\frac{2}{5}$;

乙完成了 150 米,占工程量的 $\frac{3}{5}$;

甲完成的工程量占总体的 $\frac{2}{5}$;

甲、乙完成的工程量之比为 2:3;乙比甲完成的多 50%,甲比乙完成的少 $\frac{1}{3}$;甲比乙少 50 米。

有了这些联想,出题就很方便了。

例如:

甲、乙两人共同完成某铺设道路工程。乙完成了 150 米的铺设,乙比甲完成的多 50%,则甲完成了多少米的铺设?

甲、乙两人共同完成某铺设道路工程。乙比甲完成的多 50%,甲比乙少完成 50 米,则甲、乙各完成了多少米的铺设?

背景变式,具有相同的结构。因此,教学中可以进行一些不同背景而结构相同的题目的归纳总结。

例如，上面的行程问题可以和下面的问题形成类似的结构：

400 米的跑道，甲、乙两人分别以 2 m/s、3 m/s 的速度从同一地点同时出发背向而行，则多久后，两人第一次相遇？

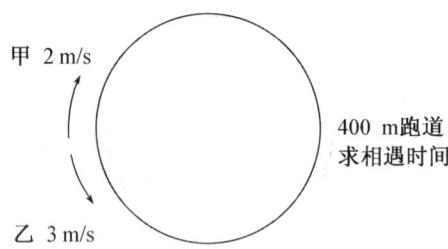

A、B 两地相距 400 米，甲、乙两人分别从 A、B 以 2 m/s、3 m/s 的速度同时出发相向而行，则多久后两人相遇？

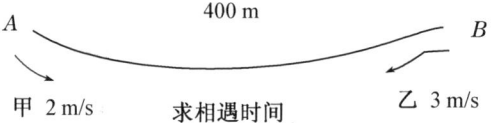

一段 400 米长的路，甲、乙两人共同修路，已知甲每天能够修 2 米，乙每天能够修 3 米，完成这条路需要多少天？

已知甲每天可以加工零件 2 个，乙每天可以加工零件 3 个，两个同时加工这批零件，多少天可以完成零件 400 个？

甲乙两人同时加工一批零件，已知甲乙两人的工作效率的比例是 2∶3，共加工 400 个零件，甲乙分别加工了零件多少个？

第三节 具体问题研讨

一、算术应用题与运算的关系

新课程标准实验教科书中不再单独设立"应用题"单元了，而是将应用问题分散在整个运算教学的过程中。教科书中，涉及计算的单元中，从新的运算式的产生到后续的例习题中处处包含着实际应用问题。例如，下图所示的教材中,通过具体的问题情境,在解决问题的过程中学习两位数的加法,通过购物情境学习乘法分配律等。

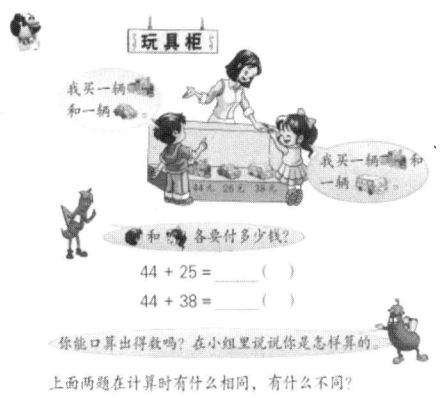

这样做是有研究支撑的。

吴仲和博士曾对491名六年级学生做过测试。测试工具是7道计算题,要求包括:计算题;在理解的基础上,建立自己的模型图来解题;用所给题目创造一个现实生活的情景。测试结果显示:学生们的计算能力明显高于他们的数学概念理解和在实际生活中的应用;建立模型的能力基本没有,局限于单一的数轴图。因此,他主张,算术应用题应和运算教学进行融合[①]。

实际上,我们也可以理性地分析这样做的好处:

这样做,将运算嵌入具体的实际情境中,可以借助情境更好地理解运算的意义,运算就不再那么抽象、枯燥了。

这样做,更加凸显了建模思想。学生所遇到的蕴含实际背景的运算问题,首先就是一个建模问题,因此,相对于原来的教科书设计,现有做法增加了学生建模的机会,更为注重模型思想的渗透。

这样做,加强了数学和生活实际的联系,既可以激发学生的学习兴趣,同时也更好地让学生认识到数学的应用,形成良好的数学观。

---

① 吴仲和.六年级学生数学学习能力调查——学数学必须懂数学[J].数学教育学报,2006(5):41-45.

二、算术应用题与分类教学

笔者曾和小孩交流有关应用题,出现了下面这样一道应用题:

例 10.19 一块长方形木板,长是宽的 2 倍,周长是 36 厘米。这个长方形木板的面积是平方厘米?

小孩说:这是和倍问题。笔者一时茫然,和倍问题?也许笔者当时长期进行中学教学与研究工作,对于小学不甚熟悉,为此,查阅了小学有关应用题的分类:和差问题,和倍问题,差倍问题等。我们需要思考:为什么会这样分类?这样分类对学生能力的提升有哪些帮助?是否有更好的办法提升学生的解决问题能力?

为什么会这样分类?显然,这是从最终列式的形式进行分类的。这样分类,可以帮助学生理解算术结构。

这样的分类,对学生能力提升没有帮助。因为,在没有列出具体算式之前,学生并不知道这是什么结构;只有学生根据现实意义列出了算式,或者说已经从现实意义中理解了所谓的算式结构,才能认识到所谓的结构,算式结构都已经出来了再思考结构特征又有何意义呢?这样的分类,完全是从教师教学的角度进行的,而并不是从学生学习的角度进行的。

关于应用题的教学目标,正如前文所分析的:希望让学生认识到数学与现实的联系,养成良好的数学观,提升学生数学学习的兴趣与动力;在解决具体的应用问题中,巩固有关知识技能,提升学生分析问题、解决问题的能力;当然,如果设计恰当的问题情境,还可以尝试发展学生发现问题、提出问题的能力。而这样的分类,是知道结构之后的一种归类,并不是直面问题的分析与解决,无助于提升学生分析问题、解决问题的能力。甚至,这样的教学可能降低学生的解决问题能力。因为,教学中,教师一个阶段进行的都是同一种结构的应用题,因此,学生拿到有关练习,往往直接套用老师新教授的所谓题型、所谓结构,这样减少了学生动脑筋的机会,同时学生可能养成所谓的套题型的习惯,这可是一个十分不好的学习习惯,对学生的长远发展极为不利。

当然,不分类教学,并不意味着一节课不能研究类似的背景。教学中,可以选择某个情境(例如行程问题)为载体进行一些条件的变式,在这些问题的解决过程中,关注题意信息的理解、表征,关注问题的变式,以养成学生解决问题的策略、变式的意识和能力。注意,我们所说的并不是套题型(如行程问题的各种题型),而是以这个背景(如行程问题)为载体,发展学生面对具体现实问题的分析问题、解决问题的能力。绝不能再根据背景人为地分成各种情形(如与行程有关的所谓的追及问题、相遇问题、圆周问题等题型),并总结出所谓的解题程式。

三、算术应用题应关注模型的建构

算术应用题教学应关注模型的建构,在建模过程中渗透模型思想,发展学生分析问题、解决问题的能力。

提到数学模型,我们赞成史宁中先生的观点,"小学算术中模型本质上就两个:加法模型和乘法模型。"① 小学应用题,最终就是建立各个量之间的关系,这样的关系是通过加减乘除等运算联系起来的。而加和减实际上是同一个模型,只是模型中的已知量未知量发生了变化而已;同样乘除也是一样。小学算术应用题中,复杂一些的,只不过需要加法与乘法组合运用而已,这就是所谓的和差、和倍、差倍、倍和问题等等。正如前面分析的,教学中不要引导学生思考这是什么类型,而是应该思考实际背景中相关量之间存在什么样的关系。当然,复杂的情境中最后得到的关系式比较复杂(也有人说模型比较复杂),学生怎么能够找出相对复杂的关系呢?不要被最终复杂的结果吓倒了,再复杂的结果还不是简单的加法、乘法两个模型的复合吗!根据事理,一步一步理解而已。我们不妨通过几个例子感受一下:

例 10.20 小明到超市买文具,已知一支钢笔价值 7 元,一个文具盒价值 8 元,小明买了 3 支钢笔和 1 个文具盒,他递给售货员阿姨 50 元,应该找回多少元?

解决这个问题的关键是找出其中涉及的关系:
找回的钱数+购买文具用去的钱数=50 元;
购买文具用去的钱数=3 支钢笔的钱数+1 个文具盒的钱数;
3 支钢笔的钱数=1 支钢笔的钱数×3。
正是根据上面 3 个关系式,得到了最终的式子:
找回的钱数=50−(7×3+8)。

---

① 史宁中.基本概念与运算法则:小学数学教学中的核心问题[M].北京:高等教育出版社,2013:42−43.

可以看出,上式中有三个运算符,实际上,分别对应着上面的三个关系。

教学中,不是分析这道题目最终列式是什么类型,而要将重心关注于关系的寻求。如果学生有困难,可以和学生展开下面的交流:

"小明递给售货员阿姨50元,为什么会找回一些钱,这笔钱与什么量有关系?"

"小明买这些东西一共花去了多少钱,是怎么算的?"

例 10.21 小明到超市买文具做奖品,每份奖品包括1支钢笔和1个文具盒。已知一支钢笔价值7元,一个文具盒价值8元,小明买了3份奖品,他递给售货员阿姨50元,应该找回多少圆?

本题涉及的关系:

找回的钱数+购买文具用去的钱数=50元;

购买文具用去的钱数=1份奖品用去的钱数×份数;

1份奖品用去的钱数=1支钢笔的钱数+1个文具盒的钱数。

最终的式子:

找回的钱数=50-(7+8)×3。

例 10.22 用一笔钱给某次获奖的选手发奖品。规定每个一等奖的奖品价值是每个二等奖的奖品价值的2倍,每个二等奖的奖品价值是每个三等奖的奖品价值的2倍。若评一、二、三等奖各两人,则每个一等奖的奖品价值是44元。若评一等奖1人,二等奖2人,三等奖3人,那么一等奖的奖品价值多少元?

本题涉及的关系:

奖金总数=每个一等奖奖品价值×一等奖人数+每个二等奖奖品价值×二等奖人数+每个三等奖奖品价值×三等奖人数(不变);

每个一等奖奖品价值=2×每个二等奖奖品价值;

每个二等奖奖品价值=2×每个三等奖奖品价值。

第一次:每个一等奖奖品价值=44元,

则每个二等奖奖品价值=22元,每个三等奖奖品价值=11元,

则奖金总数=44×2+22×2+11×2=154,

则第二次一等奖奖品价值:$154 \div \left(1 + \frac{1}{2} \times 2 + \frac{1}{4} \times 3\right) = 56$。

从上面的例子可以感受到,解决应用题的过程就是借助常见模型建立关

系的过程,而其关键是明事理。面对复杂的情境,则需要通过适当的表征理解题意,需要对情境中复杂的关系进行转化、分解,从而简化为各个局部的、简单的关系的复合。

【思考与实验】

1. 一根电线截去 60% 后,剩下的部分比截去的部分少 3 米,问电线原长多少?解决这个题目的关键是什么?教学中如何指导学生解答该题?

2. 同样大小的长方形小纸片摆成了如图所示的图形。

(1) 寻找图中蕴藏的数量关系;

(2) 如果小纸片的宽是 12,则它的长是多少?阴影部分的面积是多少?

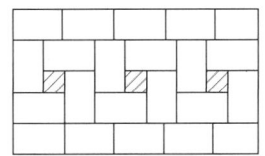

3. 小明买语文本和算术本共 25 本,其中语文本的本数比算术本的本数的 2 倍多 4 本,则小明各买了多少语文本和算术本?

(1) 用恰当的方式表征题中的信息;

(2) 分别用方程和算术两种方法解决该问题;

(3) 对该问题进行 3 种不同的变式。

4. 一个牧羊人赶着一群羊通过 36 个关口,每过一个关口,守关人将拿去当时的一半羊,然后再退还 1 只,过完这些关口后,牧羊人只余 2 只羊,问原来牧羊人赶着多少只羊?

5. 甲、乙、丙、丁与小强五人进行象棋比赛,每两人都要比赛一盘。到现在为止,甲已经赛了 4 盘,乙赛了 3 盘,丁赛了 1 盘。

(1) 用合适的方式表征题中的信息;

(2) 小强可能赛了几盘?你是怎么知道的?

第 11 章 综合与实践

宇宙之大,粒子之微,火箭之速,化工之巧,地球之变,生物之谜,日用之繁,无处不用数学。

——华罗庚(1910—1985)

本章概览

课程标准中"综合与实践"的设置,目的在于培养学生综合运用有关的知识与方法解决实际问题,培养学生的问题意识、应用意识和创新意识,积累学生的活动经验。本章将讨论"综合与实践"的背景、定位和价值,具体研究"综合与实践"的实施,包括选材、教学及评价,通过案例的介绍,进一步体现综合实践的意义。

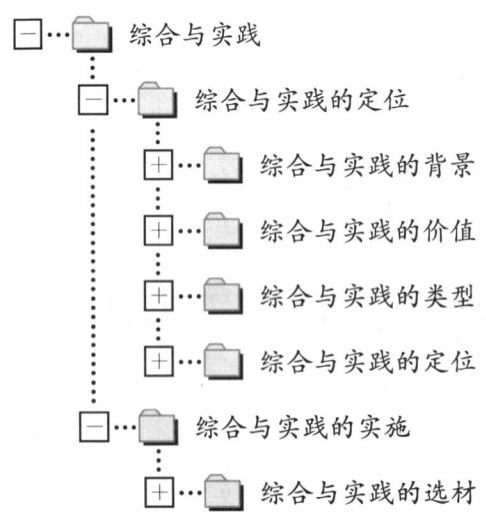

第 11 章 综合与实践

- 📁 综合与实践的教学
- 📁 综合与实践的评价

第一节 综合与实践的定位

2001年颁布的《义务教育数学课程标准(实验稿)》新增了一个学习板块"实践与综合应用",在《课程标准(2011版)》中将其修改为"综合与实践",设置的目的在于培养学生综合运用有关的知识与方法解决实际问题,培养学生的问题意识、应用意识和创新意识,积累学生的活动经验。这一板块是新增设的,我们需要了解它的背景、定位和价值,这样才能更好地开展综合与实践活动。

一、综合与实践的背景

1. 注重综合与实践是国际数学课程改革的共识

近年来数学教育的内容、观念发生着深刻的变化,强调数学的综合应用,培养学生的实践能力得到了国际数学教育界的普遍认同,数学课程的应用性与实践性已经成为国际数学课程改革的一大趋势。

美国数学教师协会(NCTM)在2000年的数学课程标准中提出的学习原则是:"数学教学项目应该使所有学生能够理解和应用数学",强调数学实践是美国数学教学的特点之一。

俄罗斯小学数学教育标准对小学毕业生的数学教学要求分成了三个部分,其中一部分就是"把所学的知识与技能应用于实践活动和日常生活中",可见俄罗斯注意培养学生在日常生活中应用数学的能力。

英国1999年修订的国家数学课程标准,要求在每一个模块的学习中,注意模块内各章节的联系,并要求教师开展相应的实践活动。

日本2011年实施的《中小学数学学习指导要领》,也增设了"数学活动"领域并贯彻各年级,力图通过"数学活动",培养学生的创造性和实际应用数学知识的能力。

可见,发达国家当前正在进行的小学数学教学改革都把培养学生的综合应用能力、实践能力作为课程的重要目标和内容。

2. 国内数学教育传统中对综合实践的关注不够

反思国内数学教育现状,我国数学教育有很多优势。比如,我国学生学习勤奋刻苦,双基扎实。与国际上同年龄的学生相比,我国学生对数学学习内容的基础知识掌握得扎实,数学的基本技能(特别是计算技能)熟练,中国学生的总体平均水平比国际上同龄人要高得多。历届奥林匹克数学竞赛取得的优异成绩说明我国数学特长生的数学竞技水平较高。2012年上海市组织15岁学生代表我国接受 pissa 测试,在数学素养、阅读、科学三领域均获得第一名,显示我国一般普通学生的双基水平较高。

但是,我国数学教育与信息时代对未来社会人才的需求相比,与教育发展趋势相比,还存在一些明显的不足。如:

教学目标方面,课程目标单一,过分重视知识的传授,忽视学生学习兴趣和态度的培养;

忽视课程内容与学生生活以及现代社会发展的联系,对现代数学进展以及现代数学的运用关注不够,内容缺乏时代感;

教学中过分强调接受学习、模仿训练,忽视学生的主动探索和合作交流,忽视学生创新意识的培养。教学方式相对单一,讲授式教学主宰着课堂教学,学生缺乏自主探索、合作交流的机会。教学中,很大一部分教师存在下列现象:鼓励记忆,忽视理解;强调模仿性练习,忽视创新运用;关注解具有程式的数学难题,忽视解具有真实情景的问题;关注解题的技巧,忽视蕴含其中的思想方法,关注技巧和熟练程度,忽视知识发生、发展过程和问题解决的过程。课业负担较重,学生每天花费大量时间进行解题训练,学生的学习方式仍处于笔加纸的印刷时代,依靠记忆、模仿学习数学知识,依靠重复操练训练技能,学生自我探索的空间较小。

二、综合与实践的价值

1. 综合与实践的背景多是现实的,有助于形成学生良好的数学观和数学运用意识

《课程标准(2011版)》给出的例43是一个综合实践问题:绘制学校平面图。这是一个具有现实背景的问题。为了解决这个问题,学生需要了解位置、方向和比例等基础知识,也要掌握测量的方法。按照确定的比例和方位,绘制校园的平面图,会包括围墙、主要建筑、主要活动场所、道路等等。这样的课题

第 11 章 综合与实践

是现实的、自然的。既关注了数学与现实的联系,学生解决问题过程中要将现实问题转化为数学,通过问题的解决,学生将认识到数学的广泛运用,认识到现实生活中数学运用的广泛性,从而形成对数学与现实关系的正确认识,形成良好的数学观,有利于提高学生的知识运用能力和运用意识。

2. 综合与实践的背景往往是本原的、综合的,关注了知识的联结,有助于培养学生综合运用能力

《课程标准(2011 版)》给出的例 21 是这样一个图形分类问题。如下图所示,桌上散落着一些扣子,请把这些扣子分类。想一想:应当如何确定分类的标准?根据分类的标准可以把这些扣子分成几类?然后具体操作,并用文字、图画或表格等方式把结果记录下来。

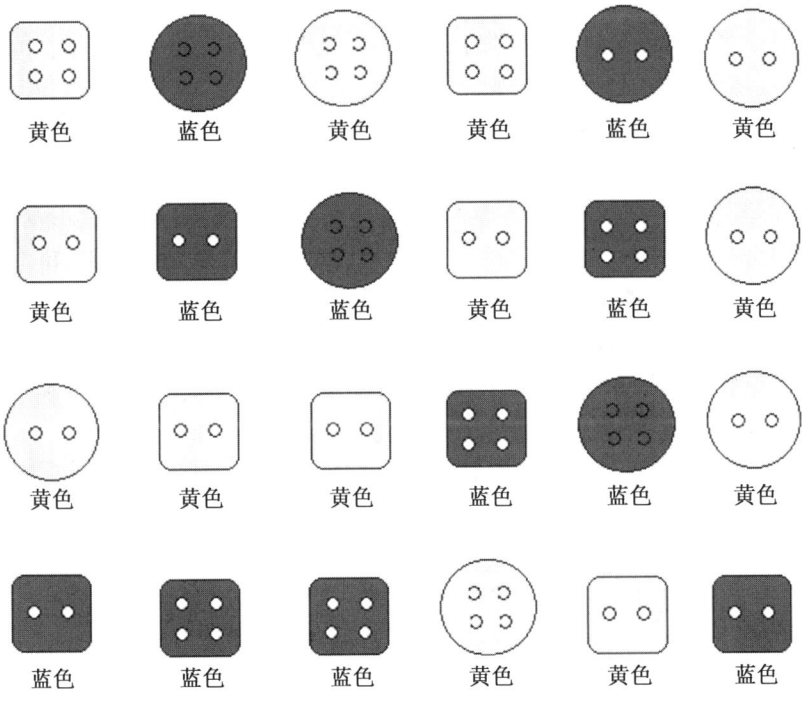

这是一个生活中常见的问题,往往自然而现实的问题是最为本原的,比较综合。这里活动的关键是希望学生能够清楚,分类是要依赖分类标准的,例如,扣子的形状、扣子的颜色或者扣眼的数量都可以作为分类的标准,而在不同的分类标准下分类的结果可能是不同的。本活动将有利于培养学生把握图形的特征、抽象出多个图形的共性的能力。另一方面,活动还要求学生运用文

字、图画或表格等方法记录对扣子进行分类后的结果,这有利于培养学生整理数据的能力。因此,解决这个问题的过程中,势必要求学生综合运用多个领域的知识,既加强了知识联系,又培养了学生综合应用的能力,是对学生综合运用已有知识解决问题能力的一次考验。

3. 综合与实践的解决过程往往是一个探索过程、研究过程,有助于提升学生的学习能力和研究能力

正由于这样的问题本原、综合,其求解一般并非常规习题那样有着规定的程式可循,因而需要学生的主动探索。

面对课题:绘制校园平面图,学生势必逐步研究下列问题:如何测量校园里的实物的长度?如何确定实物的位置、方向?选择什么比例尺在纸上绘制?这一过程实际上就是一个简单的数学研究过程,通过该问题的解决,学生必可获得一定的研究经验,因而有助于提高学生提出问题、分析问题和解决问题的能力,提供学生数学研究的经验。

4. 综合与实践给学生提供了实践活动的机会,有助于让学生感受理论与实际的联系与区别,提高学生的实践能力

在绘制校园平面图的课题学习中,学生需要进行实际的操作实践活动;而有的综合与实践活动,例如《课程标准(2011版)》例43的旅游计划,可能更需要学生走上街头,进行调查、测量活动。在这样的活动中,学生既可以将课堂上学习的理论知识运用于实践活动,感受到数学的广泛运用,同时可能也会感受到仅仅具有理论知识是不足的,不能仅仅停留于纸上谈兵,需要到实践中不断提高自己的技能,才能形成自己的实践能力,有效地解决现实问题。如测量活动中,数学方法本身并不复杂,但如何测量各个量,测量活动中如何减少误差,调查活动中如何与人交流,如何设计便于调查对象填制的表格,这些就绝对不是书本知识所能解决的,这样的知识、技能只能在实践活动中发展。从这个意义上看,综合与实践才是真正的知识运用过程,有助于发展学生的实践能力。

5. 综合与实践,关注了学生学习的主体性,提供了学生合作学习的机会,是转变学生学习方式的有益尝试

正如前面的分析指出,在综合与实践中,需要学生勇于实践、主动探索,因而,学生的学习是自主的。特别是在一些"综合与实践"中,只是给出了一个原始的问题,并未规定解决问题的手段,甚至只是规定了一个大的方向,问题本身的提出和解决都由学生自己选择。例如,"旅游计划——某人计划用5天的

时间外出旅游,所需要的费用大概是多少?"在这一案例中,去哪儿、怎么去、游玩什么等等,都由学生自主确定,学生的主体性得到很好的发挥。同时,很多"综合与实践"具有相当的难度,对学生具有挑战性,需要学生群策群力、合作解决;还有的综合与实践的内容也决定了活动的展开形式必然是合作学习。因此,这样的实践活动为学生提供了大量自主探究、合作学习的机会,可以促进学生学习方式的转变。

6. 综合与实践可以激发学生学习的兴趣,增强学生学习的信心

正由于综合与实践的内容是现实的,研究过程是自主的,具有实践性,因而这样的学习学生是喜欢的。

同时综合与实践为不同的学生提供了机会,需要学生合作完成,不同的学生都能从中获得一定的收获。特别是很多所谓的"潜能生"、"学困生",在常规的课堂教学中,他们往往自感"学不如人,低人一等",处于一种压制状态,而在综合与实践活动中,他们其他方面的能力、特长可能得到显现,找到用武之地,这样的机会既增强了学生本人的自信,体验到成功快乐,也会影响着其他同学对这位同学的看法,形成融洽的班级氛围,这对学生情感态度方面的影响应是深远的。

7. 综合与实践的开展,对教师提出了新的挑战,也为教师的专业成长提供了契机

综合与实践活动素材的选取,需要教师有开阔的视野,能从数学内部或者生活现象中敏感地发现问题。其中问题的解决,需要教师深入研究各种问题解决策略,对学生进行适当的引领;需要了解学生认知状况,选择适合学生的策略;需要从不同的角度对问题作出解释,形成知识的联结;可能有的问题还具有一定的高等数学背景、跨学科的知识,需要教师更新知识。

综合与实践活动的展开,需要教师转变教育观念,大胆地让学生进行自主探索(当然一些复杂问题也需要教师适度的引领);综合与实践活动具有一定的开放性,教师应不断关注新的问题,生成新的教学环节,因此,对教师对教学现场的把握能力也提出新的要求。

综合与实践活动教学,教师没有多少先前的经验,很多问题也没有现成的答案可循,需要教师的亲身实践和自主探索,对教师的研究能力和创造能力也提出了挑战。

面对新生事物,挑战是显然的。综合与实践带给教师挑战的同时,也给善于学习、研究的教师带来了机会。如果教师积极面对挑战,加强学习和探索,

必然可以促进自身教育观念的转变、知识的更新与优化、科研能力的提升,因而,这一挑战也就成为自身专业成长的一个良好的契机。

我们期待着更多教师从学生活动中享受到快乐,苦并快乐着!

8. 综合与实践活动的开展,促进了课程发展

综合与实践活动的展开,使得学生面对各种各样现实的问题,使得学校数学不再是封闭的,是现实的、面向社会的、开放的;其问题的解决,也不再局限于学校内部,可能需要走向社会,教学过程是开放的。这样开放的课堂,可以探索出很多适合学生进行研究的新课题,从素材方面促进课程的发展。

同时,在综合与实践活动中,既可以发现学生的思维亮点,也可以暴露学生知识方面的不足和思维的困惑,这些可以为课程内容的调整提供一定的依据。

总之,综合与实践活动,关注学生知识的整合与应用,关注学生学习策略与方法的形成,关注学生创造能力和实践能力的提高,关注学生数学学习兴趣的培养,有利于有关过程性目标、情感性目标的达成,有利于学生的长远发展。同时,综合与实践活动的开展,也促进了教师的专业成长和课程的发展,因而,现阶段开展综合与实践活动意义深远。

三、综合与实践的类型

"综合与实践"的学习方法与形式灵活多样。近年来,国内外研究人员和教师探索出一些具有价值的学习形式,具体包括:

1. 数学测量

由于小学生的认知水平和实践能力相对较弱,空间观念、数学感觉不强,所以数学测量就成为小学生一种常见的活动。学生可以对物体的长度、面积、体积、角度、重量、时间、温度等属性进行度量。在测量的过程中,可以帮助学生认识测量的工具,掌握测量的方法,选择测量的方式,增强应用数学的意识和实践操作能力。例如,测量某一区域的面积,可以目测估一估;也可以将其划分为若干规则区域,通过测量计算每一块的面积得到总面积;还可以借助其他物品,如地面上的地砖等得到面积。在这里教师要注意引导学生对测量方法本身的思考。

2. 数学调查

所谓数学调查是指选择某个具有现实意义的主题,要求学生通过一定的调查活动,收集有关数据并对收集的数据进行数学处理,从而作出相应的推

断,用以指导实践的活动形式。

例如,某小学六年级3名学生发现学校多媒体教室的柜式空调冷凝水一天下来可以接满2大桶,这引起了他们的注意,于是他们开展了下列活动:

在班级开展活动,让班级同学回家测量自家空调4小时可以流出多少升冷凝水;

调查自家所在小区大约有多少家用空调,如果每个空调每天都开4小时一年开100天,会流出多少冷凝水;

加上机关、商场、学校等,估计全市一年会流出多少冷凝水;

用自来水和经太阳晒过的冷凝水来浇花,经过5天的对照,发现植物生长无明显差别。又请教专业人士,得到答复:冷凝水与自来水的唯一区别是前者未经净化处理,人不能直接喝,但是浇花、养鱼都可以。

呼吁设法收集冷凝水并加以利用,希望早日研制出可以回收冷凝水的空调,为节约水资源做出贡献。

上述调查令人震惊。实际上,通过调查作出决策应该成为未来公民的一个基本素质,而在具体的调查过程中,学生必然会感受到浪费的可怕,产生良好的节约环保意识,促进学生良好生活习惯的养成。

当然,在学生初次进行数学调查活动时,教师应注意控制调查活动的规模和难度,同时教师还可以对调查的步骤给予一定的分解或指导。如可以提醒学生逐步进行下面的活动:几人组成一个调查小组,首先讨论一下下面几个问题:调查的目的、问题、对象是什么?选择怎样的调查方式?样本如何选取?调查所得数据如何处理?然后制定一个调查方案,展开调查。

3. 数学制作、数学设计

所谓数学制作就是利用所学的数学知识制作某种规定要求的作品,当然这个作品可以是某个实物模型,也可以是某个图形甚至某种方案,例如"制作几何体模型"、"制作七巧板"等都是数学制作活动;而相对而言,数学设计的规范性要弱一些,因而更具开放性,例如"利用所学过的几何图形设计几个美丽的图案"、"利用七巧板设计一些美丽图案或者某个故事情节"、"要将12个1立方分米的正方体放入一个长方体的包装盒,如何设计包装盒省料"等。

当然,作为"综合与实践"的数学制作和数学设计中,学生并不知道其具体制作过程,而要求学生通过对所提供材料的观察、分析,获得该设计物中蕴涵的某些数学规律,并根据所探索得到的数学规律进行相应的设计活动。例如,上述的包装盒问题,学生通过讨论,要使包装盒省料,就是要包装盒的表面积最小,不同的包装盒有 $1\times1\times12$,$1\times2\times6$,$1\times3\times4$,$2\times2\times3$ 等规格,可以依次计算出不同包装盒的表面积。学生通过计算还能发现,体积一定时,包装盒的形状越接近于正方体,它的表面积就越小。

4. 数学游戏

将数学问题置于游戏中,让学生在做游戏的过程中学习数学知识,理解数学的思想方法,符合儿童的心理特点。学生参加数学游戏的过程就是学数学、用数学的过程。此时的数学游戏要具有两个特点:一是趣味性和娱乐性;二是要蕴含数学的原理和方法,为学习数学、理解数学、运用数学服务。

案例 11.1:找礼物[①]

你只能问三个问题,能否找出礼物在哪个盒子中?

分类

---

① 情境选自 2014 年南京市鼓楼区"数学与生活"获奖作品.

观察到礼物盒有方的和圆的两种,因此,提出第1个问题:礼物在方形盒当中吗?得到了肯定的回答。那么这6个方盒子又有什么区别呢?

对了!有的盒子的包装纸是有图案的,有的却没有图案。
我的第二个问题来了,请问哥哥:装礼物的盒子包装纸上有图案吗?
哥哥很不情愿地回答:有的。
别急,让我算算还有6个方盒子,其中4个盒子上没有图案,6－4＝2!
目标锁定,2选1就好!
剩下的两个盒子太像了,都是方形的,都有图案,还有什么不同呢?
蝴蝶结!有一个盒子上有金色的蝴蝶结。
第三个问题:盒子上有蝴蝶结吗?
这次哥哥笑了:"亲爱的妹妹,礼物归你了,我在盒子上系上了你喜欢的蝴蝶结。"

终于拿到礼物了,哥哥你看我还不错吧!
我的礼物是南京青奥会吉祥物砳砳徽章,谢谢老哥了,礼物我很喜欢!

总结一下:

会仔细观察,是我的优点。

解决问题还需要坚持,一次不行就再试一次。

爱动脑筋、会总结都帮了我大忙。

同学们,你们也可以和爸爸妈妈玩一玩这个游戏:把礼物藏在家里的某个抽屉里,给爸爸妈妈几次机会,看看他们能否机智准确地找到。

5. 数学实验

数学实验是指为了获得某些数学知识,形成或检验某个数学猜想,解决某类数学问题,学生运用有关工具(如纸张、剪刀、模型、测量工具、作图工具以及计算机等),在数学思维活动的参与下进行的一种以学生人人参与的实际操作为特征的数学验证或探究活动。小学的数学实验可以分为验证性实验和探索性实验。验证性实验是指验证别人公布的结论是否正确,或在学习过程中通过对已有结论的验证而加深对数学的理解;探索性实验是指实验者对其结果并不知道,还有待于发现,在进行探索性实验时,往往要先进行猜想,然后再对猜想进行验证。

近年来,数学实验逐步得到人们的重视,现在我国国内已经出版了多部供高等学校学生使用的数学实验教材。相信随着各种技术手段的逐渐普及,数学实验将更易于实施,数学实验必将在基础教育中发挥出重要的作用。

6. 数学主题阅读

就一个确定的数学内容或主题,由教师或学生自己选择一些相关的数学文献,学生自主地进行阅读学习,以达到一定的阅读目标的过程①。在现代社会中,主题阅读的重要形式是指导学生有效地利用网上的数学资源,如利用网络收集数据,选取资料,合作学习等,有效地提高数学主题阅读的效率和质量。例如,在教师介绍了黄金分割简单知识的基础上,给予学生一些与黄金分割有关的数学文献,以及有关网站,要求学生通过自主的阅读,获得有关知识,撰写阅读报告或小论文,进行交流。

数学主题阅读,可以有效地培养学生自学能力和收集、加工、整理、利用信息的能力。随着技术条件的成熟和学生年龄的增长,数学主题阅读将成为学生"综合与实践"的一个重要方式。

以上介绍了"综合与实践"活动的几种学习形式,事实上,要对此进行逻辑的分类是比较困难的,某个活动可能同时兼具几种形式的特点,或者说在某个"综合与实践"活动中同时进行了几种形式的活动的现象是正常的,对它们进行严格的区分反而是不现实的。同时,现阶段,我国义务教育阶段开展综合与实践活动,尚处于一个实验摸索阶段,相信随着广大教师"综合与实践"活动的不断深入,一定会创造出更多的综合与实践活动学习的新形式和新途径。

四、综合与实践的定位

了解国际数学教育的发展走向,分析我国数学教育的现象,可以看到设置"综合与实践"板块是当务之急。为此,《基础教育课程改革纲要(试行)》在规划新的课程体系时,规定"从小学到高中设置综合实践活动并作为必修课程",强调通过学生实践,增强探究和创新意识,学习科学研究的方法,发展综合运用知识的能力,增进学校与社会的密切联系,培养学生的社会责任感。同时《基础教育课程改革纲要(试行)》又指出,综合实践活动与各学科领域应形成一个有机整体,二者既有其相对独立性,又存在紧密的联系,在某些情况下,综合实践活动也可和某些学科教学打通进行,同时,各学科课程中亦应注重培养学生的实践和综合应用能力。为此,2001 年,《课程标准(实验稿)》调整了数学学科的结构,在"数与代数"、"空间与图形"、"统计与概率"这些知识性的领域之外,设置了"实践与综合应用"这一数学学习领域,2011 年,标准修订时将这一领域更名为"综合与实践"。

当然,"综合与实践"需要学生对数学知识具有较为深刻的理解和一定的

---

① 张思明等.数学课题学习的实践与探索[M].北京:高等教育出版社,2003.

综合应用能力,是数学教育的较高要求,因而在课程设计和教学实施时,要注意"综合与实践"的阶段性,力争切合学生的生活实际和认识实际,保证"综合与实践"的可行性。具体地,《课程标准(2011版)》对小学各个学段的"综合与实践"作了如下要求:第一学段,通过实践活动,感受数学在日常生活中的作用,体验能够运用所学的知识和方法解决简单问题,获得初步的数学活动经验;在实践活动中,了解要解决的问题和解决问题的办法;经历实践操作的过程,进一步理解所学的内容。第二学段,经历有目的、有设计、有步骤、有合作的实践活动;结合实际情境,体验发现和提出问题、分析和解决问题的过程;在给定目标下,感受针对具体问题提出设计思路、制订简单的方案解决问题的过程;通过应用和反思,进一步理解所用的知识和方法,了解所学知识之间的联系,获得数学活动经验。也就是说,小学阶段的"综合与实践"侧重于通过实践活动加深对其他三个学习领域内容的理解,经历解决问题的过程,获得数学基本活动经验,形成参与数学活动的积极情感。

第二节 综合与实践的实施

一、综合与实践的选材

开展综合与实践活动,必然以某个素材为载体。那么,"综合与实践"的素材如何选择呢?为此,需要讨论下面几个问题:素材的选取原则、选取方法和选取的主体。

1. 选材原则

(1) 综合性

"综合与实践"的一个重要目标,是加强数学各部分内容间的联系,发展学生的综合应用能力。这里的"综合应用"可以是数学各部分知识与表达方式之间的综合;也可以是数学学科知识与其他学科知识的综合。

(2) 现实性

让学生体会数学与现实世界的联系,树立正确的数学观,是综合与实践活动的另一个重要目标。因此,选择"综合与实践"题材时应尽力体现现实性原则。通过贴合学生生活实际和认知实际的现实问题,加强数学学习与学生生活的联系,激发学生的学习兴趣,培养学生学习的主动性和数学应用的意识,同时,也有助于学生对数学知识本体的掌握。此外,具有现实背景的"综合与实践"题材,更容易体现课程的人文精神和德育价值。如"调查学生一天丢弃的纸团的个数或家庭丢弃的垃圾袋个数",可增强学生的环保意识;"调查家庭、学校或城市的用水量、水龙头漏水量等",可加强国情教育。

当然,这里的现实不仅仅是学生的生活现实,还包括学生的认知现实、数学现实。

此外,不同类型的综合与实践课题,选材时关注的侧重点应有所不同。如以数学探究为主体的"综合与实践",素材选择时还应关注问题的数学性,力图在问题的解决过程中发展学生的数学思维。

毫无疑问,现实性和综合性是"综合与实践"题材选择的两个最为重要的原则。当然,为了体现这两个原则,还可以关注:

(3) 阶段性

为了确保"综合与实践"适合学生的学力状况,符合学生的认知现实,在"综合与实践"实施的不同阶段,应关注该阶段学生相关知识技能和数学活动经验的状况,进行相对系统的设计。

(4) 开放性

在素材选取时,还应关注问题解决方式的多样化和问题结论的开放性。开放性的问题,便于不同的学生从中获得自身的感受和成功,便于不同学生的合作与交流。

2. 选材方法

综合与实践的开展,往往安排在某个知识单元学习之后,因此,多数情况下,已经确定了所需运用的知识点,因此,可以从这个知识点出发,思考这个知识点与其他知识点的联系、这个知识的运用,从这些联系和运用中选择适合学生学力的、又具有研究价值的问题作为备选课题。具体方法有:

(1) 挖掘知识的背景与联系

可以考察该知识的背景,如有关发现与证明的史实,揭示这些背景之间的联系,发现其中可以研究的问题。

例如,圆周率与圆面积,历史上关于圆周率有许多近似值,求圆面积的方法也很多样。人们是如何求圆周率和圆面积的?对这些方法进行归类,同类方法之间的联系与区别是什么?不同类方法之间是否存在某种联系?这些都可以成为研究的话题。

又如,学习完数字后,会发现身边充满数字,但是有时也会出现我们暂时无法理解的符号。例如观察红绿灯,会出现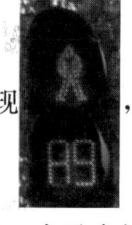,这个表示什么?有没有出现我们不认识的东西?这些是什么意思?表示多长时间?一连串的问题,将数字与生活联系在一起,引起了讨论。

(2)将知识嵌入具体背景中

寻求知识的背景,在具体背景中运用知识。

例如,对统计而言,统计的过程是怎样的?怎样实现统计各环节的要求?这些都需要通过具体的统计活动实现。为此可以针对学生的喜好、学校与社会的热点选择话题,将知识嵌入具体的背景中。

此外,教学过程中,教师可以从教科书中寻找可以拓展的问题,或者向学生了解还存在的疑惑,根据这些问题或者疑惑,设计一些课题,指导有兴趣的学生课后研究或者课堂上共同研讨。教学过程,针对一些常见的问题,进行归类梳理、变式研究,揭示这些知识之间的内在联系,提高学生的自主学习能力,也是寻找案例的一个好办法。

3. 选材主体

上面分析了综合与实践素材的选取原则,那么这些素材又由谁来选取呢?应该说,初始阶段,一线教师和学生对于"综合与实际"尚处于实验探索阶段,对于其素材的选取还缺乏一定的把握能力,因此,由课程编制人员通过多方研讨确定一些的主题以供一线教师和学生选用,是十分必要的。

但应该明确,我国幅员辽阔,地区、学校、学生之间的差异性较大,因而课程编制人员所提供的素材很难符合所有学生的认知实际。为此,需要教师改编一些教材提供的综合与实践活动,使得其符合任教学生的认知实际和生活实际;另一方面,随着教材实验的进一步推广,教师和学生"综合与实践"活动经验的不断丰富,应逐步由一线教师根据学生自己的生活实际和认知状况选取有关"综合与实践"的素材。当然,教师为了提出现实有效的课题,自身应具有从实际背景或者数学背景中提取课题的经历,具有解决这些课题的经历,这就需要教师多观察生活、留意生活、研究数学,切实提高自身的选材能力。

当然,随着学生相关活动经验的丰富,教师也可以将选材机会让给学生,由学生自主地提出课题。如,在某个知识学习结束后,要求学生思考这些知识

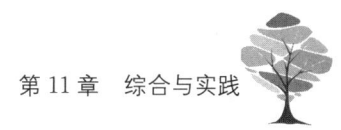

第 11 章 综合与实践

的运用,并从中选择一些有挑战性的问题作为课题进行研究。例如在学习了数字之后,学生发现数字除了运算功能外,在很多地方还起着标记的作用,有特定的含义,如电话号码、邮政编码等,这时有学生发现路灯杆上也有数字,这个数字表示什么规律呢? 有什么意义? 学生就可以就这一话题展开讨论了。

也就是说,随着课程实践的深入,综合与实践活动的选材,将逐步由课程编制人员、教师向学生自己过渡,最终让学生也能自主地选择一些课题进行研究。这样的素材选取过程,是发展学生应用意识、提出问题、解决问题能力的好机会。

当然,学生能力的提升不是一朝一夕的,不是自发的,要求教师循序渐进有意识地引导与启发。如教师可以依次做下面的工作:

设计一些情境,教师首先引导学生提出若干问题,总结一些提出问题的方法;

提供一些情境,要求学生讨论这个情境,提出若干有价值的问题,并根据学生的学力选择部分问题共同解决。

当然,为了贴近学生,教师可以以学生熟悉的领域引导学生发现问题,选择话题,如:

(1) 个人成长

学生在小学阶段的个人成长中会碰到许多问题,而这些问题中有很多都可以从数学的角度分析和研究。例如身高、体重、一日三餐、睡眠时间、学习时间、上学花费的时间,都可以作为实践活动的问题。

(2) 家庭生活

学生作为家庭一员,可以引导他们多观察、多思考,多与父母交流,获取关于家庭的信息,再从数学的角度分析问题、解决问题。例如家庭用水、用电量、家庭各项支出等。

(3) 学校生活

学生一天大部分时间都在学校,学校生活丰富多彩,仔细观察都能找到数学在学校生活中的应用。例如学校平面图的绘制、班级标志设计、课表设计等。

(4) 社会生活

社会生活的方方面面都离不开数学,许多问题是靠数学解决的。例如马路上路灯的标号的意义、储蓄问题等。

二、综合与实践的教学

"综合与实践"活动开展的时空具有一定的灵活性。可以在课堂内通过学生的合作交流完成,如一些数学探究活动;也可以采用课外活动、课内汇报交流的形式,如课外调查活动和一些数学探究活动,可以让学生组成合作小组,在课后完成,然后到课堂上进行班组汇报、总结。

不管采用哪种方式展开"综合与实践"的教学,在教学过程中都应力图激发学生的主体精神,发挥学生的主体作用。实际上,"综合与实践"的教学过程,应是一个师生一起学习的过程,它为学生主体作用的发挥提供了较大的空间。具体地,"综合与实践"的主题,学习的方法,问题的发现,问题解决的深度、广度等都可以由学生自主控制和完成。学习中不同的学生可能发现并解决不同的问题,对问题的解决方式也是各式各样,问题的结果也是多样的,提出的新的研究问题也千变万化,因而,在这样的过程,学生的主体作用得到尽情的发挥,学生将得到各自应有的发展,真正实现不同的学生得到不同的发展。

因此,"综合与实践"的教学不再以教为主,而应以学为主。课堂的主活动不再是教师的讲授,而应是学生的自学、讨论、调查、探索、解决问题。让学生在问题、困难、挑战、挫折、取胜的交替体验中,在选择、判断、协作、交流的轮换操作中,经历一个个学数学、用数学,进而发现问题,走向新的学数学、用数学

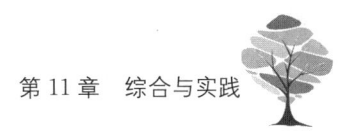

的过程,从而培养能力、激发兴趣、形成学生主动学习的良性循环[1]。

在"综合与实践"的过程中,教师的角色不再总是"正确的引导者"、"正确的化身",而应该平等地参与学生的探索、学习活动,适时地扮演"同事、参谋、建议者、欣赏者"。

当然,教师在学生"综合与实践"中的主导作用是不可忽视的。在"综合与实践"的教学活动中,教师的主导作用体现在创设好的问题情境,激发学生自主地探索解决问题的积极性和创造性;还体现在对学生活动适时评价和激励。

那么,教师如何创设好的问题情境,以激发学生自主地探索解决问题的积极性和创造性呢?教师又如何提高自身的研究水平和洞察能力,以提高对学生"综合与实践"的指导能力呢?关键在于教师自身的"做"。

在日常生活和教学中,教师应该关注数学与现实以及其他学科的联系,关注数学内部的应用,主动地从中发现一些小课题并进行研究,通过自身的"做"切实提高自身的研究能力,同时也积累了一些切合学生实际的优秀的"综合与实践"素材和一定的数学研究的经验,提高对学生"综合与实践"的指导能力。

在有关"综合与实践"活动中,教师应放下架子,改变心态,真正参与到学生的"综合与实践"中去,通过自身的参与,多独立地思考和实际地做,加深对问题的理解;同时通过与学生的合作交流,了解学生的想法,开阔自己的思路,发现学生的问题所在,提高对学生"综合与实践"指导的针对性。

在"综合与实践"活动后,应及时反思学生的思路和问题解决方法,收集和整理学生的成果,从中获取问题解决的经验;同时这些素材既记载学生"综合与实践"的经历,是一个很好的学生成长记录,又可以为这部分学生后续有关课题的学习以及以后各届学生"综合与实践"提供一定的借鉴。

三、综合与实践的评价

对学生活动的适时评价和激励,直接影响着学生课题研究的兴趣和研究的水平,这也是教师主导作用的一个重要体现。

《课程标准(2011版)》指出:"评价的主要目的是全面了解学生数学学习的过程和结果,激励学生学习和改进教师教学。评价应以课程目标和内容标准为依据,体现数学课程的基本理念,全面评价学生在知识技能、数学思考、问题解决和情感态度等方面的表现。评价不仅要关注学生的学习结果,更要关

---

[1] 张思明等.数学课题学习的实践与探索[M].北京:高等教育出版社,2003:248.

注学生在学习过程中的发展和变化。应采用多样化的评价方式,恰当呈现并合理利用评价结果,发挥评价的激励作用,保护学生的自尊心和自信心。通过评价得到的信息,可以了解学生数学学习达到的水平和存在的问题,帮助教师进行总结与反思,调整和改进教学内容和教学过程。"综合与实践活动有别于一般的基础知识和基本技能,因此在评价时,应注意以下几点:

1. 注重过程

综合与实践活动评价,应更多地关注学生的学习过程。这个过程包括学生是否积极主动地参与数学学习的活动?是否乐于、善于与同伴合作交流?是否有自己的想法和探索?是否有科学、理性的态度?例如,七巧板拼图的活动中,学生不仅可以拼出老师出示的图形,还可以发挥想象,拼出自己喜欢的图形。在评价时,就要注意学生的感受,关注学生的思维活动和解决问题的策略等。

2. 定性为主,关注情感

对于综合与实践活动,在评价的过程中,应更多地关注学生掌握了什么?获得了什么进步?具备了什么能力?通过评语式的描述,树立学生学习数学的信心和兴趣,促进学生的不断发展。

3. 方法的多样化

对学生参与综合与实践活动的评价,可以更全面了解学生的数学学习历程,关注学生数学学习的水平,考查学生参与活动的实践能力与创新意识,以及在活动中所表现出来的情感和态度。下面分类介绍一些评价的做法。

(1)竞技类课题

考查学生反应的敏捷性、计算的灵活性以及空间图形感等类型的"综合与实践",如"算24"、拼七巧板、位置的确定等,可以采用小组选拔、班级选拔、年级选拔的方式,决出小组冠军、班级冠军、年级冠军。这种竞技类的评价方式,具有学生参与面广、时间长、易操作等特点。活动结束后,学生还会自己组织比赛,课间、饭后等时间内都能看到他们兴致勃勃地比试着。

(2)汇报类

数学探究类、调查类、实验类的"综合与实践",评价时不能仅仅局限于学生交一点文字类材料,可以组织学生成立评分小组,制定评分细则,相互打分,指出优点与不足,在互评中学习、提升。

案例 11.2:"旅行方案制订"汇报时操作流程

南京市中华中学附属小学　王　娟

1. 每个小组将自己组的成果精心制作成课件,推荐好发言人,等待比赛。
2. 每个小组选一名评委,组成评委团,制定好评分标准和评分纪律。

评分项目	分值	得分
课件中无科学性错误	30	
课件中字体、图形合适	15	
体现小组合作精神	15	
方案的可行性	20	
讲解清晰、落落大方	20	
整体印象分	小于5分	
小　计		

评分纪律:任何人都必须公平、公正地打分。对有异议的分数需作出合理的解释。

计分方法:去掉一个最高分,去掉一个最低分,计算最后得分,依分数高低排序。

数学老师有点评权和总分中加减5分的权力。

(3) 展示类

利用展板、校刊、网络等平台展示学生设计、操作类"综合与实践"的成果,还可以结合当时社会中的活动,如征集奥运图标、城市标志、校庆徽标等,组织学生积极参与,让学生感受数学的实用性,在活动中体会成功,增强学数学、用数学的信心。

案例 11.3:图案设计的展板

生活中处处有图形,许多图形就是由一个基本图形简单地运用图形变换,改变视觉效果,美化了生活。为此,设计了一个综合与实践活动:运用图形变化等手法设计图案。

具体过程是:首先收集生活中相关的图形,从数学角度看蕴含的道理;并请美术老师从色彩、构图、布局等方面指导学生欣赏,跨学科的结合极大地提高了学生的兴趣,调动学生积极参与,培养了学生发现美、欣赏美的能力,许多学生从中得到灵感,创作了许多精美图案。然后年级组织评比,选出优秀作品,制作了一期学校板报。部分作品如下:

成蓉(花草植物)

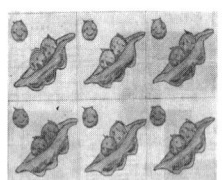

许桦(花草植物)

孔维弘(几何图形)

黄书庆(几何图形)

方茗玉(卡通人物)

虞杉(情景故事)

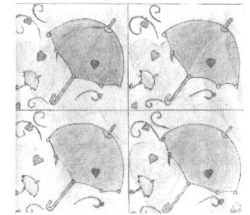

马航敏(情景故事)

(4)研究类

数学应用和探究类的"综合与实践",其中包含比较丰富的数学知识,甚至还有学生独特的理解和感悟,虽然他们的眼光比较浅、发现比较幼稚,但他们的角度绝对是新颖的,他们的研究也是不可小看的。老师可以指导他们撰写数学论文,积极推荐到杂志、报刊发表,还可以自己编印成册,记录成长的足迹。

2005年作者之一应新加坡教师联合会邀请,访问了新加坡华侨中学。华侨中学,每年组织一次全校性的课题研究汇报。虽然最后的集中汇报时间仅

1周,但前期需要在班级、年级进行层层选拔,这一活动大致需要持续8个月,因而,这已经成为一个日常性的学习研究活动。此外,为了加强对学生课题研究的指导,学校会成立相应的课题指导小组,学生选择课题时,可以向有关老师进行咨询;确定课题后,可以根据课题指导小组各老师的特长选择指导老师;在研究过程中需要定期和指导老师交流,寻求指导老师的帮助;导师有责任对所指导小组的研究进行监督和引导。总之,该校将课题研究作为一个日常的学习行为,而且制定了相对规范的指导制度和评定制度,这些促进了课题研究的正常开展。应该说,这样的做法值得我们借鉴,更需要我们在课题研究活动中不断丰富和发展。

另外,国内有些城市组织了"数学与生活"活动。要求学生根据自己所学的数学知识,用数学的眼光去寻找、分析生活中的问题,用自己擅长的形式表达,这也是综合与实践的尝试,但是目前的这种尝试还局限于个人的活动,没有形成相应的小组,缺乏一定的指导。

案例11.4:绘制平面图

南京市中华中学附属小学 沈 军

【教学内容】苏教版新教材六下P110-111

【教材简析】这是小学数学教科书中最后一个内容,综合了平面图形、比例尺等知识。要求学生实际测量后,运用比例尺的相关知识,绘制出学校校园某处的平面示意图。

【学情分析】学生已经熟练掌握了比例尺的相关知识,能按一定的比例尺绘制简单的平面图,但是现实生活中的一些平面图的绘制很少有接触。

【教学目标】

1. 了解绘制平面图的准备工作及基本步骤。

2. 通过测量选择合适的比例尺,绘制出校园中某一场所或建筑物的平面图。

3. 在这一实践活动中,能明确合理地分工,让学生从中体会到小组合作的必要性,并取得愉悦的成功体验。

【教学重点】小组合作测量后,会适当调整比例尺,绘制出校园中某一场所或建筑物的平面图。

【教学难点】遇到形状较复杂的建筑物或场地,正确选择测量方法。

【课前准备】4—6人一组分组；指南针、长绳、卷尺，绘制平面图用的笔、尺子、纸等。

【教学过程】

一、谈话导入，了解任务

谈话：在日常生活中，人们为了清楚地呈现某块地面以及相关建筑物占地大小和位置关系，常常需要绘制平面图。这是东港小学校园平面图。

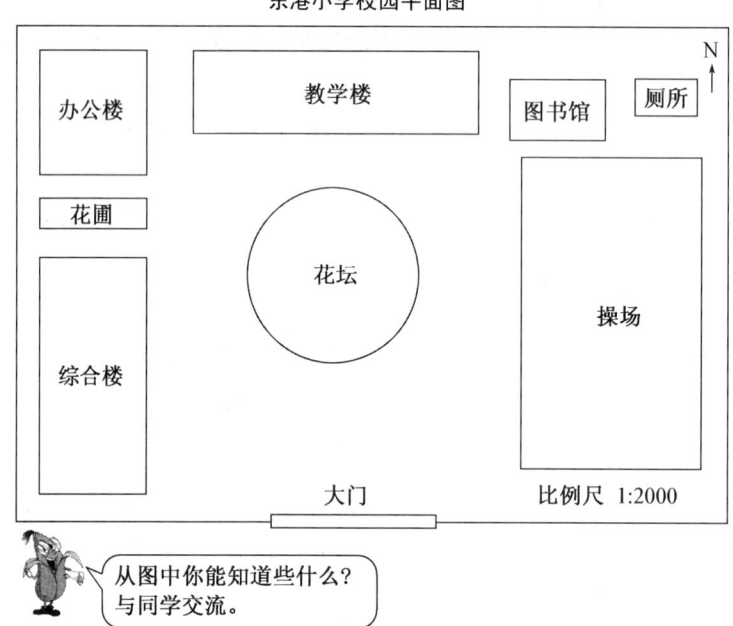

学生读图，说说读懂了什么？

先小组内交流，再集体交流。

提问：你想不想给自己的学校绘制一张平面图呢？你认为要绘制一张学校校园的平面图，需要考虑哪些问题？

学生小组讨论，并交流。教师适当补充。

（设计意图：从生活实际出发，才能更好地激发学生的学习积极性。问及需要考虑哪些问题，是为下面的活动准备作铺垫。这是小学阶段的最后一个内容，在经历了小学综合实践课程之后，对于活动课程比较熟悉了。这一问题自然而然地将学生的思路引到活动准备中去。）

二、活动准备

每一小组讨论选择自己校园中一处活动场所或建筑物绘制平面图。

讨论：

1. 需要什么测量工具？准备采用什么测量方法？
2. 如果形状比较复杂该怎样测量？
3. 怎样确定活动场所、建筑物之间的位置关系？还需要哪些工具？
4. 确定自己小组测量的场所，发挥各自特长，合理分工填写好计划表。

活动方案设计表

小组成员	材料准备
活动步骤	

（设计意图：这张活动计划表，帮助学生通过讨论，发挥各自特长，明确各自的任务。）

三、分组测绘

1. 到校园中选择自己小组确定的活动场所或建筑物实际测量，认真记录数据。
2. 小组汇总数据。
3. 根据纸张实际大小，适当调整比例尺。
4. 绘制平面图。

（设计意图：这一环节需要带领学生到室外去完成，在周密完成好计划表之后，让学生分组实地测量，然后根据实际测量结果完成平面图的绘制。关键是如何选择合适的比例尺，根据纸张大小调整比例尺。这样的综合与实践活动真正实现了学以致用。）

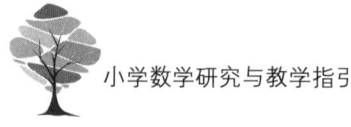

四、展示作品,活动评价

1. 展示各小组完成的平面图。
2. 小组自评,组间互评。
3. 及时修正。

(设计意图:评价的环节不可单纯地用教师的评价替代。需要有自评、互评及教师评等多种评价方式。另外在评价过程中,要让学生根据本课时的学习目标,有针对性地进行评价,需要有较具体的表述性评价。在评价之后,根据实际情况进行修正。)

五、总结

说说在测绘过程中的收获和体会。

【思考与实验】

1. 过年后,许多学生都收到了压岁钱。

(1) 如果你是二年级的数学老师,请你根据这个背景设计一次综合与实践活动;

(2) 如果你是五年级的数学老师,请你根据这个背景设计一次综合与实践活动;

(3) 你每次设计的依据是什么?

2. 在组织综合与实践的选题时,一位同学选择了魔方,他尝试了一段时间后,发现了一些自己无法解决的问题,于是向老师请教。可是老师发现这个也超出了自己的能力范围,这时可以做些什么呢?

3. 传统的数学课,上完就可以进行教学效果的检测。有的老师认为综合与实践课教学效果不好检测,又浪费课时,于是主张让学生课后自己玩玩,教师就不管了。你的观点是什么?

主要参考文献

1. 教育部. 义务教育数学课程标准(2011版)[S]. 北京:北京师范大学出版社,2012.
2. 史宁中等. 义务教育数学课程标准(2011版)解读[M]. 北京:北京师范大学出版社,2012.
3. [英]茱莉娅·安吉莱瑞. 如何培养学生的数感[M]. 徐文彬译. 北京:北京师范大学出版社,2007.
4. 张奠宙等. 小学数学研究[M]. 北京:高等教育出版社,2009.
5. 史宁中. 基本概念与运算法则[M]. 北京:高等教育出版社,2013.
6. 王永. 数学化的视界[M]. 北京:北京师范大学出版社,2013.
7. 张思明等. 数学课题学习的实践与探索[M]. 北京:高等教育出版社,2003.
8. 金成梁等. 小学数学课程与教学论[M]. 南京:南京大学出版社,2012.
9. 章飞,凌晓牧. 初中数学研究与教学指引[M]. 北京:北京师范大学出版社,2012.
10. 章飞,刘黔昉. 初中数学课题学习的实践与探索[M]. 北京:北京师范大学出版社,2008.